本书由现代服务业河南省协同创新中心
与河南财经政法大学政府经济发展
与社会管理创新研究中心共同资助出版

我国
现代农业服务业
发展研究

李观虎　等◎著

WOGUO
XIANDAI NONGYE FUWUYE
FAZHAN YANJIU

北 京

图书在版编目（CIP）数据

我国现代农业服务业发展问题研究／李观虎等著.
—北京：中国经济出版社，2017. 10
ISBN 978-7-5136-4950-6

Ⅰ. ①我… Ⅱ. ①李… Ⅲ. ①农业生产—生产服务—服务业—经济发展—研究—中国
Ⅳ. ①F326. 6

中国版本图书馆 CIP 数据核字（2017）第 264706 号

责任编辑 杨 莹
文字编辑 郑潇伟
责任印制 巢新强
封面设计 久品轩

出版发行 中国经济出版社
印 刷 者 北京建宏印刷有限公司
经 销 者 各地新华书店
开　　本 710mm×1000mm 1/16
印　　张 21. 25
字　　数 324 千字
版　　次 2017 年 10 月第 1 版
印　　次 2017 年 10 月第 1 次
定　　价 58. 00 元
广告经营许可证 京西工商广字第 8179 号

中国经济出版社 **网址** www. economyph. com **社址** 北京市西城区百万庄北街 3 号 **邮编** 100037

内容摘要

我国经济已经进入由服务业主导发展的新阶段，市场经济体制改革和完善为服务业创造条件，国内与国际市场融合加剧了国际竞争，为现代服务业提供了环境。在经济发展、社会进步和技术创新的背景和条件下，我国农业在国民经济结构升级中的占比降低，农村在城镇化中发生社会转型，农业劳动力在就业人员结构中的比重下降。经济、社会和技术变化在我国农业、农村和农民变化中的反映，集中体现在现代农业服务业的发展。现代农业服务业既是经济、社会和技术变化的产物，又是农业、农村和农民变化的条件。现代农业服务业促进了农业、农村和农民现代化转型和发展。我国农业现代化与信息化叠加，“信息化农业”和“绿色农业”是中国农业现代化的特色，信息化条件下的现代农业服务业是中国特色农业现代化的重要内容。在相关研究涉及的农业服务业、农业生产性服务业、农业现代服务业和农业社会化服务业等概念，其研究对象都是指现阶段农业服务的服务业，但使用的名称、内涵及类型划分存在歧义和混乱。从农业、服务业与现代化三者的关系分析，在现阶段农业问题的背景下研究农业服务业，应科学地、正确地称之为“现代农业服务业”，它具有时代、性质、技术和产业四个方面的特征。现代农业服务业的来源和形成主要有三种观点：第一，认为是从传统农业中成长起来的；第二，认为是现代农业与现代服务业通过产业融合形成的；第三，认为是现代服务业对传统农业改造形成的。更为客观的理解和认识，应是农业和服务业交叉的共同部分，即农业服务业的现代化，是农业和服务业两大产业共生成长和融合扩展而来，既有领域范畴的不断扩大，也有内容的不断丰富，同时有结构和质量的提升。农业服务业的类型划分，有按生产过程划分为产前、产中和产后三个环节，也有按服务内容分类。实际上，丰富的现代农业服务有生产环节、服务属性、服务层次和服务主体等方面的差异。所以，现代农业服务分类应是在一定条件下，从某个视角给出具体的分类方法和标准，不同视角的分类标准可单一、交叉和综合使用，如产前农业科技信息服务，农产品加工技术服务等。在农业生产经营活动中，土地、劳动和其他生产资料是贯穿生产过程的实体要素，而科技、信息等是渗透性软要素，资源环境则是外部支撑性要素。按照三类农业要素的不同属性，可以把现代农业服务业的内容分为现代农业科技服务、现代农业金融服务、现代农业加工储藏服务、现代农业流通服务、现代农业土地、劳动及农资服务、现代农业信息服务，以及现代农业资源、能源和环境服务。市场制度和信息化技术是我国现代农业服务发展的两大动力。

随着支持政策完善，科技服务需求扩大和农业科技进步，农业科技服务已逐渐发展为完整的体系，成为我国农业现代化的重要保障，也成为建设现代农业的重要组成部分。农业科技服务是指供给方（农技推广部门、农业龙头企业、农业合作社等）以完备的农业机械设备、专业的农业科技知识和技术经验、先进的农业管理理念为需求方（农户）解决农业生产过程中所面临的各种技术问题。农业科技服务的基层组织体系面向广大农户和新型农业经营主体，开展了多种形式的直通式服务，在规模、业态和模式上都发生了新变化，农业科技服务业在服务对象、服务内容、科研投入和转化资金、制度建设上都得到很大的提升，产生了智慧农业、智能装备产业等新业态，“互联网+”“个性化定制+”“文创元素+”、智慧型等新模式不断出现。目前，在全国及各地方开展的农业科技服务内容包括：品种改良、节水农业、土肥技术、病虫害防治、农技推广等。政府、农业院校、农业科研机构、个体农户及农民组织、农业龙头企业成为农业科技服务的主要经营主体，为农业提供公益性和市场化的科技服务。在长期的生产应用中形成“政府+科技部门+农户专家”的协作型模式、农业科研单位为主的专家型模式、“科技部门+基地+农户”的基地型模式、“企业+农户”的企业型模式、“民间团体协会+农户”的合作型模式。北京农科城是由北京市政府与科技部共同建设，成为以现代农业科技推动现代农业发展的成功典范。陕西省西安果友协会是构建一主多元农业推广服务体系的有效途径，在没有占用政府基层农业推广资源的情况下，承担了相当一部分基层公益性农业推广服务职能。北京农科城和西安果友协会的发展和经验为我国现代农业科技服务业的发展提供了一定的参考，是“以现代服务业引领现代农业”的实践代表。现阶段，发展我国现代农业科技服务业，需要采取以下措施：整合农业科技服务资源，打造资源共享的集成式公共服务平台；注重服务对象及其需求意愿，提供有针对性的农业科技服务；各类型的农业科技服务机构职能明确，采用多重模式发展；加大法制、财政金融的支持力度，健全农业科技服务环境；建立农村人才流动机制，留住农业科技服务的高素质人才。

我国农业发展对现代农业金融服务的需求越来越多，但贷款难、贷款贵的问题仍没有得到有效解决，农业金融仍然是我国金融改革与发展领域最为薄弱的环节。农业金融服务贯穿于整个农业生产过程，提高现代农业金融服务的工作水平，有利于解决“三农”问题，实现社会主义新农村的建设目标。近年来，立足于服务“现代农业”发展的现代农业金融服务业也处于飞速发展中，呈现出许多新事态，首先，现代农业金融服务业在诸多方面得到提升，主要表现在办理平台不断扩展，服务体系不断创新，相关制度不断优化。其次，现代农业金融服务业涌现出新的行业状态，服务的各个方面更加贴合农业需求本身，农业服务与当前的互联网科技紧密联系。最后，现代农业金融服务的模式不断创新，主要创新点有两个方面：一是依托互联网金融服务的融资模式创新；二是农业产业链角度的融资模式创新。农业金融服务体系是在一定的制度背景下，由农业金融交易主体、金融工具、金融市场、金融调控以及金融监管多方面相互联系而形成的有机整体，主要包括农业保险、农业信贷和金融政策支持三方面内容。现代农业金融服务业的主体，主要有农业企业、农户、金融机构。现行的金融服务主要有供应链融资模式、基于大数据的小额贷款融资模式和“信贷+保险”农业金融服务模式。国外的美国、日本，以及国内的温州、台湾的现代农业金融服务业实践经验，为我国提高自身的现代农业金融服务水平提供参考借鉴。针对当前我国发展现代农业金融服务业过程中存在的问题，如融资服务体系缺失、信贷支持能力弱化、新型金融产品缺失、农业融资渠道狭窄、信贷体系缺失、风险担保不畅机制缺失等，提出促进现代农业金融服务业发展的建议：强化市场定位，构建适应现代农业发展的金融服务体系；推进农村金融改革和创新，开发适合现代农业发展的新型金融产品；培育优质的信贷载体，加大对现代农业的支持力度；健全融资担保机制，建立现代农业风险保障机制。

随着城市化进程的加快，非农就业机会增加，农村劳动力大量外涌，我国农业的主劳动力变成了以妇女、儿童和老人为主的“386199”部队。针对种田人手不足的情况，农业土地与劳动服务业开始发展，以“职业化农民+组织化形式+社会化服务”的方式为农民提供现代化农业土地与劳动服务。农业土地与劳动服务面向广大农户，主要服务对象逐渐扩展到家庭农场、专业大户、农民专业合作社、农业产业化龙头企业等新型农业经营主体，服务业由简单的代耕代种服务发展到作物产前、产中、产后“一条龙”的全方位服务模式，其提供专业化服务的对象范围和规模进一步扩大。土地与劳动社会化服务结合农户与市场需求，发展出智慧农业、农村电商、有机绿色农业、休闲农业等新的产业和业态。依托农机作业公司、农资销售公司、农业龙头企业、农民专业合作社、专业大户、乡镇农技服务中心等多元主体，形成合作式、订单式、托管式等形式多样的社会化服务模式。目前，在全国及各地方开展的农业土地和劳动服务内容包括植保服务、农机作业、统种分管、代耕代种、订单生产、农资供应、土地托管、土地流转、新型职业农民培育、返乡下乡人员创业创新支持等。政府涉农部门、农口外部门、村集体、农民专业合作社、龙头企业、个体农民成为农业土地和劳动社会化服务主要经营主体。在长期的实践应用中形成土地流转模式、大田托管模式、订单直销模式、代耕代种代收模式、股份合作模式等农业土地与劳动服务业模式。山东省农业“土地托管”模式是将部分不愿耕种或无能力耕种者把全部或部分农业生产环节托给供销社等合作组织和种植大户，并由其代为耕种管理的农业社会化服务形式。在山东省，土地托管服务以供销合作社为建设主体，由地方的基层供销社、村委会、农民专业合作社、龙头企业以及农村信用社等各组织和机构联合成立“为农服务中心”，打造“3 公里土地托管服务圈”，为农户提供农资供应以及耕、种、收等基本生产环节、测土配方施肥、统防统治、农产品检测、烘干、加工、冷库、仓储、农机具供应和维修、农业保险、金融服务，以及中介、咨询、培训服务等服务。农民田间学校以“农民”为中心，以“田间”为课堂，采用非正式成人教育的方法，以启发、参与和互动式的培训方式为特点，在作物整个生长季节对农民进行培训活动。农事服务超市是以“超市化”选购方式为农业生产提供服务的新型农业社会化服务组织。土地托管、农民田间学校和农事服务超市的发展，促进了农业生产的规模化、标准化、机械化和专业化，产生了良好的经济效益、产业效益和社会效益。采取以下措施促进我国现代农业土地和劳动服务业的发展。加强职业农民培训，扶持新型农业服务主体；积极引导土地有序流转，大力发展农业机械化；加大基础设施建设，增强现代服务手段；扩展服务范围，强化政府的服务监管力度。

农产品的加工和仓储服务属于产后服务，是围绕农业加工和仓储环节开展的多形式、多层次的服务，主要包括市场服务、技术服务、管理服务、信息服务、金融服务、人才服务等。农产品加工和仓储现代服务是农业服务业重要环节，也是薄弱环节。长期以来，由于政策支持力度不足、农产品加工仓储行业自身发展滞后、产业环境不完善等原因，导致配套服务业发展不足，未能形成有效的带动作用。但是农产品加工和仓储现代服务在拓展农业的外部功能、拓宽农民增收渠道、调整产业结构、转变经济发展方式等方面具有十分重要的意义，有利于农业现代化发展和实现农业产业链价值增值，应当作为农业服务业发展的重点。因此，我国通过借鉴欧美、日本、韩国等发达国家的农产品加工、仓储服务业先进的发展经验，不断出台相关扶持政策、制定科学规划，创新服务业的主体与模式。近年来，我国的农产品加工和仓储现代服务主体，冲破传统经济体制的束缚，迎合市场经济发展特点，不断丰富起来，由原本单一的政府部门、事业单位，扩展到公益性机构、涉农企业、农民合作社和家庭农场、农村小微服务主体、科研院所及高校、行业协会和产业联盟等。服务模式也随之推陈出新，包括“农户+合作社+企业”模式、“农户+供销社+合作社”模式，以及“产业联盟”模式、“互联网+”模式、“农产品加工产业园”模式等。新主体、新模式下的成功案例业已在全国内得到积极推广，例如，全国涉农龙头企业——中粮集团的依托龙头优势打造现代农产品一体化服务模式；北京市新发地市场依托专业市场推进的产业一体化；山西省的阳城农业社会化服务惠农工程；山东省鲁花集团的食用油加工对接“互联网+”；内蒙古伊利集团的乳制品加工仓储智能化试点；四川省眉山的泡菜加工服务业发展；新疆的加工仓储服务一体化产业园等。为了进一步推进我国农产品加工和仓储服务业的发展，还应当进一步制定科学合理的农产品加工和仓储现代服务发展规划，加快农产品加工和仓储现代服务的机制创新。通过培育多元市场主体、完善农产品加工和仓储服务业发展的支撑体系、搭建服务平台等措施，完善农产品加工和仓储现代服务的发展环境。同时，引导农产品加工业信息技术普及应用，推进农产品加工产业园区建设，加强科技创新推广和人才队伍建设。

改革开放以来，我国经济快速发展，而农产品流通体系发展相对滞后，对农业综合发展、农民生活水平的提高不利。现代农业服务业是以服务农业为目的的现代服务产业，是融合了新技术、新信息、新方法的新型服务体系。农产品流通领域是现代农业与现代服务业融合的关键领域之一，也是现代服务业发展的重点领域之一。发展农产品流通现代服务，在提升农业综合竞争力、促进农业产业结构升级、解决“三农”问题等方面，都具有十分积极的作用，是国家推动农业现代化建设的重要举措。农产品流通现代服务体系在近年来得到快速发展，呈现出许多新的发展方向、发展态势。首先，农产品流通现代服务的新提升，主要表现在农产品流通现代服务的服务理念不断提升、服务范围不断延伸，农产品流通现代服务强调“绿色化”，农产品流通现代服务的主体多元化，农产品流通现代服务的渠道多样化，农产品流通现代服务依赖现代信息服务保障、现代技术运用、现代管理理念提升、标准化使用，劳动力素质提升等多重因素的有力支撑，农产品流通现代服务的基础设施水平不断提高。其次，农产品流通现代服务的新业态，主要有如下几个方面：产业融合，多部门、多产业的新型服务体系出现，冷链流通体系建设迅猛，信息化服务体系建设冷链流通体系建设加快，标准化服务体系建设加快。最后，农产品流通现代服务涌现出的新模式，诸如农产品流通模式的创新，农产品流通环节中的创新。农产品流通现代服务业的主现代农业与现代服务业融合而成，主要特点是“精细化”“信息化”“标准化”“绿色化”和“多层次”“多主体”“多渠道”。农产品流通现代服务包含丰富的内容和不同主体，涵盖从原材料到最后支撑服务等十个环节的流通服务内容和流通服务主体，进而形成不同服务模式。美国、日本和中国台湾的农产品流通现代服务发展实践和经验，其成功的农产品流通现代服务体系，为我国完善自身农产品流通现代服务体系提供借鉴。我国应采取措施解决目前农产品流通现代服务体系存在的问题，以促进农产品流通现代服务的发展。

农业信息化已成为我国现代农业服务业的主要内容。现代农业信息服务是由政府、企业、科研机构、农村合作组织等农业信息服务主体通过开发和运用各种现代信息技术手段，采用多种服务方式，为农业的产前、农业信息服务需求与供给研究产中、产后提供各类信息资源所进行的一系列有价值的服务活动。作为我国农业信息化建设的重要组成部分，以现代信息技术为基础，有效地解决我国农业、农村、农民现实生活中的实际问题，在促进农业增效、农村发展、农民增收等方面具有重要作用。信息技术及全面信息化的发展，使得农业信息现代服务也呈现出服务模式不断创新、服务内容多样化、服务不断深入基层、服务实现双向交流等新的时代特征。根据农业经济开展过程的各个不同环节，农业信息服务的内容主要划分为农业生产管理信息服务、农业经营管理信息服务、农业市场流通信息服务、农业科学技术信息服务、农业资源环境信息服务五类。提供以上服务的主体性质也各有不同，农业信息现代服务具有典型的公共产品性质，因此，提供的主体以政府部门为主，同时还包括相关的合作经济组织、龙头企业，以及农村经纪人等其他社会力量。农业信息服务的模式也逐步由龙头企业服务模式、农村经济合作组织服务模式、科技大院服务模式、农民之家模式、网上服务模式等单一主体模式发展为多种主体融合的综合型服务模式，例如，常见的“农业信息服务中心+信息服务人员”模式，近年来不断发展的“农民合作组织+农业信息网+农民”模式、“高校、科研单位+农业信息平台+农民”模式、“企业+运营商+农信通或电子商务+农户”模式等。这些模式在北京、江苏、广东等地取得了良好的推广效果，其中，全国12316“三农”信息平台的建设，更是成为我国农业信息现代服务的主要途径和平台。但是，我国农业信息服务水平仍然处在初级阶段，与发达国家相比，基础相对薄弱，发展相对滞后，总体水平还不高。主体部门对发展农业信息服务的重要性认识还不够强，农民对农业信息化的应用程度低；基础设施服务体系尚不健全，农村网络基础设施建设滞后；自主创新能力不足，领军人才和专业人才匮乏，农业信息技术成果转化和推广应用比例低；市场服务、监管制度体系不健全等因素，都极大地限制了农业信息服务的发展速度。因此，亟待从服务意识、基础条件、科技创新、人才培养、机制体制等方面去改革提升，并着力加快信息进村入户推进速度，破解农业信息化服务“最后一公里”障碍。

根据产业链，可以把我国的现代农业划分为产前、产中和产后三个环节，三个环节涉及农业生产中的资源、能源、环境三方面内容。农业资源方面应建立现代种业综合服务体系，从源头做好服务；推广应用现代物理农业工程技术，进一步提高农业机械化水平；加强农田水利建设，发展节水型农业；推进肥料行业的供给侧改革，发展水肥一体化技术；加强农药市场监管、保证农业安全；提出从供给侧改革出发完善现代种业服务，加强农机专业合作社建设提高农业物质技术装备水平；通过农田水利建设促进农业转型，实施虚拟水战略实现水资源区域调配；加快现代节水型灌溉区建设提高水资源利用效率，规范水溶性肥料行业发展；加强对农药市场的监管和服务等方面来改善农业资源供给和服务。农业能源方面应积极发展新能源、推广绿色能源，改善农村用能结构，降低农业碳排放；建设全能型乡镇供电所，适应农电工作发展新要求；加强农业排灌电力设施投资和管理，做好排灌服务。提出通过积极推广利用新能源、绿色能源，科学规划建设全能型乡镇供电所，妥善解决农业排灌电力设施的管理维护问题等丰富农村能源保障和服务。农业环境方面应发展品牌、高效农业，加速推进农业产业化发展，促进农业转型升级；应提高农业适应自然环境的能力，加强对自然环境的保护，促进农业与自然和谐发展；应完善政策制度配套服务，加强人力资本投资。提出从多方构建农业产业化服务体系、精准着力发展品牌农业、培育新型经营主体、服务发展现代农庄经济、加速发展循环生态农业、加强农业气象观测服务、学习引进先进的农业推广服务体系、加快土地确权、及时解决农村土地流转过程中出现的问题、探索完善职业农民培训模式、提高职业农民教育培训质量等方面加强农业环境支持和服务。

CONTENTS

>>>目录

第一章　绪论

在经济发展、社会进步和技术创新的背景和条件下，农业在经济结构升级中所占国民经济比例降低，农村在城镇化过程中发生社会转型，农民在就业人员结构中的数量减少。在农业中，经济、社会和技术变化集中体现于现代农业服务业的发展。现代农业服务业既是经济、社会和技术变化的产物，又是农业、农村和农民变化的条件，现代农业服务业支撑农业、农村和农民现代化转型与发展。

中国农业现代化与信息化叠加，信息化背景下的中国农业现代化，是中国农业现代化的持色之一，“信息化”和“绿色化”是中国农业现代化两大特色。与工业化背景下实现农业现代化的先发达国家相比，除有农业服务业支撑农业现代化的“共性”之外，还有在信息化条件下农业服务业现代化的“个性”。信息化条件下的农业服务业现代化是中国特色农业现代化的重要内容。

1.1　现代农业服务业发展的背景

中国现代农业服务业发展的背景，既有经济、社会和技术的发展和进步，又有农业、农村和农民的变化；既有国内市场化改革的深化，又有国际化的进一步开放。

1.1.1　我国经济社会发展和科技进步进入新阶段

我国进入服务业主导国民经济发展的新阶段。根据国民经济结构中三大产业所占比例的位次变化，可将社会经济发展分为四个阶段。在四个阶段中，第一、第二、第三产业位次的变化，反映出一个国家和地区发展的一般规律和状态。第一阶段为农业经济发展阶段，三大产业次序为一、二、三，即国民经济中农业所占比例最大，农业人口最多，农业税收是政府财政收入主要来源。第二阶段为工业化初级阶段，三大产业次序为二、一、三。工业产值超过农业，国民经济进入工业化阶段，农业地位下降至第二位，第三产业仍然不发达。第三阶段为工业化高级阶段，三大产业次序为二、三、一。在这个阶段国民经济发展仍然由工业主导，但是第三产业超过农业，提高到第二位，并且农业比重不断下降。第四阶段为服务经济发展阶段，是为国民经济发展最高级阶段，三大产业次序为三、二、一。第三产业服务业超过工业，处于第一位，工业比重下降的同时，农业在国民经济中的比重更小。自1949年中华人民共和国成立以来，我国从处于第一阶段的落后农业国，顺利进入最高级的第四阶段，第三产业处主导地位，服务经济主导国民经济发展。我国国民经济发展的四个阶段依次转变，三大产业所占比重的位次发生变化的时间节点，清晰地反映我国国民经济发展过程。

国民经济结构升级过程中，实现产业结构的高级化和合理化。产业结构高级化有三个方面的内容：第一，在整个产业结构中，由第一次产业占比大逐级向第二次、第三次产业占比大演进，即产业比重变化依次转移。第二，产业结构中由劳动密集型产业占优势逐级向资金技术密集型和知识密集型占优势的产业演进，即要素密集度从传统向现代转移。第三，产业结构中由制造初级产品的产业占优势逐级向制造中间产品、最终产品的产业演进，产品形态从低到高依次转移。产业结构高级化的结果是产品加工程度高、附加值高、技术水平高和生产率高。产业结构合理化是以科学技术为支撑、以消费需求结构变化为条件、以人力素质和资源条件为基础，对产业结构进行调整和优化，实现生产要素的合理配置和产业协调发展。判断产业合理化的标准，第一，能取得较高的整体经济效益，并能保证社会有效需求的满足。第二，充分利用国内资源以及国际分工，使生产要素得到最优配置和合理利用。第三，实现人口、资源、环境的良性循环。第四，实现国民经济各部门的协调发展。

1949年，我国农业产值为68.4%，1955年之前处于第一发展阶段，推进的工业化使国民经济结构在薄弱的基础上快速发生变化。1956年，工业产值超过农业，工业、农业产值分别为51.2%和48.8%，国民经济进入第二发展阶段，即初级工业化阶段。经过近30年的工业化进程，我国初步建立工业化体系，国民经济向高级阶段发展。特别是农村改革，加速国民经济结构变化。1985 年，第三产业产值超过第一产业，第一、第二、第三产业比重分别为 28.4%、42.9%和 28.7%，国民经济进入第三发展阶段，即高级工业化阶段。2013 年我国国民经济结构中第三产业超过第二产业，第一、第二、第三产业的产值比重分别为 9.3%、44.0%和 46.7%，我国国民经济进入第四阶段，即最高级发展阶段，国民经济由第三产业服务经济主导发展。在国民经济结构中，第三产业比重上升和第一产业下降这种趋势不断强化，2016 年，国民经济结构中的第一、第二、第三产业的比重分别为 8.6%、39.8%和 51.6%。

社会进入以新型城镇化引领发展的新阶段。经济发展推动着社会结构发生变迁，城市化率的变化反映一个国家和地区从农业社会的城镇化过程，社会和经济同时发生着“非农化”的变化，在经济结构和社会结构变化中伴随着空间结构及城乡关系的变化。在这个过程中，人口从农业和农村转移到工业和城市，农业和农村的经济活动和价值创造相对减少。社会结构从落后的城乡对立的二元结构，向发达的城乡协调发展转变。我国城镇化率呈阶段性上升，乡村人口所占比例每下降 10%的台阶发生在以下年份，1949 年我国乡村人口为 89.36%；1980 年为 80.61%；1997 年为 70.08%；2002 年为 60.91%；2010 年为 50.05%。从 2011 年我国城镇人口成为多数，到 2016 年城镇化率达到了 57.35%。在这个变化中，伴随着农村劳动力向城市和工业的转移，农业劳动力数量不断减少，并且出现兼业化和老龄化趋势。在 20 世纪 90 年代以前，由于人口增长和人口流动限制，我国农业劳动力数量不断增长，从 1952 年 1.73 亿人增长到 1991 年 3.91 亿人，从 1992 年开始下降，到 2015 年减少到 2.19 亿人，同时，农业劳动力占就业人口的比例不断下降，1952—2015 年，农业劳动力比重从 83.5%降为 28.3%。在农业劳动力减少的数量中，既有完全市民化的农村人口，也有游离于城乡间和工农间的农民工。2016 年，全国农民工有 2.82 亿人。在城镇化进程中，不断完善对城乡关系和城镇化的作用的认识，并落实相关政策。2004 年 10 月，中共十六届三中全会通过的《中共中央关于完善社会主义市场经济体制若干问题的决定》，提出“五个统筹”科学发展观，统筹城乡发展、统筹区域发展、统筹经济社会发展、统筹人与自然和谐发展、统筹国内发展与对外开放。2013 年 11 月，中共十八届三中全会《中共中央关于全面深化改革若干重大问题的决定》提出，完善城镇化健康发展体制机制。坚持走中国特色新型城镇化道路，推进以人为核心的城镇化，推动大中小城市和小城镇协调发展、产业和城镇融合发展，促进城镇化和新农村建设协调推进。优化城市空间结构和管理格局，增强城市综合承载能力。2016 年 2 月，国务院《关于深入推进新型城镇化建设的若干意见》，针对城镇化中存在的农业转移人口市民化进展缓慢、城镇化质量不高、对扩大内需的主动力作用没有得到充分发挥等问题，提出要坚持走中国特色新型城镇化道路，以人的城镇化为核心，以提高质量为关键，以体制机制改革为动力，围绕新型城镇化目标任务，加快推进户籍制度改革，提升城市综合承载能力，制定并完善土地、财政、投融资等配套政策，充分释放新型城镇化蕴藏的巨大内需潜力，为经济持续健康发展提供持久强劲动力。

科学技术进入信息化时代。在农业时代和工业时代之后，人类社会正在向信息时代发展，跨进信息革命的第三次浪潮，社会形态从农业社会、工业社会发展到信息社会。信息社会与农业社会和工业社会最大的区别，就是不再以体能和机械能为主，而是以智能为主。信息化大约从 20 世纪 50 年代中期开始，以计算机和信息技术为主体，创造和开发知识。自 20 世纪 90 年代以来，全球信息技术不断创新、信息产业快速发展、信息网络广泛普及，信息化成为经济社会发展的显著特征，逐步向一场全方位的社会变革演进。1997 年，我国首届全国信息化工作会议召开，对信息化定义为培育、发展以智能化工具为代表的新的生产力并使之造福于社会的历史过程。国家信息化是在国家统一规划和组织下，在农业、工业、科学技术、国防及社会生活各个方面应用现代信息技术，深入开发广泛利用信息资源，加速实现国家现代化进程，构建和完善国家信息体系，包括开发利用信息资源、建设国家信息网络、推进信息技术应用、发展信息技术和产业、培育信息化人才、制定和完善信息化政策六个方面。进入 21 世纪，信息化对经济社会发展的影响更加广泛和深刻，高度渗透的信息技术正孕育着新的重大突破。2006 年 5 月，中共中央办公厅、国务院办公厅印发《2006—2020 年国家信息化发展战略》，推进国民经济信息化，面向“三农"的信息服务。利用公共网络,采用多种接入手段,以农民普遍能够承受的价格,提高农村网络普及率。整合涉农信息资源,规范和完善公益性信息中介服务,建设城乡统筹的信息服务体系,为农民提供适用的市场、科技、教育、卫生保健等信息服务,支持农村富余劳动力的合理有序流动。

2015 年 12 月,我国网民数达到 6.88 亿人,互联网普及率达到 50.3%,互联网用户、宽带接入用户规模位居全球第一。第三代移动通信网络(3G)覆盖全国所有乡镇,第四代移动通信网络(4G)商用全面铺开,第五代移动通信网络(5G)研发步入全球领先梯队,网络提速降费行动加快推进。2016 年 8 月,中共中央办公厅、国务院办公厅印发《国家信息化发展战略纲要》,把信息化作为农业现代化的制高点,推动信息技术和智能装备在农业生产经营中的应用,培育互联网农业,建立健全智能化、网络化农业生产经营体系,加快农业产业化进程。加强耕地、水、草原等重要资源和主要农业投入品联网监测,健全农业信息监测预警和服务体系,提高农业生产全过程信息管理服务能力,确保国家粮食安全和农产品质量安全。2016 年 12 月,国务院《"十三五"国家信息化规划》,提出推进农业信息化,实施"互联网+现代农业"行动计划,着力构建现代农业产业体系、生产体系、经营体系。推动信息技术与农业生产管理、经营管理、市场流通、资源环境融合。推进种植、畜牧、兽医、渔业、种子、农机、农垦、农产品加工、动植物检验检疫、农村集体资产财物管理、农业资源环境保护、农村污水、农村能源,以及水利设施、水资源、节水灌溉、饮水保障等行业和领域的在线化、数据化。加快补齐农业信息化短板,全面加强农村信息化能力建设,建立空间化、智能化的新型农村统计信息综合服务系统。着力发展精准农业、智慧农业,提高农业生产智能化、经营网络化、管理数据化、服务在线化水平,促进农业转型升级和农民持续增收,为加快农业现代化发展提供强大的创新动力。

1.1.2 市场化改革和开放提供发展新环境

国内市场化发展深入推进。1978 年,中共十一届三中全会后,在开展家庭承包经营的农村改革的同时,启动了市场经济的局部探索,重视价格的作用，提高了农产品收购价格。1984 年 10 月 20 日，中国共产党十二届三中全会在北京举行。会议通过了《中共中央关于经济体制改革的决定》提出计划经济是公有制基础上的有计划的商品经济，必须自觉运用价值规律开展有计划的商品经济，进入了市场经济的全面探索阶段。1992 年，中共十四大确立社会主义市场经济体制的改革目标，中国经济体制改革进入以建立市场制度主要内容的新阶段。2002 年，中共十六大提出，21 世纪头 20 年改革的主要任务是完善社会主义市场经济体制，建成完善的社会主义市场经济体制和更具活力、更加开放的经济体系。2012 年，中共十八大提出加快完善社会主义市场经济体制。2013 年 11 月，十八届三中会通过了《中共中央关于全面深化改革若干重大问题的决定》，经济体制改革是全面深化改革的重点，核心问题是处理好政府和市场的关系，使市场在资源配置中起决定性作用和更好发挥政府作用。市场决定资源配置是市场经济的一般规律，健全社会主义市场经济体制必须遵循这条规律，着力解决市场体系不完善、政府干预过多和监管不到位问题。在市场化改革进程中，农业市场化程度不断提高，农产品从计划经济时期的统购统销，到 2004 年进一步深化粮食流通体制改革，全面放开粮食购销市场。从产品市场不断市场化，到要素市场日益完善，市场化条件下的社会化服务也不断发展，农业服务业市场日益繁荣。

随着对外开放，国内市场与国际市场不断融合，不仅市场规模扩大，而且影响日益增强。中国农业市场化进程中，国际化不断提高。中国农业不仅面对国内和国外两个市场参与竞争，还可以利用国内和国外两种资源拓展发展空间。2001 年我国加入 WTO，到 2015 年入世 15 年的保护期期满。在入世后历时 15 年的国际化的竞争中，既有大蒜和蔬菜等农产品出口量的快速增加，也有粮食和大豆等大宗农产品的迅猛增长。我国已成国际大粮食进口国，2014 年，中国粮食进口首次突破 1 亿吨。2002—2015 年，中国的粮食进口量增长约 780%。2015—2016 年，中国大豆进口量为 8323 万吨，占全球贸易量的比重为 62. 9%。期间，国内大豆产量为 1178. 5 万吨，进口依赖度高达 87. 6%。国外农产品进口增加，我国农产品出口困难，虽然有国外“绿色壁垒”的原因，但主要是我国农业国际竞争力较弱。为此，一方面我国粮食安全政策适时切实调整，适度扩大进口；另一方面一批企业走向国际租地购场生产满足国内市场日益提高的需求。结果必然是农产品国际贸易不断增长，供给与需求之间，生产和消费之间的空间距离和交易环节同时增加，农业产业链和供应链同时拉长。由此带来农业服务业的国际化，国际化的农业服务业也必然促进我国现代农业的发展和国际竞争力的提升，使我国农业面临更大的国际竞争压力，降低生产成本，提高产品质量。

1.1.3 农业和农村发展有待解决“三农”新问题

农业现代化进程加快，有待凸显中国特色。1998 年 10 月，中共十五届三中全会通过的《中共中央关于农业和农村工作若干重大问题的决定》，总结农村改革 20 年的经验和成果，对我国农业发展做出客观判断，已经解决了农产品长期短缺的温饱问题，开始进入结构调整的发展阶段，标志着我国农业开始从传统农业向现代农业转型。之后的近 20 年，我国农业现代化水平不断提高，耕地和农业劳动力减少，资本和技术集约度提高，粮食总产不断增加，农业结构优化，产业化水平提升。特别是“十二五”时期，党中央、国务院不断加大“强农、惠农、富农”政策力度，农业现代化建设取得了巨大成绩。农业综合生产能力跨上新台阶。粮食总产连增，连续三年超过 6000 亿千克。肉蛋奶、水产品等“菜篮子”产品供应充足，农产品质量安全水平稳步提升，现代农业标准体系日益完善。物质技术装备达到新水平。农田有效灌溉面积占比达到 52%，农业科技进步贡献率达到 56%，主要农作物耕种收综合机械化率为 63%，良种覆盖率超过 96%，现代设施装备和先进科学技术支撑农业发展的局面初步形成。以土地制度、经营制度、产权制度和支持保护制度为重点的农村改革深入推进，家庭经营、合作经营、集体经营、企业经营等多种形式的适度规模经营比重明显上升，逐步呈现适度规模经营新局面。农产品加工业与农业总产值之比达到 2.2∶1，农产品电子商务等新型业态蓬勃发展，走生态友好型农业发展道路逐步成为社会共识，产业格局呈现出新变化。我国东部沿海、大城市郊区和大型垦区的部分县市已基本实现农业现代化，国家现代农业示范区成为引领全国农业现代化的先行区。我国农业现代化已进入全面推进、重点突破、梯次实现的新时期。但是，我国农业现代化面临的新挑战，主要是资源环境和生态约束趋紧，国际竞争压力增强，原有农业政策有待调整和完善。资源硬约束日益加剧，人多地少水缺是我国基本国情。全国新增建设用地占用耕地年均约 480 万亩，占平衡补充耕地质量不高，守住 18 亿亩耕地红线的压力大。耕地质量下降，耕作层变浅、黑土层变薄、土壤酸化等问题凸显，华北地下水超采严重，水土资源越绷越紧。我国粮食安全和主要农产品有效供给与资源约束的矛盾日益尖锐。环境污染问题突出，确保农产品质量安全的任务艰巨。城市工业“三废”和生活外源污染扩散到农业和农村，镉、汞、砷等重金属不断污染农产品产地环境，全国土壤主要污染物点位超标率为 16.1%。同时，农业面源性污染严重，化肥和农药利用率不足 40%，农膜回收率低，畜禽粪污有效处理率低，秸秆焚烧现象严重。农业和农村环境污染加重，直接影响农产品质量安全。生态系统退化明显，全国水土流失面积 295 万平方千米，年均土壤侵蚀量 45 亿吨，沙化土地面积 173 万平方千米，石漠化 12 万平方千米。高强度、粗放式生产导致农田生态系统结构失衡、功能退化，草原超载放牧问题依然突出，草原生态总体恶化局面未能根本扭转。湖泊和湿地面积萎缩，生态服务功能弱化。生物多样性受到严重威胁，生态系统退化，生态保育型农业发展面临诸多挑战。当前我国农业面临的另一挑战是加工程度低，产后浪费大。虽然我国农产品加工业发展迅速，但是由于产地初加工设施简陋、工艺落后、方法原始，品质较差。造成农产品产后损失严重，平均损失率远高于发达国家。据专家测算，折算经济损失达 3000 亿元以上，相当于 1 亿多亩耕地被浪费掉。农产品产地初加工主要包括产后净化、分类、分级、干燥、预冷、储藏、保鲜、包装等环节，由农户和专业合作组织完成粗加工的比重占农产品产量 50%，有的品种甚至高达 80% 以上。产后损失大的农产品主产区，主要是我国中西部地区，经济基础相对薄弱，农民增收困难，大量的产后损失，不仅严重影响了农民增收和农业增效，同时也影响到农产品的有效供给和质量安全。

在我国农业现代化进程中应对新挑战的同时，不断突出我国农业现代化的特色，走出适应我国国情的农业现代化道路。在国际层面比较，我国现代农业具有三个方面的特色。一是信息化。我国的农业现代化不同于先行发达国家在工业化背景下实现的现代化，现阶段的农业现代化与信息化相叠加，我国农业现代化的一般性是资本技术密集型，特殊性是知识密集型。发达国家现代农业的资本技术密集型和知识密集型在时间上是先后实现的，而我国则是同时完成的。二是绿色化。工业化背景下的现代农业经历了“石油农业”的“黑色农业现代”阶段，有了能源和资源的大量耗费、生态破坏、环境污染的经验教训之后，走可持续发展道路。而我国农业在现代化初期就在消费需求和国际竞争中选择走生态友好的“绿色农业现代化”道路。三是差异化。我国农业现代化既不同于资源丰富的大国农业现代化，如美国、澳大利亚，又不同于资源稀缺小国和地区的农业现代化，如日本、韩国和中国台湾地区，也不同于界于二者之间的欧洲的农业现代化。我国农业现代化的差异化主要不会整体推进、同步实现和同一模式。表现为两个方面，一是在发展水平上中西部与东部的差异。东部先行实现，并且是在城市化和工业化高度发达条件下的政府强力支持，在局部地区先行实现。而中西部农业现代化则是在更强、更多的约束条件下，逐步演进实现。二是在资源禀赋条件下的东北地区和西部与中部和东部的差异。我国东北地区和西部地区人地关系显著不同于土地资源稀缺的中部地区和东部地区，在现代化路径和技术路线以及产业选择，必然不同于中部和东部地区。“十三五”时期需要把握经济发展新常态，围绕推进农业现代化和农业供给侧结构性改革的目标任务，坚持需求导向、创新驱动、强化应用、引领发展，推动现代信息技术在农业生产、经营、管理、服务各环节和农村经济社会各领域深度融合，推进农业网络化和数据化，加快具有中国特色的农业现代化进程。

我国农村发生着结构性变迁，向现代化农村转型面临新问题。伴随着城镇化水平提高和农村劳动力大量转移，我国农业从传统向现代转型，“十一五”时期以来我国加快推进新农村建设，及“十三五”时期的精准扶贫，我国农村结构在经济、社会和空间等方面发生着深刻变化。20 世纪 90 年代初，农民开始进城务工增加收入，我国新增了一个日益庞大的“农民工”群体和阶层，“农民工”同时改变农村和城市的社会结构，给农村带来结构变化。青壮年和农业劳动力减少，农村出现“空心”“空壳”和“空巢”的同时，提高了农业机械化水平、土地流转率和社会服务化程度，扩大了农业经营规模，改变了农民收入结构，促进了农民分工分业，提高了农业现代化水平。农民收入结构中工资性收入比重不断提高，并成为支撑农民收入增长的重要因素。2015 年，农民工资性收入 4600. 3 元，首次超过家庭经营收入，占总收入的 40. 3%。农村的面貌发生变化，一方面是农民增收后住房换代，20 世纪 80 年代和 90 年代的砖瓦房和平房，现在逐渐变为楼房；另一方面农村道路、通信和饮水等生产和生活设施建设和条件不断改善。但是，农村生态和环境问题日益突出，一方面是农业生产过量施肥用药和养殖污染，另一方面是由于农民消费工业加工品增加导致的生活污染增加，由于缺乏废水和垃圾处理设施，污水横流和垃圾围村现象较为严重。改善农业生态、减少农业污染、美化农村环境，成为农村现代化进程迫切解决的问题，是事关经济、社会、生态和政策的综合性问题。

农民收入不断增长，但农民增收面临新困境。改革开放以来，我国农民问题的核心主要是收入问题，农民增收一直是政府解决农民问题的关键，主要表现为三个方面：一是收入水平的提高；二是收入结构的优化；三是影响收入农民增收的因素。第一，不断提高农民收入水平，但相对收入差距仍然突出。1978 年，农民年均纯收入为 133. 6 元，日值 0. 37 元；2016 年，农民年均纯收入为 11421. 7 元，日值 31. 7 元。农民收入水平提高的同时，生活水平有极大改善和提高。但是，与城市年均收入相比，农民收入水平相对较低，城乡收入差距明显过大，2005 年城乡人均收入之比高达 3. 23 : 1。经过“十一五”以来推进新农村建设和农业现代化，特别是“十三五”的精准扶贫，城乡收入差距明显收窄，2015 年和 2016 年城乡人均收入之比分别为 2. 73 : 1 和 2. 71 : 1。第二，农民收入结构中工资性收入增长，支撑农民收入水平提高的同时，导致兼业化问题突出。实行家庭承包经营后的 1985 年，农民收入结构中家庭经营收入高达 77%，工资收入只有 18%，此后的变化是家庭经营收入占比不断下降，工资性收入比重日益提高，2015 年首次超过家庭经营收入，成为支撑农民收入增长的最重要的收入来源。农民收入主要来源于“非农”，表明农业劳动力大量“非农化”，而在农村，农业则是“兼业化”，严重制约着专业化。为此，非农化的农民工的“市民化”，从事农业生产经营的农民职业化，必然的结果是农民收入结构中的家庭经营的农业收入占比上升。为此，促进农民在农与非农之间的专业分工，优化农民收入结构，享受社会分工收益，将成为促进农民增收的新常态。第三，影响农民收入水平提高和制约收入结构优化的因素复杂，解决问题的出路是政府主导和市场驱动。影响农民收入水平提高和导致城乡收入存在不合理差距，主要有以下四个方面的原因：第一，农业基础弱，相对生产率低，是制约农民收入增长的根本原因。第二，农村公共产品供给不足，是制约农民收入增长的间接原因。第三，农民受教育水平和组织化程度不高，是制约农民增收的主体原因。第四，是城乡分治制度和阻隔，是扩大城乡居民收入差距的制度原因。自实施统筹城乡发展和城乡一体化发展政策以来，以上方面的改进实现了缩小城乡收入差距的政策目标。农民收入结构优化的方向是专业化和现代化，即农民收入主要来自专业化的农业生产经营，农民增收方式从靠体力劳动增收转向用技术和管理增收，根本路径就是让兼业农民和身份农民，转变为专业的职业农民。目前，制约农民收入结构优化的主要原因是，已经非农化农民不能离开农村融入城市，有以下方面：一是仍然存在农民融入城市的制度“门槛”。因社会保障和福利城乡差异和城市入户条件限制，进城农民不能实现市民化。二是存在农民离开农村的利益“门槛”。虽然土地流转可以使农民实现承包经营权的利益，但是，承包权和宅基地使用权，以及其他集体产权受益权，尚无有偿退出机制，农民为了既得利益，不愿放弃集体成员身份。三是农民自身能力“门槛”。由于城市生存压力大、节奏快、入职要求高，尤其是在知识经济和信息化背景下，未接受高等教育的农民在城市的工作和生活面临重重挑战。游离在农村和城市之间的2.8亿农民工，不再是工业化背景下转移进城的农民，多数转变为产业工人，而更多是在第三产业就业，促进服务业的发展。

1.2　现代农业服务业发展的条件

现代农业服务业既是农业和服务业发展到高级阶段的形态，又是农业和服务外相互融合的结果，同时也是在一定外部环境和技术条件下形成的产物。我国现代农业服务业发展的条件，主要取决于农业和服务业的现代化发展，及其相互作用关系。这样，使我国现代农业服务既有我国在信息化条件下的实现现代化的时代特征，又有中国社会经济环境和资源禀赋条件下的中国特色。

1.2.1 信息化背景下的中国农业现代化

我国在信息化背景下实现农业现代化，除具有工业化背景下的现代农业的特征之外，就是要发挥后发优势，充分利用信息和计算机技术加速实现农业现代化。信息化是指充分运用信息技术的方法、手段和最新成果，开发利用各种信息资源，培育和发展以智能化工具为代表的全新生产力，应用于生产、加工和销售过程中，快速提高生产效率，大幅减少流通损耗，加速实现产业化和现代化的完整过程。信息化条件下的农业现代化，是应用先进的信息技术和生产手段装备农业，用信息科学的方法组织和管理农业，利用网络资源提高农业生产者的科学文化水平，促进传统农业向现代农业转型。信息化条件下推进农业现代化，计算机和信息技术在我国农业现代化中的应用主要有以下三个方面：第一，政府信息。政府利用信息技术发布农业政务信息，打造公共服务平台。各级政府和涉农相关部门，以农业信息网络（Agriculture Information Network）发布各类政策信息，调控、管理和指导农业活动，颁布行业和产品标准，组织和实施政府项目，提供公共服务产品等，不断提高政府管理和服务效率。第二，市场信息。主要有三类市场信息，一是产品市场信息，即产品价格反映的市场行情和变化，商品结构和市场规模等；二是要素信息，即开展农业生产经营活动，获取土地、劳动、资金等要素的可获得性及其价格；三是服务信息，在产前、产中和产后的各生产环节，所需市场化的社会服务的可获得性及价格，如种子、化肥、农药、机耕、植保、机收、疫病防治等社会化服务。第三，生产经营管理信息。一是生产信息，对生产环境和条件的自动化控制和监测，控制水、肥、药、光、温、水等条件，监测苗情、病情、疫情、虫情，发展精准化农业；二是经营管理信息，动态管理生产过程，对产品、设施、人员、资源配置和财务状况的适时管理与优化。管理信息系统和决策支持系统有助于经营者进行农业生产方案的选择和优化，过程控制和管理，提质降本和增效，更好实现经营管理目标。

通过计算机信息技术，首先，可以促进农业生产条件现代化，利用现代信息技术使农业机械化、电气化、水利化和化学化融合，发挥最大效能。其次，可以促进我国农业科学技术的现代化，应用信息科技，精准管理生产过程的各个生产环节，降低成本、提高效率、加快提高农业发展的科学技术贡献率。再次，保进我国农业生产经营管理现代化，采用信息化的管理手段和方法，对生产、交换、分配、消费以及产前、产中和产后各个环节实现最优管理。最后，促进我国农民现代化，农民是现代农业发展主体，只有实现农民现代化，才有真正和全面的现代农业。应用信息技术，开展技术推广、技能培训、传授管理知识、更新观念、提高创新能力等。

在信息化背景下，我国现代农业以智慧、智能和自动化以及精准化等新技术做支撑，加速现代化进程。在信息化技术支持下，我国现代农业会出现跨界融合、跨业整合等新业态，增强农业的多功能化。应用信息化技术，我国现代农业在特有的国情下和新的国际背景下，突破已有的发展模式，创造出具有信息技术特点、时代特征和中国特色的新模式。

1.2.2 经济结构转型中的现代服务业发展

1997年9月，党的十五大报告中最早提出“现代服务业”；2000年，中央经济工作会议提出“既要改造和提高传统服务业，又要发展旅游、信息、会计、咨询、法律服务等新兴服务业”。2007年3月，国务院出台《关于加快发展服务业的若干意见》提出，到2020年，基本实现经济结构向以服务经济为主的转变，服务业增加值占国内生产总值的比重超过50%，重点发展现代服务业。这一目标提前实现，2012年，我国国民经济结构中的第三产业和第二产业持平；2013年，首次超过第二产业，我国经济发展进入由服务业主导的发展新阶段；2016年，第三产业比重达到51.6%，表明我国现代化进程迈上新台阶，发展现代服务业成为我国经济发展重点。

发展现代服务业对促进我国社会经济发展具有重要意义。第一，可以继续提高服务业在三次产业结构中的比重，巩固服务业作为国民经济的主导产业地位，推进经济结构调整和优化，加快转变经济增长方式。第二，可以有效地缓解能源资源短缺的“瓶颈”制约，提高资源利用效率，实现可持续发展。第三，适应对外开放新形势，扩大国际分工合作，实现综合国力整体跃升的有效途径。第四，加快发展服务业，可以形成更为完备的服务业体系，提供丰富的满足人民群众物质文化生活需要的产品，同时成为吸纳城乡新增就业的主要渠道。第五，发展现代服务业是解决民生问题、促进社会和谐、全面建设小康社会的内在要求。

现代服务业是知识经济时代，应用信息化的新技术，以新业态和新服务方式改造和提升传统服务业，并以新兴服务业创造需求，引导消费，向社会提供高层次、知识型、高附加值的生产服务和生活服务，实现服务业的创新。现代服务业既包括对传统服务业的技术改造和升级，也包括新兴服务业，实质是实现服务业的现代化。现代服务业的发展基于社会进步、经济发展、社会分工的专业化需求，具备智力密集度高、资源消耗少、产出附加值高和环境污染少等特点。

实现第三产业主导我国经济发展的目标，这一步与先前在工业化背景下进入服务业主导经济发展的发达国家不同，我国的服务业时代是在信息化背景下到来的，所以，我国发展现代服务业在背景、技术、内容和重点等方面都会有突破和创新。根据国务院《关于加快发展服务业的若干意见》提出的重点发展现代服务业的要求，生产性服务业主要是促进现代制造业与服务业有机融合、互动发展。以现代服务业细化、深化专业分工，鼓励生产制造企业改造现有业务流程，推进业务外包服务，加强企业核心竞争力，同时加快从生产加工环节向自主研发和品牌营销等服务环节拓展和延伸，降低资源消耗，提高产品附加值。优先加快运输业发展，提高物流的专业化和社会化服务水平，大力发展第三方物流；发展信息服务业，加快软件业发展，以信息化带动工业的实现智能制造，完善信息基础设施，推进“三网”融合，发展增值和互联网业务，促进电子商务和电子政务；以信息化提升金融服务业，完善金融市场体系，创新产品、服务和管理；以信息化加快发展现代科技服务业，充分发挥科技服务的支撑和引领作用，以信息技术加快专业化的科技研发、技术推广、工业设计和节能服务业的发展；促进法律咨询、会计审计、工程咨询、认证认可、信用评估、广告会展等现代商务服务业；以信息技术提升改造商贸流通业，连锁经营、特许经营等现代经营方式，形成新型业态。通过发展现代服务业实现物尽其用、货畅其流、人尽其才，降低生产成本和交易成本，提高资源利用效率和配置效率，加快发展新型工业化。

我国现代服务业发展存在的主要问题，表现为一些地方政府视工业为有分量的实体经济，而认为服务业对 GDP 和财政收入贡献虚而不实，对发展现代服务业重视不够。我国服务业总体上表现为供给不足、结构不合理、服务水平低、竞争力弱，对国民经济发展的贡献率有待提高。目前，现代服务业不适应经济社会发展、产业结构调整升级，不适应全面建设小康社会和构建和谐社会的目标要求，不适应经济全球化和全面对外开放的新形势。

采取措施加快我国现代服务业的发展。第一，加快推进服务领域各项改革，鼓励市场竞争。服务业国有资本集中在重要公共产品和服务领域，满足国有经济布局战略性调整的要求。放宽市场准入，引入竞争机制，深化电信、铁路、民航等服务行业改革，推进国有资产重组，实现投资主体多元化。深入推进国有服务企业改革，对竞争性领域的国有服务企业进行股份制改造，建立起现代企业制度，使其成为真正的市场竞争主体。明确社会事业的公共服务职能和公益性质，而对能够实行市场经营的服务，动员社会力量参与市场竞争，增加市场供给。加快事业单位改革，将营利性事业单位改制为企业，尽快建立现代企业制度。推进政府机关、企事业单位的后勤、配套服务的改革，由内部自我服务为主转变为由社会提供服务为主。实行公开、平等、规范的服务业准入制度，打破垄断，消除市场壁垒，实现充分竞争。第二，加大政策扶持和投入力度，切实推动服务业加快发展。在财税、信贷、土地、工商和价格等方面，完善促进现代服务业发展的政策体系。投入资金，重点支持现代服务业关键领域和薄弱环节发展，提高自主创新能力。第三，完善和优化环境，为现代服务业的发展创造条件。通过标准化建设建立服务业标准体系，保障现代服务业健康发展。通过鼓励服务消费，创造有利市场环境。通过完善人力资源体系，为发展现代服务业提供人才保障。第四，扩大对外开放，为现代服务发展提供国际市场空间。推进服务领域对外开放，提高现代服务业竞争力，参与国际竞争和社会分工，扩大互利合作和共同发展。

1.2.3 农业多功能化与产业融合相交织

现代农业阶段突出了农业的多功能性。在现代化进程中农业多功能性日益凸显。农业在三大产业中与第二、第三产业相区别的根本特征，表现为它是经济再生产和自然再生产相交织的生产过程，它与自然的关系衍生出复杂的经济关系和社会关系，并且随着人类历史的进步和社会经济的发展，这些关系不断丰富和日益复杂。原始农业出现之初，就是人们通过劳动获得生存资料，处于最简单的人与自然的依存关系，农业具有最基本的功能——满足人们食物之需。随着农业生产力发展和农业生产率提高，出现剩余产品，有了交换之后，农业滋生出经济关系和社会关系。随着农业生产力水平的提高，奠定人类社会发展的物质基础，出现经济部门多样化，社会关系复杂化。人类社会从农业社会，经历工业社会，发展到服务经济时代。在这个发展过程中，农业从原始农业，经历传统农业，发展到现代农业。农业扩张支撑人口增长，不断对自然利用的广度和深度，对生态环境破坏的同时，奠定了社会经济发展的物质基础，有了第二、三产业的发展，才使农业有了发展到现代农业的物质装备和技术条件。当农业进入现代化发展阶段，人类的物质需求得到极大满足的同时，有了更多的生存需要和更高的发展需求，以及更丰富的精神需求，发现和发掘农业基本功能之外的潜在功能，以满足人们的需求。因为五千年的中华文明存续，我国从原始农业到现代农业的发展进程，完整地反映着自然、经济和社会关系的产生、丰富和发展的变迁过程。从炎黄时期原始农业出现，春秋时期传统农业萌芽，秦汉时期传统农业形成，到20世纪80年代传统农业终结，开始向现代农业转型。当我国农业与社会经济同步进入现代化阶段时，农业的多功能性逐渐突现出来。

农业多功能性概念的提出，源于20世纪80年代末和90年代初日本的“稻米文化”。1992年6月，在巴西召开的联合国环境与发展大会通过的《21世纪议程》，采用了“农业多功能性”提法。1996年，世界粮食首脑会议通过《罗马宣言和行动计划》，明确提出考虑农业的多功能特点，促进农业和乡村可持续发展。1999年9月，联合国粮农组织在马斯特里赫召开了由100多个国家参加的国际农业和土地多功能性会议；同年，日本颁布的《粮食·农业·农村基本法》强调农业除其经济功能外，同时具有社会功能、生态功能和政治功能等多种功能 。所以，农业多功能性是指农业具有提供农副产品、促进社会发展，保持政治稳定、传承历史文化、调节自然生态、实现国民经济协调发展等功能。同时，各功能又表现为多种分功能，各功能相互依存、相互制约、相互促进的多功能有机系统特性（王秀峰，2006）。农业的多功能性所包含的内容主要有五个方面 ：第一，经济功能。农业的基本功能主要是为社会提供农副产品，以价值形式表现出来。其核心作用是满足人类生存和发展过程中对食品的需求，还有不可估量的以依托农业提供服务获得的经济价值，对国民经济发展起基础作用。经济功能还表现为支撑国民经济实现协调发展与可持续发展，农业对国民经济发展主要有产品、市场、要素和外汇四大贡献。第二，社会功能。主要是对劳动就业和社会保障，支撑社会发展的功能。农业作为基础产业，不仅容纳劳动力就业，而且农副产品质量、数量及其安全性影响着人民的健康状况、营养水平和最基本的生存需要，并保障优美的环境，直接关系社会发展问题。“民以食为天，本固天下安”。因此，农业是人类社会持续发展的基础。第三，政治功能。农业对社会和政治稳定基础保障功能。特别是在传统农业社会，农业生产水平决定社会秩序，农业生产方式决定了社会组织制度，农业发展水平决定国家实力和地位，而且扩展到军事、外交和国际政治。因此，农业具有重大的政治作用。第四，生态功能。农业对生态环境具有支撑和改善的作用。农业各要素本身就是生态环境的构成部分，农业与自然的关系，影响到农业的可持续发展、人类生存环境的改善、生物多样性和减灾防灾，对第二、第三产业的正常运行和分解消化其排放物产生效用。农业生产活动对生态环境的影响是正负两方面的，处理好人与自然的关系，是农业正确发挥生态功能的关键，减少农业污染，防止破坏生态。第五，文化功能。农业具有保护文化的多样性和提供教育、审美和休闲的作用。农业的一个古老历史，蕴藏着丰富的文化资源，农业对教育、审美等有关人们的世界观、人生观和价值观的形成具有影响，有利于正确认识人与自然的关系，以及经济与社会的关系，促进谐协发展。农业是文明历史和传统文化的载体。农业各功能之间是相互依赖、相互促进和相辅相成的。经济功能是基础，经济基础决定上层建筑，其经济功能的大小，不仅影响农业功能总量和基本功能的发挥，而且直接和间接影响其社会、生态、文化和政治功能的大小；农业的社会功能既是经济功能发挥的结果，也是其发挥经济功能的保障，同时也是其他功能的基础。在经济功能与社会功能之间的关系，主要是公平与效率的关系。在社会功能和生态功能之间，不能处理好人与人之间的关系，就不能处理好人与自然的关系。但是，这种关系又包含如何处理经济关系和利益关系，如“公地悲剧”就是这些功能关系的典型反映。农业生态功能的大小，不仅影响农业总功能的变化，而且直接和间接影响经济、社会、文化和政治功能作用的发挥。

历史和文化决定在世界上我国农业多功能性更具典型、更丰富。无论与欧美先行发达国家比较，还是与东亚日韩比较，虽然我国现代农业起步晚、发展水平低，但是，农业、历史、文化、国土面积和资源禀赋等因素决定了农业现代化进程中我国的农业多功能性得到更突出的反映和更典型的表现。主要表现为以下几个方面。第一，我国农业历史悠久，有着高度发达的农耕文明史。在我国历史进程中形成的两千多年的大国传统农业历史，在世界上是绝无仅有的。秦汉时期已经成熟的传统农业，其现代化进程却在近代史上被搁浅，一直延续到 20 世纪 80 年代。在漫长的农业社会历史中，不仅有农业文明的积淀和留存，还刻录着丰富的历史文化信息。既有丰富的旧社会制度的内容，也有跌宕的中华人民共和国成立后的篇章。第二，世界四大古老文明中，只有中华文明续存至今，使我国悠久农耕文明能够完整保存。中国不仅传统农业起源早，文明程度高，而且有清晰的史实和文字记载，以及丰富的文物支撑，形成浩瀚的文化，并产生深远的影响。文学、中医和社会习俗等都与农业紧密相关，并且农业历史借助于其他领域的文明成果得以传承。第三，多民族的大国农业，使我国农业内容丰富，关系类型复杂多样。从秦朝统一中国，到汉朝扩大政权版图，有北魏鲜卑族、元朝蒙古族和清朝满族进入中原和统治中国，使中国农业既有核心的中原农耕，又有北方大漠畜牧。幅员辽阔的国土上多民族在多类型自然条件下，创造了丰富多彩的农业文明成果。第四，历史、文化和资源禀赋条件决定了我国农业更强的社会性。与土地资源丰富的美欧不同，中国人多地少、人口密集，自然村落是一个相对独立和稳定的小社会，宗族关系和邻里关系密切，农业问题更多是农村社会问题。在传统农业社会里，不仅是农业发展史，也是一部农民运动史。朝代更迭，社会变迁，社会制度设计和农业技术等，都有显著的社会性质。在中国解决农业问题，多是用社会变革、政治手段和行政措施。而在西方国家，家庭经营土地规模大，相对独立性强，农业问题更多是经济问题，并且用经济手段和措施更有效。第五，我国农业作为多功能载体的综合性强，各项功能的作用都有显著表现。首先，在人口大国解决食品之需的农业基本经济功能作用更为突出。在地多资源禀赋少的条件下，需要用有限的土地解决温饱问题。所以，中国土地利用的强度大，追求单产和产量的欲望高，尤其是粮食。其次，古老悠久农业历史，塑造了中国农村社会，男耕女织、邻里守望、亲朋相助，农业发挥着重要社会功能。再次，大量的中国文学和艺术中以农业为体裁、以农民为主体、以农村为背景，唐诗宋词中有丰富的"三农"素材。耕读传家，典型反映了农业与文化的关系。关于生态功能，无论历史上每次人口增长和农业扩张，新品种的引进和品种更新，都对环境都有一次重要改变，还是现在的放牧超载、肥药过量及养殖污染，都是农业生态功能的负外部性。相反，退耕还林、治沙绿化和生态农业等则是正确发挥农业生态功能的措施。最后，无论是过去历史上，还是当代现实中；无论是在国内，还是在国际上，农业的政治功能都是显著的。作为大国，无论是国家治理，还是国际关系，大国农业的政治功能更强大。历史上，重要的战争资源是粮食，战争胜利的成果是占领土地和人口，生产更多粮食，提升国力和地位。现实中，作为大国，必须把饭碗端在自己手上，不可能像小国和地区，可能没有农业的发展。事关民生的农业问题是最大的政治，所以，2004 年以来连续颁布了 14 个"一号文件"。第六，我国农业现代化有更新的信息化背景，使农业的多功能性有更先进的表现手段。首先，信息化技术加速我国农业现代化进程，农业多功能性与现代程度高度正相关，随着农业现代化水平的提高，农业的功能性显著。其次，信息化改善和提升农业的功能性，效率更高、功能性更强。可以转变生产方式和手段，降低成本、提高效益、减少污染。最后，信息化改变和创新农业的功能。促进社会化服务，重塑社会关系和结构，产生创意农业、观光农业、康疗农业等新业态和新模式。

产业融合是起源于信息技术的产业革命。产业融合是在经济全球化和高新技术发展的背景下，以技术进步为支撑、以效益最大化为动力、以放松管制为条件的进程中产业模式创新和现代化发展，提高生产率和竞争力，形成新产业或新增长点。自 20 世纪 70 年代以来，随着以信息技术为核心的高新技术的发展和应用，一些基于工业经济时代大规模生产分工的产业边界逐渐模糊或消减，并在原有的产业边界处融合生成新的产业业态，而成为价值的增长点和最具活力的经济增长源泉与动力。这一“革命性”的产业创新，首先发轫于服务业，并向制造业和农业渗透扩展，从而引发了一场新的产业革命，推进全球经济服务化发展，并引发社会经济的深刻变化。1978 年，麻省理工学院（MIT）媒体实验室的创始人 Negreou-ponte，通过对最新技术发展的观察，用三个重叠的圆圈来形象地描述电子计算机、印刷和广播业三者之间的技术融合，并指出这三个产业的交叉处将是成长最快、创新最多的领域。他们的开创性思想引起了学术界的关注。此后，许多学者沿着他们的思路，从各自专业的角度对产业融合问题展开研究。一般可以从四角度理解产业融合。第一，从信息化角度理解，产业融合是在技术融合、数字融合基础上所产生的产业边界模糊化，即信息化作为“融合剂”和“催化剂”，以不同产业合成新产业。第二，从发展过程理解，产业融合是从技术的融合逐步到产品和业务的融合，再到市场的融合，最终实现产业融合的过程。第三，从产品服务和产业组织结构理解，随着产品功能的改变，提供该产品的组织之间边界的开始模糊，实现企业融合。第四，从产业创新和产业发展理解，产业融合是不同产业或同一产业的不同行业，在技术与制度创新的基础上相互渗透和交叉，最终融合为一体，形成新型产业形态的动态变化过程。从产业视角，产业融合可分为三类。第一，产业渗透类，是指高科技产业和传统产业在边界处的产业融合，即用高新技术改造和提升传统产业。信息技术日益从广度和深度上渗透到制造业及农业的各个环节中，使第一、第二产业的产品和生产过程，以至管理方式发生了深刻的、革命性的变化。第二，产业交叉类，是指通过产业间功能互补和延伸实现的产业融合，即相关联的企业的联结，多发生于高科技产业的产业链自然延伸的部分。这类融合更多地表现为服务业向第一、第二产业的延伸和渗透，生产性服务业正加速向第二产业的产前研究、产中设计和产后的信息反馈过程全方位的渗透，金融、管理、设计、研发、客户服务、培训、法律、技术创新、贮运、批发、广告等服务，在第二产业中的比重和作用日益强大，相互之间融合成混为一体的新型产业体系。如工业中服务比例上升、工业旅游、现代农业生产服务体系、农业旅游等。第三，产业重组类，多发生于具有紧密联系的产业之间，这些产业常是某一大类产业内部的子产业，有着有利的重组环境和条件。如农业内部的种植业、林业、畜牧业等子产业之间，以信息技术或（和）生物技术融合为基础，通过生物链重新整合，形成生态农业和观光农业等新型产业形态。在信息技术高度发展条件下，重组融合更多以信息技术为纽带，实现产业链的上下游产业的重组融合。产业融合已经成为产业发展新趋势，它通过产业渗透、产业交叉和产业重组等形式，以高新技术实现产业链、价值链的分解、重构和升级，引发产业功能、形态、组织方式和商业模式的创新和发展。

农村产业融合形成“第六产业”。农村的第一、第二、第三产业融合发展，以三大产业间的融合、渗透和交叉重组为路径，以产业链延伸、产业范围拓展和产业功能变化为表征，以产业发展方式转变为结果，通过形成新技术、新业态、新模式，带动资源要素、生产技术、市场需求的整合集成和优化重组，以至于农村产业空间布局的调整。推进农村第一、第二、第三产业融合，按产业层次关系，既可由低到高的顺向融合，也可以由高向低的逆向融合。顺向融合是按农、工、贸的顺序，以农业为基础，向农产品加工业、农村服务业顺向融合和发展，如发展产地加工业，建立农产品直销店，开展农业旅游等；逆向融合是按贸、工、农的顺序，依托城市和农村的服务业或加工业向农村和农业逆向推进，如依托大型超市，建立农产品生产基地等。通过农村第一、第二、第三产业的融合发展，最终要形成新技术、新业态、新模式。推进农村第一、第二、第三产业融合发展，要因地制宜、因业而异，采取适宜方式。归纳起来一般有以下方式。第一，产业联结，发展循环农业。在企业、合作社、家庭农场和农户等涉农企业组织内部，或在在它们之间，通过延长产业链条，建立产业联盟，深化分工协作，实现拉升产业链，建起循环链，达到降本增效，产品增值目的。第二，产业集聚，实现区域专业化。第一、第二、第三产业的相关产业组织，通过在农村空间集聚，形成专业化、集群化、网络化发展格局，实现一村一品、一乡一业，形成主导产业，以产业支撑建设特色小镇。第三，有机结合，形成利益共同体。农村第一、第二、第三产业虽然不能在空间上集聚，但借助信息化技术实现网络连接，以公司+基地+家庭农场（农户）、公司+基地+合作社+家庭农场（农户）、发展线上线下（O2O）有机结合的农业等。第四，开发新功能，形成新产业。通过开发、拓展和提升农业的多功能性，赋予农业科技、文化和环境价值，改造和提升农业，发挥乡村的生态休闲、旅游观光、农业科普、文化传承、保健疗养等功能，发展休闲观光农业、创意农业、体验农业，打造富有历史、产业、地域、人文和民族特色的乡村旅游产业。第五，建设专供基地，嵌入食品链。以食品短链的方式，进入航空食品、快餐连锁和速冻食品等食品产业，用标准化、工厂化的生产方式，开发食品短链，尽可能减少中间环节，确保消费者了解食品生产和流通过程的全部真实信息，保障食品安全，改善消费体验。不仅包括空间距离的“短”，还包括围绕产品的各类信息透明可见，消费者与生产者之间心理距离的“短”。可以把当地食品企业与本地休闲观光农业或乡村旅游的结合，生产与餐饮业的联系。自种自养、基地特供等是典型的食品短链方式，保证消费者对食品“放心”和“安全”。对于农村产业融合，推进农村第一、第二、第三产业融合发展的积极影响在于以下方面。第一，有利于推进农业结构调整和农业产业化由生产主导消费、主导转变，重视食品安全治理和农业品牌建设，加速农业发展方式的转变。第二，有利于开拓城市资本和生产要素进入农业和农村的通道，为农村产业发展提供要素支撑，促进以城带乡，以工强农、惠农。第三，有利于促进农村经济实现多元化，完善农业农村发展的内涵，改善农村生产生活条件，提升村落功能，改善农村环境，活跃农村经济与社会。第四，有利于现代服务业引领和支撑农业发展方式的转变，加强农业价值链，提高农业附加值和竞争力。第五，有利于瞄准“三农”发展的难点和焦点，提升农业的生产功能，激活农业的生态功能，打造农村经济新增长点。1994年，日本学者今村奈良臣提出“第六产业”概念，要义是通过鼓励农户搞多种经营，发展食品加工业、农资制造业和农产品流通、销售及观光旅游业等，实现农村第一、第二、第三产业的融合发展，以此让农民更多获取加工和流通环节的增值收益，增强农业发展活力。由于1、2、3之和、之积都等于6，因此称之为“第六产业”。“第六产业”概念强调基于产业链延伸和产业范围拓展的产业融合。今村奈良臣更加强调“第六产业=第一产业×第二产业×第三产业”，之积不同于之和，三者相乘则突出农村第一、第二、第三产业的融合发展能够产生乘数效应，生成新效益和更高的竞争力。日本和韩国最近20年的经验表明，推进农村第一、第二、第三产业融合发展，有利于延伸农业产业链，农民更好地参与农产品加工业和流通、旅游等农村服务业，延伸出新的农民增收空间。日本“第六产业”约70%的经营主体在实施“第六产业化”后收入明显增加。日本发展“第六产业”的核心是促进“地产地销”，就地增值。通过促进农产品本地化利用，发展农产品加工、流通和旅游等产业，提高农民收入，把原来流向外部的就业岗位和附加值内部化和本地化。日本“六次产业化”强调支持基于农业后向延伸，即产业次序由低到高，发展基于农业资源利用的农村第二、第三产业，让农业生产经营者更多地分享农产品加工、流通和旅游等消费环节的利润。同时防止工商资本进入农业，通过前向融合兼并农业，从而加剧农民对工商资本的依附关系。日本的经验表明，推进农村第一、第二、第三产业融合发展，应优先支持本土化的新型农业经营主体成长。但是，由于资源、能力、理念和营销渠道的有限，本土化的新型农业经营主体推进农村第一、第二、第三产业融合发展的速度非常缓慢，在提升农业价值链、增加农业附加值方面的效果不显著，需要外部新型农业经营主体发挥引领、示范作用，从而带动本土化的新型农业经营主体更快、更好地实现提质增效升级。20世纪60年代和70年代初，面对强势的工商业竞争和国际农产品市场的剧烈冲击，我国台湾地区的农业发展处于生产成本高、产品价格低、农民收入少、农业生态环境恶化的困境。为使农业摆脱困境，我国台湾倡导农业转型，生产、生活、生态有机结合，取得了发展“三生”农业的成功经验。在此过程中，台湾促进农业由以生产农产品为主，转向同时发展农业旅游、农产品运输和休闲农业等产业，有的甚至用经营文化、经营社区的理念来开发、建设和经营农业旅游景点，可为我们推进农村第一、第二、第三产业融合发展提供有益借鉴。

信息化促进我国农业产业融合。信息化和产业融合都是农业现代化的重要内容，信息化、产业融合和农业之间的关系，交织于“现代化”。信息技术相对于工业技术和装备而言属于高新技术，所以，在信息化背景下的我国农业现代化，应用信息技术发展现代农业，是提高技术和资本集约度的应有内容。从 20 世纪 90 年代，我国农业推行的农业产业化，实行“种养加相结合，贸工农一体化”，不同利益主体之间实行“风险共担，利益均沾”机制，实质就是产业融合。我国以“产业化”之名推进的农业产业融合，与信息化同步进入我国农业现代化进程。有所不同，信息要素本身是一种现代要素，其作用是“黏合”和“催化”，改变生产要素性质，使之发生从传统向现代的变化，从而提高农业现代化水平，加速农业现代化进程。而“产业融合”则是要素配置空间扩大和配置方式优化，从而降低成本、提高效率、增加收益，所以，信息化对现代农业的作用是“化合”作用，而产业融合则是“物理”作用。信息化技术作为农业现代化的“添加剂”，通过加速我国农业产业融合，推进我国农业现代化。信息化为产业融合提供了新引擎和催化剂，加速产业融合的进程。发展农村信息服务业，为农村第一、第二、第三产业融合提供新的动力和黏合剂。推进农村第一、第二、第三产业融合发展，要发展农村工业、农产品流通、现代物流、乡村旅游等方式，让农业产业链增值的成果更多地留在农村，增加农民就业增收机会。以产业支撑小城镇建设作为载体，发展涉农工业和服务业，发展农产品加工、具有本地特点的特色加工业和特色服务业，推动小城镇发展，与特色产业发展相结合，与服务“三农”相结合。推进农村第一、第二、第三产业融合发展的布局，同国家推进新型城镇化战略对接起来，完善城乡产业分工协作关系，发挥城市产业对农村产业发展的辐射、带动作用。在农村产业融合过程中实现城乡协调和工农协调及产业协调。

1.3 现代农业服务业的内涵和特征

1.3.1 现代农业服务业的内涵

关于现代农业服务业的名称。面对现阶段服务于农业的产业这个同一客体，不同的研究者根据自己的认识和理解，从不同的视角，按不同的标准，给予不同的名称，并在相关研究中对不同的名称进行了讨论。查阅相关文献和资料，主要有以下称谓：农业服务业，农业生产性服务业，农业现代服务业，现代农业服务业，农业社会化服务业。在此选定“现代农业服务业”，需要对相关名称进行分析和讨论，并作甄别和厘清。

第一，农业服务业。陈俊红等（2015）对农业服务业的定义，是“按社会分工和协作的需要独立出来的，为农业再生产活动提供物质产品、流通手段、服务劳动等企业或组织的集合。从产业组织看，农业服务业是提供服务商品的企业（组织）集合。根据服务组织性质和提供服务的性质，可分为服务事业、服务产业和合作服务业等类型。从产业联系看，产业组织是为农业再生产提供各类技术、工艺相似的服务。从产业结构看，农业服务业是为消费者提供最终服务和对生产者提供中间服务，属于第三产业范畴。农业服务业提供服务产品，具有非实物性、不可储存性和生产与消费同时性等特征”。农业服务业有时也被认同为农业生产性服务业（姜长云，2016）。刘楠（2016）界定农业服务业，是从兼顾农村经济社会发展和农民生活改善两个层面来定义的，其指服务于农业再生产的服务，它包括两个方面：一方面是农林牧渔业中的农、林、牧、渔服务业；另一方面是农村地区的第三产业，包括交通运输、仓储和邮政、批发零售、金融、居民服务、社会保障等。分析以上定义，分别存在一定瑕疵。第一个定义，无论从企业组织角度，还是产业组织视角分析农业服务业，都是基于服务的提供者，而不是服务本身。从产业结构上把农业服务业局限于第三产业，显然从理论和实践两方面都有偏差，因为第一产业内部有大量服务内容，并且现行国民行业分类（GB/T 4754—2011）有明确界定。第二个定义，把“农业服务业”认同于“农业生产性服务业”，虽然二者实质是一样的，但是突出的重点有区别，这一点在“农业生产性服务业”定义中讨论。第三个定义是把“农业服务业”扩大化和泛化。因为“农业”是产业概念，“农村”是区域概念，导致的后果是把农村的生活服务也归入农业生产服务的概念里。

第二，农业生产性服务业。多数文献将相关研究称之为“农业生产性服务业”（程大中，2006；黄慧芬，2011；郝爱民，2011、2012；杜志雄，2013；罗发恒，2015；刘楠，2016）。对于其定义，相关研究分别从不同的角度对其进行了考察。程大中（2006）所给出的定义较具共性，认为农业生产性服务业是指贯穿于农业生产的产前、产中和产后各环节，为农业生产、农业生产组织、其他经济组织提供中间服务的产业。韩坚等

(2006)、姜长云(2010)等从产业链的视角出发，认为农业生产性服务业是面向农业产业链提供生产性服务的服务业。庄丽娟(2011)也从产业链角度看给出的定义是，农业生产的产前、产中及产后都需要生产性服务的支撑，产前的服务主要有良种、农机具、农药化肥等农用物资的生产和供应等服务；产中的服务主要包括技术、信息、植保防疫、保险服务等；产后的服务则主要涉及农产品采后处理、保鲜储运、加工包装、营销等服务；资金需求则贯穿于整个产业链条。也有学者从服务的归属视角，认为农业生产性服务主要包括农业先进生产技术发明与推广服务体系、农产品供给需求信息提供服务体系、农产品质量评估服务体系、农产品运输销售加工服务体系、农业支持与风险防护体系等(关凤利，2010)。农业生产性服务业，是面向农业产业链提供生产性服务的服务业，董欢(2013)在以前研究成果的基础上，将农业生产性服务业的定义进一步阐释为：农业生产性服务业是指政府涉农部门、龙头企业、涉农市场、农民专业合作组织，以及专业大户等主体向农业生产者提供生产性服务和劳动的行业，这种服务和劳动表现出已外部化和市场化的独立形态。从农业生产链条来看，产前涉及的农业生产性服务包括良种(含牲畜)、饲料、化肥、农药、农业机械及能源等农用物资的生产供应等服务；产中涉及的农业生产性服务包括农业机械、植保动物防疫、农业科技、农业管理信息咨询及农业金融等服务；产后涉及的农业生产性服务包括农产品收购、质量检验检测、贮藏、加工、包装、销售、品牌建设等服务。姜长云(2016)认为，农业生产性服务业有时也称农业服务业、面向农业的生产性服务业。如面向农业特定作业环节的农机服务业、植保服务业、农资供应服务业，面向农业生产过程提供高级、专业化生产要素的农业金融保险服务业、农业科技服务业、农业人力资本服务业，对农业产业链进行协调规制的农业供应链管理服务业、食品安全服务业等。农业生产性服务的定义，一致从产业链和生产过程的视角，主要界定服务内容。可以分析，引定义的出发点是有别于生活服务的“生产性服务业”，冠以“农业”来划定产业，区别于工业服务业和其他产业服务业。虽然与“农业服务业”在内容和实质上没有区别(这也是二者被等同的原因)，但突出的重点不同。农业服务业本身就是生产性服务业，它强调与“非农”的产业界限，而“农业生产性服务业”突出与“非生产性”的内容界限。所以，这个定义中的“生产性”与“农业服务业”本身具有的“生产性”是重复的。原因是把“生产性服务业”前缀上“农业”，使“生产性”发生了重叠。所以，以上定义，均可视为“农业服务业”。

第三，现代农业服务业。随着农业现代化和服务业现代化水平的提高，尤其是在东部发达地区的发展，为现代农业服务业的研究奠定了必要的实践基础和社会基础，越来越多的相关研究称之为“现代农业服务业”。李铜山（2003）认为，现代农业服务业一般是指在传统农业服务业基础上发展起来的，与市场机制、信息平台和高新技术相适应的新型农业服务业。王洪远（2013）和刘楠（2016）给出的类似定义，补充了生产过程和环节及内容。一般是指在传统农业服务业基础上发展起来的，为现代农业生产提供产前、产中、产后服务的行业，它覆盖农业生产的各个环节，与市场机制、高新技术和信息平台相适应的新型农业服务业。并指出，现代农业服务业主要通过对农业的产前服务（包括信息、金融、种子、种养计划合同服务等）、产中服务（包括技术、生产资料供应服务等）、产后服务（包括产品销售、流通、储存、包装服务等）来增强农业的市场竞争力，提高产业的经济效益。以上各定义有三个共同之处：第一，强调是在传统农业服务业基础发展起来的；第二，突出市场机制和高新技术的作用；第三，明确现代农业服务业是新型产业。总之，在定义上，与“农业服务业”相区别，现代农业服务业突出了“非”（非传统）、“高”（高新技术）和“新”（新型产业）三个特征。

第四，农业现代服务业。刘立仁（2005）提出“农业现代服务业”这一概念，并对其进行了分类，分为良种服务、农产品现代流通、农资连锁经营、农机跨区作业、新型农技服务、农业保险、现代农业信息、农村劳动力、转移培训和中介服务、农业观光十大类。2012 年，潘锦云出版了专著《中国农业现代服务业发展问题研究：从现代服务业改造传统农业的视角》。文长存（2014）虽然坚持使用“农业现代服务业”的说法，但列出的是李铜山（2003）给出的现代农业服务业定义，但是她注意到了两个定义之间的歧义，并指出有人反对使用“农业现代服务业”这个概念，反对的理由是农业、服务业与现代服务业不能简单叠加，它们分属不同的产业，也有出现概念混乱的现象。农业现代服务业本质是现代服务业，服务对象是传统农业，动力源于价值链的延伸与增值。其最大的优势就体现在依托现代科技改造传统农业，在为传统农业服务的同时，通过市场价值链实现三产有效互动。这两个概念的区别在于视角不同和强调的侧重点不同，现代农业服务业从建设现代农业的视角，更加强调现代服务业改造传统农业，而现代农业服务业从促进服务业发展的视角，更加强调现代农业条件下如何促进服务业的发展。总之，这两个名称在定义的对象和内容上是一致的，所不同的是对象的来源和目标。农业现代服务业是来源于现代服务业，目标是用现代服务业改造传统农业；现代农业服务业是来源于传统农业，目标是通过发展服务业实现传统农业向现代农业发展。

第五，农业社会化服务业。孙振玉、黄佩民（1997）提出农业社会化服务业概念，认为农业社会服务业指的是国家的专业经济部门、乡村经济合作组织和其他社会团体组织创办，为所有类型的农业发展企业提供农业技术服务、金融服务等，总体而言，应属于第三产业的类别。提出农业社会服务业概念的背景是改革开放以后，开始实施家庭联产承包责任制，农村商品经济发展迅速，所以在农村地区迫切需求社会服务。这个概念是基于农村改革后的社会化服务需求，通过发展农业社会化服务市场，以专业化社会分工推进农业现代化和市场化。所以，这个概念仅限于当时的背景和条件，此后，在市场化和现代化进程中，这一概念就被湮没于快速发展的农业服务业之中。再则，社会化服务，所强调的市场化条件下专业化的社会分工，已被包含于现代服务业之中。因此，农业社会化服务业之名在现阶段不宜再用。

综合而言，现阶段正确、严谨和客观地对“农业服务”这一对象给予定义和命名，需要放在多维坐标系中，考虑多重约束条件下的各种因素。这些因素有时代背景（时间）、发展过程（路径）、产业属性（边界）、现实基础（实践）和层次关系（水平）。基于这些因素，在以上各相关概念中，现代农业服务业是基于农业发展的符合当前背景的名称和定义。

现代农业服务业的界定。观察和分析“农业服务”的维度和标尺：背景、产业、过程、实践和层次。第一，现代化背景。与现代阶段农业服务业发展直接相关的现代化背景有两个，一是农业现代化，二是服务现代化。中国农业现代化和服务业现代化相同的国际背景是信息化，国内背景社会经济是现代化。两者相同的技术支撑是以信息和计算机技术为代表的高新技术。以此，明确现阶段农业服务业的发展的基础和原因。第二，新型产业。在现代化背景下，农业和服务业之间出现新事物、呈现新关系、面临新挑战、发现新问题。以此，来确定现阶段农业服务业的主体和性质。第三，从传统到现代的发展过程。中国传统社会时期的传统农业和传统服务业是农业服务业发展的母体和基础，只有基于过去和过程进行分析，才是连续的、可靠的和真实的。以此，来判定现阶段农业服务业发展的阶段和特征。第四，农业服务业发展实践的现实基础。只有结合实际，基于坚实的实践基础，才能解决实际问题，才能满足发展需要，才能不断发展完善。以此，来归纳农业服务业的内容和发现要解决的现实问题。第五，涵盖微观、中观和宏观的多层次。只有多层次观察和分析，才能认识到农业服务业不仅是产业问题，还是企业问题，也是国家层面问题；不仅是经济问题，也是社会问题；不仅是企业组织问题，也是政府和市场关系问题。从以上五个方面分析，才能对其做出先进、科学、全面、立体、客观的定义。

从三个维度定义的目标主体的确定：农业、服务业和现代化。从农业、服务业和现代化三者之间，既可以明确对象，又可以说明过程；既可说明相互作用，又能理解不同概念；既可以发现发展的逻辑关系，又可以厘清边界。

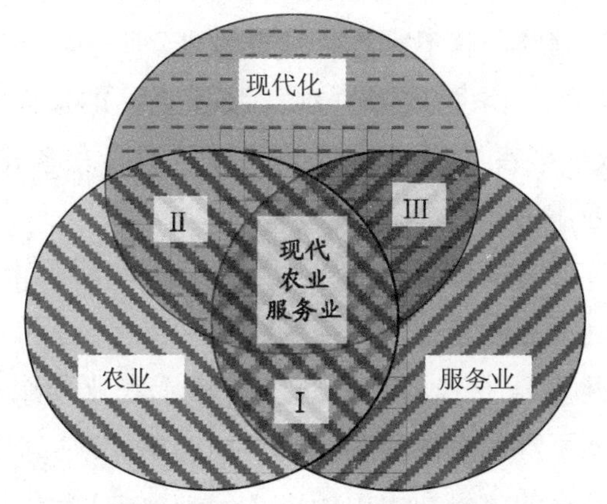

图 1–1　农业、服务业、现代化与现代农业服务业

图 1-1 表明以下内容。第一，现代农业服务业是农业和服务业在现代化进程中形成的。Ⅰ是农业和服务业的交集，即农业服务业；Ⅱ是农业实现现代化部分，即现代农业；Ⅲ是服务业实现现代化部分，即现代服务业。Ⅰ、Ⅱ、Ⅲ三者重叠部分则是现代农业服务业。第二，可以从不同视角观察和认识现代农业服务业。从Ⅰ（农业服务业）来看，现代农业服务业是农业服务业的现代化；从Ⅱ（现代农业）来看，现代农业服务业是以现代服务业支撑实现的；从Ⅲ（现代服务业）来看，现代农业服务业是现代服务业的重要组成部分。第三，动态地观察，在现代化进程中，农业和服务业的现代化水平越高，Ⅰ、Ⅱ、Ⅲ的面积就越大，结果是三者重叠部分所合围的面积就越大。这既说明在现代化进程中，农业和服务业的关系越来越密切，现代农业服务业的内容越来越丰富，同时，现代农业服务业的结构、质量和属性也在发生高级化、合理化的改变。第四，立体地观察，现代农业服务业应是体积越来越大，它具有二维层次性。其一，有关乎微观、中观和宏观的企业、产业和国家的三个层次，其二，有关乎生产过程的生产、交换、分配和消费的环节上的层次和中心和外围关系的层次。

正确定义现代农业服务业的背景和视角选择。在现阶段研究与农业现代化相关的农业服务业，无论是研究其作用，还是研究其内容，对象都是现代农业服务业。所以，在现代化的背景下，明确区别于传统，所以冠之以“现代”，而不简单称之为“农业服务业”。在农业背景下研究服务业的作用、实践和发展问题，就不宜选择“非农业”视角。在相关概念中，来自服务业的“生产性服务业”和“现代服务业”的概念，再冠之以“农业”，不仅导致概念混乱，而且易生歧义。所以，在各相关概念名称中，称之为“现代农业服务业”是合理选择。

现代农业服务业的本质。现代农业服务业的本质是市场化背景下，在农业和服务业的现代化进程中，以高新技术为支撑形成的新型产业，它是农业服务业现代化的新业态。其性质是共属于农业和服务业的现代化产业，或视之为共属于现代农业和现代服务业的新产业。制度属性是现代农业和现代服务业共有的，表现为市场化（公平交易）、专业化（社会分工）和社会化（协作互利）。技术特征是以计算机和信息技术为代表的高新技术。

现代农业服务业的由来。基于当前的研究，可以把现代农业服务业的来源归纳为三类。

第一，产业融合说。以产业融合理论，证明现代农业服务业是由农业和服务业两者之间在现代化过程中不断扩大融合而形成的。持产业融合说观点的研究者较多，但是，对融合过程和融合方式有不同的理解和观点。王洪远（2013）认为，农业和服务业是在产业关联基础上发生耦合，通过产业集聚、产业链延长和产业升级，完成产业融合，形成现代农业服务业。在其研究中如图 1-2 所示来表达融合过程和递进关系。同样是应用产业融合理论，肖建中（2012）的观点是，农业高新技术的重大突破，传统的农业将逐步消失，取而代之的将是产业边界模糊的新业态。第一、第二、第三产业相互融合大大带动上下游相关产业的产值，促进了传统农业的种植业、养殖业、农产品加工业，以及农业多功能所涉及的其他行业的提升和发展，形成现代农业高新技术产业，高科技现代农业与现代服务业融合发展为新型现代农业服务业，其过程是如图 1-3 所示。其融合过程分为三个阶段，第一阶段是农业和服务业都是产业分离，第二阶段发生技术融合，第三阶段则是发生产业边界模糊出现整合，而形成现代农业服务业的新业态。

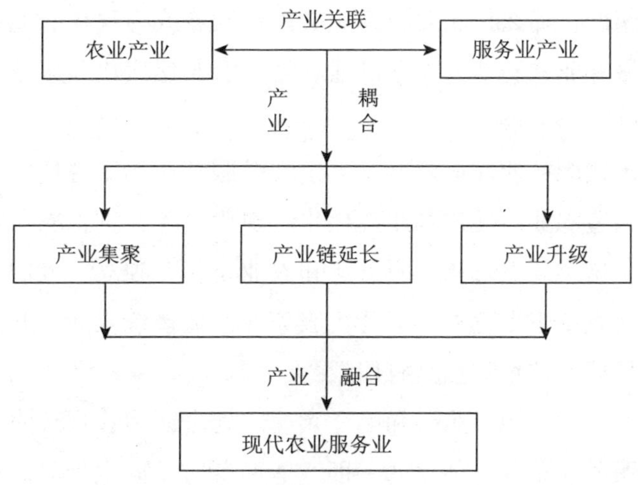

图 1-2 产业关联、耦合、融合关系

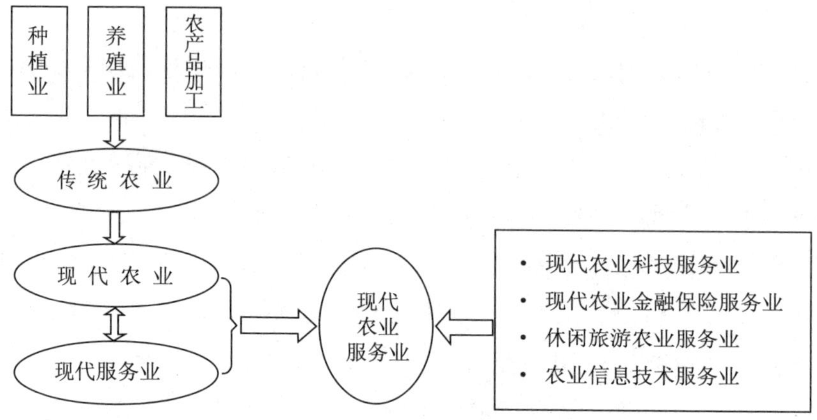

图 1-3　现代农业与现代服务业的融合

以下两个观点都基于产业融合解释现代农业服务业的形成过程，两者相同之处是假设发生融合之前，农业和服务业是相互独立的，前者表达的是农业和服务业存在关联，后者则认为农业和服务业是产业分立。两者显著不同之处，前者认为是关联基础上发生耦合才有现代化的融合，后者则认为是两个产业在现代化中融合，并且先有技术融合，才有产业融合。

第二，产业发展说。用现代化理论说明现代农业服务业是传统农业服务业在现代化过程中成长起来的新型产业。李铜山（2003）、王洪远（2013）和刘楠（2016）都认为，现代农业服务业是在传统农业服务业基础上发展起来的。那么，农业服务业从传统发展成为现代农业服务业的基础是农业和服务业共同部分，可以理解为是农业现代化和服务业现代化的共同结果。

第三，现代服务业改造说。立足于现代服务业，用现代服务业引入并结合农业，改造农业，促进农业现代化。现代服务业进入农业形成了现代农业服务业。这个观点既认为服务业和农业是相互独立，又假定农业与服务业结合的起点是不平等的，即现代服务业改造传统农业，并且农业是被动受助的。显然，这种观点是有偏颇的。

分析以上三类来源。第一和第三相同之处，认为在现代农业服务业之前，农业和服务业是相互独立的，即产业两分。不同之处是，第一种观点认为农业和服务业之间是平等的，而第三种观点认为服务业是先进的。而第二种观点则是认为在现代农业服务业之前，基础是农业服务业，即农业和服务业的共同部分。

现代农业服务业的形成应是两个来源，即农业和服务业的共生成长和融合扩展。共生成长是农业和服务业公共部分农业服务业从传统到现代的发展壮大，而融合部分则是农业和服务业在现代化进程中的重叠区域越来越大。通过共生成长和融合扩展，农业现代服务业不断发展，对经济增长和发展的贡献越来越大，在产业结构中所占比例越来越高。

1.3.2　现代农业服务业的特征

现代农业服务业所具有的属性和特征，表明它在性质、技术和产业等方面，既不同于传统农业服务业，也区别于农业内部的非服务业部分和服务业内部的非农业部分。

时代特征：信息化。中国社会经济现代化进程中，以第三产业主导国经济经济发展的阶段处于信息化时代，是知识经济时代。我国现代农业服务业的发展速度、发展形态和产业结构，以及服务内容、服务方式和服务模式都将具有时代特征。中国现代农业服务业的信息化时代特征从两方面显示，一方面，在国际上我国现代农业服务业与发达国家的现代化进程中进入这个阶段所具有的特征不同，它们更多具有工业化时代的背景特征；另一方面，在国内我国现代农业服务业与传统阶段不同，不仅是发展水平、层次和性质不同，更主要的是在不同时期，发展的环境、条件和发展理念不同。在创新、协调、绿色、开放、共享五大发展理念，体现在发展政策、环境和条件的变化上，进而影响现代农业服务业的发展。当前的时代背景下，对现代农业服务发展产生深刻影响的重要方面，是绿色发展和智能自动；推进现代农业服务业发展的重要平台是互联网。

性质特征：现代化。现代化的性质特征在三个方面区别于传统阶段。第一，现代农业服务业是现代农业的构成部分，区别于传统农业。第二，现代农业服务业是现代服务业的组成部分，区别于传统服务业。第三，现代农业服务业是农业服务业的现代化，区别于传统农业服务业。现代化特征在制度上的表现具体如下。一是市场化只有在市场化条件下，才具有现代服务业发展的环境、条件和动力。二是专业化。只有专业化发展，才能获得社会分工带来的规模效益，才能形成产业深化和升级，才能有产业链接和延伸，才能提升产业竞争力。三是社会化。市场化解决交易问题，专业化解决分工问题，而社会化则解决协作问题。市场化是条件，专业化是裂变，而社会化则是聚变。具备这三个制度特征，农业现代服务业才具有现代化的活力，创新出新产业、产业态和新模式。

技术特征：高新技术。以计算机和信息化技术为代表的高新技术，为现代农业服务提供技术支撑。从全球看，信息化进入发展新阶段，全面渗透、跨界融合、加速创新、引领发展。信息化技术创新代际周期缩短，创新活力、集聚效应和应用潜能释放，更快速、更大范围、更深程度上引发新一轮科技革命及产业变革。物联网、大数据、云计算、人工智能、区块链、生物基因工程等新技术驱动网络空间，正在从人人互联向万物互联演进，实现数字化、网络化、智能化服务。从国内看，新一轮科技产业革命与我国经济转型、产业升级相交汇，有待发挥覆盖面广、渗透性强、带动作用明显的信息化优势，培育发展新动能，提高国际竞争新优势。信息化与我国实体经济深度融合，利于提高全要素生产率，提高供给质量和效率，更好地满足市场新需求。互联网与经济社会深度融合，创新数据驱动型的生产和消费模式，有利于促进消费者深度参与，不断激发出新的需求。在信息技术支撑下，发展智慧农业和农村电子商务，互联网技术在农业生产、加工和流通等各环节中的应用与推广。大数据在农业中的应用，建立起链信息监测分析预警系统，及全国农产品质量安全监管追溯管理信息平台。深度广泛地应用互联网来培育发展新兴业态，引发生产模式和组织模式变革，促成网络化、智能化、服务化、协同化的新业态。高新技术分别对促进农业现代化和服务业现代化的同时，促进两个产业的公共部分的现代化水平的提高。其作用有两个方面，一是促进农业服务业现代化，即农业和服务业共生成长现代之服务业；二是促进农业和服务业在现代化进程中不断扩大融合。

产业特征：新型产业。作为新型产业应具成长性、创新性、时代性、先进性、带动性和战略性等特点，现代农业服务业的新型产业特征，使其具备以上特点。其产业特征主要有以下方面。第一，技术新。以高新技术做支撑，以科技进步为动力，以互联网为平台。这一产业特征，不仅区别于我国传统农业服务业，而且不同于国外发达国家在此发展阶段的农业服务为业。第二，内容新。内容的新源于自两个方面，一是对传统内容的改造和升级，如产前生产资料服务、植保动保服务、加工服务和销售服务等；二是通过产业融合形成的新内容，如消费者向生产环节的参与体验和定制等。适应市场新需求和现代产业的发展需要，突破传统服务业领域，在农业领域形成了新的生产性服务业、智力（知识）型服务业和公共服务业。第三，结构新。现代农业服务业的内容与传统阶段不同，其构成的方式和比例也有新的变化。第四，功能新。新功能的形成有三个方面。一是现代农业具有新功能，现代服务业与农业同步生成新功能，如生态功能、保健功能、文化功能、观赏和娱乐功能等；二是现代服务业的新功能在农业领域的表现；三是农业服务业在现代化阶段的新功能。除以上功能外，还有高新科技形成的新功能。第五，业态新。新业态是现代农业服务业一个典型特征，通过服务功能换代和服务模式创新而产生新的服务业态。信息技术与工业技术和生物技术等融合，在农业中应用创新中新产品和新需求，农业与教育、文化和艺术结合，创新出新产业，这些创新催生出新服务产业，如农产品电子商务、O2O、B2C 等。第六，模式新。新服务模式满足新业态的新需求，不同主体、不同区域、不同产品、不同环节，在高新技术支持下进行跨界、跨区、跨业进行组合和联结，形成不同新模式。

1.4 现代农业服务业的内容和类型

伴随着信息技术和知识经济的发展，应用新技术、新业态和新服务方式改造传统农业服务业，创造新需求，提供高附加值、高层次、知识型的生产服务。其内容既包括对传统农业服务业的改造和升级，也包括由于技术进步和产业融合形成的新服务。对现代农业服务业的内容进行梳理和类型划分，是进行现代农业服务业研究的基本任务。首先是要明确内容，然后才能在内容基础上对其进行分类。

1.4.1 现代农业服务业的内容及分类的讨论

1.4.1.1 关于现代农业服务业内容范畴的讨论

霍秀珍和李豫新（2008）认为，现代农业服务业的内容主要包括农业科技成果转化服务、农业信息服务、农业物流服务、农业旅游服务和农业保险服务等。肖建中（2012）认为，农业生产阶段的化肥、农药等生产资料供应服务是传统社会化服务，现代农业服务是有关现代农业物流、农业信息化、现代金融保险等，这种认识是基于他对现代农业服务业的理解。他认为“现代农业服务业是根据农业的多功能特点开展的现代服务产业，融信息、科技、高新技术于农业产业发展之中，在拓展农业产业功能、提升农业产业综合竞争力、助推农业产业集聚、加快产业体系构建等方面发挥了积极作用，并已成为现代农业的重要组成部分”。所以，他的研究五个重点服务业是农业与科技服务业、信息服务业、物流业、创意旅游业、金融保险服务业等。需要指出的是以上对现代农业服务内容的认识是不全面的，观点提及的内容只是现代农业服务业的一个部分。因为以上提及的内容只是现代农业服务业中的所谓“现代”部分，还应包括被他们舍弃掉的认为是“传统”的部分。原因是那些传统的内容，在新发展阶段以新技术改造和提升，其性质已经发生变化，更新为现代农业服务业的内容。以上内容已经讨论，现代农业服务业有两个来源，一是对传统农业服务业改造升级的成长部分；二是在现代化条件下通过技术融合和产业融合扩展的部分。与以上观点不同，王洪远（2013）认为，现代农业服务业包括农业的产前服务（包括信息、金融、种子、种养计划合同服务等）、产中服务（包括技术、生产资料供应服务等）、产后服务（包括产品销售、流通、储存、包装服务等），这些服务能够增强农业的市场竞争力，提高产业的经济效益。刘楠（2016）也认为“农业生产性服务业是指农业生产的产前、产中和产后环节，为农户、合作社、家庭农场、农户为中心的生产性经济合作组织提供服务的中间行业或独立行业，侧重于农业技术服务、农业信息、农产品流通服务、农产品质量检测监管服务等，具体包括：农资供应、农业新技术推广和应用服务、农业金融服务、农业咨询服务、农业物流销售服务、农业保险服务等”。尽管相关研究对现代农业服务业的内容不断地补充和完善，但是仍有不足。因为现代农业服务不仅是市场主体面向生产经营者的生产过程社会化的私人商品性质的服务，也是政府为改善农业生产环境和条件提供的公共服务产品。

现代农业服务业内容认识的维度。对丰富的现代农业服务业内容进行较为清晰的归纳和分析，可以分为两个维度：一是常用的水平维度，按农业生产过程各环节进行分析；二是垂直维度，按不同性质和层次分析。所以，应从二维空间中立体地认识现代农业服务业的内容。这样，不仅对内容的功能和作用有准确的认识，也对农业服务类型的划分能有正确的理解。

1.4.1.2　对农业服务内容分类的讨论

对农业服务类型划分可按生产环节、行业（或产业）、属性、层次、主体等标准分类。目前使用较多的是按生产环节或按属性划分，王洪远（2013）和刘楠（2016）都是按产前、产中和产后的生产环节划分的。从2003年起，国家统计局执行新的国民经济行业分类标准（GB/T 4754—2011），农林牧渔业总产值中包括了农林牧渔服务业产值，农业林牧渔业服务产值是对农林牧渔业生产活动进行的各种支持性服务活动的价值。对农林牧渔服务业包括四类：第一，农业服务业指对农业生产活动进行的各种支持性服务，但不包括各种科学技术和专业技术服务。其中，农业机械服务是指为农业生产提供机械并配备操作人员的活动。灌溉服务指对农业生产灌溉的经营与管理。农产品初加工服务指对各种农产品（包括天然橡胶、纺织纤维原料）进行脱水、凝固、去籽、净化、分类、晒干、剥皮、初烤、沤软或大批包装以提供初级市场服务，以及其他农产品的初加工；其中，棉花等纺织纤维原料加工指对棉纤维、短绒剥离后的棉花籽以及棉花秸秆、铃壳等副产品的综合加工和利用活动。其他农业服务指防止病虫害的活动，以及其他未列明的农业服务。第二，林业服务业是指为林业生产服务的病虫害的防治、林地防火等的各生物种辅助性活动。包括：林业有害生物防治服务，森林防火服务，林产品初级加工服务（指对各种林产品进行去皮、打枝和去料、净化、初包装提供至贮木场或去初级市场的的服务），其他林业服务业。第三，畜牧服务业是指提供畜牧繁殖、圈舍清理、畜产品擅生产和初级加工等物业服务。第四，渔业服务业是指对渔业生产活动进行的各种支持性服务，包括鱼苗及鱼种场、水产良种场和水产增殖场等进行活动。以上是狭义的农业生产性服务业，陈俊红等（2015）在借鉴国际产业划分标准基础上，从“为农业提供生产性服务”和“农业自身为消费者或其他产业提供的服务”两个层面，将农业服务业划分为四大类12种产业。前者，表现在农业基础设施服务、公共服务和市场服务三个方面，具体划分为技术、农资、农机、金融、信息、流通、动植物疫病防控、质量监管、农业用水、咨询十项服务业。后者是农产品衍生出来的价值需要通过服务形式来加以实现，为农业衍生服务业，包括乡村旅游和籽种服务。根据在服务业内的服务属性可分为四类：第一，基础服务（包括通信服务和信息服务）。第二，生产和市场服务（包括金融、物流、批发、电子商务、农业支撑服务以及中介和咨询等专业服务）。第三，个人消费服务（包括餐饮、文化娱乐、旅游和农产品销售等）。第四，公共服务（包括政府的公共管理服务、教育培训、防灾防疫、气象以及公益性信息服务等）。也有归纳性地把农业服务分为：良种服务、农资服务、农技服务、培训服务、信息服务、流通服务、休闲服务和保险服务八种。

以上分类方法各有其合理性和依据，但是各自也存在一定的欠缺。首先，按环节划分的局限是多环节性的或全程性的服务，无法分配到产前、产中和产后的某一生产环节中。如化肥供给仅作为产前服务是不宜的，不仅耕种时需要产前底肥，产中植保时也需要施肥。农机服务在不同的生产环节都有需求，科技服务也贯穿于生产全过程，只不过在不同环节所需的功能、内容和解决的问题不同，但服务属性是一样的。其次，按属性划分，虽然有较强的包容性，但没有层次性。农业服务类型划分时，需要在同一层次上分类，一级类之下分为二级类，甚至三级类。虽然没有统一的标准，但不可以把不同层次的服务并列。在研究中要正确、准确地进行农业服务类别划分，需要给出标准和划定范畴。全面认识农业服务的类别，是需要多维、立体地认识，简单化处理则出现混乱和错误。从生产环节划分，要区别单环节、多环节和全过程；按属性划分，要区分私人产品、准公共产品和公共物品；按产为划分，区别第一产业、第二产业和第三产业；按主体划分，区别企业、行业和政府等；按层次划分，区别微观、中观和宏观；按形态划分，与产品服务一体、设计形态和信息形态；按资源要素类型划分，如实体要素服务、渗透性要素服务和组合性要素服务等。以上类别划分方法，既可单独使用，也可交叉使用，还可综合使用。

1.4.2 现代农业服务业的类型和内容

1.4.2.1 现代农业服务类型

农业服务的投向的“光标点”是从生产到消费的产品形成过程，现代农业服务的目的是以数量和种类更多、品质和质量更好、效率和价值更高的产品满足个人和公众消费需求。所以，这里围绕农产品形成进行现代农业服务类型划分。农业资源要素对产品的形成的作用可分为形成条件和形成过程两大方面。构成形成条件的要素是立体地全程地支持保障农业产品完成从生产到消费的过程，如农业科技术、农业信息、金融保险和资源环境；构成形成过程的资源要素是水平地按环节发挥功能，如土地、劳动、物资、加工仓储、农产品流通等。有四个方面可以深入分析，第一，构成生产环境和条件的保障性服务之类的要素，一般是渗透性、非物质的软要素，其作用是影响和提升各生产环节的实体要素，为它们更好发挥作用提供条件；而在生产过程中按环节投入的要素，一般是物质的实体要素，对改变产品形态和性质直接发挥作用。即使每个环节的服务，也包含更多、更细的服务内容，如农资服务包括化肥、农药和农机等。第二，构成生产环境和条件的要素的服务，每一类型服务也包括更多层次、更细内容的服务，其功能不同，在生产过程中所服务的环节不同。如科学技术，有种植养殖技术和加工仓储技术等。农业信息有生产信息和市场信息等。第三，各类型服务之间也是相互渗透和融合的，多是混合式的服务，如农业科技服务和信息服务之间，就有技术信息。第四，无论是生产过程服务，还是环境条件要素的服务，都是有层次区别的，包括微观企业组织服务、中观行业服务、宏观产业服务等。

表 1-1 现代农业服务业类型与服务内容

服务类型	生产过程中的服务内容（单环节、多环节、全过程）			
科技服务	生产科技服务	加工储运科技服务	流通科技服务	销售科技服务
金融保险	生产金融支持	加工储运金融支持	流通金融支持	销售金融支持
加工储藏		加工储藏服务		
产品流通			产品流通服务	

续表

服务类型	生产过程中的服务内容（单环节、多环节、全过程）			
信息服务	生产信息服务	加工储运信息服务	农产品流通服务	销售服务信息
资源能源	生产资源能源支持	储运资源能源支持	加工资源能源支持	销售资源能源支持
土地、劳动和资料	农业生产	农产品加工储运	农产品流通	农产品销售餐饮

1.4.2.2 现代农业服务内容

（1）现代农业科技服务。2012年修订的《中华人民共和国农业技术推广法》中的农业技术，是指应用于种植业、林业、畜牧业、渔业的科研成果和实用技术，包括：良种繁育、栽培、肥料施用和养殖技术；植物病虫害、动物疫病和其他有害生物防治技术；农产品收获、加工、包装、贮藏、运输技术；农业投入品安全使用、农产品质量安全技术；农田水利、农村供排水、土壤改良与水土保持技术；农业机械化、农用航空、农业气象和农业信息技术；农业防灾减灾、农业资源与农业生态安全和农村能源开发利用技术；其他农业技术。农业技术服务机构和组织包括政府农业技术推广机构、农业科研单位、有关学校、农民专业合作社、涉农企业、群众性科技组织、农民技术人员，以及供销合作社、其他企业事业单位、社会团体，以及社会各界的科技人员。由各级国家农业技术推广机构作为公共服务机构，履行的公益性服务职责有：各级人民政府确定的关键农业技术的引进、试验、示范；植物病虫害、动物疫病及农业灾害的监测、预报和预防；农产品生产过程中的检验、检测、监测咨询技术服务；农业资源、森林资源、农业生态安全和农业投入品使用的监测服务；水资源管理、防汛抗旱和农田水利建设技术服务；农业公共信息和农业技术宣传教育、培训服务；法律、法规规定的其他职责。推进科技服务与农业深度融合是传统农业实现现代化的根本出路。要依托城市的科研优势，鼓励高校和科研机构面向农业建设，建立起农科教一体的农业科技联盟。打造农业科技服务云平台，建立起专家、农技人员和广大农民之间的服务通道，实现移动互联互通，服务直通农户，为广大农户和其他现代农业生产经营主体提供及时、精准、到位的科技信息服务，提高农业技术推广和服务效果，强力支撑现代农业发展。

(2) 现代农业金融服务业。农村金融服务业主要有三大类——农业保险、农业信贷和农业金融支持。服务主体有商业保险公司提供农业保险、银行机构提供的商业金融、农民合作组织提供的合作金融服务，以及政府提供的政策性金融服务，包括农村信贷、农业保险、农业投资、农业担保、农村信用、农业基金等。但由于农业生产的自然风险和市场风险大，贷款利率高和抵押条件要求难，一般大规模经营主体较易从商业银行和其他正规金融机构获得贷款，小农户多靠民间借贷和合作金融取得资金支持。现阶段，农村金融机构主要有农村信用合作社、农村商业银行、村镇银行等。虽然新型农村金融主体有较快的发展速度，但是依旧很难满足现代农业发展的需要。一方面，需要提高农业金融服务体系的市场化、多元化、社会化、规范化程度；另一方面，需要用信息化技术创新，为农业和农民提供更便捷的金融服务方式。为适应现代农业发展的需要，大力推进农业金融服务，推广以大型农机具设备、农业生产厂房设施、大牲畜、农村土地承包经营权和农民住房财产权等抵质押贷款业务，大力支持农业产业化龙头企业、农民合作社、家庭农场和专业大户等新型农业生产经营主体发展，同时，拓展涉农保险服务功能，提高赔付率，扩大农业保险覆盖面。充分发挥快速发展的农村产权交易中心服务功能，促进农村产权合理流转和涉农企业融资。发展合作金融，加大政策金融，繁荣商业金融，引导小额贷款公司、民间融资机构等农村金融机构坚持支农、支小方向，支持涉农融资担保机构加强与银行、保险和信托等金融机构合作，以多渠道拓展融资空间。加快推进新型农村合作金融改革试点，增强对农业和农民生产经营的政策金融支持。由于现代化进程中新型生产经营主体快速成长，生产经营规模不断扩大，对现代农业金融服务需求日益增强。所以，中国农业银行、邮政储蓄银行、农村信用社等涉农金融机构在延伸服务网络、创新金融产品、加大支农服务力度的同时，还需要发展村镇银行、小额贷款公司等机构，培育发展农民资金互助组织，开展农民合作社信用合作。扩大农业保险覆盖面，通过中央财政以奖代补等支持农产品保险发展，加强金融服务基础设施建设，优化金融生态环境。

(3) 现代农业土地、劳动和生产资料服务。土地和劳动是农业生产经营活动中最原始、最基本的生产要素，虽然随着现代化水平的提高，以资本、技术和管理为内容的现代要素的贡献和作用越来越大，但是，土地和劳动是现代要素的载体，仍旧发挥着根本作用。在现代农业阶段，一方面，土地和劳动的属性和性质自身发生着变化；另一方面，土地和劳动之间，以及它们与其他生产要素和生产资料之间的组合方式和作用关系也在发生变化。这些变化表现为：第一，土地和劳动的性质发生变化。土地原本是资源，随着稀缺性的增强，资产属性也越来越强，其对现代要素的承载力越来越大，利用方式发生变化，利用强度增大，单位面积生产率越来越高。在农业多功能性增强的条件下，作为生态保障的基础作用越来越强。农业劳动的总量和农业劳动投量越来越少，但是劳动质量和效率不断提高。劳动的投入由传统农业时期的纯劳动投入，转变为劳动与技术和资本及其他生产资料的组合和混合投入，劳动生产率越来越高。第二，劳动与土地的组合方式的显著变化，从传统农业阶段在土地有限性的约束下的劳动密集型“过密化”（或“内卷化”）农业，渐变为土地密集型农业，变化的结果是劳动生产率不断提高，变化的条件下大量农业劳动力的“非农化”向城市和工业转移和农业机械化水平的不断提高。这种变化要求是劳动者的素质和劳动质量不断提高。第三，土地和劳动以及与其他农业资料的作用关系的变化。农业生产活动中由传统农业中劳动与土地的直接结合，变为更多利用机具的间接结合。农业增长方式有过去向土地增加劳动投入，转变为增加农资和技术的投入，农资和农机投入越来越多。所以，现代农业的土地和劳动服务，伴随着越来越多的技术和农业资料投入的服务。土地服务包括土地资源信息服务、土地管理服务、土地市场服务、土地经营管理服务等，具体内容主要有土地监测服务、土地托管服务、土地评估和中介服务、土地管理政务服务、土地转用审批、土地项目申报和管理等。现阶段主要服务内容是土地流转管理服务。在基本完成农村土地承包经营权确权登记颁证工作的基础上，建设和完善农村产权流转交易市场，重点建设县域农村综合产权交易市场，科学划分县、乡两级市场功能，扩大农村产权公开、公正、规范交易。政府要加快农村土地承包经营管理信息服务平台建设，集信息发布、产权交易、法律咨询、资产评估、抵押融资等为一体的为农服务综合平台。修订、完善和执行区域内统一、规范的土地流转合同示范文本，探索农村集体土地“三权分置”的有效实现形式。根据国家统一部署，执行土地经营权证书的监制、颁发和管理办法，为土地经营权流转和抵押担保提供鉴证服务。各地因地制宜制定农村集体经济组织成员资格认定和农村集体资产产权改革实施办法，开展土地经营权抵押、担保试点，探索建立抵押资产处置机制。现代农业劳动服务。自21世纪初以来，政府对农村和农民的劳动服务和政策重点，是面向城市进行的是具有就业导向性的就业服务、职业培训、职业技术鉴定、劳动权益保障等，目标是提升农民进城市就业率。通过实放“阳光工程”建立健全的县乡公共就业服务网络，为农民转移就业提供政策咨询、就业信息、就业指导和职业介绍，开展有组织的就业、创业培训和劳务输出，利用广播电视和远程教育等现代手段，向农民传授外出就业基本知识。近年来，政府开展较多的回乡创业服务，面向农业开始新型农民和职业农民培育。针对农业企业、农业园区、农民合作社等市场主体，建立实训基地和农民田间学校，支持农技推广机构对接跟踪服务，形成以各类公益性涉农培训机构为主体、多种资源和市场主体共同参与的多元化新型职业农民教育培训体系。通过面授和线上等形式，大力培训现代青年农场主、农村实用人才带头人、农机大户、农机合作社带头人和新型农业经营主体带头人。现代劳动服务更多的是利用信息技术和互联网平台，由政府提供公共服务，高校和科研单位开展技术推广和咨询，企业提供产品服务。同时，利用信息平台，完善农业劳务市场，优化劳动管理，为新型生产经营主体发展和农民就业提供有利的条件。与土地和劳动服务相关的还有水资源、生产资料和农村服务。农业用水服务业，包括农业水利工程建设与管理、农田水利基础设施养护、水利设施运行管理与监督指导、农业水利基层队伍培训和指导等。农机经营服务业，包括农机具的作业服务、农机经销服务、农机维修保养服务等。农资生产经营服务业，包括农业投入品的生产经营服务、农资市场信息和管理服务、农资技术服务。

农产品加工储藏服务。建立第一、第二、第三产业的相关联系，大农业、大工业、大商贸、大物流形成有机整体，发展农产品加工业，的高附加值农业是现代农业发展趋势规律。世界现代农业发展规律说明，随着社会经济结构的升级和优化，越来越多的农产品必须经过加工、包装、储藏和运输等环节才能到达消费环节。所以，现代农业已成为产业，是产前、产中与产后的有机结合。在这种“从农田到餐桌”产业形态中，农业按照一体化的组织与管理方式，从农用生产资料的生产和供应，再到农产品生产、收购、贮藏、运输、加工、包装，一直到最终产品的销售环节，组成了一个有机整体，如农工商综合体和综合农业。农产品加工储藏是增值的重要措施，也是产业融合和延长产业链条的关键环节和步骤，农产品加工储藏服务是实现产业融合和增值的保障，它包括设备和技术服务、市场服务、管理服务、信息服务、金融服务、人才服务、会展服务等。发展农产品烘干储藏等市场化和专业化服务，以延伸农业产业链。服务专业大户、家庭农场、农民合作社以及中小型农产品加工企业开展农产品初加工，进行整理、分级、包装等初加工项目。对农产品产地初加工用电享受农用电服务。面向优势产区和关键物流节点服务于农产品深加工。服务于新型农业经营主体进行农产品加工、仓储物流、产地批发市场等辅助设施建设，优化农产品库存。发展果品、蔬菜仓储保鲜等产后服务项目，在用地、用电、用水、设备购置等方面，政府给予优惠、补助和服务。服务农业龙头企业到农村设点，将初加工项目分散到农户、合作社实施。服务电商企业到农村建设产品和原料基地，进行分级、包装等初加工。大力推进农产品精深加工，集成养殖深加工模式，发展饲料生产、畜禽水产养殖、畜禽和水产品加工及精深加工的一体化复合型产业链。通过农产品加工，促进形成跨企业、跨农户的工农复合型循环经济联合体。通过加工服务业构建贸工农一体化和第一、第二、第三产业联动发展的现代复合型循环经济产业体系。

现代农产品流通服务。是现代农业服务业中的农业物流现代服务业与现代农业科技服务业、现代农业信息服务业相交叉和融合的部分，服务内容涉及有原材料供应环节、生产环节、批发服务环节、加工环节、储存环节、运输环节、装卸环节、销售环节以及售后环节。除了上述环节，还有农产品流通的支撑环节服务，即体制、制度、法律、规章、行政指导等环节的支撑服务，它们保障整个现代农产品流通服务体系正常运作。农产品现代流通服务具有信息化、精准化、标准化、绿色化、多样化等特征。推进现代农产品流通服务，需要加快培育新型流通主体，提高流通组织化程度。农产品经销商实现公司化、规模化、品牌化的发展。推进流通企业跨地区兼并重组和投资合作，提高产业集中度。培育一批大型农产品流通企业、农业产业化龙头企业、农产品运输企业和农民专业合作社（联社）及其他农业合作经济组织，不断壮大主体队伍，提高其竞争力，需要加强流通基础设施建设，提升农产品流通现代化水平；加强农产品产地预选、预冷、分类、分级、加工配送、冷冻冷藏、冷链运输、包装仓储、检验检测、电子结算和安全监控等设施建设；加快农产品流通科技研发和推广应用。需要大力推进产销衔接，减少流通环节。积极推动农超、农校、农批等多种对接形式的产销衔接，批发市场和大型连锁超市等流通企业，学校、医院、酒店、大企业等大型最终用户与农民专业合作社、农业生产基地和农业产业化龙头企业建立长期稳定的合作关系，降低流通成本，实现农民专业合作社、农业生产基地、农业产业化龙头企业在社区菜市场直供直销。要强化流通信息体系建设，引导生产和消费。建立联结生产、流通、消费的农产品信息网络，及时发布农产品供求、质量、价格等信息，完善农产品市场监测、预警和信息发布机制。联通并掌握主要城市大型农产品批发市场实时交易系统，进行大中城市农产品市场监测和预警。要加强质量监管服务，严把市场准入关口。加快农产品质量安全追溯体系建设，落实索证索票和购销台账制度，强化质量安全管理。建立农产品经常性检测制度，抽检标准、程序、结果“三公开”，对不符合质量安全标准的农产品依法进行无害化处理或者监督销毁。要严格执行鲜活农产品运输的“绿色通道”政策，保证运输网络畅通。服务农产品流通标准体系建设，实现农产品质量等级化、标识规范化、包装规格化、产品品牌化。

现代农业信息服务。农业信息服务是由政府、企业、科研机构、农村合作组织等农业信息服务主体，通过开发和运用各种现代信息技术手段，采用多种服务方式，为农业的产前、产中、产后提供各类信息资源所进行的一系列有价值的服务活动（党红敏，2009）。现代农业信息服务主要包括五大类：（1）农业生产管理信息服务包括农田基本建设、农作物栽培管理、农作物病虫害防治、畜禽饲养管理等。目的是及时收集信息，帮助农户解决生产管理问题。（2）农业经营管理信息服务，适时准确向广大农民提供与农业经营有关的经济形势、固定资产投资、物价变动、资金流向等各种信息，指导他们的生产经营活动。（3）农业市场流通信息服务，向农业生产经营活动者提供农业生产资料供求信息和农副产品流通、收益成本等方面信息。（4）农业科学技术信息服务，是收集并传递与农业生产、加工等领域有关的技术进步信息，包括农业栽培技术、畜禽养殖技术、农副产品加工技术以及农业科研动态。（5）农业资源环境信息服务，是发布与农业生产经营有关的资源和环境信息。如耕地、水资源和生态环境、气象环境等信息，这些都是农业生产的基本资料和条件。现代农业信息服务的特征主要有以下方面：第一，新型的服务形式，信息化技术在对传统的报刊、电视、电信、广播等组成的传统媒体的信息服务方式进行改进和提高的同时，先进的网络信息技术，大数据、电子商务等新兴模式，逐渐成为农业信息服务的主流。第二，丰富的农业信息服务内容。过去主要是种植养殖技术信息和价格信息，逐步转变为以生产、运输、销售一体化的信息化农业信息服务。第三，有效的快捷服务途径，政府、信息员、运营商、服务商、村委会、农民参与，利用农民经纪人、种养经营大户、专业合作社等经济组织，建立基层信息服务平台，农业信息进村入户。创新信息服务新方法，用短信服务系统及时发布农业生产经营的政策信息和市场信息，信息服务具有时效性和针对性。提升农业信息服务能力，开通视频点播、远程视频诊断等业务系统。第四，双向的信息交流服务。现代的农业信息服务体系具有信息交流互动性，从单向的、递进的、农民被动接受的传统模式农业信息服务模式，转变为农户可以主动地查找自己需要的各类信息，并且农户可以通过信息技术平台直接跟农技工作人员进行咨询和交流。与此同时，农业生产经营者从单一的信息接受者，转变成为兼信息的提供者（信息源）的双重角色，为政府和相关组织的农业信息采集提供了条件，极大地促进了信息内容的丰富和服务效率的提高，以及质量的提升。发挥移动互联网、云计算、大数据和物联网等新一代信息技术对农业生产要素配置的优化作用，推进现代农业信息服务创新。信息技术在农业生产、经营、管理、服务各个环节、各领域深度融合，以信息进村入户、农业大数据和农技推广信息化，建立新型农业生产经营体系、管理服务体系和产业体系运行机制与模式。以信息技术提升农作物良种繁育、农业生产动态监测、环境监控等服务，推动产业结构升级。开发和整合农业信息化资源，加快建设功能完善、综合统一的农业信息服务平台，包括网络平台、短信平台、优质农产品网上展示平台、农业病虫害视频诊断平台和测土配方施肥系统平台、土地流转信息平台等。提升农民的信息化能力，电信运营、手机制造、互联网服务、金融保险服务、电子商务、农资经销商等各类相关企业在农民信息化能力培训中发挥市场主体作用。政府统筹、市场主导的农民信息化能力培训工作模式，由企业参与培训内容建设、软件开发、培训承办等，为农民提供优质服务。现代农业信息化服务可以促进形成网络化、智能化、精细化的现代农业新模式，加快完善新型农业生产经营体系，创立多样化农业互联网管理服务模式，建立农副产品、农资质量安全追溯体系，显著提升农业现代化水平。

现代农业资源、能源和环境服务。资源、能源和环境是开展农业生产经营活动的条件、保障和支撑。农业资源包括自然资源和经济资源，其中，自然资源是农业生产可以利用的自然环境要素，如土地资源、水资源、气候资源和生物资源等。经济资源是直接或间接对农业生产经营发挥作用的经济因素和社会生产成果、农业劳动力、农业技术装备，以及农业基础设施等。农业资源在这里主要指自然资源，分为可再生性和不可再生性。按利用类型，农业资源可分为土地资源（核心是耕地资源）、草原资源、森林资源、野生动物资源、野生植物资源和矿产资源等。农业资源具有整体性、地域性、动态平衡性、可更新和再生性、数量有限性和潜力无限性等特征。农业能源是支持农业生产经营活动的动力之源，主要是石油和电力。随着农业现代水平的提高，农业机械化和电动化对能源消耗量越来越大，依赖度越来越高。但是，农业又是提供生物质能源的产业，传统农业社会的作物秸秆和薪材为人类提供生活能源保障，而现代社会出现能源农业。现代农业能源主要有两方面，一是现代农业生产经营活动的能源保障，包括化肥和薄膜化学物质投入；二是农业能源的有效利用，循环利用，减少污染，保护环境。农业环境是指影响农作物生长的各种自然的和人工改造的因素总体，包括农业用地、用水、大气、生物等。农业环境由气候、土壤、水、地形、生物要素及人为要素组成。这些因素相互作用关系形成生态系统。目前，我国农业环境突出问题是环境污染和生态破坏。农业环境污染主要表现为三个方面：一是工业和城市排放对农用水体和农田的污染。二是种植业农用化学物质污染，有效率只有40%的超量使用化肥，引起硝酸盐水体富营养化，农药和地膜残留严重。三是养殖业畜禽粪便污染。生态破坏主要表现为：（1）水土流失、土壤次生盐渍化问题严重。（2）农业资源有所衰退，耕地减少，耕作条件存在障碍因素。（3）草原退化。要从以下方面加大农业环境监测：一是农用水质监测，包括农田灌溉、畜禽养殖和水产养殖用水。二是农田土壤监测，包括粮食作物、蔬菜、水果、糖料作物、油料作物，以及农区花卉、药材和草料等用地土壤。三是农作物监测，水稻、小麦、玉米、水果、蔬菜、茶叶、烟草等。四是农区大气监测，农田大气和村落大气。五是工业“三废”（废渣、废水和废气）监测，包括城市工业和农村工业。六是背景值调查测定，包括水体、大气、土壤、作物、沉淀物等。在信息技术支持下，开展农业现代资源、能源和环境相关服务，推广成熟可复制的农业物联网应用模式。在基础较好的领域和地区，普及基于环境感知、实时监测、自动控制的网络化农业环境监测系统。在大宗农产品规模生产区域，构建天地一体的农业物联网测控体系，实施智能节水灌溉、测土配方施肥、农机定位耕种等精准化作业。在畜禽标准化规模养殖基地和水产健康养殖示范基地，推动饲料精准投放、疾病自动诊断、废弃物自动回收等智能设备的应用普及和互联互通。强化源头减量化，提高资源利用效率，减少生产、加工、流通、消费等各环节能源资源消耗和废弃物产生。促进废弃物资源化、规模化、产业化、高值化利用，提升农业综合效益。资源禀赋、环境承载力、产业基础、主体功能定位等实际，合理规划布局，选择不同的技术路线，形成各具特色的农业循环经济发展模式。推进多种形式的产业循环链接和集成发展，构建第一、第二、第三产业联动发展的现代工农复合型循环经济产业体系。提高农田灌溉水有效利用系数、化肥利用率、农膜回收率、农作物秸秆综合利用率、规模化养殖场（区）畜禽粪便综合利用率达，以及林业废弃物综合利用率。

推进土地节约集约利用，充分挖掘土、水、光、热等资源的利用潜力，提高农地综合产出效率；加强农田基础设施和耕地质量建设。推进水资源节约高效利用，大力发展节水农业，发展循环水节水养殖、研发并推广养殖废水处理技术，提高养殖用水利用率，开展农产品加工废水无害化处理和循环利用。科学使用农业投入品，化肥使用量零增长行动，推进有机肥生产和使用，扩大测土配方施肥规模，有助于科学配制饲料，从而提高饲料利用效率，规范饲料添加剂使用，减少饲用抗生素用量。加强农村可再生能源管理，完善服务体系，开办农村能源技术服务实体或服务网点，开展农作物秸秆处理、养殖业废弃物综合利用、农业面源污染防治、农村改厕、农户取暖、沼气工厂、太阳能利用等方面的标准化服务模式。完善农业资源环保标准体系，建立农业资源有偿使用制度和农业生态补偿制度，推行农业环境污染第三方治理，发展农村清洁生产第三方服务体系。建立农业再生资源回收网络，发展农业资源再利用技术服务，以及规模养殖粪污资源化、无害化处理服务产业。

第二章　现代农业科技服务

所谓的农业科技服务指供给方（农技推广部门、农业龙头企业、农业合作社等）以完备的农业机械设备、专业的农业科技知识和技术经验、先进的农业管理理念为需求方（农户）解决农业生产过程中所面临的各种技术问题。随着政策的支持、农业生产对科技服务的需求以及农业科技的进步，农业科技服务已逐渐发展为完整的体系，成为我国实现农业现代化的重要保障，也成为建设现代农业的重要组成部分。

纵观世界，农业生产中的科技贡献率不断提高，各国也在不断增强农业科技服务体系，我国也不例外。1993 年，我国颁布了《农业技术推广法》，对农业推广的原则、农业推广体系的建立、工作内容、机制的保障等作出了明确规定，指出农业科研院所等相关机构应当在农业技术研究、开发的同时，开展推广工作，使最新农业科技在生产实践中能够得到普及应用。2008 年，我国中央一号文件中指出要加强农业科技服务体系对农业生产的基本支撑作用。同年，中共中央十七届三中全会发布《中共中央关于推进农村改革发展若干重大问题的决定》，决定中明确提出："加快构建以公共服务机构为依托、合作经济组织为基础、龙头企业为骨干、其他社会力量为补充、公益性服务和经营性服务相结合、专项服务和综合服务相协调的新型农业公共服务体系"，农业科技服务体系建设有了明确的发展方向。

2014 年的中央一号文件再次提出健全经费保障、绩效考核激励机制来稳定农业公共服务机构，并采取税费优惠、财政扶持等措施，鼓励社会化服务向多种形式、多元主体发展。政府支持经营性服务组织，如专业技术协会、农民职业经纪人组织、农民用水合作社等，从事农业公益性服务。并通过向经营性服务组织购买相关服务的形式，支持一批有资质、有潜力的服务组织。在此背景下，农业科技服务的基层组织体系面向广大农户和新型农业经营主体，开展了多种形式的直通式服务，农业科技服务在规模、业态和模式上都发生了新变化。

2.1 我国农业科技服务业的新发展

2.1.1 农业科技服务业的新提升

科学技术的发展为农业科技服务的提升提供了技术保障，而不同阶段对农业科技服务需求的变化也成为提升的重要原因。综合起来，农业科技服务的提升主要表现在以下几个方面。

一是农业科技服务对象以及外部环境的提升。农业现代化发展的背景下，一方面，政府和社会采取综合措施提升农民的文化水平，改变他们对农业科技成果的固有认识，减少他们的抵触心理，包括以政策鼓励农民参加各种培训和学习，在有条件的村组织建立农业图书馆，给予农民自我提升的环境和基础。另一方面，政府逐渐促进农业的现代化，发展大农业，在平原地带推广大机器生产，减少农业科技转化中存在的特殊因素，为科技转化建立相对合适的环境。此外，高校和科研院所派遣专家和研发骨干定期到农村指导，给农民举办科技培训班、学习班等，组织一部分农民到学校实验室参观和学习。

二是科研投入和转化资金的提升。政府逐渐增加了科技研发的资金投入，缓减了高校和科研院所研发的困难，高校和科研院所可以在力所能及的情况下对研发团队提供内部支持，比如增加科研人员生活补贴、技术补贴等。在科研立项中，高校和科研院所逐渐明确申报、实施、检查、验收、转化和推广等经费，制定相关的经费管理制度，以保障专项经费专项使用。政府也建立了专门的部门，监督各高校和研究院所科研经费的使用情况，尽可能地提升经费的利用率。依靠多方面的综合管理，保障农业科技转化资金满足实际需求，减少资金对农业科技服务的限制。

三是农业科技服务体系制度建设的提升。农业科技服务体系的制度建设方面成效显著，在管理机制上，借鉴国外相关服务机构、协会的管理模式，结合国内的发展情况，建立了科学严格的制度。在财务制度方面，借鉴企业的相关制度，实现了财务管理的合法、透明、高效和严谨，利用相关财务软件，建立了财务管理平台。在监督制度方面，不仅接受政府、社会的监督，而且加强了民主监督，重视内部监督和农民的监督。在提升农业科技服务体系的凝聚力方面，形成有效的奖惩机制，提高从业人员的工作热情。

2.1.2 农业科技服务业新业态

业态指的是经营的形态，达成经营目标的手段。当前，我国经济发展步入新常态，农业发展所面临的内外部环境也发生了较大的变化。在外部环境中，以转基因技术为代表的生物育种技术的发展、“互联网+”的运用、以大数据为代表的信息技术的应用，使一批如智慧农业、智能装备产业等新的业态产生和推广。在内部环境中，我国开启了新的一轮农业生产结构性改革，从供给侧方面提出提升农产品品种、品质及产业结构，发展优质、高产、高效的生产模式，节本增效、绿色发展、智能化发展成为对农业科技服务的新要求。在国家创新驱动发展战略的实施推动下，在“大众创业、万众创新”的政策影响下，在促进农业生产效益和竞争能力提升的目标影响下，农业科技服务的业态不断变化，农业科技服务向创新升级发展。主要表现如下：

农村新兴产业的发展，催生农业科技服务新业态。近年来，中国在经历了经济高速发展时期后，步入了“中等收入陷阱”，放缓后的经济发展开始转型升级，许多社会资本投入到如智慧农业、智能装备产业等农村新产业中。新产业的发展对农业科技服务的需求更高，也带动着如“互联网+”、云计算、转基因技术等新业态的大量进入。例如全国农业科技服务系统积极应用互联网新技术，打造“农管家 APP”模式，让农民足不出户就能了解到农业最新技术及市场信息；贵州省供销合作社成立了全国首家农村电商研究院，搭建农产品电商综合交易平台“贵农网”，解决了农产品销售以及工商业产品购买的双向通道。

新型经营主体的培育和发展，促进农业科技服务新业态的产生。新型经营主体经营规模大、专业化程度高，能够对当地承包户产生示范带动作用。以新型经营主体为试点，通过推广品种改良、测土配方施肥、节水农业、统防统治、秸秆还田等农业科技服务，满足当地农户对农业科技服务的新需求。

2.1.3 农业科技服务业新模式

2.1.3.1 “互联网+”新模式

在国家积极建设互联网经济的大背景下，农村科技服务也与互联网结合，国内现有农业服务模式得到创新，焕发出新的生命力，形成了“互联网+金融+农业科技服务”的新模式。2010年，阿里巴巴推出农村淘宝千村计划，预计3~5年内在全国30%的县建立1000个县级电商服务中心，在全国1/6的农村地区建立10万个服务平台以及30万个村级服务站。2015年，蚂蚁金服开始布局农村金融，启动农村淘宝项目，截至2016年6月，已经在全国建立了18000个农村服务点。另外，2016年以宜信为首的P2P平台开始在农村地区设置基层金融服务网点。

2.1.3.2 “个性化定制+”模式

“个性化定制+”型农业服务模式是目前全国运用范围最为广泛的一种新型农业科技服务模式类型，它主要是通过APP定制的方式来实现信息的及时发布，其优点在于可以及时将信息传达给农户，而且可以根据农民需求的变化及时调整服务的板块和服务的内容，因此，深受农民欢迎。在全国推广的“农管家”APP属于这种模式，农管家致力于为新型经营主体提供个性化服务以及一站式生产服务平台。包括引入金融服务厂商，建立贷款专区，提供农业生产综合资金解决方案以及信用担保；引入农资厂商建立品牌专区，提供质优价廉的农资团购；发展订单农业，实现大宗农产品渠道对接；增加专家指导生产，传播规模化种植技术，及时解决农技问题，实现增产增收。

2.1.3.3 “文创元素+”模式

随着城市居民生活速度的加快、工作压力的增大，越来越多的消费者愿意选择空气清新、蓝天白云、食品有机安全、绿色植被覆盖的乡村作为休闲放松的地方。顺应这种大趋势，在农村科技服务中融入文化创意元素，发展创意农业，“文创元素+”模式可以说找到了模式创新的抓手。当前，我国“文创元素+”型农业服务模式主要包括农业景观创意服务和农业产品创意服务。

2.1.3.4 智慧型模式

在信息技术飞速发展的背景下，农业科技服务该如何利用物联网、大数据、云技术等新兴工具推动新生代农场发展，已经成为服务创新和应用的突破口，智慧型农业服务模式可以说是应运而生。浙江省的生猪养殖户采取“精准养殖”，采用嵌入式技术和机器视觉技术对猪的呼吸、咳嗽、运动、排泄等行为进行记录和监控，能够及早发现猪的疾病，从而及时治疗，避免疾病的传染。山东省畜牧职业学院推广了对牛群安装传感器等方法，实时监控和统计牛的重量、位置、食物摄入量等动态数据，便于研究和分析牲畜行为。

2.2 我国现代农业科技服务业的内容、主体和模式

2.2.1 现代农业科技服务业的内容

农业科技服务业属于科技服务业的一种形式，主要是运用现代科技知识、先进方法和科学管理技术以及农技推广经验、信息平台等要素，围绕农业的生产、加工、流通、销售等环节，面向农业各领域及相关行业提供不同类型层次科技服务的新兴产业。农业科技服务业主要包括农业科学研究以及和农业活动相关的专业技术服务、技术推广、科技信息交流、技术咨询、科技培训、技术市场、技术孵化、知识产权服务、科技评估和科技鉴证等活动。

农业科技服务业是把各种科技成果转化为农业生产实践的纽带和桥梁。通过为农业生产提供良种服务、农资服务、农技服务、培训服务、信息服务、流通服务、保险服务等相关活动，把最新的科研成果推广到广大农村并大量应用，同时又能够把农业生产中面临的技术问题及时反馈到主管和科研部门，以便及时得到解决。

基于不同角度，可以将农业科技服务分成不同的内容。以水稻种植为例，根据水稻生产的不同过程，可以将水稻农业科技服务分为产前技术服务、产中技术服务和产后技术服务。其中，产前技术服务主要有生产信息指导、资金支持、选种指导等；产中技术服务包括整地服务、育秧插秧指

导、病虫害防治指导、施肥指导、收割和晾晒等技术服务；产后技术服务主要是水稻深加工服务、销售指导等。

目前在全国及各地方开展的农业科技服务内容包括：

2.2.1.1 品种改良

品种改良内容涉及对种植业中的粮食、棉花、油料、糖料、水果、蔬菜、茶叶、蚕桑、花卉、麻类、中药材、烟叶、食用菌以及养殖业等各类品种行业。通过始终围绕优质、高产、低耗、高效、可持续的发展目标，加快对水稻、玉米、小麦、棉花等大田作物品种的良种繁育，以及对牛、羊、猪、鸡等养殖类家畜家禽品种改良。培育出具有多抗、高产、高效、优质的新品种，降低农药、肥料投入。此项技术服务大大提高了品种改良效率，在解决水土资源约束、生态环境保护、粮食安全保障、农业功能创新等方面贡献巨大。

2.2.1.2 节水农业

农业的发展离不开耕地和淡水这两大资源。我国人多地少水缺，人均淡水资源仅为世界平均水平的1/4。随着工业化、城镇化加快推进，我国水资源总量不足且分配不均。保护水资源、发展节水农业成为当下最重要的事情。节水农业技术服务的内容包括农田水利建设、品种节水、农艺节水、管理节水、治污节水等。其中，农艺节水分别包括抗旱坐水种和膜下滴灌等技术。按照农业部的“十三五”规划，力争到2020年全国农田灌溉水有效利用系数要超过0.55。

2.2.1.3 土肥技术

我国目前土肥技术的主要目标是“藏粮于地、藏粮于技”，重点发展化肥施用技术、土壤耕作技术、增加土肥基础，进行科学施肥、合理耕作，实现减量增效、提质增效的目标，打造智慧土肥、绿色土肥，促进农业增效、农民增收、农村增绿。具体内容包括改造中低产田、建设高标准农田、测土配方施肥、土壤有机质提升、深耕和免耕技术等。其中，土壤有机质提升技术包括秸秆还田腐熟、地力培肥改良综合配套技术服务。

2.2.1.4 病虫防治

病虫害防控是作物稳产高产的关键保障。我国对于农作物病虫害防治内容包括小麦“一喷三防”、南方晚稻和东北水稻增施肥促早熟防病虫生物农药、高效低毒农药推广、重大植物疫情防控、三熟制油菜“一促四防”和西南玉米覆膜冬小麦“一喷三防”科技技术服务。

2.2.1.5　农技推广

包括建立以公益性农技推广服务体系为主导，各类农业科研及教育机构、龙头企业、农业合作社、农民中介服务机构为补充的新型农技推广体系。农机推广的发展目标是健全各地农技推广机构，整合高校、农经机构、水利机构、科研院所等相关部门资源，使技术成果得到较好的转化应用，实现农业产、学、研的充分结合。

2.2.2　现代农业科技服务业的主体

在农业科技服务中，公共服务组织、教学科研组织、农村合作组织、企业以及个人等为农业、农村、农民经济活动提供科技服务的一系列社会生产资源与部门会形成一个系统，这就是农业科技服务体系。通过农业科技服务体系，为农业生产提供所需的服务，以促进农业生产（见图 2-1），服务组织主要有四类。

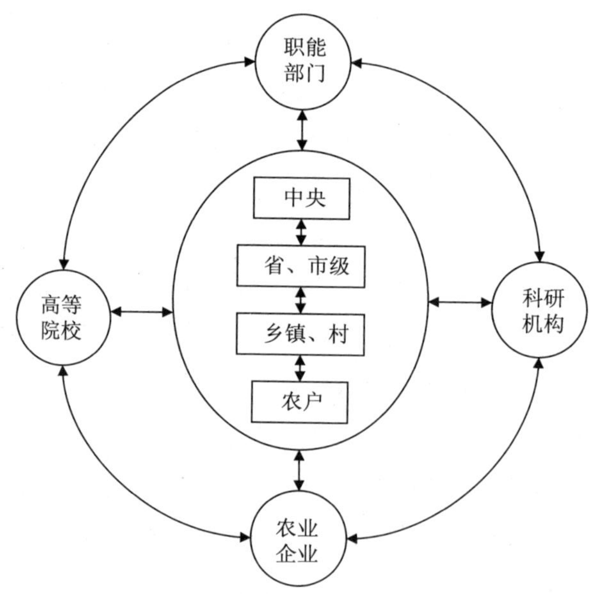

图 2-1　农业科技服务体系结构

2.2.2.1 以政府为主体的农业科技服务组织

政府主导建立的农业科技服务体系，主要是由农业主管部门领导，财政部门、科技部门系统配合，基层非营利性质的农技推广机构进行实践的管理方式，是农业科技服务体系中的主导组成部分。这种农业科技服务体系的运行机制为：上级单位给出指示、指导方针和意见、宏观实践方法，确保财政拨款到位和合理使用，指导基层推广部门落实农业科技最新成果，基层推广部门在推广过程中帮助农民理解农业科技新政策，促进农业科技推广和应用。1978 年以来，我国逐步建立了五级政府指导的农业科技推广服务机构，实现从中央政策下达到地方乡镇实施的模式。近年来，也通过“丰收计划”、“富民计划”、“星火计划”等具有指令性的计划，使各项农业科技成果得到具体落实应用。政府主导的纯公益性的农业科技服务体系当前主要以创新农业科技服务机制为切入点，出台了相应的条例措施来扶持多元化的创新模式，确保精准、高效的农业科技服务。

2.2.2.2 以农业院校、农业科研机构为主体的农业科技服务组织

农业院校、科研院所辅助的农业科技服务体系，是我国农业科学技术成果的最主要来源。农业院校及科研院所拥有一流的农业科技研究人员、丰富的科研成果等独特优势和资源，在农业科技推广的过程中还可达到与教育、科研工作相互提高的作用。农业院校及科研院所掌握最先进的科技与最前沿的成果，有效的应用到地方农技推广服务中去，形成“产、学、研”相结合的农业科技推广服务模式。农业院校及科研院所在及时了解当地农业的需求情况后，有针对性的为当地农户提供相应的专业化服务，成为直接把农业科研成果转化为行之有效的应用技术的重要途径。这种服务体系的运行模式为，农业院校和科研院所与地方政府的技术需求服务对接，签订合作协议，在当地对农民进行有关技术的教育培训，对农民进行技术指导和生产示范。合作稳定、长久的甚至在当地建立农业科技示范园区，建设有助于自身教学、研究的农业基地。

2.2.2.3 以农民为主体的农业科技服务组织

作为农业生产的主体，农民在农业科技推广的过程中发挥着重要的作用。农民除了是农业科技成果的使用者之外，也可以成为科技服务组织的

成员和推广者。近年来，以农民为主体的农民专业合作组织、专业技术协会、供销合作社、农村信用社等各类基层科技服务组织越来越活跃。这类农民组织的运行模式为，由农民自发或政府带动组建技术协会、专业合作社，通过这类组织为广大农民朋友提供最有效、最贴合实际的无偿科技服务，包含农业科技咨询、服务、示范等，也可在无偿科技服务的基础上适当经营一些有偿服务。这种模式对当地农业生产技术的进步及农业生产力的提高具有深刻的影响。

2.2.2.4 以农业龙头企业为主体的市场化农业科技服务组织

近年来随着我国经济的高速发展，市场机制也在不断调整完善，经济发展开始转型升级，许多社会资本投入到农村新产业中，其中农业龙头企业队伍的发展壮大最为明显。农业龙头企业与农户缔结农业订单，根据市场需求动态引导农业新技术、新品种的研制和试验，指导农户科学种植、养殖。因此，以农业龙头企业为主导针对市场提供的农业科技服务体系自然产生。这类科技服务组织的运行模式为，龙头企业与农户通过签订合同或资本入股的方式参与到农业生产过程中，根据市场需求的变化、生产的要求，有针对性的提供农业科技服务。与农户联合达成标准化、专业化的农产品生产，保证对科技投入细节及农业生产各个环节的监督和控制，确保生产资料供应，实现生产、加工、销售一体化的产业化经营。

2.2.3 现代农业科技服务业的模式

2.2.3.1 协作型模式：政府+科技部门+农户

此模式是中华人民共和国成立后形成，并在长期的生产应用中得以适用并保留下来的运作模式，极大地提高了我国的农业生产力水平。由上而下的各级政府领导的农业技术推广机构系统是此服务模式的主体。各级农业科研机构、相应的科学技术协会、各地方农技推广中心以及县乡一级的农技站、种子站、植保站和兽医站为协作模式的主要组成机构。该模式的农业科技服务推广采取由上至下的方法，层层推广农业科学技术和优良品种，是中国目前体制最健全的组织机构。

典型模式一：科技特派员制度。通过运用利益机制和激励机制将大批科技人士等高素质人才引领到农业、农村最前线，与当地农民群众打成一片，通过科技的传播、推广和应用促进农村经济的发展。科技特派员主要由市、县两级政府机关和事业单位工作人员构成，他们常年驻扎农村，与农业大户结成利益同盟，为农民提供如示范、咨询、培训的科技服务。国家对科技特派员的工作通过编制、职称、考核等方式进行一定程度上的行政管理，并给予经费支持，以确保科技特派员的积极性和农业科技推广、服务的进程。科技特派员制度是最早在福建省南平市形成，把先进的技术、管理方法等带到当地农村，弥补了当时稀缺的资金、技术等生产要素，推动了农业生产力的提高，更是增进了农民组织化程度，引导和改变了当地落后的农村社会文化。2004 年我国下发了《关于开展科技特派员基层创业行动试点工作的若干意见》，肯定了农业科技特派员制度的特色和有效性，鼓励其在全国范围进行推广。

典型模式二：农技 110。农技 110 是针对传统农业科技推广模式无法满足农民对农业技术信息需求的问题，结合信息化技术手段，推出的一种全方位式的农业科技服务模式。其特点是操作成本低、不受时间空间限制，主要通过现代媒体、电话、网络等方式为农民传播农业科技知识，也对农民的问题进行一对一的解答，同时也接受农民的上门咨询，定期组织农业技术人员下乡培训。“农技 110”这种模式，让农户不再受到时间和地点的限制，更加简单、便捷、快速的获取农业技术知识，了解最新农业科技成果。在政府部门对农村通信网络建设的积极推动下，远程卫星接收、移动互联网、电话、语音、视频等这些都可以成为农民获得信息服务和进行技术咨询的直接渠道。“农技 110”模式最早出现在 1999 年，是当时浙江省衢州市针对当地农民对农业科技信息的需求量大、获取科技信息渠道单一这一状况而提出，并建立了完善的农业科技信息服务模式。当时仅一年的时间，衢州市“农技 110”服务近 6 万农户，通过咨询获得效益直接产生的经济价值达 3800 万元以上。

2.2.3.2 专家型模式：农业科研单位

农业科研单位深入农户，着重解决科技理论与技术等关键问题。科研教育单位与农业技术推广的结合，一方面使科研学者历经辛苦研发出来的科研技术、成果有了输出的直接渠道，成果历经实践检验后获得政府和社会的承认，也使自身的研究得到普及和应用，同时还可取得额外收入，作为研发经费的补充；另一方面还可在合作地建立固定的科研教学基地，以基地为实地示范，对农户进行技术咨询解答与教育培训，指导农民运用先进科学技术，将最新成果输出到社会。这一模式的优点是，从事推广的主体为高素质人才，多为技术的开发者或参与者，减少因中间环节导致的指导误差，成功率比较高。

典型模式：农业科技专家大院。农业科技专家大院模式是农业科研单位深入农技推广的主要模式。当地政府通过聘请农业大学、科研机构的一些优秀农业专家，专家们在农村田间地头进行农业知识的普及以及农业技术应用的指导，农户与农业科技专家进行面对面交流。农业专家大院每年得到政府一定的经费补贴，用于建设农业科技图书室、农业科技培训教室、实验基地以及专家的起居休息室等。这种服务模式是科技入户的新通道，有利于农业科技专家了解当地实际情况，对科技成果的实践效果进行掌握、跟踪，还为先进的农业科研项目提供了广阔的研究基地。大量优秀的科研人员通过农业科技专家大院的方式进入农村基层，带动了当地农业生产对先进农业科技的使用，农村各产业尤其是农业方面产能大大提高。农业科技专家大院帮助农民实现增产增收，甚至在一些地方已经实现农民脱贫致富。

2.2.3.3　基地型模式：科技部门+基地+农户

近年来全国各地都兴起着建设现代农业科技园区的热潮，不少现代农业园区已经成为当地现代农业的标志。现代农业科技园区为农业科技创新提供了样板工程，所建成的良种繁育基地、技术示范推广基地、农产品示范基地，兼顾科技推广示范与科研成果转化的作用。这种模式推广了农业科学技术，使科研成果得到产品物化，无论在社会效益还是在自身经济效益上都得到很大的提高。带动了当地农业的产业发展，有着突飞猛进的趋势。

典型模式：“农业科技示范园”。南京市科技局建立的“溧水傅家边农业科技示范园”，园区内布局了400多公顷名优特林果基地，133.3公顷高标准农田示范基地，33.3公顷大棚草莓示范基地，6.7公顷设施果园示范基地，6.7公顷果树良繁基地，园区内还配套了科技园展览馆、连栋大棚、雕塑、休闲广场、观光亭、农家乐园、园区道路等基础设施。园区先后引进国内优良品种，组织示范和推广先进生产技术，既创造了园区内工农业生产总值，还增加就业提高了当地农民的人均收入。农业科技示范园不仅加快了农业生产技术的推广和创新，还形成了一定的农业产业和规模，带动农民收入的增加，实现科技、经济、社会与生态效益的共同提高。

2.2.3.4 企业型模式：企业+基地+农户

随着农业市场化、专业化的发展，以企业为代表的农业科技服务模式得到广泛发展。在市场经济十分活跃的区域，“公司+基地+农户”的产业化模式迅速扩展，使农业科技能够通过龙头企业普及到农户，为农民提供种植业、养殖业最新最实用的科学技术和优良品种服务。以区域科技成果转化中心、龙头企业技术创新中心和科技成果推广等多种形式为农村科技服务体系增添新生力量。

具有灵活的运行机制，多样的服务方式是这种模式的特点，该模式非常适合在当地规模化发展程度较高的农业优势产业应用。原因是以大量农产品作为加工原料的企业，需要掌握和保证农产品原料的生产和供给，对部分农产品甚至有相应的技术应用要求，因此一些企业为了确保原料供应达到要求，通过聘请有关技术专家或向相关科技单位购买所需技术，或与技术单位联合开发创新科技等，通过向农户提供良种或者技术培训指导将技术推广给农民，最后将农民所获得农产品购买回收。

还有一种企业，是通过将农业科技物化为有关产品进行盈利的模式。此类企业主要关注于那些在农村应用前景广泛、市场潜力发展巨大的农业技术，往往从有关研究机构购买获得技术，将之物化为如农药、化肥、除草剂、增产苗、农机具等市场产品，向农民介绍和推广。他们在追求企业利润最大化的同时，也自然承担着技术传授、技术使用方法的咨询等。

典型模式：龙头企业创新服务中心。龙头企业创新服务中心是围绕龙头企业开展的市场化的、特定的新型农业科技服务模式。这一类模式往往遵循风险分摊、利益共享的原则，采用公司运行模式，以市场发展引领龙头企业技术需求，企业带动生产基地创新，生产基地由一家一户的农户构成，加上政府的支持，科研人员的参与，以“龙头企业+基地+农民专业合作社+农户”再辅以政府和科研机构，而形成“产、供、销”的一体化形式。龙头企业创新服务中心能够更好的适应市场需求，拥有更多的资源优势，为市场提供优质、高产、高效农产品，在确保企业自身发展的同时，也带动了当地农民收入的增加。滨州禾丰高效生态产业技术开发有限公司、上海金饹生态农业投资股份有限公司、山东得利斯食品股份有限公司技术创新中心等都是属于比较成功的农业龙头企业创新服务中心范例。

2.2.3.5 合作型模式：民间团体协会+农户

近年来，以农村专业技术协会和农民专业合作组织为代表的农业科技服务模式迅速发展。目前，中国拥有 147.9 万家农民专业合作社，覆盖全国四成左右的农户，入社数目达到 9997 万户。这一类模式是以科技人员和农民技术员为骨干，农民为主要推广主体，通过各种民间技术协会或研究会的运行，将科技传输到成千上万农户。这一模式大多选取当地的技术能人作为推广主体，这类人一般已经在某些推广技术的应用上取得了相当的成效，因此，对周围农民的示范及带动作用非常大。这类模式所选用和推广的技术，基本都是成本低廉和适用性较强的技术。还有一些农户则把自己长期务农所积累摸索出的成功经验和技术向周围群众传授，达到了较好的效果。

典型模式一：农村科技合作社。农村科技合作社是指面向广大农民，通过农村科技合作组织的形式把从事各类农业生产经营的农户结合起来形成经济利益共同体，分别为种植、养殖、农产品加工、技术服务等农业生产环节提供生产资料、市场信息、科技培训、技术推广等服务。农村科技合作社最早出现于湖南省双峰县，采取信息服务和技术培训同时发展的经营形式，其运作渗透到农民各生产领域，极大地调动农民的自主性、积极性，既保障了农民采用先进农业科技的经济来源，又激发了农民的生产潜力，达到农业增产又增收的目的。

典型模式二：农业科技协会。农村科技协会于 20 世纪 80 年代初出现，是以农民技术员、生产专户为基本成员，发展于农村的群众性技术经济合作组织。往往是由某种专业生产技术作为连接，农民自发自愿成立的专业技术协会、研究会。许多地方的农村科技协会相继开展了“农业科技示范户”和评选“农技致富能手”的活动。截至2014年，全国县级以下基层农村专业技术协会有近10万个，会员数达到1500多万农户，占全国农户总数的1/10。

2.3 我国现代农业科技服务业的发展实践和经验

2.3.1 北京农科城发展实践

2.3.1.1 北京农科城的发展背景

北京国家现代农业科技城，简称北京农科城，于2010年8月开始启动，是由北京市政府与科技部共同建设，成为“以现代服务业引领现代农业”的实践代表。

北京农科城的建设是在当地紧缺的农业资源要素的情况下提出的。一是水资源匮乏。北京市全年降水偏少，人均水资源占有量不到300立方米，为全国人均占有量的1/ 8，水资源属于比较匮乏的程度。农业所能够分配到的用水量也在水资源总量的比重中不断下降。二是耕地资源日趋紧张。全市平原面积仅占38%，耕地资源并不丰富，由于城镇化速度发展比较快，原本就少之又少的耕地呈逐年锐减态势。据最新统计数据，2014年北京市耕地面积为21.995万公顷，相对于1999年减少了35%。三是劳动力成本相对较高。在北京的乡村就业人口中从事第一产业的人数占人口总数的比重还不到1/5。在农村居民人均纯收入中工资性收入是家庭经营性收入的5倍。在农业经营比较效益相对低下的状况中，劳动力成本自然抬高。

结合以上几点因素，加之农业在北京市生产总值的比重降低到1.0%，甚至连这么一点份额都在放弃农业功能的主张下岌岌可危。因此，促进农业的转型升级，由传统农业向现代农业发展，成为北京的当务之急。但是，传统农业向现代农业转变也面临着重重矛盾，其中最突出的就是小农户分散经营问题。加之大量农村劳动力外出就业，农户组织化程度低以及劳动力不充足，这些都迫切的需要通过发展农业现代服务业来解决。

在不具有农业资源优势甚至还受到资源限制的北京，要解决“三农”问题，必须跳出农业抓农业。必须扬长避短，在农业外寻找出路，采用创新方式发展现代农业，发挥现代农业服务业的支撑作用。随着当今世界经济全球化进程的加快，科技成为一国在国际竞争格局中保持竞争力的主导因素。随着现代科学技术向服务业的加速渗透，服务业不断延伸出全新的发展方式，现代农业科技服务业成为我国实现农业现代化的重要保障，也成为建设北京现代农业的重要组成部分。

因此，大力发展现代农业科技服务业，是北京在全国政治、经济、文化和金融中心定位的同时，兼顾实现农业产业的发展，是北京农业产业结构调整、优化、升级的重要选择。发展农业科技服务业应涉及农业技术服务、农业科技金融服务、生产要素服务、农业科技信息服务、农业科技营销服务等方面。在传统农技服务之外，开发出更完善的现代农业产业链延伸体系以及更宽广的科技平台支撑，通过发展生物制品、工厂化栽培、农产品精深加工和农业信息化等高新技术来提高农产品的技术含量和附加值，促进农业可持续发展。

2.3.1.2　北京农科城的布局

2010 年 8 月 16 日，北京市农科城正式签约成立，这是以科技部与北京市政府为主体搭建，计划通过 5～10 年时间合作建成全国农业科技创新中心以及现代农业产业链创业服务中心。北京农科城的发展目标是通过科技和服务的结合，突破一般农业科技园区的技术示范、成果转化、生产加工功能，从产业链创业的层面统筹“三农”发展，拉近城乡距离，实现产业、村镇、区域整体功能的突破与升级；通过资本、技术、信息等现代农业服务要素的聚集，形成“高端研发、品牌服务和营销管理在京，生产加工在外”（两端在内，中间在外）的服务模式。

北京农科城建设的核心是“一城、多园、五中心”，采取“一城多园”的布局思路。“一城”指物理空间（标志）与虚拟网络相联结的农业农科城；“多园”是指在农科城内建设若干特色鲜明、专业性强、辐射面广、科技与服务结合紧密、具有现代农业高端形态的特色园区。建设内容是打造“五个中心”成为国家层面的支撑平台，“五个中心”分别是农业科技网络服务中心、农业科技金融服务中心、农业科技创新产业促进中心、良种创制与种业交易中心、农业科技国际合作交流中心。实际上，这“五个中心”正是现代服务业在现代农业中的五种服务业态。

农业科技网络服务中心对应的是农业信息服务，主要解决农业科技信息供给缺乏的问题。通过建设全国农业科技服务网，对农业科技服务的数据源、服务源和物联网服务分别构建中心的方式搭建农业信息服务平台，聚集和整合农业科技服务资源。将全国一流的科技人才汇聚为专家队伍，为全国范围的组织及农户快速提供农业远程咨询、视频诊断等。目前，“农业智能装备系统化集成研究与产业化”、“农业物联网关键技术集成与应用示范”等农业信息服务项目已相继启动。

农业科技金融服务中心对应的是农业科技金融服务，主要解决我国农业科技创新创业投融资服务不足的问题。金融服务中心成立了北京农科城投资有限公司，这是由多家单位合作出资建设成立。通过聚集金融要素和资源，构建农业科技金融中介服务体系，以创业风险投资、科技贷款、科技资本市场和科技保险等为服务内容，开展知识产权质押贷款、技术入股、技术担保、产权交易、股权交易、信用保险等农业科技金融服务，实现农业技术成果与产业资本及相关配套条件的优化组合，加快农业科技成果产业化和科技企业的发展。

农业科技创新产业促进中心主要目标是培育发展科技创新服务业。包括通过与高校、科研院所合作，在农科城建立应用研究基地；引进国内外著名涉农企业，鼓励其在农科城设置总部研发机构进行产品研发和技术创新研究；鼓励法人科技特派员以及企业在全国开展科技创业；构建产业链体系，推动地区农业结构调整，带动区域经济增长。瞄准高端世界农业科技，提供农业科技创新服务。引领现代农业向“高端、高效”方向发展。依托中粮、首农等一批龙头企业共同建设食品安全与营养健康研发服务平台，开发出健康营养、附加值高的产品。建设农产品加工与食品制造产业链，科技创新重点服务第二产业发展，带动第一、第三产业，促进“三产融合”。

良种创制与种业交易中心主要进行种业的高端研发服务。主要是开展单倍体育种、转基因育种、航天育种等市场应用的开发研究，形成一批具有自主知识产权的种质资源和育种材料，引领籽种产业向着“高、精、尖”方向发展，提高我国种业国际竞争力以及种业的可持续发展。还开展种子交易、种子期货、品种权交易、种业品牌交易等实物和知识产权等交易活动，为我国种业产业化发展提供平台。启动建设通州国际种业科技园，开发种业高端研发服务业，加强育种技术研发攻关。探索建立商业化育种机制，推动种子企业做大做强。实施“首都现代农业育种服务平台建设”项目以及“科技支撑籽种产业发展工程”，推动国家现代农业科技城开展种业科技支撑与成果惠民工程。

农业科技国际合作交流中心主要是开展农业科技国际合作交流服务。坚持引进来和“走出去”相结合，瞄准世界范围现代农业科技发展最高端，通过国际科技合作交流服务，大力提升我国农业科技在国际上的影响力和辐射力。包括引进国外高端农业科技成果在农科城进行试验示范，开展国际间农业高端技术的合作交流；举办国际农业高层论坛和农业科技会展，打造国际农业会都；吸引海外高层次人才到北京农科城创新创业等。农科城以农业科技国际合作交流中心的方式，引进国外高层次人才及高端农业科技成果，加强了我国农业科技国际交流与合作，引领现代农业向着“高辐射”方向发展。农科城国际合作交流中心目前已与81个国家、33个国际组织建立了合作关系，多次举办国际农业生物峰会、球根花卉国际论坛、中外花卉企业战略合作签约仪式、中英国际农业技术转移论坛等合作交流活动，实现了农科城对接国际、交流合作的纽带作用。

2.3.1.3 北京农科城的实践成果

在农业科技网络、信息服务方面，北京农科城原先规划建设的全国农业科技数据源中心、服务源中心已初步建成，与80余个国外农业科技园区实现网联，国内的服务范围达30多个省市，能够提供如农情监测、物联网技术、冷链物流等服务。

农业科技金融服务方面，建立了以社会资本为主体，以基金群建设为主要形式的农业科技金融服务平台。成立了国家农业科技园区协同创新战略联盟基金，为“支农支小”、服务“三农”和服务小微提供更加接地气的金融产品和服务，鼓励多层次的小型金融机构、村镇银行等的发展。

农业科技创新产业促进方面，建设农业科技创新服务联盟，打造品牌产业链，带动商业模式创新，定期发布北京农科城成果。成立了13个现代农业科技创新服务联盟，建立生物种业、奶业、生物燃气等11条品牌产业链，“一村一品一店”网络创业得到推广，优质小麦的种植面积增加等有序发展。

良种创制与推广方面，由北京农科城成立的北京农科城玉米品种开发联合体研发的京科968玉米新品种，产业化推广面积达到1400万亩。农华、京科和中单系列玉米品种经推广在全国玉米种植面积达到18%。建成全球最大的玉米品种标准DNA指纹库，完成全球第一个水稻全基因组芯片创制，发现世界第一张西瓜基因组序列图谱。研发出的“京葫36号”、“京春黄”、“京春CR”等蔬菜品种打破了长期以来的国外垄断，所培育的京红、京粉系列蛋种鸡品种的应用规模达到亚洲第一。年种业交易额突破150亿元，北京农业科技进步贡献率达75%以上①。

国际农业科技合作方面，北京农科城在全球范围建立战略合作伙伴关系。分别与81个国家和地区、33个国际组织达成了合作协议。其中，美国引进北京农科城自主研发的德青源生物能源装备；巴基斯坦引进并大面积种植北京杂交小麦新品种，将当地单产提高了30%~50%；科技成果也在世界种子大会、世界葡萄大会和世界草莓大会等国际会展中展出。

北京农科城还分别在通州建成运行“育繁推一体化”种业基地，在昌平园建成设施农业、精准农业和低碳农业科技示范园，在顺义建成集“研发、会展、创意、销售”为一体的花卉服务产业链，在延庆探索了覆盖种植、养殖、加工、沼气发电的综合性“未来农场”模式。园区实现了56.46亿元的销售收入，展示了6200个示范品种，有132家企业、院所入驻园区，辐射带动周围村镇525个。

2.3.1.4 农科城推动现代农业科技服务发展的经验

北京农科城已成为我国农业科技自主创新的重要载体和标志，是以现

① 北京国家现代农业科技城聚力推进全国科技创新中心建设［J］. 科技日报，2017-03-17 (008).

代农业科技推动现代农业发展的成功示范。从农科城的做法和成效可得出以下五点经验借鉴：

（1）科技服务平台化。科技服务平台是推广与创新农业科技服务的有力载体，也是创新体系建设的重要组成部分。一个资源开放共享、系统集成的科技创新服务平台，能够同时为院校、科研机构、企业、乡镇、农民等多方主体提供优质、高效的服务，除此之外，还可以提高平台内创新资源的使用效率，增加专业化公共服务的有效供给。因此，整合现有资源，搭建科技创新平台，也是各地政府做大做强科技创新服务的重要工作。应以创新农业科技服务产品为核心，建立政策、市场、资源、技术等综合服务网络体系，构建资本衔接平台、信息共享平台、市场交易平台。

（2）推进产业化发展。农业产业化能够以市场需求为导向，以产业为载体，克服传统农业经济的不足之处，将千家万户独立经营的小农经济与市场联接。开展种养加结合、农工贸并举、产加销一条龙等形式，以实现区域化布局、专业化生产、规模化建设、产业化经营、企业化管理等经营体系。因此在农业科技推广服务的过程中应结合产业化发展，促进第一、第二、第三产融合。大力推动设施农业、智能农业、生物能源等节水型、节力型、节能型产业的发展。引领我国农业发展向集约化、智能化、信息化方向转变，实现传统农业向现代农业的转化，实现农业的可持续发展。

（3）促进产品标准化发展。产品标准化体系建设是现代农业产业化发展的核心。农科城产业化发展过程中重视以技术集成创新为依托，以农业信息化建设为动力，推进产品标准化生产与生态化供给。以生物技术、电子商务技术、农业物联网技术、农产品质量检测技术、现代物流技术为核心，重点开发信息农业、精准农业和循环农业等。制定生态农业产前、产中和产后各环节的工艺流程和衡量标准，促进全产业链规范化、系统化，达到国家标准或国际市场标准，为居民提供更加丰富的无污染、安全、优质的绿色健康食品。

（4）注重推广生态型技术应用。通过运用现代科学技术成果，推广和应用生态环保型农业技术，实现农业的经济、生态和社会效益同步提高。一直以来，我国农业生产中的化肥、农药单位面积施用量都高于世界平均水平，过量使用化肥、农药导致土壤板结、水源污染、食品安全质量等问题频发。因此推广测土配方施肥、节水农业、循环农业等生产技术是全国各地推进生态环境建设与农业产业共同发展的重点措施。应鼓励科研人员开展农业系统的生态服务功能研究以及生态农业的生态补偿与优惠政策研究，以环保农业技术应用为基础，解决环境污染以及水土流失问题。推进科技、推广一体化，以“生态产业化”和“产业生态化”协同共进为目标，美化生产与生活环境。

2.3.2 陕西西安果友协会发展实践

2.3.2.1 西安果友协会的发展背景

2000年前后，陕西省基层农技人员不断减少与苹果产业迅速发展果农的技术需求得不到解决之间的矛盾日益突出。为了改变现状，挖掘陕西苹果潜力，让果农增收，西安探索了一种新型的“协会模式”来应对。此种模式是“构建一主多元农业推广服务体系的有效途径，在没有占用政府基层农业推广资源的情况下，承担了相当一部分基层公益性农业推广服务职能”。其中较为成功的组织案例就是陕西省西安果友协会。

陕西省西安果友协会于2004年年底成立，总部位于西安市，协会目前拥有会员3万多人。除发源地陕西以外，相继在甘肃、山西、河南、河北的周边省份也发展起来，先后加盟了20多家果友协会、建成300多个基层工作站，服务217个果类专业合作社。

2.3.2.2 西安果友协会的主要做法

西安果友协会的运行模式为：培养果农中的技术能人，使其成为技术带头人，对协会会员进行技术培训服务，会员们再辐射带动其他普通农户，形成以协会为主体的农业科技推广新型模式。具体为：西安果友协会→地方协会→基层工作站→地方果农合作社→会员所在地果农（见图2-2）。西安果友协会分别在陕西、山西、甘肃、河南、河北5个省份建立地方果友协会，引领和帮助当地组建农民专业合作社。协会以自然村为单位在苹果产区成立基层工作站。工作站由50户农户组成，每站5个小组，每组10户。

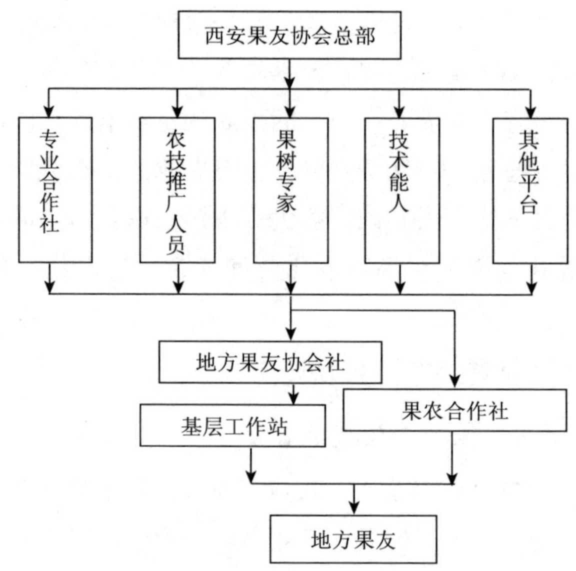

图 2-2 西安果友协会运行模式结构

（1）引进科研专家及科技项目。西安果友协会先后从中国农业大学、西北农林科技大学、中国农业科学院等国内知名学府和科研院所聘请多位果树专家。这些专家不仅为协会提供技术咨询和培训工作，更是为科技项目的引进和承担提供了人才和技术支撑。西安果友协会分别承担了农业部部级重大项目“优质出口苹果生产及加工技术引进与示范”“现代苹果产业技术体系项目”，还承担了部分陕西省厅级科技项目，为协会开展农业科技服务提供了强有力的技术支撑。

（2）以“农民老师”指导果农进行技术推广。农业科技推广中一项新技术能否有效扩散，主要取决于农户享受到科技成果的实惠。除此之外，农户对技术的接受度，还受到对新技术的理解、同行态度以及周围环境的影响。因此，通过对协会中成员以及当地工作站中的技术能人进行培训与指导，将他们培养成“农民老师”。这些“农民老师”大多来自优秀果农，技术好、经验丰富。“农民老师”在协会的安排下，长期在各自分管区域内巡回服务，果农教果农，向当地提供农业技术服务，便于技术的传播与推广。

（3）注重基层培训与会员技术需求。利用协会的西安灞桥培训基地，对会员开展基层技术培训。聘请国内一流专家对地方果友协会、会员、技术能手等进行课程教学与技术培训，并对农民进行考核。共计培训果农5000余名，甚至部分果农拿到高级农技师、农技师职称。经过培训的学员在当地率先使用新技术，成了带动广大会员共同致富的带头人。聘请果树种植、病虫害管理、灌溉、施肥等方面的专家定期对农户进行培训。“农民老师”在技术应用的关键季节，定期、不定期在田间地头进行技术指导。在生产环节外还向农户提供农资配送、产品营销等工作。由协会联系有实力的农资经销商，以低于市场的价格向协会会员供应农资。

2.3.2.3 西安果友协会的实践成果

协会成立以来，在陕、甘、晋、冀地区建立高标准果树示范园347个，在当地均产生了良好的经济社会效应。开展的果树综合管理技术培训班先后授课40多期，参加培训人员总计3000余人次，数百人通过测验获得农民职称证书，167人获经纪人证书。针对果类合作社培训175人，其中理事长培训64人。果友协会科技服务辐射面积40多万亩，还和周边五省20家农资经销商结成农资推广联盟。协会示范园亩均收益万元左右，会员在原先收入水平上增收三成。

2.3.2.4 西安果友协会的发展经验

一是注重专家的引进与项目支撑。科研院所、高等院校的专业技术专家为最前沿、最新技术来源提供保证，项目支撑为协会开展农业科技服务提供了强有力的科技支撑。二者皆保证了源源不断的新技术，有力促进了科技、推广与生产的有机结合。果友协会三十多年的发展始终红旗不倒，在于始终坚持与时俱进的创新，重视与科研院所、高等院校的稳定合作关系，适应不断变化发展的形势，及时调整自己的体制、机制与工作内涵。

二是离不开政府各类项目的扶持。无论是在科技成果转化与推广、协会融资发展还是在协会相关技术器械购置、基础设施建设等都得到国家政策以及当地政府的大力支持。没有科技含量，果友协会就发展不起来；没有金融支持，果友协会就发展不快；没有农民会员加入，果友协会就不是果友协会了，就只剩下“空壳”；没有政府支持，前面几项都难以推广。

所以说，果友协会不管是科技支撑还是金融支持以及农民的放心参与，都少不了政府的支持和保障。政策不仅要支持，更要“宽”、要“实”。

三是培养“农民老师”、建立基层工作站。培养了一支留得住、用得上、不离乡、不离土的农民专家队伍，为长期开展基层农民技术培训与推广服务打下基础，有效解决了农业技术推广服务的“最后一公里”问题，实现由西安果友协会到地方果友协会、果农合作社以及农户的技术推广。果友协会是以农民为主体的组织，深受农民的欢迎和热爱。各地果友协会发挥农民的主体作用，深入田间地头、科技园区、农业企业生产一线，积极对接需求，快速汇集成果，精准推送信息，充分利用先进信息技术提高服务效率，打通农业科技成果转化“最后一公里”瓶颈，使农村科普推广服务真正接地气、上档次。

四是建立与厂家联系、结盟的为农业服务模式。农村专业技术协会主要的工作是对会员及广大农户进行技术指导、开展技术培训和技术信息交流，除此之外部分规模较大的协会还为会员进行产前、产中的技术经济服务，例如以优惠价格为会员提供良种、肥料、饲料、农药等配套服务。这类农村专业技术协会自身有一定的发展实力，但产品加工、销售和实体化发展仍是其薄弱环节。因此可通过招标方式确定优秀农资企业以及邀请经销商加盟等方式，保证农资的质量，保护农民的权益。这种模式既可以确保协会及会员产品销售和收入来源，为农民增收致富，还能够无偿为会员提供科技培训与推广等各方面服务，创新农技服务形式。

五是果树产品对技术需求高的特性是协会持续发展的原因。首先，水果种植是一种劳动力投入大、栽培管理技术水平高的产业。前期种苗投入大，中期管理和技术需求多，生产周期长、收益持续是其特点。同一品种、相同生产环节的果园，在不同的栽培管理技术的经营下，往往产生巨大的产量和品质差异。因此，果农对新技术需求更加迫切，这为协会的发展创造了良好的外部环境。

2.4 我国促进现代农业科技服务业发展的措施

2.4.1 打造资源共享的集成式公共服务平台

在农业科技服务中，信息沟通和反馈机制缺失导致信息在高校和科研院所、企业和农民之间的不畅，严重影响科技成果的转化和科研工作的后续进展。考虑到这方面的因素，高校和科研院所、企业和农民逐渐通过多种途径建立了农业科技信息沟通和反馈平台，在这个平台中，农民可以及时反映科技新成果的使用效果、改进建议等，企业可以收集和整理农民的新需求和对高校和科研院所研发的新要求，而高校和科研院所不仅可以看到农民的反应，及时作出反馈对新技术进行改进和完善，还可以回答农民和企业提出的问题，这样就提高了三方信息交流和沟通的效率。因此，具体可以通过微信、微博、网站等形式，建立类似的平台，利用新媒体手段促进信息的沟通和反馈，如“农技 110”、安徽省开展的“农业农村综合信息服务平台”、山东省的“五网合一”农村信息化网络都是长久有效的集成式信息服务平台。

2.4.2 提供有针对性的多样化农业科技服务

随着农业的发展，对农业科技服务的形式和内容的需求也越来越多。目前农业科技服务机构所能提供的科技服务大多是较单一的，不能为企业或者农户提供整套解决方案和整合式科技服务方案。要解决该问题可以尝试通过以下两个途径来完成：一是重视应用研究，形成完整技术链条。政府在科研项目方面要平衡理论和应用之间的比例，基础项目不能忽视，但是应用项目的现实作用也不能低估，要兼顾理论和应用的发展，适当增加应用项目的数量和比例。高校和科研院所在技术研发中不仅要重视产中的研究，不断摸索新成果促进技术和理论的创新，还要重视产前和产后的相关配套技术，单一的产中研究无法满足完整的实际需求，因此需逐渐围绕某一科技成果形成完整的技术链条。二是从基层的农村科技服务特点来看，建议在各种科技服务机构的基础上对资源进行有效整合，设立农村综合科技服务站。农村综合科技服务站应该一方面为农村各项生产经营性活动提供全方位的科技服务，包括推广先进实用的科技成果、在管理上进行指导、提供产品营销和科技信息服务等；另一方面对农民生活和农村环境提供各个方面的科技、信息和管理服务，为农民就业和培训提供指导和帮助，全方位打造农村综合科技服务平台。

2.4.3 明确各类型的农业科技服务机构职能分工

未来的农业科技服务体系定会是多种服务主体并存、互相配合的局面，这样才能满足多样化的需求。因此，应该对科技服务体系整体的各类机构的分工和角色进行定位，明确分工，使各类形式的科技服务主体都能得到充分的发展，从而发挥相应的作用。按科技服务主体的性质来分大概有公益性服务和经营性服务，要采取不同的推进模式来保障各类机构各尽其能地发展农业科技服务。首先，坚持强化政府型科技服务机构的公益性，如基础科学研究、农业执法、动植物病虫害的监测和防治、科技人才培训等基础性科技服务机构。其次，农业专业协会、农业合作社等的定位应是兼有公益性与经营性的。对其公共服务活动给予财政补贴，以追求共同发展、共同进步为目标，其所提供的服务相对较深入和细化，是对政府机构科技服务的有力补充。最后，现代农业科技园区、农业科技咨询公司、龙头企业则可视为经营性的农业科技服务主体。该类科技服务主体与市场最接轨，因此，政府应该放活中介经营性科技服务，投入足够的财力保障公共事业的发展，再运用宏观调控的手段对那些科技服务组织机构进行指导和扶持。

2.4.4 加大法制、财政金融的支持力度

农业科技服务体系的建设有赖于一个健全、优质的大环境。政府应逐渐完善专利法律体系，对农业科技研发成果实施法律保护，在保证技术公益性的基础上，为研发人员提供了一定年限的专利保护，比如2年、5年等。在这个期限内，研发人员可以凭借专利权获得一定的专利转让费用。这样就会增加高校和科研院所的研发人员的经济回报，鼓励他们推动科技成果的转化，利于高校和科研院所的长期发展，改善农业科技成果转化的整体效果。在财政金融政策支持上，建议政府出台专门扶持农村科技服务组织的优惠政策：一是要加大财政扶持力度。设置农村科技服务专项基金，定量支持研究成果和推广范围，对科研高校、农民合作组织按任务比例分别支持。财政部门统一管理，且采用直接拨付办法，确保专项扶持资金足额到位。二是要制定和落实税收及其他优惠政策。制定农村专业合作组织的优惠政策，对其从事的一些经营性服务所得收入应免征所得税和营业税等，要保证落到实处，并建议纪委每年进入调查。三是要加大农业银行、农业发展银行和农村信用社等金融机构的政策借贷力度，重点支持农

民自办的科技服务组织。

2.4.5 建立建全农村人才流动机制

农业科技是实现农业持续发展的关键，而建立一支总量大、技术高、留得住的农业科技服务人才队伍，是农业科技成果转化的组织保证。传统意义上，农户主要依靠多年从事农业生产积累的技术和经验进行耕作生产。近年来，政府大力扶持基层农技推广部门，由政府选派一批技术能手，深入基层，到田间地头，与农民面对面的进行选种、播种、病虫害防治、田间管理等技术指导与交流。留住农业科技服务的高素质人才需要国家政策的指导和地方政府的配合：第一，建立合理的引才机制，积极引导大中专毕业生到农村去就业，鼓励和动员高素质专业人才进入农村施展才华，并给他们提供相关的补贴、待遇等。第二，形成人才使用机制，不仅“留得住”人才，更能“用得好”人才，给在农村特别是农业科技服务体系扎根的高素质人才，提供合适的锻炼机会，为表现突出的人员提供更加广阔的空间。第三，提高农业科技服务体系的造血能力，以政策引导农业科技服务体系的从业人员参加相关的交流、学习和培训，提升他们的知识水平和学历层次。

第三章　现代农业金融服务

3.1　农业金融服务的新发展

当前，我国农业进入高投入、高产出阶段，新型经营主体对金融服务的需求越来越多，但贷款难、贷款贵问题仍没有得到有效解决，农业金融仍然是我国金融改革与发展领域最为薄弱的环节。2007 年中央“一号文件”明确提出：发展现代农业是建设社会主义新农村的首要任务。金融作为一种市场化的经济调控手段，在促进现代农业发展过程中被世界各国广泛利用，为现代农业提供资金来源，同时也为农民提供了间接补贴和增加收入的机会。农业金融服务贯穿于整个农业生产过程，提高现代农业金融服务的工作水平，有利于解决“三农”问题，实现社会主义新农村的建设目标。

3.1.1　现代农业金融服务的新提升

3.1.1.1　现代农业金融服务的办理平台不断扩展

金融服务的提供以及业务的具体办理在过去主要依托于各个金融网点，随着网络的不断普及以及大众对各类电子产品的接受度提升，发展“互联网+”现代农业内部条件已成熟，外部环境也具备。在原有的各类金融网点基础之上，更加便捷高效的手机金融服务、自助端金融服务设备以及各类农业金融服务 APP 不断涌现，大大扩展了现代农业金融服务的办理平台，极大的方便了广大农民获取各类金融服务或金融咨询，缓解了信息不对称带来的问题。

3.1.1.2　农村金融现代化服务体系的不断创新

农村金融是现代农村经济发展的核心。要促进农村经济持续稳定健康发展，促进农业转型升级，离不开健全的农村金融组织体系。世界发达国家和一些发展中国家都建立了与农村经济的多层次发展相适应的农村金融组织体系。

一是强化合作性金融、政策性金融、商业性金融在面向“三农”、服务农民的能力和作用。二是要促进形式各异的新型农村金融机构的发展，以充分促进农村金融市场竞争。在金融机构覆盖面窄甚至存在“金融荒漠”的地区规范发展农村资金互助社、村镇银行、专业合作信用社、贷款公司及小额贷款公司等新型农村金融机构和以服务农村地区为主的地区性中小银行。规范引导、依法保护民间借贷健康发展。三是加快发展农村农业保险，探索建立多主题经营、多渠道支持的农村保险体系，发挥保险业对农业经济的补偿作用。在有条件的地区发展农村资本市场，直接融资。针对农村基金外流回收少、农民贷款成本高的现状，可以考虑一些农业龙头企业实行股份制经营，通过发行股票筹措资金。同时建立相应的农村证券经营机构，代理农村企业发行股票和债券、进行管理，更好地为农村经济发展服务。

3.1.1.3 现代农业金融服务业的制度不断优化

农村金融现代化服务体系的构建离不开健全的金融制度的保证。

首先，加强对小额贷款、微型服务等农村金融机构的规范和激励制度建设，要运用财政和货币杠杆引导资金流向农村，促进农村金融服务业的健康发展；其次，加强民间借贷、信用担保、股票、债券等其他融资途径的制度建设，加强规范，依法管理；最后，健全农村金融监管制度，对农村金融服务业继续分类、差别监管，考虑对“三农”服务、贷款、覆盖面等因素，维护农村金融公平有效竞争和可持续发展。

创新制度的同时，要加强金融政策与其他政策之间的协调性；要优化外部环境，加强基础设施建设；加大金融专业人才培育的力度；营造良好农村信用体系和金融生态环境，切实增加农业发展的后劲。

3.1.2 现代农业金融服务的新业态

3.1.2.1 金融服务的各个方面更加贴合农业现状

第一，积极破解农村贷款抵押担保物难题。贷款抵押担保物难以落实的问题是农民贷款最难的问题之一，这主要是由于农民的土地宅基地都是集体的，无法抵押担保。现代化农业金融服务体系致力于解决这一问题。一是可以开展小额信贷产品业务，采用信用农户授信与银行卡授信相结合的方法解决贷款抵押担保物的问题。二是进一步完善农业龙头企业贷款和农业贷款风险补偿机制。三是鼓励有条件的地方设立涉农担保基金或涉农担保公司，完善担保和再担保相结合的风险分担机制。四是加大农村金融政策支持力度，持续增加农村信贷投入，确保银行业金融机构涉农贷款增速高于全部贷款平均增速。五是完善涉农贷款税收激励政策，健全金融机构县域金融服务考核评价办法，引导县域银行业金融机构强化农村信贷服务。六是大力推进农村信用体系建设，完善农户信用评价机制。深化农村信用社改革，稳定县（域）农村信用社法人地位。

第二，农业金融现代化服务业的产品与服务方式不断丰富。根据农村客户规模小、频率高、随意性大的特点，创新贷款和服务方式，发展小额信贷和微型金融服务，把信贷服务向农业生产的上下游环节延伸。简化贷款程序，开发简单快速贷款、自助循环贷款等新产品；把农户和农村企业拥有的股权、人寿保单、山林权、土地经营权、订单等资产都列入农村担保物范围，缓解农村抵押担保难问题；拓展农村金融网上银行；创新信贷产品，扩大新型农村金融服务业的贷款品种范围，引导农民消费升级。

3.1.2.2 互联网思想融入农业金融服务

中央一号文件提出，要深入推进农业供给侧结构性改革，加快农村金融创新，鼓励金融机构积极利用互联网技术，为农业经营主体提供金融服务。加快农村金融创新是农业供给侧结构性改革的重要内容，也是培育农业新动能的重要方式。当前，发展“互联网+”现代农业内部条件已成熟，外部环境也具备，推动农业实现从低端向高端、从传统到现代的跃升，与“互联网+”深度结合成为必由之路。

第一，提高普惠金融水平。发挥网络优势，以移动金融为切入点，丰富完善移动终端服务体系，打通线上线下支付模式，融入农业生产、农村电商等场景，提供集支付、结算、理财、农村养老、医疗保险等一揽子农村普惠金融服务。把国家惠农政策、惠农资金安全及时地送到千家万户，使农民“足不出村”，就可享受现代金融服务。

第二，以龙头企业为抓手，发展农村电商金融。整合金融服务、电子商务、社交生活等功能，探索以服务龙头企业为抓手，将一站式“电子商务+金融”服务嵌入企业农资销售、原材料采购各环节，构建“龙头企业+下游经销商+惠农通服务点+农户”生态链，这样，既可提升龙头企业对产业链整合能力，亦可满足农民购买原料、农资等物资需求，引导休闲农业、旅游观光等在电商平台进行乡村旅游推介、食宿预定、土特产网购等，并配套解决便捷支付、余额理财等金融需求。

第三，以创新融资方式为重点，拓展农业产业链金融。随着国家“互联网+”现代农业行动深入推进，数字技术与农业产业链加快融合，为银行真实掌握“三农”客户经营信息并基于交易流水等大数据提供融资服务，开辟了新路径。一是围绕农业产业链，以龙头企业为核心，结合数据收集、分析、交叉认证等技术，为农业产业链上下游小微企业（农户）提供在线融资。二是结合电商平台数据，以店铺经营权、应收账款、在售商品等为抵质押物，为三农电商经营者提供在线融资。三是将农民养老贷、油茶贷、农民光富贷、精准扶贫富农贷等特色农贷产品，嫁接到服务平台，制定标准化业务流程、客户准入、评价标准，丰富惠农信贷服务功能，实现特色农贷高效申请、发放，全面提升服务现代农业和精准扶贫能力。

3.1.3 农业金融服务的新模式

3.1.3.1 互联网金融服务下的融资模式创新

随着我国提出积极发展互联网金融，鼓励互联网金融向“三农”提供规范服务，互联网金融融资将成为农业经营主体融资的新渠道。目前互联网金融的主要融资模式有 P2P 信贷融资、众筹融资、供应链融资以及电子金融机构——门户融资等。

3.1.3.2 农业产业链融资模式

在农产品市场不断由区域化向全国化甚至国际化发展的过程中，农业竞争更表现为产业链条和运作体系的整体竞争（陈丹梅，2004），而依托产业链开展金融服务是金融机构的必然选择。产业链融资是指在对产业链内部交易结构进行分析的基础上，运用商品贸易融资的自偿性信贷模型，并引入核心企业、物流监管公司、资金流导引工具等新的风险控制变量，对产业链的不同节点提供封闭的授信支持及其他结算、理财等的综合金融服务（胡跃飞，2007）。目前，互联网金融与实体金融均有基于产业链融资服务思想的新型融资模式推出。

3.2 现代农业金融服务业的内容、主体和模式

3.2.1 现代农业金融服务业的内容

3.2.1.1 现代农业金融服务业概念

农业金融服务体系是在一定的制度背景下，由农业金融交易主体、金融工具、金融市场和金融调控与金融监管多方面相互联系而形成的有机整体。相对城市金融体系而言，农业金融服务体系的市场化、多元化、社会化、规范化程度都比较低，因而其也是一个国家整个金融体系中最为薄弱的部分。农户融资渠道主要有正规金融市场与非正规金融市场两部分，其中正规金融市场包括农村信用社、中国农业银行以及其他银行；非正规金融市场主要包括民间借贷、钱庄、担保公司等非正规融资方式（陆会，2008）。长期以来，我国农村金融服务体系基本上形成了以农村信用合作社为主体，商业性金融与政策性金融分工协作的，正规金融和非正规金融服务体系并存的格局（钱水土等，2011）。

3.2.1.2 现代农业服务业的具体内容

农业金融服务主要包括农业保险、农业信贷和金融政策支持三方面内容。

（1）农业保险服务。构建现代农业金融服务，提供完善的农业保险是其中的重要内容之一。

农业保险是对种植业（农作物）、养殖业（禽畜）在生产、哺育、成长过程中可能遭到的自然灾害或意外事故所造成的经济损失提供经济保障的一种保险。保险机构通过保险的形式，组织农业从业人员集体互助，使受损单位或个人得到应有的补偿，以便及时恢复生产，保证农业生产顺利进行。

表 3-1　农业保险收入与给付情况　　单位：亿元

	2007 年	2008 年	2009 年	2010 年	2011 年	2012 年	2013 年	2014 年
财产保险公司农业保险保费收入	53.3	110.7	133.9	135.9	174	240.6	306.6	325.8
财产保险公司农业保险赔款及给付	29.8	64.1	95.2	96	81.8	131.3	194.9	205.8
农业保险赔款与给付率（%）	55.91	57.90	71.10	70.64	47.01	54.57	63.57	63.17
保险业务保费收入	7035.8	9784.1	11137	14528	14339.3	15487.9	17222.2	20234.8
保险赔款及给付	2265.2	2971.2	3125.5	3200.4	3929.4	4716.3	6212.9	7216.2
保险业务综合赔款与给付率（%）	32.20	30.37	28.06	22.03	27.40	30.45	36.07	35.66

资料来源：中国统计年鉴，2008—2015。

上表给出了财产保险公司农业保险保费收入、赔款与给付资金、赔款与给付率，以及全行业的保险保费收入、赔款与给付资金、赔款与给付率，与农业领域进行对比。

首先，来看一下农业保险增加情况。从 2007—2014 年的数据可以看出，农业保险总收入是处于不断上涨的阶段，2014 年的农业保险总收入是 2007 年的 6.11 倍，超过全行业保险收入上涨幅度，从增速方面来说，我国农业保险业务增速较快。但是，从增长绝对量角度来衡量，2014 年，农业保险保费收入仅有 325.8 亿元，农业保险服务的供给仍处于较低的水平。

其次，来看一下农业保险赔款与给付率。统观 2007—2014 年数据，农业保险赔款与给付率的平均值为 60.48%，而同时期全行业保险业务赔款与给付率的平均值仅为 30.28%，农业保险赔款与给付率要远高于全行业数据。八年来，农业保险赔款与给付率的最低比率发生在 2012 年，比率为 54.57%，这一数据仍远远高于同行业任意一年的数据。2009 年，农业保险赔款与给付率更是高达 71.10%。农业作为高风险、低收益的行业，较高的赔付率使农业保险业更多地表现为一种政策性保险。农业保险的赔款与给付率远远超出保险行业的平均水平，这也是农业保险作为政策性保险无法吸引大量商业保险加入的重要原因，目前，承担农业保险服务的供给公司不多，我国农业保险服务供给的成长发育程度仍然偏低。

在研究现代农业金融服务时，要把握实际情况，提出切实方案，才能解决现有问题。

（2）农业信贷。农业经济活动中，贷款者向借款者供应货币（或商品），后者定期归还并支付利息的行为。资本主义的农业信贷是借贷资本在农业中进行投资的一种形式。但由于农业生产的风险大，贷款利率和抵押条件的要求高，一般大农场较易从商业银行获得贷款，小农主多靠合作信贷取得资金来源。现阶段农村金融机构办理的农村存款主要包括来自国营农业企业、农业合作经济组织、乡镇企业等的存款以及农村的个人储蓄等。农业贷款包括以农业生产承包户、农业合作经济组织、乡镇企业和国营农业企业为对象的生产性贷款以及开发性贷款、农民生活贷款、灾区口粮贷款等。农业信贷服务是农业金融服务的重要组成部分，在信贷业务中必须坚持基本信贷原则。经过近年来的发展，农业信贷服务在供给的数量上基本可以满足一般农户的需求，但对企业的信贷仍集中于少数大中型企业，对于小规模的农业企业和农民专业合作组织的信贷供给仍然不足。农业是国民经济的基础，农业信贷与农业生产密切相关，由于农业本身具有的季节性、弱质性等特点，从而使农业信贷必然反映出区别于其他信贷的一些特点。当前，我国农业信贷服务水平不断攀升，但是仍然存在诸多问题，例如农贷结构不合理、信贷供需双向制约等，并且农业作为弱质产业其利润远低于工商业企业，但从目前供给的实际状况看，农业信贷的利率水平仍然偏高，农业生产应该享受到更为优惠的信贷支持。积极推进现代农业金融服务体系的建设，对于缓解上述问题意义重大。

（3）金融政策支持。2013 年中央一号文件指出，要改善农村金融服务。创新金融产品和服务，优先满足农户信贷需求，加大新型生产经营主体信贷支持力度。支持社会资本参与设立新型农村金融机构。改善农村支付服务条件，畅通支付结算渠道。加强涉农信贷与保险协作配合，创新符合农村特点的抵（质）押担保方式和融资工具，建立多层次、多形式的农业信用担保体系。2014 年中央一号文件提出，发展新型农村合作金融组织。在管理民主、运行规范、带动力强的农民合作社和供销合作社基础上，培育发展农村合作金融，不断丰富农村地区金融机构类型。坚持社员制、封闭性原则，在不对外吸储放贷、不支付固定回报的前提下，推动社区性农村资金互助组织发展。完善地方农村金融管理体制，明确地方政府对新型农村合作金融监管职责，鼓励地方建立风险补偿基金，有效防范金融风险。适时制定农村合作金融发展管理办法。2014 年 4 月 22 日国务院办公厅《关于金融服务“三农”发展的若干意见》，从九个方面提出农业金融服务发展的建议：一是深化农村金融体制机制改革，丰富农村金融服务主体；二是大力发展农村普惠金融；三是拓宽资金来源；四是创新农村金融产品和服务方式；五是加大对重点领域的金融支持；六是拓展农业保险的广度和深度，加快建立财政支持的农业保险大灾风险分散机制；七是稳步培育发展农村资本市场；八是完善农村金融基础设施；九是加大对“三农”金融服务的政策支持。

近年来，支持、引导农业金融服务发展的政策文件频出，上述政策仅是其中一小部分。此类政策对我国完善现代农业金融服务业起到了积极作用。今后，应该继续深入研究，制定出各类适合我国农业金融实际情况的政策措施，有效规范、引导现代农业金融服务业的发展。

3.2.2 现代农业金融服务业的主体

现代农业金融服务业的主体包括两部分，第一部分是接受服务的主体，如农业企业、农户；第二部分为提供服务的主体，主要指各类金融机构。两部分共同组成了现代农业金融服务业的参与主体。

3.2.2.1 农业企业

农业企业作为工商业的经济实体，以其经营目标的实现和企业的持续发展为出发点进入农业市场，开展各自的生产经营业务并参与市场竞争。因此，作为更高一层次的需求主体，农业企业更能通过其自身的需求体现出农业服务业的发展方向。农业企业以自己的经营范围为中心，服务需求与农业生产经营的各个环节发生联系，涉及整个农业产业链，且服务需求的针对性最强。而且由于农业企业之间的组织规模、业务规模以及发展规划等各不相同，因此，其服务需求也表现为不同的诉求层次。但整体上看，较之农户，农业企业的农业服务需求代表着更高层次的农业服务业发展方向和要求。农业企业的共性需求主要包括基础设施等公共产品服务、产业信息服务、技术咨询服务、市场渠道服务、金融服务等，个性服务与企业所处行业相关，涉及所从事行业上下游的前后向服务部门。

资金是所有企业都无法回避的现实需求，资金是大多数企业的共性需求，也是其进一步发展的“瓶颈”因素。目前，银行信贷资金对农业企业的支持从整体上远远低于一般城市工商业企业，有限的信贷资金集中于少数几家规模以上的知名农业企业。一般中小农业企业大多无法经由正常渠道取得足够的信贷资金支持，遇有资金短缺时，通过民间借贷、企业成员个人借贷等方式来补充，额度远无法满足实际的需求。

3.2.2.2 农户

家庭经营是农业生产经营的微观基础。因此，农户是农业服务业最直接的需求主体。在家庭承包经营制下，农户直接从事农业生产，处于农业生产经营的最前端，农户对于农业服务业的需求涉及整个农业生产实践过程的各个环节。融资服务需求也是农户的一项重要的农业服务需求。资金的短缺和需求可能存在于整个农业生产过程的各个环节之中，因此融资服务是农业服务需求中的一个重要服务项目。

由于经济社会发展，农民对金融服务的认识有了明显提高，农民在渴望获得信贷资金扶持的同时，对金融机构的服务有新的需求。

第一，农村的金融服务种类比较单调，服务针对性不强，急需各金融机构贴近农村实际，“量身定制”符合农村实际的新产品，探索运用“村组+组合担保+金融机构”“专业合作社+成员+金融机构”“龙头企业+基地农户”“农村土地+基金担保”“农村土地经营权抵押+经营户担保”等多种信贷产品，积极推行“快乐贷”、农村“四权两房”贷款、各类“保证金”贷款和权力质押贷款等系列产品，满足农村种养业、个体私营加工、外出务工等多方资金需求。

第二，农民群众对银行的认识仅停留在传统的存、取款上，缺乏投资理财认识。一些富起来的农民，希望通过金融机构帮助理财，但是缺乏知识。农民需要农村金融机构成为投资顾问，加大对农民朋友的理财指导，帮助他们项目理财，运用储蓄、国债、保险、证券、基金等投资品种，增强投资收益和规避风险的能力，使他们手中的钱“生”钱。

第三，缺乏对现代金融方针、政策、金融知识的了解。金融机构要建立长效机制，沉下身子围绕农民开展服务服务，把存贷款知识、结算知识、理财知识、人民币辨别真伪知识与残币兑换和防、反金融诈骗宣传等等金融服务送到村庄、田间地头。同时积极提供POS机、转账电话、网上银行、手机银行等金融等金融结算手段，使他们“足不出村存取款，田间地头能转账”，享受“零距离”金融服务。

第四，保险业务的开展。由于农户在农业生产过程中，存在多种自然风险和市场风险。农民朋友迫切企盼保险公司积极开办特种农业保险业务，希望政府大力实施和优化农业保险政策，确保农民增收保收。同时希望开通借款人意外伤害保险，为借款人提供与贷款同步的意外伤害保障，预防最不可预测的风险，让他们安心搞生产。

3.2.2.3 金融机构

一般来说，按照金融机构是否受到监管，可以把所有的金融部门分成正规金融机构和非正规金融机构。对于农业金融机构而言，亦是如此。

正规金融组织或活动指受中国人民银行或银监局等金融部门监管的金融组织或活动（谢琼，2012）。即其金融活动受政府金融监管当局的规范和监管，意味着得到央行认可的。

非正规金融可以被定义为那些没有中央银行监管当局所控制的金融活动，即非正规金融机构及其活动一般不受央行的法定准备金制度、资本充足率要求和资产负债比制度的制约，其经营活动不向央行报告，在利率决定上具有自主权，并且往往高于受到管制的正规信贷市场的利率。

在我国，正规金融机构又可以具体划分为政策性金融机构、商业性金融机构、合作性金融机构、农村信用合作社、新型农村金融机构、农业保险公司。非正规金融机构近年来发展迅速，主要有民间借贷机构、钱庄、担保公司、小额贷款公司等几种类型。接下来，我们将逐一进行介绍。

（1）政策性金融机构。在我国，与农业相关的政策性金融机构包括中国农业发展银行与国家开发银行。

中国农业发展银行是直属国务院领导的中国唯一的一家农业政策性银行。中国农业发展银行的主要任务是：按照国家的法律、法规和方针、政策，以国家信用为基础，筹集农业政策性信贷资金，承担国家规定的农业政策性和经批准开办的涉农商业性金融业务，代理财政性支农资金的拨付，为农业和农村经济发展服务。中国农业发展银行在业务上接受中国人民银行和中国银行业监督管理委员会的指导和监督。

国家开发银行成立于1994年，是直属中国国务院领导的政策性金融机构。2008年12月改制为国家开发银行股份有限公司。2015年3月，国务院明确国开行定位为开发性金融机构。国开行的两个使命是增强国力和改善民生。作为开发性金融机构，增强国力是国开行义不容辞的责任。中国经济的持续健康发展，需要开发性金融继续发挥作用。开行要大力支持国家重点项目建设，增加公共产品供给，不断增强经济发展动力；拓展区域发展新空间，挖掘经济增长潜力；推进产业结构调整，促进新技术、新产业、新业态发展，为经济发展注入新的活力；支持美丽中国建设，发展绿色金融，增强经济社会可持续发展能力；支持企业“走出去”，积极参与全球治理，提升国家综合竞争力和国际影响力。农业作为经济发展的基础产业，一直是国开行致力支持开发的重点产业之一。民惟邦本，本固邦宁。国开行顺应全面建成小康社会的形势要求，把基础设施领域的成功经验拓展到中低收入住房、扶贫开发、“三农”领域、教育医疗、中小微企业等民生领域，以普惠金融服务社会建设，促进社会和谐与全面进步。

（2）商业性金融机构。商业银行数目繁多，与服务农业金融关系较为密切的主要有中国农业银行和邮政储蓄银行两家。

中国农业银行网点遍布中国城乡，成为中国网点最多、业务辐射范围最广的大型现代化商业银行。中国农业银行业务领域已由最初的农业信贷、结算业务，发展成为品种齐全，本外币结合，能够办理国际、国内通行的各类金融业务。农行的使命之一便是面向“三农”、服务城乡。中国农业银行董事会下设“三农”金融发展委员会，“三农”金融发展委员会的主要职责是审议中国农业银行“三农”业务发展战略规划，“三农”业务的政策和基本管理制度，“三农”业务风险战略规划和其他有关“三农”业务发展的重大事项，监督中国农业银行“三农”业务发展战略规划、政策和基本管理制度的落实，对服务“三农”效果进行评估，并向董事会提出建议。

中国邮政储蓄银行自成立以来，秉承“普惠金融”理念，始终把“三农”金融服务放在改革发展的重要战略位置。截至目前，邮储银行拥有3.9万个网点，70%分布在县域。2013年，邮储银行涉农贷款余额3882亿元，增幅106%，两小贷款余额5375亿元，增幅25.6%。累计解决了800多万农户的经营资金短缺困难。2014年，中国邮政储蓄银行与农业部在北京签署政银战略合作协议，双方约定，从2014年开始，邮储银行争取在未来五年内，在“三农”领域的信贷投放超过3万亿元，不断提高现代农业建设的金融保障水平。农业部和中国邮政储蓄银行举行合作协议签约仪式，是深入贯彻落实《国务院办公厅关于金融服务“三农”发展的若干意见》的具体行动，也是实现优势互补、创新金融服务“三农”方式的有效举措。农业部部长韩长赋指出，与传统农业相比，现代农业投入更大、风险更高，对金融保险的需求更加强烈。但由于多方面原因，金融仍是现代农业发展的“瓶颈”，也是新型经营主体成长的烦恼。农村金融服务问题不解决，农业现代化就缺少有力支撑。衷心希望邮储银行继续下沉重心、面向“三农”，把贷款增量主要用于涉农领域，做到不脱农、多惠农，成为服务“三农”的生力军。

（3）合作性金融机构。为农业金融服务的合作性金融机构是各地的农村信用合作社。农村信用合作社指经中国人民银行批准设立、由社员入股组成、实行民主管理、主要为社员提供金融服务的农村合作金融机构。农村信用合作社通过开展信用社经营业务参与宏观金融调控，在农业生产发展和国民经济发展中发挥了重要的作用。其主要任务是筹集农村闲散资金，为农业、农民和农村经济发展提供金融服务，依照国家法律和金融政策规定，组织和调节农村基金，支持农业生产和农村综合发展，支持各种形式的合作经济和社员家庭经济，限制和打击高利贷。

农村信用合作社作为银行类金融机构有其自身的特点，主要表现在：首先，农民和农村的其他个人集资联合组成，以互助为主要宗旨的合作金融组织，其业务经营是在民主选举基础上由社员指定人员管理经营，并对社员负责。其最高权利机构是社员代表大会，负责具体事务的管理和业务经营的执行机构是理事会。其次，主要资金来源是合作社成员缴纳的股金、留存的公积金和吸收的存款；贷款主要用于解决其成员的资金需求。

起初主要发放短期生产生活贷款和消费贷款，后随着经济发展，渐渐扩宽放款渠道，和商业银行贷款没有区别。最后，由于业务对象是合作社成员，因此业务手续简便灵活。

（4）新型农村金融机构。新型农村金融机构是指，2006 年银监会发布《关于调整放宽农村地区银行业金融机构准入政策更好地支持社会主义新农村建设的意见》后，按有关规定设立的村镇银行、贷款公司和资金互助社。

村镇银行是指经中国银行业监督管理委员会依据有关法律、法规批准，由境内外金融机构、境内非金融机构企业法人、境内自然人出资，在农村地区设立的主要为当地农民、农业和农村经济发展提供金融服务的银行业金融机构。村镇银行不同于银行的分支机构，属一级法人机构。根据银监会的规定，村镇银行涵盖了吸收公众存款、发放短中长期贷款、办理国内结算、办理票据承兑与贴现、从事同业拆借、从事银行卡业务、代理发行兑付及承销政府债券等所有的主流业务，甚至还可以代理政策性银行、商业银行和保险公司、证券公司等金融机构的业务。有条件的村镇银行要在农村地区设置 ATM 机，并根据农户、农村经济组织的信用状况向其发行银行卡。对于部分地域面积大、居住人口少的村镇，村镇银行还可以通过流动服务等形式提供服务。不过根据中国银监会印发的《关于加强村镇银行监管的意见》，村镇银行被禁止进行跨县（市）发放贷款和吸收存款。

贷款公司是由境内商业银行或农村合作银行全额出资的有限责任公司。企业贷款可分为：流动资金贷款、固定资产贷款、信用贷款、担保贷款、股票质押贷款、外汇质押贷款、单位定期存单质押贷款、黄金质押贷款、银团贷款、银行承兑汇票、银行承兑汇票贴现、商业承兑汇票贴现、买方或协议付息票据贴现、有追索权国内保理、出口退税账户托管贷款。

农村资金互助社是指经银行业监督管理机构批准，由自愿入股组成的社区互助性银行业金融业务。其宗旨是，谋求社员共同利益。

据中国银监会统计数据显示，截至 2012 年 9 月底，全国已组建村镇银行、贷款公司和农村资金互助社等三类新型农村金融机构 858 家，其中村镇银行 799 家。

（5）农业保险公司。农业保险是市场经济国家扶持农业发展的通行做法。通过政策性农业保险，可以在世界贸易组织规则允许的范围内，代替直接补贴对我国农业实施合理有效的保护，减轻加入世界贸易组织带来的冲击，减少自然灾害对农业生产的影响，稳定农民收入，促进农业和农村经济的发展。在中国，农业保险又是解决“三农”问题的重要组成部分。农业保险公司则是指开展各类农业保险的公司。

由于农业保险赔款给付率远高于一般保险，目前我国开展农业保险业务的保险公司数量较少。主要有如下几家：中原农业保险公司、安华农业保险公司、安信农业保险公司、国园农业保险股份有限公司等。

（6）非正规金融服务主体。近年来，非正规金融服务主体不断涌现，一方面，这些金融机构为农业金融需求带来了一定便利，但同时，由于起步晚，仍存在诸多问题。目前，比较常见的非正规金融服务机构主要有民间借贷机构、担保公司、小额贷款公司。

民间借贷机构是指能够提供民间借贷的金融机构。民间借贷是指自然人、法人、其他组织之间及其相互之间，而非经金融监管部门批准设立的从事贷款业务的金融机构及其分支机构进行资金融通的行为。民间借贷作为一种资源丰富、操作简捷灵便的融资手段，在一定程度上缓解了银行信贷资金不足的矛盾，促进了经济的发展。但是显而易见，民间借贷的随意性、风险性容易造成诸多社会问题。向私人借钱，大多是在半公开甚至秘密进行的资金交易，借贷双方仅靠所谓的信誉维持，借贷手续不完备，缺乏担保抵押，无可靠的法律保障，一旦遇到情况变化，极易引发纠纷乃至刑事犯罪。民间借贷必须规范运作，逐步纳入法制化的轨道。

担保公司。个人或企业在向银行借款的时候，银行为了降低风险，不直接放款给个人，而是要求借款人找到第三方（担保公司或资质好的个人）为其做担保。担保公司会根据银行的要求，让借款人出具相关的资质证明进行审核，之后将审核好的资料交到银行，银行复核后放款，担保公司收取相应的服务费用。

小额贷款公司是由自然人、企业法人与其他社会组织投资设立，不吸收公众存款，经营小额贷款业务的有限责任公司或股份有限公司。与银行相比，小额贷款公司更为便捷、迅速，适合中小企业、个体工商户的资金需求；与民间借贷相比，小额贷款更加规范、贷款利息可双方协商。

3.2.3 现代农业金融服务业的主要模式

3.2.3.1 P2P 网络信贷融资模式

P2P 信贷是指有借款需求及出借意愿的群体，通过 P2P 网络借贷平台的中介而实现的小额信贷融资（李金阳等，2013），如我国的拍拍贷、陆金所、人人贷等；P2P 信贷融资是指农业需求主体通过金融服务专业网络平台寻找有贷款能力和贷款意愿并能满足其融资需求的一个或多个贷款方，借贷双方所需的资料、合同以及资金等全部通过网络实现的一种融资模式。该模式的主要特点是交易便利、金额较小、频率较高，有效弥补了传统金融模式下新型农业经营主体获取小额贷款时手续繁杂、费时费力、沟通和业务对接成本较高的不足，能满足新型农业经营主体日常生产经营中的临时性、应急性资金需求。

P2P 网络信贷融资流程：第一步，农业需求主体在金融服务专业网络平台自主选择符合自己意愿的贷款方，然后双方通过平台进行借贷合作沟通，初步达成合作意向；第二步，贷款方通过该平台对借款主体的营业执照、线上资格、信用、还款能力等进行详细审核；第三步，借贷双方实现借贷匹配并对贷款防控风险进行量化。

3.2.3.2 针对农业企业或农业集体的众筹平台融资模式

众筹平台融资是指农业需求主体（农业企业或合作社等）将自身的创立或准备投建的新项目，以股权众筹或创新项目众筹形式利用互联网或发动公众力量，集中公众资金的一种融资模式。该模式的最大特点在于，不以是否拥有成熟商业价值作为发放贷款的唯一判断标准，弥补了传统金融模式下大多数新型农业经营主体因经营风险系数高而难以获得数额较大、时限较长的项目启动性融资的不足，适合创设新型农业经营主体和新型农业经营主体开辟新项目时的融资。

众筹平台融资流程：第一步，农业主体将策划方案和融资需求上传到众筹融资平台，该平台组织相关专业机构进行审核；第二步，项目获得通过后，需求主体在该平台发布项目及其融资信息吸引有投资意愿的个人和机构；第三步，投资者在募资期限内将资金转入需求主体资金账户或第三方金融机构账户，众筹融资平台对所筹资金进行相应监督；第四步，项目执行完毕后，需求主体以股权凭证、红利、现金、债权凭证等一种或多种形式兑现对投资者的承诺回报。

3.2.3.3 供应链融资模式

2014年，国务院办公厅发布的《关于金融服务“三农”发展的若干意见》提出“推广产业链金融模式”。供应链融资是金融机构依赖核心企业的良好信用和强大履约能力，向整个供应链提供金融解决方案的一种融资模式。该模式的主要特点是：农业需求主体与供应链核心企业形成了利益风险共同体，前者的高信用惠及后者，化解了传统金融模式下后者因有效担保物稀少而难以获得融资的困境，适合业务吞吐量较大、成熟型主体获取循环性融资。

在借鉴国外经营模式的基础上，我国一些金融机构，如农业银行、龙江银行等，根据农业发展现状并结合相关区域农业发展的本土化特色，开展了以下几种模式的供应链金融服务：“公司+农户”“公司+专业合作社（或基地、专业大户）+农户”“专业合作社+农户”“民间经纪人（市场商户）+农户”“批发市场+市场商户+民间经纪人（农户）”“批发市场+市场商户+民间经纪人+农户”。各种模式的驱动力不一样，有些是以公司为核心（其中包括龙头企业），有些则是以专业合作社为核心，还有的是以中心批发市场为核心，但各种模式均是在金融机构的支持、参与和组织下完成的（邵娴，2013）。

3.2.3.4 基于大数据小额贷款融资模式

大数据小额贷款融资是指以大数据技术作为技术支撑，由电商发起成立小额贷款公司并以资金需求者在其平台累积的信用和交易等大数据作为借贷依据而对资金需求者进行的授信放贷，如我国的阿里小贷、京东商城等，也就是农业领域贷款需求主体凭借自身在电子商务平台所留下的大数据向电商平台发起成立的小额贷款公司申请贷款的融资模式。该模式的主要特点是：通过大数据的挖掘和利用改善了借贷双方的信息不对称状况，消除了借方顾虑，弥补了传统金融模式下因借贷双方信息不对称使金融机构对贷款需求方“惜贷、慎贷”的不足，有利于信誉好、管理机制成熟、网络营销运用较好的经营主体获得金额较小、短平快性质的融资。

大数据小额贷款融资流程：第一步，需求主体向电商平台提出融资申请，小额贷款公司用信贷数据风控模型交叉检验其历史经营、信用数据并评估其还贷能力，然后根据分析结果决定是否向其开放信贷服务；第二步，电商平台实时监控已获得贷款的需求主体的交易状况与财务情况，并将这些数据转换为信用评价，以控制贷款风险并保证信贷资源能最优配置。

3.2.3.5 “信贷+保险”农业金融服务模式

“信贷+保险”农业金融服务模式的基本思路是把重要的种植业、养殖业品种纳入农业保险保障范围，通过农业保险保障，提高贷款农民的信用度和抗风险能力，让农业保险发挥类似于抵押物的作用，满足银行的放贷要求，降低其信贷风险，促使其大胆放贷。同时，通过积极争取政府财政给予补贴，或建立专项风险补偿基金以及保险公司降低费率，农村金融机构降低利率等手段，降低农民融资成本，保证农民既能够无须提供抵押物就能获得贷款，又不增加贷款负担。目前，国元农业保险公司已经开展了此类金融服务形式：一是农业生产小额信贷综合保险，该产品主要由“种植或养殖保险+农户信用保证保险+人身意外伤害保险”组成，保险责任涵盖了冰雹、洪水、台风、暴风、暴雨等自然灾害、病虫灾害以及意外事故等，发生保险赔付时，银行是第一受益人。二是针对单个标的价值较高的奶牛等种养品种，开展“保单质押”贷款保险。借款人把保单“质押”给银行，取得贷款，当发生约定的自然灾害、病虫灾害和意外事故等保险责任造成种植或养殖产品受损时，保险公司直接把赔款支付给质押权人即银行（张子良，2009）。

3.3 现代农业金融服务业发展实践和经验

3.3.1 国外发展的实践经验

3.3.1.1 美国经验

美国绝大部分地区属温带和亚热带，雨量充沛并且分布比较均匀，土质肥沃，海拔 500 米以下的平原占国土面积的 55%，有利于农业机械化耕作和规模化经营，逐步形成了以一种至两种优势农产品为主的区域生产格局。2014 年、2015 年，美国农业总产值中种植业占比 53%。其中，玉米、大豆产量位居世界第一，小麦第四。美国出口小麦 2275.2 万吨，占国内总产量的 41.3%，占世界总出口量的 14.1%；出口玉米 4677.3 万吨，占世界总出口量的 36.6%。据统计，2015 年美国农产品贸易额为 2537 亿美元，其中出口 1397 亿美元，进口 1140 亿美元，均为世界第一。自 1945 年以来，美国农业生产呈现出规模化的趋势，平均规模提高到 400 英亩（2600 亩）左右，2014 年美国共有农场 207.6 万个。美国农业部按年销售额对家庭农场进行分类。其中，35 万美元以下的称为小型农场，占农场总数的 89.6%，经营着约 46%的土地；35 万~100 万（不含）美元的为中型农场，100 万美元以上的为大型农场；占比 9.3%的大、中型家庭农场和 1.1%的非家庭农场，贡献了全美 78%的农产品产量，包括 88%的棉花、93%的乳制品和 74%的猪肉。2014 年，美国农场平均收入 13.18 万美元，其中农作物收入 2.87 万美元、非农作物收入 10.31 万美元。从借贷来源上看，美国农场信贷系统和商业银行是农场借贷的两大主要来源。

美国农业金融服务体系便是建立在国内大规模农业之上，逐步形成了一套完善的现代农业金融服务业体系，概括来说，可以包含五个部分：农业信贷体系、农业保险体系、农产品期货市场、农业信贷法律法规、农业和农业金融相关支持政策体系。上述五个体系共同构成了支撑美国现代农业发展所需的金融服务业体系。

第一，美国农业信贷体系。美国农业信贷体系由政策性信贷体系、合作性信贷体系和商业性信贷体系构成。（1）政策性信贷体系。由美国联邦政府主导，包括农民家计局、农村电气化管理局、商品信贷公司和小企业管理局。（2）合作性信贷系统。美国合作性信贷系统又称农场信贷系统（FCS）。上层是农业信用管理局，直接对总统负责；中层是按照农作物生产划分的全国 12 个农业信贷区；下层是众多农业合作社，均为农民自助或互助合作社。FCS 经过近百年的发展，特别是 1987 年的立法调整和 2000 年的进一步调整后，最终形成了目前的组织架构。（3）商业性信贷系统。美国提供农业贷款的商业金融机构主要包括商业银行、人寿保险公司以及个人和经销商等。商业银行主要提供中短期贷款。目前，美国排名前 20 位的全国性大银行中有 18 家涉足农业信贷领域，4762 家小型商业银行开办农业、土地、农场贷款业务，总计 418.9 亿美元。据美国农业部统计，2014 年在美国农场部门 3457 亿美元的信贷余额中，由商业银行提供的信贷资金占 41.7%。人寿保险公司主要为农场发放不动产抵押贷款，目前已有 20 家保险公司提供涉农信贷业务。2014 年，人寿保险公司提供的信贷资金占农场部门信贷余额的 3.5%。由于美国农业生产具有“家庭经营”的特性，个人和经销商也提供农业信贷。

第二，美国农业保险体系。美国农业保险机构主要有三个层次：一是联邦农作物保险管理机构，美国农业部风险管理局（RMA），也即联邦农作物保险公司（FCIC），负责制定农业保险政策、提供农业保险、开发新的农业保险品种等；二是 17 家直接经营农作物保险的商业保险公司；三是为农户提供相关保险咨询服务的组织。美国农业保险险种主要有五类：多种风险农作物保险、团体风险保险、实际产量历史保险、单产保险和收益保险。最主要的是收益保险，约占保险合同的 84%。总体上看，美国农业保险覆盖品种多、覆盖面积大、保障水平高。可供选择保险品种超过 300 个，150 多种农作物纳入全国性保险范畴。2015 年，提供的风险保障为 1023 亿美元，总保费为 97.4 亿美元。

第三，美国农产品期货市场。美国拥有世界上最发达的农产品期货市场。期货品种丰富，上市交易品种达 30 多个。在美国，大宗国际贸易通过期货市场开展套期保值已成为惯例。美国 60%的粮食生产经营企业和 10%的大农场主直接进入期货市场进行套期保值交易，中小农场主则间接进入期货市场。芝加哥期货交易所（CBOT）是全球最大的农产品期货市场，其主要农产品期货价格已成为全球贸易的定价基础。

第四，美国农业信贷法律体系。在西奥多·罗斯福总统时代，美国没有专门的农业金融机构，农业贷款主要来自于商业银行，利率高、期限短，难以满足农业发展的需求。在此背景下，美国国会颁布了《1916 年联邦农场贷款法案》《1923 年农业信贷法案》、1933 年的《农场信贷法案》，奠定了美国农场信贷体系的基本框架。第二次世界大战后，出台了《1971 年农场信贷法案》。2002 年出台了最新的《农场安全与农村投资法案》，内容全面，包括产品补贴、生态保护、贸易、营养计划、信贷、农村发展、研究、森林、能源等，尤其关注农业经营的安全性和稳健性。

第五，美国农业金融支持政策体系。一是财政兜底扶持政策性农村金融机构。美国的四家政策性农村金融机构，其资金来源以政府国库拨款和政府担保的债券为主。政策性金融机构不仅为贷款对象提供贷款、担保等，有的机构还直接负责支付各种农业补贴，如果出现贷款违约的情况，基本由政府财政兜底。二是全方位支持合作性农村金融机构。合作性金融机构在建立初期具有明显的政府主导性，政府创办、出资、扶持、引导的作用。三大合作性农村金融组织最初的资本金也是出自政府，尽管目前财政资金逐步退出，但仍由美国农业部农场信贷局管辖，并给予了财政、税收方面的一系列优惠政策。三是财税政策支持涉农商业银行。美国政府为鼓励商业银行进入农村市场制定了一系列优惠政策，如为涉农贷款占比25%以上的商业机构提供税收优惠、为涉农贷款的利率提供补贴等。目前，美国近90%的商业银行都经营农业信贷业务，由于美国的农场经济具有规模效益，农业信贷业务大多是商业银行竞争的对象，风险也远低于其他贷款。四是税费补贴支持农业保险公司。美国对农业保险公司提供高额的财政补贴。美国实施差异化的保费补贴比例，保费补贴的总额约占保险费用的一半以上；给经营农业保险的私人保险公司提供1/5～1/4的费用补贴，涵括了拓展市场规模、进行教育指导投入和定损等费用；对联邦农作物保险公司和私营保险公司提供不同程度的税收优惠政策。前者免收全部税费，后者仅仅要求缴纳1%～4%的营业税。五是完善的监管体系。美国农村金融的最高监管部门是农业信贷管理局，各农村金融机构要定期向监管委员会汇报自身经营情况，并接受农业信贷管理局的监管，定期开展审计。合作金融机构的资本金是由政府负担的，一旦发生风险暴露可以首先冲销资本金；每个合作金融机构缴纳一部分存款保险基金，由信贷管理局集中管理，信贷管理局利用这部分资金投资国债，投资收益会对亏损金融机构进行补偿和返还。

此外，美国农业科技对农业总产值的贡献率超过75%，美国农业科技的原始创新和科技成果转化进程离不开美国高度发达的资本市场、企业债券、风险投资和股权投资等系统。美国十分重视农业发展对环境的影响，并充分运用各种方法促进绿色化农业发展。从金融服务角度来看，美国相关金融机构对于发展绿色农业的企业提供抵押担保，实施了相应的价格补贴、出口补贴等政策，提高了企业对发展绿色农业的积极性。美国农业部每年有2300万美元用于补贴农民来提高能源效率。芝加哥气候交易所是世界三大碳交易所之一，提供了农民多种温室气体排放权的现货和期货交易服务。美国农户凭借种田或放牧减少的碳排放，参加农场主联合会和农业社团联盟的碳交易项目获得经济性收益（雷德雨等，2016）。

3.3.1.2 日本经验

与西方国家粗放式、规模化、公司制的农业现代化模式相对照，日本农业现代化是建立在小农地、零散经营的基础之上。借助工业高增长的成就完成了传统农业的工业化改造和升级，从而快速实现了农业现代化。在实现农业现代化之后，日本农业仍然面临着一个可持续发展的问题，具体表现在以下几个方面：首先，农户的兼业化现象明显，这也是日本农户收入中纯农业收入比重小的原因。其次，农业就业人口的老龄化问题显著。日本农业即将陷于严重的劳动力不足状态，这将严重影响到未来日本的农业结构，也就是说，因农业的后继无人导致的农业生产的脆弱性等一系列结构性问题将会暴露无遗。最后，政府对农业过度保护的弊端。如果一国的农产品价格不是由市场而是由政府决定，那么农业生产者则会更多地关注政府及政治家的行为而不是市场动向，其结果就会造成生产者失去通过竞争促进自身发展的动力，同时，生产者以政府制定的价格来销售产品也会使他们失去发挥市场营销能力的机会，限制他们从事农业企业经营的兴趣。因此，日本农业的保护政策实际上保护了效率低下甚至没有效率的小农户，阻碍了农业经营的规模化发展和农业生产率的提高（郑蔚，2011）。

日本现代农村金融体系的形成是在20世纪50—60年代初期这一阶段，并一直延续了五十年以上，其基本特征可以概括为“机构垄断”和“政策性强”（郑蔚，2011）。发展至当前，可以从三个方面来阐述日本的现代农业金融服务业体系。具体来说，首先介绍日本的农业金融体系，其次是日本完备的农业信用担保体系，最后是发达的高端、生态农业金融支撑体系。

第一，农业金融体系。（1）基于农协系统的合作金融体系。日本农村合作金融体系按照行政区域划分为三个层次，即中央层的农林中央金库，县级的县信用农业协同组合联合会（以下简称“县农协”），市、町、村的基层农协，之间没有隶属关系，其运营模式主要是通过相互参股和贷款实现。农林中央金库是日本国内信用评级最高的银行之一，其主要职能是协调全国县农协的资金活动、营运资金，同时负责向县农协提供信息咨询，指导县农协的工作，其资金主要来源于各地县农协上存资金以及经国家批准发行的农村债券，对于会员的存款利率高于一般存款。开展农业贷款业务时，由农林中央金库在全国范围进行资金调剂，并贷款给县农协。县农协吸收基层农协的存款并进行资金调剂，其贷款向基层农协所需的农地资金倾斜。基层农协吸收农户存款，并直接向农民会员发放贷款，主要用于满足农户会员的生产和生活需求，由于有国家发放的贷款利息补贴，其贷款利率较低，农户会员可以不用担保即可获得贷款。（2）政策性金融农林渔业金融公库是日本负责农林渔业和食品产业的唯一的政策性金融机构，农林渔业金融公库的资金来源主要是邮政储蓄资金，接受土地、渔船、林木等动产抵押。由于生产周期长、风险大，一般金融机构很难承担农林渔业者和食品产业事业者的长期低息贷款。

第二，完备的农村信用担保体系。日本建立了完备的信用担保体系，在满足农业资金融通需求的同时，有效地防范了农村金融信贷的可能风险和潜在的经营损失。该体系包括两个部分：一是信用保证保险体系，日本对基层农协会员的存款实行强制保险，农协组织每年将吸收的存款总额的1/10作为专项储备金，由农林中央金库统一运营管理，主要用于农协之间的相互援助。二是信用担保体系，由政府、农业信用基金协会和农林渔业中央金库共同成立农业信用基金，为借款人提供担保责任，为减轻代位偿还的风险，基金协会向全国农协保证中心缴纳保险费，由保证中心为基金协会的担保责任进行再保险。

第三，发达的高端、生态农业金融支撑体系。第二次世界大战后，日本在移植西方模式推进农业现代化的过程中，忽视了环境保护问题，导致农业生态环境不断恶化。在对农业现代化经验和教训反思的基础上，日本根据自身资源禀赋，推动农业与第二、第三产业融合发展，延伸农业产业链，增加农产品附加值，使农业生产者得以参与和分享农产品加工流通、休闲旅游等增值环节和新业态，走出了适合自身国情的高端化、生态化现代农业发展道路。在此过程中，农村金融提供了重要的资金支持。首先，通过增加农业结构调整贷款，日本政策性金融机构为农产品深加工、特色农业发展等提供了信贷支持。其次，发展融资租赁业，为日本农业机械化、栽培科学化提供了农机融资服务。最后，官民合作成立农业投资基金，引进农业绿色发展技术，有力推动了农业生态化发展（雷德雨等，2016）。

3.3.1.3 国外经验启示

第一，完善的信贷政策是金融服务现代农业的主要手段。美国在农业部下设农户信贷管理局，为了鼓励农民投资现代农业，推出了期限最长为40年的低息贷款，鼓励农民改良农业基础设施，发展现代农业。日本通过政策性金融机构和专业信贷机构共同推动现代农业发展。日本农林渔业金融公库99%的贷款用于农林渔业，贷款利率为工业贷款利率的1/3至1/2，主要用于改善农业产业结构，发展都市现代农业。同时，日本政府还规定，农业协同组织（发放低息长期贷款的农业金融机构）用于符合政策条件、促进现代农业发展的低息信贷项目均由政府负责贴息。

第二，农业保险政策是金融服务现代农业的必要保障。美国主要通过政策性农业保险机构为现代农业提供保险服务。该局隶属于美国农业部，由农业部次长分管，为果树种植、水产养殖等农业产业化项目提供一切原保险和再保险，农民自愿投保，政府给予部分保费补贴。日本通过农业共济保险联合会为现代农业发展提供强制保险和自愿保险。早在1938年日本就出台了《农业保险法》，此后又针对相关法规进行了完善和修订。日本经营农业保险的机构是民间的、不以盈利为目的的农业共济保险联合会，日本政府对于该联合会提供再保险，大藏省给予农业保险保费补贴和管理费补贴。立法规定对于国计民生意义重大的粮食作物、饲养牲畜实行法定保险；而对于园艺制作、果树种植等项目实行自愿保险。

第三，其他金融政策也是金融服务现代农业的重要措施。建立农产品期货市场为现代农业提供风险分散场所。国际经验表明，期货市场的价格发现和风险转移功能可以成为农民进行生产经营的“晴雨表”和“避风港”，在现代农业发展过程中具有重要作用。在美国有大约10%的农民直接参与期货市场交易，他们的农作物产量约占美国农作物总产量的30%。同时，丰富的农产品期货产品也为现代农业的发展提供了充足、高效的市场信息，芝加哥期货交易所农产品期货期权交易品种有20种，印度的农产品期货品种更是达到了100多种。通过农产品抵押贷款为产业化农业提供资金支持。为了解决产业化经营下可能产生的阶段性农产品过剩的问题，一些西方国家实施了农产品抵押贷款政策。

第四，加快推进农村金融产品和服务创新。从美国、日本的情况看，推动农村第一、第二、第三产业融合是农业现代化的重要经验。我国应以农业为基本依托，重点支持农业生产、农产品加工和销售、餐饮、休闲以及其他服务业融合发展，最终实现农业产业链延伸、产业范围扩展和农民增加收入。同时，我国农村金融机构应适应农业规模化生产和集约化创新的经营服务需要，创新农村金融产品和服务创新。如在抵押担保方式方面，研究、推广林权、农村土地承包经营权和宅基地使用权“三权”抵押贷款方式；推动农业融资租赁业发展，研究出台针对从事农业金融租赁企业的优惠政策，鼓励金融机构积极开展农业设备、基础设施的金融租赁业务。此外，可用风险分担的金融思维来破解农业周期长、风险大、抵押物少的矛盾。

第五，发展农业绿色金融。借鉴国外经验，应以政策性金融为主支持农业生态环境治理和恢复项目，对利用新能源、从事循环、绿色和生态农业的企业或机构提供贷款扶持并实施优惠性的低利率。加大金融机构绿色信贷产品创新，支持涉农企业绿色清洁生产。加大对低碳项目开发的融资力度，建立多元化碳融资体系，解决低碳农业发展的资金需求。同时，探索构建统一的农业碳金融交易平台，为碳排放提供标准化的交易服务。围绕农业碳交易品，探索创新碳证券、碳掉期、碳期货、碳基金等各类农业碳衍生品（雷德雨等，2016）。

3.3.2 国内发展的实践经验

3.3.2.1 温州经验

浙江省经济发达，省内农业发展也处于全国领先水平。浙江省素有

“鱼米之乡”之称，大米、茶叶、蚕丝、柑橘、竹制品、水产品在中国占重要地位。绿茶产量占中国第一，蚕茧产量占中国第二，绸缎出口量为中国30%，柑橘产量中国第三，毛竹产量中国第一。浙江是中国高产综合性农业区，茶叶、蚕丝、柑橘、海鲜和竹制产品等在中国占有重要地位。浙江渔业由传统生产型，过渡到捕涝、养殖、加工一体化，内外贸全面发展的产业化经营。

服务业作为一种生产要素，对农业生产发展是十分重要的。它可以促使农业分工，推动农业产业化和市场化，提高农产品的市场竞争力和增加农民收入。农业金融保险服务业的发展，对于统筹城乡发展，较好的解决“三农”问题，提高农业劳动生产率和农民收入水平都具有重要意义。2012年，国务院批准浙江省温州市金融综合改革试验区总体方案，对地方金融机构改革，创新发展面向小微企业和“三农”的金融产品与服务，培育发展地方资本市场，拓宽融资和保险服务渠道，建设新型的社会信用体系、地方金融管理体制和金融综合改革风险防范机制指明了方向。接下来，本文将以浙江省温州市为案例，分析金融股服务业的发展对现代农业的支撑作用。

第一，加快发展新型金融组织。鼓励和支持民间资金参与地方金融机构改革，依法发起设立或参股村镇银行、贷款公司、农村资金互助社等新型金融组织。符合条件的小额贷款公司可改制为村镇银行。推进贷款公司和农村资金互助社试点。积极推动专业合作、供销合作、信用合作“三位一体”的新型农村合作平台建设，积极开展农村资金互助会、农村保险互助社等试点。鼓励发展商业保理机构，稳妥发展民营第三方支付机构。支持民营融资性担保公司发展。建立完善农信担保服务体系，鼓励和支持国有资本、民营资本兴办为“三农”服务的担保机构，实现农信担保服务全覆盖。

第二，深化地方金融机构改革发展。推动设立各类小企业信贷专营机构，鼓励银行业金融机构设立法人小企业信贷专营机构。支持农村合作金融机构设立100万元以下的小额农贷或微贷中心等专营机构。加快农村合作金融机构股份制改革步伐、强化政策扶持、鼓励优质民营企业参与农村合作金融机构的增资扩股，推动农村合作金融机构下沉服务重心，支持符合条件的农村商业银行按规定跨区域设立分支机构，引导和支持农村合作金融机构提升服务的专业化水平。

第三，创新发展金融产品与服务。探索建立地方金融组织风险准备金，进一步发挥银行、证券、保险等金融机构在小微企业融资方面的主渠道作用。在风险可控前提下，推动金融产品和服务创新，探索建立适合小微企业和“三农”需求特点的多层次金融服务体系。提高金融机构信贷效率，鼓励和引导银行业金融机构加大对小微企业和“三农”的信贷支持，在授权授信、绩效考核、不良贷款容忍度等方面给予政策倾斜。积极发展科技贷款、小额担保贷款、经营权质押贷款、股权质押贷款、知识产权质押贷款、林权抵押贷款、海域使用权抵押贷款等支农支小信贷业务。积极探索试点排污权抵押贷款、农房抵押贷款、土地承包经营权抵押贷款、农业设施及农业机械抵押贷款。发展面向小微企业和“三农”的融资租赁业务。

第四，加快发展新型金融组织。鼓励和支持民间资金参与地方金融机构改革，依法发起设立或参股村镇银行、贷款公司、农村资金互助社等新型金融组织。符合条件的小额贷款公司可改制为村镇银行。

第五，拓宽保险服务领域。充分发挥保险功能作用，初步建成适合温州经济和试验区要求的特色保险产品和服务体系，促进温州经济转型发展和社会和谐稳定。大力培育保险市场，支持符合条件的民营资本发起设立区域性、专业性保险公司，或参股保险机构，建立健全市场准入退出机制。创新发展服务于“三农”的保险产品，不断扩大保险覆盖面，探索研究巨灾保险制度。加快发展涉农保险业务，鼓励农业保险与农村信贷相结合，建立健全政策性农业保险工作长效机制。

第六，加强社会信用体系建设。制定加强社会信用体系建设的意见，积极推动金融、行政、社会、市场、会计等领域信用数据的征集、交换和应用。大力推进政务诚信、商务诚信、社会诚信和司法公信建设，建立健全覆盖全社会的征信体系，加大对失信行为的惩戒力度。整合信息资源，推动中小企业和农村信用体系建设。加强信用信息的公开和共享，推动信用服务产品的应用。完善信用服务市场，规范发展信用评级机构。加强信用市场监管，改善地方信用环境，将信用环境纳入地方政府政绩考核范围。

3.3.2.2 台湾经验

台湾现代农业金融服务体系最高层有“中央银行”农业金融策划委员会，最基层有农渔会信用部，分为管理性金融机构、商业性金融机构、合作性金融机构、服务性金融机构四类。第一，农业资金来源渠道多样化。台湾为扩大农业资金来源渠道，一方面采取股份制形式广筹资金，如政府、农渔会、农田合作社、合作农场合股组成台湾省合作金库（张文棋，2006）；另一方面为扩大农贷规模，政府及事业机关支持农贷，如台湾省粮食局，提供现金贷款、实物贷款和灾害救济贷款等。第二，政府多种措施支持农村金融发展。采取多种措施支持农业领域金融的发展：一是官方成立农村金融机构，提供贷款资金；二是农业信用保证基金为农渔业者授信，分担农业金融机构融资风险；三是对为合作社、农、渔会信用部等存款及信托资金提供保障，成立台湾“中央存款保险公司”专门办理存款保险（单玉丽，2007）；四是为了引导农贷用于农村区域的农业生产，农产品加工、运销，政府针对贷款用途、额度和期限等制定严格的农贷管理制度，目的为使农贷资金用于农业、农村和农户（雷启振，2010）。

3.4 促进现代农业金融服务业发展的措施

3.4.1 我国现代农业金融服务业存在的问题

3.4.1.1 融资服务体系缺失，信贷支持能力弱化

目前，县域涉农金融机构主要有农村信用社、农业银行、邮政储蓄银行、农业发展银行四家，但是，由于农业银行在乡镇的网点较少，邮政储蓄银行开业较晚，农业发展银行只支持规模相对较大的企业和项目，因而真正能为农村、农民提供金融服务的金融机构只有农村信用社。虽然近几年小额贷款公司、村镇银行等新兴融资机构发展较快，但由于其自身实力薄弱难以担当支持现代农业的重任。残缺不全的农村金融服务体系弱化了对现代农业发展的信贷支持能力。

3.4.1.2 新型金融产品缺失，农业融资渠道狭窄

当前，金融机构普遍实行严格的风险责任追究制度，农村金融机构为

规避风险在信贷制度安排上存在对不动产作为抵押担保物的偏好，倾向于以国有出让土地、房产等作为贷款抵押物。而针对现代农业量身定做或衍生符合其要求的金融信贷产品，如林权抵押，集体土地使用权抵押，应收账款质押，订单、商标品牌经营权、专利权质押等新型贷款研发不足，造成广大农村经济主体，特别是农村企业向银行融资的渠道和空间非常狭窄。如在抵押物方面，农民用来抵押的物品主要是农村的宅基地、房屋、农机具等，而由于价值低、变现难，一般不易被银行接受。大多数农业产业化企业建在乡镇或村组厂房用地多是集体用地、租赁用地，而非国有出让土地，不符合银行抵押的条件和要求，广大农民和企业只能“望贷兴叹”。

3.4.1.3 信贷载体缺失，金融支持“有心无力”

随着农村经济的快速发展，农业产业化龙头企业不断壮大，农民收入不断增加。但从总体上看，农村经济总量依然不足、产业化程度不高，特别是广大农村企业，主要以农副产品初级加工为主，处于产业链的下游，科技含量和附加值低，企业负责人缺乏大企业家的气魄、胆略和思维，只看眼前近利不求长远发展，缺乏银企合作意识；财务制度不健全，财务数据透明度、真实性不高，使银行无法全面准确地进行资信评估和授信审批，难以获得银行的认可，达到银行的贷款门槛，导致银行在支持现代农业时“有心无力”。

3.4.1.4 风险担保补偿机制缺失，金融支持动力不足

农业是弱质产业，收益率低，受自然条件和市场因素的影响较大，自然风险、市场风险容易转化为信贷风险，因而在农业经营主体缺乏有效担保抵押的情况下，迫切需要相应的担保和风险补偿机制。但是从实际情况看，目前既缺乏专门服务于农业的融资担保机构和保险公司，再者现有的中小企业担保机构、保险公司不愿意涉足农业领域，也没有设立专门的现代农业发展风险补偿基金金融机构。担保公司因担心提供贷款、担保出现风险而较为谨慎，增加了现代农业融资的不可获得性。

3.4.2 促进现代农业金融服务业发展的几点措施

3.4.2.1 强化市场定位，构建适应现代农业发展的金融服务体系

金融机构要以县级机构为依托扩大农业金融服务范围，增加在乡镇的

营业网点。同时要按照各自的市场定位，明确支持重点。具体来说，国有商业银行要逐步将支持的重点由城区转向农村，重点支持农村中小企业和个体工商户；农发行要扩大业务范围，加大对农业产业化龙头企业、农业基础设施建设、农业开发等的信贷支持；农村信用社和邮政储蓄银行要在发放小额农户贷款的基础上加大对小微企业的贷款投放。同时要加快组建小额贷款公司、村镇银行的步伐，并强化对“三农”的金融服务。激活农村金融市场从而构建功能完善、分工合理的农村金融服务体系，解决农业金融机构萎缩、金融服务缺失、金融支持疲软的问题，发挥金融整体支农的联动效应。要充分发挥直接融资和间接融资的作用，统筹推进农业信贷市场、保险市场、期货市场发展，建立功能完备、分工合作、竞争适度的农业金融市场体系。

3.4.2.2　推进农村金融改革和创新，开发适合现代农业发展的新型金融产品

各金融机构要根据现代农业发展实际，积极开发适应农村经济特点和农业产业化、规模化经营的金融产品。在产品设计上要探索开发农村基础设施配套贷款、农业订单贷款、特色产业基地建设贷款、特色资源开发贷款等贷款品种，在抵押贷款方式上要创新农民住房、土地使用权、林权、应收账款、股权、商标品牌、特约经销商经营权、专利权等担保抵押方式，满足现代农业不同类型、不同层次经营主体的融资需求。

3.4.2.3　培育优质的信贷载体，加大对现代农业的支持力度

一是大力实施创业人才成长培训工程，培育一批文化修养高、会经营、懂管理、讲诚信的“新型农民”和“优秀企业家”，发挥其在现代农业发展中的示范带动作用。二是实施现代农业品牌工程建设，加快农业结构调整、增加科技投入、提高产品附加值、延长产业链条，不断培育现代特色、高效、品牌农业，要促进农业企业的兼并和联合、扩大生产经营规模、改善经营管理水平、提高市场竞争力，向高起点、大规模、外向型、实力强的龙头企业和集团奋进。三是企业要加强与金融机构的联系沟通，进一步完善财务管理，提高会计信息的真实性和透明度，以良好的资信等级赢得银行的支持。四是引导金融机构根据现代农业发展的有效需求，重点支持农业规模化、合作化经营，农业龙头化企业，农田水利基本建设，

农业科技创新和成果转化，农机制造和流通产业等现代农业的各个领域。鼓励金融机构积极改善农业产业化过程中产前、产中、产后的金融服务，将信贷资金投入中低产田改造、基础设施建设和土地整治等现代农业基础开发领域。

3.4.2.4 健全融资担保机制，建立现代农业风险保障机制

一是创新担保机制，推动组建专门的农业担保机构，并鼓励各类型农业经营主体开展互助担保业务，鼓励其他各类担保公司为现代农业提供融资担保服务，形成政府、社会、农业经营主体“三位一体”的农业担保机制，解决现代农业发展中贷款“担保难”问题。二是逐步建立以财政投入、龙头企业投入和种养大户个人投入为主体的农业投资风险基金，主要用于对支农贷款进行基准利率补贴和对非人为因素造成的贷款损失补偿。按照政策引导、资金支持、市场运作、农民自愿的原则，积极探索建立适应农业生产需要的风险保障机制，构建多元化的新型农业保险体系，探索农业保险与防疫、救灾结合模式，专合组织与保险公司签订保险协议，并逐步将养殖小区、种养基地（大户）、农业科技示范园等纳入农业保险范畴，扩大政策性农业保险的品种和范围，增强农业抵御风险能力。

3.4.2.5 完善农村互联网金融硬件与软件基础设施

互联网金融硬件基础设施是指开展互联网金融活动所需的相关硬件设备，如结算系统、支付系统等。互联网硬件基础设施的普及、完备，是发展互联网农业金融服务的基础，各级地方政府不仅要加大财政投资力度、加快农村互联网金融硬件基础设施的建设步伐，同时也要按照“谁投资谁受益”准则并通过财政补贴、税收减免等手段鼓励网络运营商、互联网金融机构，以及其他社会组织投资建设农村互联网金融硬件基础设施。互联网金融软件基础设施是指互联网金融交易赖以生存和发展的，除硬件设备外的基础环境要素，包括法律法规、监管标准、行业规范、信用体系、担保体系和会计准则等。要保障互联网金融业健康发展及其融资模式的依法有序创新，必须加快其软件基础设施建设。

第四章　现代农业土地与劳动服务

近年来，随着城市化进程的加快，非农就业机会得到扩大，农村劳动力大量外涌，尤其以农村男性青壮年劳动力的外涌数量增加最多。虽然我国农村人口结构逐渐趋于老龄化，但农户对土地还有一定的感情和依赖，许多家庭会选择老人、妇女在家务农，农业的主劳动力也变成了以妇女、儿童和老人为主的“386199”部队。在这样的情况下，种田人手不足、土地撂荒和粗放经营在一些地方开始出现，未来“谁来种地，怎么种地”成为农业生产可持续发展的挑战。

“后继无人”、粗放经营已经成为发展农业不容忽视的问题，要想解决好这一问题，首先要解决“谁来种地?”解决好人这个核心问题。也就是如何吸引年轻人务农、培育职业农民。其次是“怎么种?”在培训一批有文化、懂技术、善经营、会管理的新型职业农民后，为这些农户提供农业规模化、标准化、集约化的生产方式，让农民不再是低微身份的象征，而是一种有体面、有尊严、有保障的职业，让“职业化农民+组织化形式+社会化服务”成为我国现代农业的经营方向。在此背景下，培育新型农业劳动服务业以及土地服务业，为农民提供现代化农业生产方式愈加重要。

4.1　我国农业土地与劳动服务的新发展

4.1.1　农业土地与劳动服务新提升

首先是规模上的提升。农业土地与劳动服务组织联合农业产业化龙头企业以及各类农产品市场、信息服务平台等，建立总数超过 428 万个组织，人才总计约 2338 万人。在农业适度规模经营的发展背景下，农业土地和劳动服务组织的服务对象由分散农户扩展为家庭农场、专业大户、农民专业合作社、农业产业化龙头企业等新型农业经营主体，提供专业化服务的对象范围和规模进一步扩大。其次是内容上的提升。农业土地和劳动力经营性服务体系在原有的农机作业服务组织的基础上，增加了病虫害防治专业合作社、农机维修厂及维修点、农机经销点、粮食储备库、粮食烘干设施、各类培训服务组织等。土地服务业由简单的代耕、代种服务发展到作物产前、产中、产后“一条龙”的全方位服务模式，服务内容涉及农资、田间管理、仓储、初加工、运输、销售等各方面。劳动服务业的服务内容也开始转向新型职业农民队伍的培育，为农业生产提供适应现代农业需求的新型经营主体。

4.1.2 农业土地与劳动服务新业态

实现“以点带面”，构建农业社会化服务体系新业态。以新型农业经营主体为起点，发展代耕代种、农机作业、植保服务、统种分管、订单生产、土地托管等农业社会化服务组织。充分发挥与引导新型农业经营主体对承包农户的示范和带动作用，建立全面、规模、可持续的农业服务体系。发展土地和劳动社会化服务业务与生产、加工、储运、金融等环节有机融合，利用互联网、物联网等，开展如农业保险、农业互联网服务、供应链服务等新业态。发挥土地与劳动社会化服务在农业生产中的支撑作用，结合农户与市场需求，发展出智慧农业、农村电商、有机绿色农业、休闲农业等新的产业和业态，为农村劳动力就地转移提供机会，同时延长农业产业链体系，为农业发展注入强大的新动力。

4.1.3 农业土地与劳动服务新模式

依托农机作业公司、农资销售公司、农业龙头企业、农民专业合作社、专业大户、乡镇农技服务中心等多元主体，在政策的鼓励下，各地开展了多种形式的农业社会化服务。合作式、订单式、托管式等形式多样的社会化服务模式在各地涌现。南京浦口区实施的“水稻全程社会化服务”，就是由专业合作社、社会化服务组织、社区、农民和农业技术专家等联合推行，农户将土地交托给社区，由专业化组织及公司提供水稻的病虫害防治、生产全过程管理服务以及秸秆沼气工程等方面的订单式服务。由安徽农垦龙亢农场组建成立的安徽农垦龙亢农业服务有限公司，发展“核心层、紧密层、松散层”的三层式农业社会化服务。“核心层”是主体，“紧密层”为支撑，“松散层”为补充。以农机服务为核心层，向农场及周边提供农机作业服务、农资经营和农技指导；以农场内及达成合作的农业服务型合作社为紧密层，合作社结成平台，合理配置农机、农资及服务资源，统一进行对外服务工作；与周边其他服务组织和龙头企业组成松散层，开展外散型服务。山东省在供销合作社的引导下开展了“土地托管”模式，土地托管合同每年一签，农民可选择外出打工，将土地托管给合作社经营，也可随时收回土地自己经营，既保证了土地的经营内容及用途不变，还保证了农户的农业收入来源。

4.2 我国农业土地与劳动服务业的内容、主体和模式

4.2.1 农业土地与劳动服务业的内容

农业土地服务包括植保服务、农机作业、统种分管、代耕代种、订单生产、农资供应、土地托管、土地流转等。其中农机作业服务和植保服务应用得最多，主要是在粮棉油糖等大田作物以及耕种收等主要环节，未来的目标是实现全覆盖。农业土地服务的具体措施有：病虫害统防统治，“一喷三防”，农机深耕深松，水稻集中育秧和机插秧，玉米、油菜、棉花、甘蔗机械化收割，秸秆、尾菜等农业废弃物回收和处置，农膜回收与利用，配方施肥和增施有机肥，粮食烘干等；小麦、大豆、常规水稻、甘蔗、新疆棉花等作物统一供种；农业面源污染防治，农产品产地安全质量提升；12316 热线咨询服务，农业云租赁。

农业劳动服务内容一方面包括新型职业农民培育，“构建职业农民队伍”；另一方面是支持返乡、下乡人员创业创新，帮助农村青年创业培训，建立农村创业孵化基地。

新型职业农民培育的具体措施包括：2014 年启动的“新型职业农民培育工程”，2016 年继续安排 13.86 亿元资金，前后培育出 260 多万新型职业农民；2017 年实施的“新型农业经营主体带头人轮训计划”、“现代青年农场主培养计划”、“农村实用人才带头人和农业产业精准扶贫培训计划”，每年选拔出一批如专业大户、家庭农场主、农民专业合作社负责人以及大学生村官等新型农业经营主体，到农业部的农村实用人才培训基地

学习，提高他们的发展理念，创新经营模式，增强创业兴业、致富带富的本领。中央投入15亿元，预计年培育100万人以上。

返乡、下乡人员创业创新指鼓励农民工、大学生、退伍士兵以及热爱农业的企业主、归国人员、城镇人员等带有区域特色的人群，返乡、下乡到农村创业创新。这类人群一般“以农为本，以农业创业为主”，依托现有农业产业园、开发区以及农民合作社，具有一定规模的种养基地、专业市场等，从事设施农业、电商农业、休闲农业以及发展农产品流通、农产品加工等新模式。农业部通过各项政策扶持向全国农村创业创新园区（基地）倾斜，将这些园区（基地）打造成功能完备、辐射带动能力较强、产业聚集效应高的园区（基地），鼓励创业创新人员向园区（基地）聚集，为他们提供创业创新场所以及较完善的服务，成为农民创业创新的“孵化器”。

4.2.2 农业土地与劳动服务业的主体

目前，农业土地和劳动力社会化服务主体主要有六类。

一是以政府涉农部门为主体的农业社会化服务组织。这类主体是由中央到乡镇的五级政府公益性服务组织构成，涵盖全国种植业、农机、农经管理、畜牧兽医、渔业等系统。仅县、乡两级公益性监管服务机构就达到19.6万多个，各级农业公共服务机构人员超过120万人。农技推广站所占比例最大，达到63.0%，农经管理部门占到14.5%，其余分别为疫病防控部门、综合服务中心（站）、质量监管部门。以政府为主体的农业社会化服务的服务对象日趋多元化，主要服务对象为普通农户，占到总比例的76.8%；其次是专业大户，占到11.5%；专业合作社占到8.6%；其他各类涉农企业占3.1%。

二是以农口外部门为主体的农业社会化服务组织。这些以新兴小规模农业服务组织为代表，是以营利为目的、以新科技为手段的地区性或专业性服务组织和企业，这些企业目前规模较小，其商业模式尚未明确，相对来说受当地地理、气候及农机水平的限制比较大。

三是以村集体为主体的农业社会化服务组织。村集体提供的农业社会化服务主要用于在本集体的水利设施、农田整治以及道路交通建设等公益事业方面。农村社区集体经济组织的特点是可以充分发挥农村土地集体所有制的优势，利用集体经济组织农业资金资源，通过集体管理和民主决议的方式，统一服务社区集体经济。2014 年全国通过村集体提供的公共服务费用达到 129 亿元，公益性基础设施建设投入达到 939. 9 亿元。村集体经济组织的农业生产性支出中，农田基本建设占农业的 29. 1%，修建小水利工程占 15. 2%，对粮食生产者进行补贴占 20. 4%。村集体经济组织的农业土地和劳动力服务能力不断提高，统一灌溉服务的农作物面积环比上升 28. 1%，组织和进行的技术培训人次环比上升 9. 8%。

四是以农民专业合作社为主体的农业社会化服务组织。以农民专业合作社为主体的农业社会化服务的主要代表是农机专业合作社和农产品专业合作社。农机专业合作社主要提供的是生产性服务，如机耕、播种、病虫害防治、收获等。农产品专业合作社主要提供的是购销服务，通过联合农户统一购买农资、统一销售农产品，在市场竞争中“抱团”，降低农产品销售成本和流通成本，保障和提高农民的收益。目前，在我国有 1/2 以上的农民专业合作社为农户提供统购统销服务以及产加销一体化服务。在国外，各种类型的合作社也是农业主要服务主体的承担者。在法国有 45%的谷物、80%的水果、35%的肉类、40%的家禽都由农业合作社销售；在美国有 80%以上的农户都加入了农业合作社，合作社提供化肥、石油等农资，为社员提供贷款及农产品加工出口服务。

五是以龙头企业为主体的农业社会化服务组织。这类代表主要提供农资和销售服务。如农资厂商提供的农资产品和品牌推广服务，龙头企业提供的农产品销售及配套服务。这类主体以推广产品以及收购农产品为主要目的，服务能力层次不齐，不具有系统性的服务。

六是以个体农民为主体的农业社会化服务。如农产品经纪人、农机手、农村信息员等，这类主体一般以个体为单位为农户提供服务，并收取一定的劳务费用，形式灵活多样，适用能力强。

4. 2. 3　农业土地与劳动服务业的模式

4. 2. 3. 1　土地流转模式

土地流转是指拥有土地承包经营权的农户将土地的经营权或使用权转

让给其他农户或经济组织，主要流转土地使用权保留承包权。1978 年实行的土地联产承包责任制将大块的土地平均分给农民，形成了一家一户的小农生产方式，在当时极大地促进了农业生产积极性的提高。然而，随着制度安排，改革效应的释放，发展到人均不足 1.2 亩、户均不足 8 亩的经营规模已经形成了对农业生产力的制约。该如何让土地实现集中连片，达到适度规模经营呢？于是转包、转让、互换、入股、租赁等土地流转形式进入农民视野。各种形式的土地流转通过转让土地经营权，让承包地流转向种植大户、农民专业合作社、家庭农场，实现农业适度规模经营。截至 2015 年 6 月底，全国土地流转面积达到 4.3 亿亩，占家庭总承包经营耕地面积的 32.3%。其中，以转包和出租形式流转土地的比例最大，占到耕地流转总面积的 80.4%。土地向新型农业经营主体流转，共形成 341 万个专业大户、87 万家家庭农场，依法登记 140 万家农民专业合作社，成立 12 万家龙头企业。这些新型农业经营主体经营面积在 50 亩以上，土地利用效率和农产品商品化率均高于传统小规模农户，是发展现代农业的重要支撑。

4.2.3.2 大田托管模式

由于受传统思想影响，大多数农民不愿意放弃土地，相对于土地流转，农户反而对大田托管这种办法易于接受。大田托管是按照“托管自愿、有偿服务、风险共担、利益共享、形式自由”的原则，农户将土地托管给服务组织，从农资供应、耕地、播种、管理、收获等各个环节为农户提供产业化一条龙服务，探索出一系列农业社会化服务体系建设的新方法。

大田托管分为全托管和半托管两种方式。全托管是农户将土地交由专业化服务组织全程管理，涵盖农资供应、犁地、施肥、播种、植保、收获、销售等各个环节。半托管是以“点单式”的方式，根据村民或新型农业经营主体的需求，对应提供耕、种、收等部分生产环节服务。无论是全托管还是半托管，均以低于同期市场价格的方式提供服务。大田托管的对象已经从普通小农户逐渐发展增加至各类种植专业合作社、家庭农场和种粮大户，持续采取“点托管、半托管、全托管”的服务形式，联系和依托农资渠道商、种植大户、庄稼医院与土地流转大户，为农户和各类新型农业经营主体提供耕、种、管、收、储、加、销等系列化服务。

4.2.3.3 订单直销模式

农产品订单直销具有灵活的特征。在农产品订单直销的模式中，农产品在生产之前就已经销售给消费者，主要代表为农企合作式农产品订单直销模式。农企合作的大宗农产品的订单式销售可在生产前对农产品的品种、数量、种植方式、加工和包装等进行协商和合同约定。可按照农产品的数量和质量约定订单，也可按照土地种植面积预订。农超对接、蔬菜网络直销、社区支持农业、社区蔬菜连锁店、高校食堂联合采购等都属于农企合作订单直销模式。农产品直销有助于减少流通环节，降低流通成本，使农户收益最大化。订单式产品生产经得住市场考验，产品核心竞争力也得到强化，成为农业经济新的增长方式之一。

4.2.3.4 代耕、代种、代收模式

随着土地流转速度的加快，代耕、代种、代收（简称“三代”）模式已经成为我国农业土地与劳动力服务的重要组成部分。“三代”模式的核心是借助现代化大农机和农业技术优势，向农场及周边提供农机作业服务、农资经营和农技指导。各类农机合作社是“三代”模式的主体，实现了自给自足的传统小农户由单一、粗放型传统小机械作业向代耕、代种、代收的现代大型机械作业模式转变，农业综合生产力大大提高，全面加快了我国农业现代化发展进程。

4.2.3.5 股份合作模式

股份合作模式主要代表形式为农业服务专业合作社。合作社提供产加销一体化服务，包括生产服务、购买服务、仓储服务、运销服务、加工服务等，涵盖农机、植保、土肥和金融各领域，还为成员广泛开展品牌销售、财务代理、电子商务等。

股份合作模式包括几种形式：一是只入股土地，不参与经营型。农户以全部或部分土地入股合作社，年底按土地分红，农民不直接参与合作社经营和管理。二是土地和劳动力同时入股型。农民在土地入股同时，劳动力经由统一技术培训后也参与到合作社生产经营。三是经营大户承包管理

型。劳动力充足的种田能手及经营大户，不仅可以将土地入股合作社，还可以承包管理合作社的土地。合作社把土地按照承包经营管理者的能力进行划分，一般为400亩左右，分配给劳动力充足的经营大户，按照合作社“统一生产资料、统一技术服务、统一生产管理、统一产品销售”的要求，进行耕作管理，收获后的农产品交由合作社统一销售，按照农产品交易数量及质量享受盈利。

4.3 我国农业土地与劳动服务业的发展实践和经验

4.3.1 山东省农业“土地托管”发展实践

截至2015年6月底，全国家庭承包经营耕地流转面积4.3亿亩，土地流转率达到32.3%。土地流转向专业大户、家庭农场、农民专业合作社、龙头企业等新型农业经营主体。这些新型经营主体在经营规模、物质装备条件、生产技术水平以及现代经营管理意识方面都比较高，实现对资源要素的集约利用，土地利用效率、劳动生产率都明显高于小规模农户，是现代农业发展的主体。

但是，除了专业大户和家庭农场外，我国仍有2/3的土地由传统小农户在经营。如将这些占绝大多数的农户排斥在外，中国的农业现代化是无法实现的。同时，面临农民不愿放弃土地、耕地租金暴涨等问题，仅依靠土地流转也无法实现农业规模化经营。可见，如何将传统小规模农户纳入农业现代化体系，为小农提供全方位的农业社会化服务，正是中国特色农业现代化的解决之道。

正因如此，多种形式的农业社会化服务组织在各地逐渐产生并发展成熟，为建设当地新型农业社会化服务体系做出贡献。其中比较成熟的是山东省农业土地托管模式。

4.3.1.1 土地托管的运行模式

随着山东省现代农业的大力发展和农村劳动力的持续转移，传统的小农种植经营规模小、方式粗放、劳动力老龄化、组织化程度低、服务体系不健全等问题凸显。种田人手不足、土地撂荒和粗放经营在一些地方开始出现，再加上农业机械化和农业技术推广受到严重制约、农民宁愿撂荒也不愿放弃土地等问题，推进农业规模化经营举步维艰。山东农村探索的“土地托管”模式，保证农民土地承包权、经营权不变，适应了农民的“惜地”心理，更易为农民接受。土地托管采取“全托管”和“半托管”的灵活服务方式，耕地经营由“零耕碎种”到“化零为整”，是一场适应农村生产力发展的土地变革。

土地托管是指部分不愿耕种或无能力耕种者把全部或部分农业生产环节托给供销社等合作组织和种植大户，并由其代为耕种管理的农业社会化服务形式。在山东省，土地托管服务以供销合作社为建设主体，由地方的基层供销社、村委会、农民专业合作社、龙头企业以及农村信用社等各组织和机构联合成立“为农服务中心”。这里的“为农服务中心”是一种新型农业社会化服务组织，而土地托管则是农业社会化服务的一种模式。

山东省土地托管服务的运行模式为：农民签订合同，缴纳一定的托管费用，将土地托管到由供销社、农业合作社、龙头企业等组建的“为农服务中心”，“为农服务中心”重点向农户提供农资供应、土地托管、智能配肥、农业气象、烘干仓储、金融互助、技术咨询、农民培训等服务，并保证其服务质量（图 4-1）。“农民外出打工，我们给农民打工”是山东土地托管的服务口号。通过一定规模面积的土地托管，实现了土地的集中整理和集约化经营，便于生产的全程机械化及标准化管理，实现土地和社会化服务的规模效益。土地的托管方式为“全托管”和“半托管”，前者指农户将土地交由专业化服务组织全程管理，涵盖耕、种、管、收、储、加、销等各个环节；后者是“菜单式”托管，根据村民或新型经营主体的需求，对应提供耕、种、收等部分生产环节服务，并根据提供的服务收取一定费用。

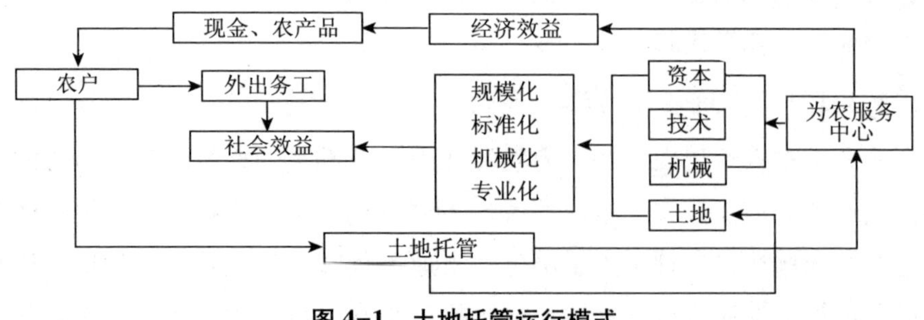

图 4-1　土地托管运行模式

山东省为农服务中心打造“3公里土地托管服务圈”，以3千米为服务半径，每个中心服务面积达到3万~5万亩，力求实现地区社会化服务全覆盖，是一场以土地托管为切入点的服务规模化改革。规模较小的为农服务中心向农户提供最基本的农业服务，如农资供应以及耕、种、收等基本生产环节。部分规模较大的为农服务中心除上述功能外，还可提供测土配方施肥，统防统治，农产品检测，烘干、加工、冷库、仓储，农机具供应和维修，农业保险、金融服务，以及中介、咨询、培训服务等。

以下是目前山东省农业服务平台的几种服务主体构成类型。

（1）政府+供销社+基层供销社+农户。在政府的支持下，供销总社依托“市—县—乡镇”三级完善的基层供销社体系，构建了为农业服务体系。虽然部分基层供销社已经私营化，但是基层供销社与供销总社的业务联系依然存在。这一模式，多在供销社基层体系完整的地区采用，能较好地利用供销社系统来开展为农服务，建设成本也相对较低。

（2）政府+供销社+企业+专业合作社。在政府的支持下，当地供销总社与企业（农业生态、农产品贸易、物流、农资公司、金融企业等）合作，并依托当地的农民专业合作社建设农业服务体系，这些农业服务体系主体多与企业集中在一处开展工作。在参与的企业中，大部分都是供销合作社持有股份的企业，或是政府持有股份的企业，这有助于激励和考核农业服务体系的建设。

（3）政府+专业合作社+私营业主。在政府的支持下，专业合作社选择合适的私营业主建设农业服务体系，政府提供补贴，专业合作社进行监督。这些私营业主大多是与专业合作社有密切联系的老员工，与专业合作社有着紧密的联系，便于沟通协调和管理。

（4）政府+供销社+专业合作联合社+专业合作社。在政府的支持下，供销总社领办，将农民专业合作社组建成专业合作联合社，以专业合作联合社为基础建设农业服务体系。如山东省，先形成农民专业合作社，然后按产业类别形成农民专业合作社联合社，组建区域内合作社联合社。

（5）政府+供销社+专业合作社。在政府的指导下，供销总社依托已经建成的农民专业合作社，来建设为农服务平台。这些为农服务平台往往和农民专业合作社在一处办公，方便开展为农服务，从而更加有利于农业服务体系建设和发展。

（6）政府+供销社+企业。在政府高度重视和推进下，由供销社具体运作，依托供销社自有企业或新成立农业服务公司，建设农业服务体系。各地的供销社协调成立农业服务有限公司，主要负责农业服务体系的功能设定、运营等一系列工作的开展。

（7）供销合作社联合社+农业园区+农户。在供销合作社联合社的协同下，依托农业园区来建设“为农服务中心”，能够有效地利用农业园区集成的农业资源优势来开展为农服务，将农户、农民专业合作社和农业园区联系成一个紧密结合的整体，使农户在产前、产中和产后都能直接享受到相应的服务，可以有效降低农户的生产成本和流通费用，提高生产效率。

4.3.1.2　土地托管的成效

从实践看，山东省土地托管产生了良好的生产效益。无论对传统小农还是专业大户、家庭农场等新型经营主体，经过土地托管后的粮食作物平均每亩增产 20%～30%，每亩增收 600～800 元，经济作物的效益则更高。土地托管模式促进了农业生产的规模化、标准化、机械化和专业化，产生了良好的经济效益、产业效益和社会效益。见表 4-1 所示。

一是降本增收提高经济效益。在产前的农资供应环节，合作社统一采购化肥、种子，价格也比市场低很多。产中环节，统一使用机械，科学精量播种、测土配方施肥，大大降低种子、化肥使用量，进行统一的除草、病虫害防治，这些都降低了生产投入成本。以山东地区小麦—玉米轮作种植为例，土地托管前，农户亩均成本为 1045 元（不含人工费），土地托管后交给合作社经营，亩均成本只有 915 元，加上测土配方施肥以及粮食烘干带来生产效益的增加，平均每亩地节支增效 195 元。粮食增产也带来增收，托管的土地集中连片，统一机械作业，统一采用科学方法进行管理，良种良法使得粮食单位面积产量、质量大大提高，每亩地每年可增产 200 斤左右，售价也能高于市场价，按市价折算比分散经营的土地每年可多 200 多元收入，提高了粮食种植的净收益。

表 4-1 山东省土地托管模式服务价格与节支情况 单位：元

服务项目	业务量	社会价格	供销社价格	节支增效	供销社成本	供销社利润
耕整地	春秋两季	70	55	15	45	10
供种	小麦 30 斤/亩	80	65	15	55	10
	玉米 3.5 斤/亩	50	35	15	25	10
供肥	小麦 100 斤/亩	145	145	20（配方施肥）	275	15（配方施肥可得 20 元）
	玉米 100 斤/亩	145	145			
种肥同播	小麦	75	65	10	60	5
	玉米	35	30	5	25	5
打药	5 次	105	90	15	75	15
浇水	3 次	105	75	30	55	20
收获	小麦	65	55	10	45	10
	玉米	65	55	10	45	10
秸秆还田	玉米	50	45	5	40	5
烘干	供农民烘干玉米	55	55	45	40	15
合计		1045	915	195	785	130

二是促进了农业与第三产业的融合，产生产业效益。山东省为农服务中心为粮食生产土地托管服务配备有专业技术人员以及相应的配套服务，初步实现粮食生产的专业化。土地托管服务有助于耕地的集中，实现耕、种、收的全程机械化作业和规模化经营，如所有托管的耕地均进行机械耕种和秸秆还田。通过土地托管，使农机服务、农资销售、农业生产向供销社集中，促进了农业与第三产业的融合，产生了良好的产业效益。

三是解放劳动力产生社会效益。土地托管模式将农业生产资料和管理环节进行全过程托管服务，农民将土地托管出去以后，无须参与任何农业劳动，可安心外出务工，促进了当地的剩余劳动力转移，产生了良好的社会效益。同时，土地经托管后大片集中，一个中青年劳动力就可管理300~500 亩耕地，大大提高了劳动生产率。因此，土地托管服务既满足那些种粮积极性低但又不愿流转土地的农民，帮助兼业农户种粮，又能让兼业农户有更多的时间外出务工增加收入。在专业服务组织为农户种粮以及种好粮的保障下，提高了农户的“种粮+务工”总收益。大量研究均肯定了土地托管对当前和今后推动现代农业发展和解决种田人手短缺问题的重要作用。土地托管让农户对种粮保持着较高积极性的同时有时间和精力开展其他工作，从而实现“离乡不丢地、不种有收益”的理想状态，解决了农民外出务工与家庭承包经营之间的矛盾，实现了增产增收，一举多得，大大增加了社会总效益。

4.3.1.3 土地托管的发展经验

（1）充分发挥政府的主导力量。在土地托管服务的实施过程中，山东省、市、乡镇政府以及村社领导一方面在当中发挥着宣传和引导作用，他们通过深入农户宣传与讲解土地托管的目的、意义，对农户的需求和意见进行调查摸底，让农户更好地了解土地托管的相关政策、实行办法、入托后的效益等相关认知，能够放心地把土地进行托管，大大提高了入托效率；另一方面，各级政府和村组织也为土地托管平台提供各项资源，如土地整理、道路铺设、沟渠疏通和加宽、水利设施的配套改善、购置大型农机具等都有政府的扶持。省、市、乡镇政府提供政策和项目扶持，供销社提供物资、技术等，村级组织提供土地和场所、实现农户对接，使土地托管服务工作更顺畅地展开。

（2）开展灵活多样的土地托管形式。土地托管的服务主体是新型经营主体和农户，需要根据农民的实际需求在经营方式上力求创新，开展多种经营形式。山东省土地托管服务以生产型服务方式为主，大力发展深加工，延长农产品产业链，尽可能地增加产品附加值。当地成立的有一定规模的为农服务中心基本都有龙头企业的合作，依托企业自身的资金、技术以及销售渠道优势，延长农业产业链条，积极向集约化种养、粮食收储、粮油贸易、农产品精加工、农产品连锁超市等相关产业拓展，不仅在农业生产环节上实现规模化、专业化，还延长产业链条至加工、流通、销售等附加值更高的环节，在带动当地就业的同时增加农民收入。

（3）整合社会资源，提升土地托管服务能力。将农机合作社、种植合作社、龙头企业及部分种粮大户整合吸纳到土地托管经营服务体系中来，将各自的优势形成合力，共享资源。龙头企业为种植户提供优质种苗，供应化肥、农药等农资，提供技术指导、农产品订单销售等多个环节的服务。专业合作社为农户提供农机、植保等托管服务。其他主体还可以通过农产品销售、农超对接等，以物资、技术、订单和服务等形式参与到土地托管服务之中，提升土地托管社会化服务能力。

（4）确保农户及服务组织的收益是关键。土地托管涉及农户、合作社、政府等多个经济主体，其中，农户是经济规模最小、最为分散的主体，但也是最为关键的主体。得到农户的认可，确保其参加土地托管后获得的综合收益大于未入托的收益，是决定土地托管顺利进行的关键因素。因此，可从农资购买价格、粮食收购价格、标准化和科学化管理方法等方面下手，力求降低种粮成本、提高产品质量，实现粮食的增产增收。增产增收获得的收益，一部分是农户家庭的新增收益；另一部分是托管方合作社等的托管费用，确保两者皆有利可寻，保证土地托管服务的持续动力。对于提供托管服务的合作社，也需要有一定的保障机制，例如在调查中发现托管方最担心的是气象灾害和病虫害的发生以及市场价格波动等风险，这些都亟须政府加大扶持力度，建立健全农业防灾机制，如增加农业保险品种、提高赔付标准等，减少自然灾害给托管管理者带来的损失，实现多方的共赢。

4.3.2 “田间学校”职业农民培训发展实践

农民田间学校是由 FAO 提出的一种推动农民学习的培训方式，在各国都得到了较快的推广和应用。1980 年，FAO 在东南亚实施的水稻 IPM 项目（水稻有害生物综合治理）的实践中，经过持续的农民培训计划总结产生出了一套田间培训农民的新方法。1989 年在印度尼西亚开办了第一所水稻 IPM 农民田间学校，通过农民田间学校参与式方法推广水稻 IPM 技术。中国的第一个农民田间学校于 1993 年在湖南宁乡开办。

农民田间学校是指以“农民”为中心，以“田间”为课堂，采用非正式成人教育的方法，以启发、参与和互动式的培训方式为特点，在作物整个生长季节进行的农民培训活动。培训活动以农民和辅导员进行信息、技术交流以及经验分享为主，是一所没有“围墙”的学校。

农民田间学校在我国的发展大致分为三个阶段。第一阶段始于 20 世纪 80 年代末，当时农民田间学校理念刚刚引入，1989 年在广东、福建、江苏、湖北、湖南等地分别进行了田间培训农民的试点工作，是农民田间学校的创始阶段。第二阶段为1994—2003年，在这期间我国田间学校培训主要应用于南方水稻生产区，遍布10省32县开办3万多间水稻田间学校，累计培训稻农10万多人，为农民田间学校的应用阶段。第三阶段为2003年至今，这阶段农民田间学校的培训内容不再局限于水稻，扩大到玉米、蔬菜、水果和食用菌等，也由种植业开始扩展至养殖业。培训内容和方法也越来越丰富，由单纯的技术推广，扩展到农业生物多样性管理、防止土地退化等诸多领域。根据不完全统计，2008年我国农民田间学校已发展至2743个，学校遍布大部分省市（见图4-2）。目前，规划“十三五”期间在全国建立不少于20万所农民田间学校，基本实现当地主导产业全覆盖。

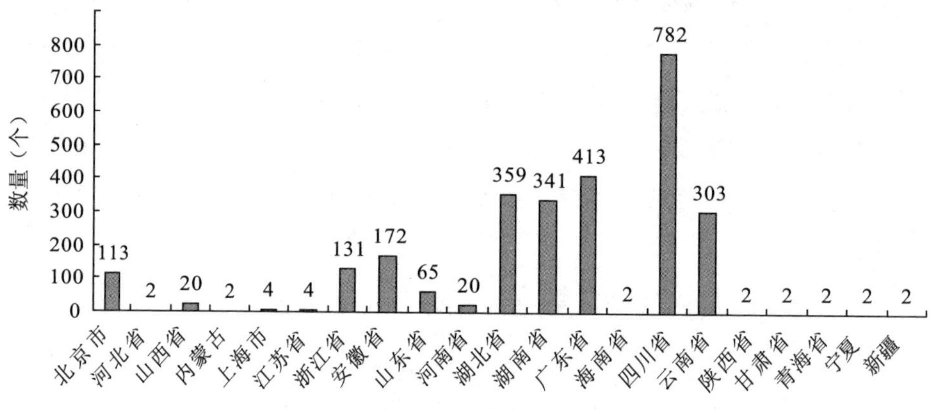

图4-2　各地农民田间学校发展数量

4.3.2.1　田间学校的运行模式

（1）学员的选择以及教师的遴选。田间学校职业农民培训的主要目标是培养出文化程度相对较高、生产能力相对较强，具有一定的经营规模、在当地发展较好的家庭农场主、专业大户、合作社负责人、龙头企业骨干等。因此，为了确保田间学校培训模式在职业农民培训中的实效性，在培训学员的选择上具有一定的准入门槛。学员一般为初中以上文化程度，乐于帮助和带领其他农户依靠科技和技术发展，得到当地群众认可的中青年。

培训教师一般为参加过田间学校师资培训班的农民。由当地农委、地方农技中心、农业院校和科研院所、地方畜牧站、林业站、蔬菜站等相关负责人和专家组成教研组，共同确定培训对象，探讨培训内容及培训方式，在每一节课后进行教研探讨，保证和提高培训效果和培训质量。

（2）农民田间学校的培训方法。小组讨论：将学员等分为几个学习小组，以学习小组为单位对课堂上的问题进行讨论，讨论结束后每个小组选出一个成员上台说明和总结小组的意见和看法，最后教师点评。这种培训方法比较符合成人教育的特点，极大地带动了学员的参与性和互动性，通过问题提出、小组进行讨论、教师解答等参与性和互动性形式，让每位学员都能参与其中，更适合成人教育，也相比于传统培训更能提高学员的学习积极性。

讲课：与传统培训方式不同，农民田间学校采取提问式和参与式的讲课方法。这种培训方式采取短期记忆法，比较符合成人学习的能力和特点。经过提出问题、解决方案的讨论和制定、田间实践、结果讨论、分析评估的过程，再将短期记忆转化为长期记忆。讲授的内容也是通过前期调研了解农民需求以及当地产业发展需要而制定，通过“分段式、重实训、参与式”培育的理念，有针对性地对农民进行培训。

田间课堂：是农民田间学校培训的中心环节，重点进行技术培训。通过在田间设立课堂，进行当季种植技术、病虫识别及防范等讲解和示范，并根据实地虫情、病情在田间现场进行植保指导，以直接、生动的方式教会农民知识和技术。田间课堂的方式，在农民自己的田地里教会他们怎样识别病虫、灾情以及如何应对，让农民在熟悉的环境中放松自如，迅速掌握实际操作方法和技能，提高培训效率。

外出参观：主要组织学员到示范点以及发展成功的地区学习观摩。这种培训方式可以开阔学员眼界，了解到其他地区的创新方法和实践，缺点是外出参观需要一定的经费开支，在经济落后地区的农民田间学校较难实现。

游戏：农民田间学校还组织食物链、拔河比赛、协作运气球等团体趣味游戏，通过简单的游戏，使农民学员进一步认识到相互协作的重要性。这种寓教于乐的教学方法大大提高了学员参与集体的积极性和互动性，达到了带动情绪和活跃气氛的效果。

4.3.2.2 田间学校的成效

开展农民田间学校，进行农民教育培训的目的是培养和造就一批“数量充足、结构合理、素质优良”的新型职业农民队伍。自 1993 年我国第一个农民田间学校开办以来，截至目前，全国多个省市已经取得了良好的发展，并规划在“十三五”期间在全国建立不少于 20 万所农民田间学校，基本实现当地主导产业全覆盖。

目前仅水稻农民田间学校的辅导教师培训班已经开办 20 多个，为浙江、湖南、湖北、安徽、广东、河南、四川等省培育农民田间学校辅导教师 600 多名，建成 3 万多所稻农田间学校，培训稻农 10 万余人次。农民田间学校推广和应用了化肥深施、秸秆还田、节水灌溉技术、有害生物综合治理等诸多内容，取得了良好的经济、生态和社会效益。如河南省正阳县农民田间学校的统计，经培训后学员的小麦播种量较培训前能够减少 20%，病虫害发生率降低 30%左右，病虫害防治效率达到 90%以上，亩均增产 15%以上①。湖南省举办了近 900 期农民田间学校培训，培育了上万人次新型职业农民②。上海崇明区从 2011 年第 1 期田间学校培训班仅 40 余人的培训，发展到 2016 年培训人员 1046 人，并有选择地针对蔬菜和林果开办田间学校培训班。田间学校开办的短短 6 年时间内，迅速培训了农民 2000 余人次。

总体来说，农民田间学校在全国各地的开办实施日渐显出成效，通过良种良法的推广培训降低亩支出、增加了亩产量和亩纯收入，带来了经济效益；通过节水、节肥、节药技术的推广，化肥、农药用量大大减少，带来了生态效益的增加；培养出一批有文化、懂技术、会管理的新型农民经营主体及农村能人，发挥他们对非学员的辐射带动作用，带来了社会综合效益的提升。

4.3.2.3 田间学校的发展经验

一是建立规范运行机制。农民田间学校从试点实验到应用推广都有相

① 杨静丽，张旭，杨丽，潘新好．正阳县农民田间学校建设与发展运行情况［J］．基层农技推广，2016，4（03）：62-63.

② 雷晓英，邓辉平，周桂华．湖南省农民田间学校本土化实践［J］．中国农技推广，2017，33（05）：16-18.

应的一套运行操作规程。开办农民田间学校，应注意建设规范的教学内容和教学标准。可通过加强各培训环节的管理，结合农户需求与当地条件制定切实可行的实施方案和培训计划等，大大提升农民田间学校的教学能力及运行规范。

二是提升教师的业务水平。田间学校的教学主要以互动式和提问式为主要培训模式。在生产实践中与农民相关的问题多而复杂，既包括专业技术知识，还涉及心理、文化等其他方面。因此，这对田间学校教师的个人素质、技术掌握程度以及业务经验提出了更高要求，需要教师同时兼备扎实的技术理论基础和丰富的业务实践经验。

三是教学内容与农民需求紧密结合。目前农民田间学校的主要服务对象是新型农业经营主体和农户，因此，培训老师在培训前就要了解服务对象对培训内容的实际需求，将培训内容与农业生产实践、农民科技需求、农民增收紧密结合。在具体的培训过程中，科技人员直接入户、良种良法直接进田、技术要领直接到人，实现专家与农民面对面，技术与田间零距离，做到技术、产品与农民的实际需求相结合，使农民真正获益。

四是田间试验模式解决农民生产疑难杂症问题。田间学校的培训包括小组讨论、讲课、田间课堂、外出参观、游戏等，对实际生产中遇到的一般问题基本上能够做到现场解答，而对疑难杂症以及无法及时做出判断的问题，则需通过田间试验来解决。田间试验的培训方式，能够针对实际生产需求有目标地进行科学试验，避免了科学试验与实际生产需求脱节，为以后的科学研究提供了方向，实现了产业发展、市场需求、技术需求与科学技术研究的共同发展。

五是通过技术成果转化促农民增收。促进农业增效、农民增收一直是发展现代农业的目标，通过田间学校培训摸式，将受市场欢迎、农民生产需要的优质品种、最新技术、机械引入，通过试点、示范和推广，将科技成果进行转化，最终达到减量、省工、增产、增效和增收的目的。建立农民田间学校激励机制，激励先进的农民田间学校，评选优秀农民田间学校校长，并给予一定的资金奖励。淘汰落后的学校，完善进出机制，为农民田间学校健康运转、顺利推进科技成果的转化提供全方位保障。

4.3.3 “农事服务超市”发展实践

“农事服务超市”是为解决传统小农户“单打独斗式”的农田经营与当下农村劳动力紧缺、农田供水秩序混乱、机械化统一集中操作难、标准化种植技术统一难的矛盾，实现农业生产的机械化、组织化、集约化、标准化，提升农业综合生产能力，是实现农业规模效益的一个较为成功的探索。“农事服务超市”是一种新型的农业土地与劳动服务模式，有效破解了农村青壮年劳动力不足、农民增收难以及土地“撂荒”等难题。

农事服务超市是以“超市化”选购方式为农业生产提供服务的新型农业社会化服务组织，主要通过标准化田间管理、规范化技术指导和机械化作业手段，为农民提供从选种、育苗、整地、栽植、防病防虫、收割、运输等一系列的农事服务。目前以广东省连州市和四川省遂宁市的发展最为广泛。

4.3.3.1 农事服务超市的运行模式

“农事服务超市”组织主体包含有政府、相关业务部门、村级组织和龙头企业，联合主体有当地农机大户、种田能手，按照“政府引导、部门指导、市场化经营、农民自主抉择”的模式运行。

一般是由当地政府引导，农业相关业务部门指导，乡、村组织配合，农业企业领办，当地种田能手、农机专业合作社以资金、土地、农业器械机具及农机操作技术入股，按照“超市化”运作模式，为农业生产活动提供一站式服务的农业土地和劳动力社会化服务组织。以四川省遂宁市射洪县为例，当地以四川赤诚三农种业公司、射洪县同亨农机专业合作社共同发起成立了四川省首个农事服务超市——四川赤诚三农农事服务超市。超市下设 2 家分店，从业人员 100 余人，拥有拖拉机、水稻插秧机、联合收割机、耕整机、机动喷雾器等农机具 200 余台（套），已为 6 个乡镇的 2000 余家农户生产提供全程化或阶段性农事服务。

服务程序：超市将农业生产中阶段性农事活动包装成服务产品，以“产品”的形式制定相应价格向农民出售。农民自主选择所需产品及农事服务并与超市进行签约。村两委对“农事服务超市”进行宣传，协助组织和收集服务费，对农事服务质量进行监管，超市将收取的服务费总额中按

5%支付给村两委作为组织和监督的工作经费。“农事服务超市”、村组织和农户共同确认验收服务成果后结账。在“农事服务超市”的组织和运行中，政府会给予一定的项目资金扶持，农业部门会制定相应的技术规程并给予技术指导。

服务的内容：包括农业生产所需要的从作物种植规划、选种选肥、播种栽插、田间管护到收割农产品，服务超市提供相应的服务产品满足农民需求，如农作物新品种，水稻、玉米、油菜、小麦等农作物耕、种、管、收各环节服务，提供植保新技术，为农民及时发布农资价格资讯以及农产品市场供需信息等。

在农事服务超市大厅也会将各种各样的农事服务项目的收费标准及价格列得一清二楚：水稻育秧 30 元/亩；水稻犁耙田 60 元/亩；水稻插秧 120 元/亩；水稻收割 80 元/亩；水稻统防统治 10 元/亩/次；水稻烘干 80 元/亩；玉米播种及覆膜 120 元/亩；油菜育苗 120 元/亩；蔬菜犁地 100 元/亩，蔬菜育苗 200 元/亩等。农民只需一个预约电话，拥有一技之长的“土专家”便会上门服务。

4.3.3.2 农事服务超市的成效

农事服务超市的运行，让传统耕作向现代化方式转变，缓解了劳力不足和种植规模过小的问题，提高了农业生产机械化水平，实现了农业生产的节本增效和标准化操作，提高了农民种植效益。

一是缓解了劳动力不足。以四川省遂宁市射洪县新华村为例，新华村当地总人口 3368 人，其中劳动力人口 1910 人，劳动力人口中有 1360 人为常年外出务工人员。以外出务工为主要劳务方式的人员占劳动力总资源的70%以上，且这些人员以中青年劳动者为主，留下在家务农的多为老人、妇女和儿童，平时种田尚可，农忙时就无法满足生产需要，因此在“双抢”季节经常会有大量农民返乡抢种抢收。农事服务超市设立和运行后，农机作业服务的提供极大地解决了农村劳动力不足的问题，外出务工人员再也不用农忙请假回家种粮，减少了途中路费及请假期间工资收入的机会成本，解决了农忙季节劳动力不足的问题，得到当地农民欢迎和支持。

二是促进了规模种植。农事服务超市开办后，一定程度上解决了土地零星化种植的问题，提高了当地整个区域的农业适度规模经营水平。农业机械化服务适合集中连片、较平整的土地，这也倒逼农户自主设法以承包地互换等形式将零散细碎的土地进行整合。广东省连州市冲口村在4个月内就完成了3500亩土地的整合。四川省遂宁市射洪县新华村加入超市化服务后使近1000块稻田缩减成不到100块整片水稻田，消除细碎化种植，提高了农机作业及规模种植效率。除生产环节外，其他环节也大大提高规模水平。以育苗为例，通过工厂化集中育秧，一个占地10亩的育秧大棚就可以满足近千亩土地的秧苗需求。农户购买统一育秧服务，大大提高了规模效益。

三是实现了节本增效。以水稻种植为例，农民如果只采用依靠传统一家一户零散种植的方式，1公顷水稻需投入生产成本21450元，而通过农事服务超市种植水稻进行耕、种、管、收的全程"一站式"服务，农户只需投入生产成本14250元/公顷（服务费8250元，种子、农肥、农药以及田间管理等6000元），每公顷节支7200元。农事服务超市通过统一供种、统一栽插、统一田间管理、统一病虫害防治等技术规范，全程服务下来比传统种植方式每公顷增产675千克左右，相对增收3000元。因此，通过农事服务超市进行水稻生产比自己耕种亩均可节约成本7200元左右，同时采用统一育秧、机械化耕作和标准化管理，水稻产量也高于传统耕作方式，新增产量折合现金每公顷增收近3000元，总计能够增收大概10000元/公顷。通过工厂化集中育秧、机械化栽插等技术也大大降低了自然灾害风险的影响，确保水稻育秧进程，为农业增产、增效探索出新路径。

四是提高了农机利用率。一直以来，农村农机手缺乏专业知识，对农机的使用、保养和维修等知识和技能不足，且缺乏相应的组织，农机维护成本较大，农机手获取农机作业的信息渠道狭窄、作业成本大，机手之间缺乏必要沟通，农机利用率极低。以四川省遂宁市射洪县农事服务超市的水稻种植为例，插秧机算下来每年只有3天左右的作业时间，使用效率极低，而维护费用则较高。农事服务超市将个体农机手加以组织、规范管理，个体农机手带机在超市打工。超市集中、统一组织运送农机具，统一机械化作业，增加了农机使用天数。解决了以往个体农机手组织不规范、缺乏专业的农机驾驶操作员、农机作业效率低、机械运输成本高等普遍问题，大大提高了农机利用效率和农机手收入，为农机手创造了更多就业机会。

五是提升了农业生产的标准化水平。通过农户对农事服务超市的委托生产，服务区域的种植品种、播栽期、种植规格、病虫防治技术等得到统一，提高了农民种植的标准化程度，解决了农产品的质量监管问题。通过"超市化"服务，从品种选择、育苗、栽种、施肥、病虫害防治、田间管护到收割，都严格按照流程规范操作，还会对农户进行专业技术指导。良种良法的使用，使农产品在生产过程达到标准化管理和产品质量要求，农产品在数量、品种、品质以及品牌方面得到同步提升。

4.3.3.3 农事服务超市的发展经验

一是提升农事服务超市的服务功能。农事服务超市可深入调查农户需要，尽可能地拓展农事服务项目，为农户提供代购（农资）、代耕、代种、代管、代收、代销（农产品）等农事服务功能，扩大和延伸服务范围。在农业部门的指导和财政、物价等部门的协助下，农事服务超市确定好服务区域、服务项目、质量标准和指导价格，严格"超市"服务管理措施，规范运行程序，增强业务管理水平和业务质量，提升"超市"服务能力和服务水平，让农业服务超市真正成为农民的"全能管家"。还可将"农事服务超市"作为农业社会化服务体系建设的重要内容，根据各地产业布局和发展重点，率先在现代农业园区、粮油产业重点集中区开展，满足农业生产的社会化服务需求，提升农业规模化、标准化水平，做强农事服务超市。

二是搞好部门配合。农业、财政、质监、物价等相关部门要通力协作、搞好配合，给予农事服务超市多方面的支持和参与。首先是政策及项目资金支持，根据农事服务超市的服务内容、规模等制定相应的补贴标准和办法，包括试点工作专项经费及税收减免、差别补助、贴息贷款、项目建设、农机购置累加补贴、财政奖补、政府购买公共服务等支持政策，政府应给予积极争取。其次是农业部门的指导服务支持，农业及相关指导部门应对农事服务超市委派一定的专业技术人员定期指导，规范田间种植技术及农业机械安全技术标准，加强对超市服务的监督管理，强化管理水平，优化服务质量。最后是财政、质监、物价等部门协助和配合农事服务超市的相关涉农项目的整合、资金补贴办法制定，指导服务质量标准以及服务价格的制定等等。村两委对“农事服务超市”进行宣传，做好组织和发动合同签订、履行以及对农事服务质量监管等工作，协助农事服务超市组织和收集服务费。推动农事服务超市的发展和壮大，向全方面、多功能、高效率发展。

三是农田基础设施建设。加强农田基础设施建设，为农事服务超市提供良好的服务环境。零散细碎的土地，不利于机械化作业。当地政府可联合农业、国土、水利、农发等部门，整合农业基础建设，集中建设高标准农田、修建农村机耕道、建设节水灌溉设施等项目，科学规划、全盘考虑农田、道路交通和水利设施建设，加速农业社会化服务发展进程。

四是给予政策扶持。大多数的农事服务超市都存在着资金实力不足、农机具数量参差不齐等问题，需要各级政府及财政的扶持和补贴，如专项工作经费、税收减免、差别补助、贴息贷款、农机购置补贴、财政奖补等支持政策，明确资金补贴标准和办法，形成常态化、长效化机制，确保农事服务超市更好地服务国家粮食安全、服务农业现代化。如四川省遂宁市已有 11 个农事服务超市，共拥有大中型拖拉机、联合收获机、插秧机、烘干机、无人施药飞机等现代农业机械化设备 1866 台，农机总动力达到 9875 千瓦。自 2013 年首个“农事服务超市”成立以来，先后累计投入专项补助资金 809 万元，其中农机购置补贴为 421 万元，在“农事服务超市”的现代化农业机械化设备、仓储设施及工厂化育秧大棚建设方面扶持力度颇大。

五是创新运行机制。探索多种经营形式、不断丰富新型服务主体类型。鼓励众多主体，如龙头企业、农民专业合作社、种田能手、农机大户等新型农业经营主体或个人以领办或共同参与等方式创建农事服务超市。建立和完善各类服务主体、新型农业经营主体及农户之间的利益联结机制和风险防范机制。以四川省遂宁市射洪县为例，当地组织了“龙头企业+专合组织+大户（种粮大户、农机大户）+农户”的模式，龙头企业领办，当地种田能手、农机专业合作社以资金、土地、农业机械机具以及农机操作技术入股，按照“超市化”运作模式，为农业生产活动提供机耕、机播、测土配方施肥、综合防治病虫害、机收等全过程机械化作业，将农机与农艺有机融合，为农户提供“一站式”的农业土地和劳动社会化服务。

六是采取优惠政策鼓励农户广泛参与。四川省遂宁市射洪县通过围绕水稻高产创建等项目进行了资金整合，对参与农事服务超市进行规模化水稻种植试点的农户，减免供种环节费用和统防统治环节费用。在试点村的村两委也最大限度地为参与农事服务超市的农户提供便利，代农户组织和收缴服务费用、代农户签订服务合同、对农事服务质量进行监管，最大限度地减少农民的支出和用工，从而激发更多农户的参与热情。

4.4 我国促进土地与劳动现代服务业发展的措施

4.4.1 加强职业农民培训，扶持新型农业服务主体

加强对农民教育培训、农村创业创新方面的大力支持。通过“新型职业农民培训”、“百万农民培训工程”、“百万农村中专生计划”和“农民科学素质行动计划”，对新型农民教育培训进行探索和实践。依托各类农业职业教育和职业培训资源，加强对农民的教育培训，尤其是对农业基础性人才的培训，提高当地的科技创新和科技推广能力。加快发展农村劳动力转移培训和中介服务，重视对转业农民、失土农民和农村富余劳动力转移的职业技能培训以及劳务输出和就业指导服务，推动农民就业创业。扶持新型农业培训服务机构的发展，加强对各类农业机械化学校和职业实训基地建设，提高对培训机构及项目的补助政策和标准。通过法律法规的形式来确定新型职业农民培育方式，为职业农民的培养工作提供保障。如德国颁布了《职业教育法》《职业促进法》和《实践训练师资条例》等，日本颁布的《农业基本法》中对日本农民职业教育的各项内容都做了具体的规定。我国也应该把农民职业教育制度中的行业技术标准、考核制度等作出明确要求，以法律的形式确定下来。

有针对性地培育一批有实力、服务质量好、成长性好、竞争力强、影响范围广的专业服务主体，扶持这些主体发展，发挥好榜样的示范引领作用。对农机合作服务主体的机械购置、基础建设加大补贴力度。对积极推广新品种、新技术的社会化服务组织，以奖励的形式鼓励其发展壮大。

4.4.2 积极引导土地有序流转，大力发展农业机械化

我国目前的户均耕地面积不足 7 亩，远低于世界平均水平。过小的规

模导致农业劳动生产率极低，很难吸引农村劳动力尤其是青壮年劳动力参与农业生产经营。因此无论是培育新型职业农民，还是发展农业社会化生产服务，都需要土地的适度集中。搭建农村土地流转交易平台，引导土地经营权有序流转，实现适度农业规模经营，是我国发展现代农业的必要措施。根据我国当前农业资源禀赋及就业状况，引导和促进土地流转可采取以下措施：一是确保土地确权颁证工作的顺利完成，以法律形式保障农民的土地承包经营权，让农民可以放心地将承包土地进行流转，而不必担心失去对土地的承包权。二是健全养老保险制度、医疗保险制度等农村社会保障机制，让农民能够充分地享受到和城市居民一样的福利和待遇，解除农民的后顾之忧。三是建立健全农村土地流转服务体系。为土地流转双方搭建流转平台，健全农村土地承包经营权档案和流转管理电子信息系统，在土地流转服务中心实行土地流转公开化管理。探索创新土地流转形式，在保障农村集体土地所有权、家庭联产承包责任制和土地用途不改变的前提下，积极鼓励土地流转制度的创新，发展市场化流转方式。

拥有较高的劳动生产率往往是新型职业农民的一大标志。高的劳动生产率离不开农业机械等物质装备。我国的农机工业在改革开放后，伴随着综合国力的日益强大，获得了快速发展。2016 年我国耕、种、收综合机械化水平达 63%，相比于改革开放初期已经有了飞速的发展。但是从世界范围看，发达国家的农业生产已经实现了全程机械化，因此我国农业机械化水平仍需要进一步提高。具体可采取以下政策来推动：第一，重视农业机械的研发。积极研发低成本、低能耗、使用方便、符合当地实际条件的中小型农业机械，使更多的农作物的耕、种、收各环节都能采用农业机械。第二，进一步加大对农业机械购置的补贴力度。从 2004—2016 年农机具购置补贴资金先后发放了 1600 亿元，农机具购置补贴政策的实施促进了我国农业机械化水平的提高，未来我国在继续实施这一政策的同时，应扩大补贴机具的种类和范围，提升补贴政策的公开透明度，切实保障购机农户享受到补贴资金。第三，加快农机合作社和农机社会化服务组织的发展，提高农机利用率。

4.4.3 加大基础设施建设，增强现代服务手段

加大基础设施建设，为新型农业社会化服务组织提供良好的服务环

境。耕地分布零散细碎、灌溉设备简陋、农田交通不便等都不利于机械化作业与统一社会化服务。当地政府可联合农业、国土、水利、农发等部门整合农业基础设施建设，对高标准农田建设、农村机耕道建设、节水灌溉设施建设、粮食储备库、农资临时存放场所、大型农机具临时存放场所、晾晒场、粮食烘干设施等项目和资金上给予优先审批、优先支持。对机耕道建设、灌溉设施等长期维护项目，重视年度维护补助资金支持。全盘考虑农田、道路交通和水利设施建设，科学规划，加速农业社会化服务发展进程。

将社会化服务与现代手段有机结合，在兴建基础设施的同时，重点引进自动化和智能化的现代服务手段。如田间环境土壤信息获取、联合收获机自动测产、自动化水肥控制、自动化节水灌溉、农业机械作业监控、大田作物的生产动态智能化监测、病虫害自动预警等。如在水果收获、蔬菜采摘等方面，鼓励以机械代替人力从事繁重的农事劳作，以现代化手段服务农业。

4.4.4 扩展服务范围，强化政府的服务监管力度

建议扩大土地与劳动服务范围，提高农业社会化服务质量，增加各类服务项目，延长农业产业链条。积极向提供集约化种养、粮食收储、粮油贸易、农产品精加工、农产品连锁超市、职业农民培训等相关产业服务拓展，不仅在农业生产环节上实现规模化、专业化，还要延长产业链条至加工、流通、销售、培训等附加值更高的环节，对整个生产形成“保姆式”全程服务，在带动当地就业的同时增加农民收入。

随着农业社会化服务组织的创新和发展，主体多元、形式多样的社会化服务出现，服务组织的规模和实力也层次不齐，这其中更需要政府的规范和监管。建议政府尽快出台社会化服务组织、服务项目实施过程中的相关标准和规范。加强对社会化服务体系监测人员的培训，对乡镇公共服务机构的公用经费及人员培训方面政策倾斜。发挥政府的优势和职能，加强对全国农业社会化服务体系的定点监测工作，对基层地区建立公共服务监管机构，监管范围覆盖到每个乡镇，执行对社会服务环节进行认定、抽查和验收，完善规章制度，确保服务有序开展、补贴资金安全使用。

第五章　现代农业加工和仓储服务

农产品加工和仓储业，连接工农、沟通城乡，行业覆盖面宽、产业关联度高、带动农民就业、增收作用强、提升农业附加值，是近年来实施第一、第二、第三产业融合的必然选择和关注焦点，已经成为农业现代化的重要标志。

5.1　现代农业加工和仓储服务的新发展

5.1.1　发展的新环境

我国城乡居民消费升级对加工制品需求旺盛，亟待产业转型升级。预计未来5年农产品加工业也将保持年均不低于6.5%的增长速度。同时，主要农产品的综合加工转化在农业现代化和农村城镇化过程中将快速释放，预计到2020年粮食、蔬菜、水果、肉类的加工转化率可分别提高至88%、13%、23%和17%，到2025年提高至90%、30%、35%和45%。2016年12月，国务院办公厅印发了《关于进一步促进农产品加工业发展的意见》，要实现四个方面的转型升级，即：产业体系转型升级，构建种、养、加、销一体的全产业链、全价值链，推进第一、第二、第三产业融合发展；初加工和精深加工转型升级，实现“应加工、尽加工”“宜精深、必精深”；农民与加工主体关系转型升级，打造产业利益共同体、命运共同体；市场开拓能力和品牌创建转型升级，创造更多的企业品牌和产品品牌。

一系列“三农”政策为农产品加工和仓储服务业营造了良好的发展环境。党的十八届五中全会提出了创新、协调、绿色、开放、共享的五大发展理念，强调“促进农产品精深加工和农村服务业发展，拓展农民增收渠道”；国务院办公厅下发了推进产业融合发展的指导意见，以及农业降成本、补短板等一系列改革举措，为农产品加工业发挥引领带动作用、培育新产业、推动产业融合营造了更为有利的发展环境。国务院办公厅印发《关于支持返乡下乡人员创业创新促进农村第一、第二、第三产业融合发展的意见》，提出了重点支持方向，在市场准入、金融服务、财政支持、用地用电、创业培训、社会保障等关键政策方面实现了较大突破。国办印发《关于进一步促进农产品加工业发展的意见》，明确了发展方向、基本原则、主要目标，围绕初加工、精深加工、主食加工、副产物综合利用等重点环节，支持融合发展、引导转型升级，在财政、税收、金融、保险、投资贸易、用地用电、运输等政策方面实现了较大突破。农业部印发《全国农产品加工业与农村第一、第二、第三产业融合发展规划（2016—2020年）》，对"十三五"期间全国农产品加工业和农村第一、第二、第三产业融合发展的思路目标、主要任务、重点布局、重大工程、保障措施等作出全面部署安排。

新型城镇化和全面深化农村改革为农产品加工和仓储服务业发展提供了难得的发展机遇。"十三五"时期，新型城镇化加速发展，促进1亿农业转移人口落户城镇，改造1亿人居住的城镇棚户区和城中村，引导1亿人在中西部地区就近城镇化，对强化产业支撑，引导农村第二、第三产业向城镇集聚发展提出了明确要求。农村改革全面深化，土地承包经营权确权颁证加快推进，农村宅基地、集体建设用地和集体产权制度改革不断深化，农村资源要素市场进一步完善，城乡一体化发展体制机制更加健全，为农产品加工和仓储服务业提供了难得的发展机遇。

消费结构升级为农产品加工和仓储服务业创造了巨大的发展空间。2015年，我国人均GDP 8000美元，城乡居民的生活方式和消费结构正在发生新的重大阶段性变化，对农产品加工产品的消费需求快速扩大，对食品、农产品质量安全和品牌农产品消费的重视程度明显提高，市场细分、市场分层对农业发展的影响不断深化；农产品消费日益呈现功能化、多样化、便捷化的趋势，个性化、体验化、高端化日益成为农产品消费需求增长的重点；对新型流通配送、食物供给社会化、休闲农业和乡村旅游等服务消费不断扩大，均为推进农产品加工业和仓储服务业创造了巨大的发展空间。

信息技术等高新技术的不断变革为农产品加工和仓储服务业注入了不

竭的发展动力。移动互联网、大数据、云计算、物联网等新一代信息技术发展迅猛，以农产品电商、农资电商、农村互联网金融为代表的“互联网+”农业服务产业迅速兴起。“互联网+”背景下，大量的互联网平台、信息通信技术将涌入仓储服务业，给传统物流仓储带来极大的挑战，也创造出一种全新的互联网物流新生态。高新技术的飞速发展，延伸了农业产业链条，重构了产业主体之间的利益联结机制，创新了城乡居民的消费方式，为农产品加工业和仓储服务业注入了不竭的发展动力。

5.1.2 发展的新趋势

近年来，我国农业农村经济形势持续向好，为农产品加工仓储服务业的发展提供了发展基础。

农产品加工和仓储服务业新主体不断涌现。当前我国家庭农场、农民合作社、农业产业化龙头企业等新型经营主体超过250万个，新型农业经营主体队伍不断壮大，各类新型农业经营主体通过入股入社、订单合同、托管联耕等多种形式开展联合与合作，融合机制不断健全，融合发展能力不断增强，在大宗农产品生产供给、产前、产中及产后服务和带动农民进入市场等方面提供了重要支撑。

农产品加工和仓储服务业新业态、新模式不断涌现。2015年全国有各类涉农电商超过3万家，农产品电子商务交易额达到1500多亿元，随着互联网技术的引入，涉农电商、物联网、大数据、云计算、众筹等亮点频出。信息服务的嵌入，即农产品加工仓储与现代信息技术及其相关的自动化技术、现代管理方法相结合，推动农产品加工企业产品开发、生产制造、安全监管、市场销售、客户服务等业务数字化、智能化和网络化的过程（农业部农产品加工局，2016）。伴随着信息技术和互联网的快速发展，农产品加工仓储业在产品销售网络化、加工装备自动化、生产制造智能化、企业管理信息化以及利用信息化技术建立质量安全追溯体系等方面取得积极进展。

农产品加工和仓储服务业新模式不断涌现。农民合作社发展农产品加工、销售，拓展合作领域和服务内容，家庭农场、龙头企业、农民合作社、涉农院校和科研院所成立产业联盟，重点发展农产品加工流通、电子商务和农业社会化服务，农业生产租赁业务、农商直供、产地直销、食物短链、社区支农、会员配送等经营模式不断涌现。

5.2 现代农业加工和仓储服务的内容、主体和模式

5.2.1 现代农业加工和仓储服务的概念

农产品加工，主要是指对农、林、牧、副、渔等农产品进行加工，或对农产品的半成品再加工的行业（王秀山，钱晓丽，尚夏林，2011）。农产品加工业作为农业产业化实现的载体与关键环节，是农业生产的下游。由于农产品加工业的下游是广泛的农产品消费市场，农产品加工业成为农业从传统的生产向深加工、销售环节过度的桥梁，是实现农业产、购、销一体化农业产业化的重要环节及关键载体（黄睿，2014）。农产品仓储，指农产品离开生产过程，尚未进入流通领域之前，在流通过程中的停留。鉴于农产品产地集中、季节性强、易腐等特点，在流通的各个环节上都需要不同程度的仓储。根据农产品生产流通的程序划分，农产品加工和仓储，属于农业生产的产后环节。

但是对于农产品加工和仓储服务的概念，目前还没有清晰的界定。在学术研究和现实生产中运用较多的概念，是“农业生产性服务”“农业社会服务”。农业生产性服务是指为提高农业劳动生产率而向农业生产活动提供中间投入服务的产业。农业生产性服务可分为产前、产中和产后服务。农业产后生产性服务主要包括农产品供求信息、质量检测、存储、加工、包装、售卖等方面的服务。从服务的归属上看，农业生产性服务主要包括农业先进生产技术发明与推广服务体系、农产品供给需求信息提供服务体系、农产品质量评估服务体系、农产品运输销售加工服务体系、农业支持与风险防护体系等。

农产品的加工和仓储服务属于产后服务，是围绕农业加工和仓储环节开展的多形式、多层次的服务，主要包括市场服务、技术服务、管理服务、信息服务、金融服务、人才服务等，是现代农业服务的重要组成部分。

5.2.2 发展现代农业加工和仓储服务的必要性

就现实的发展状况而言，农产品加工和仓储服务是农业服务的薄弱环

节，但是在拓展农业的外部功能、拓宽农民增收渠道、调整产业结构、转变经济发展方式等方面具有十分重要的意义，应当作为农业服务业发展的重点。

首先，发展农产品加工与仓储服务业有利于农业现代化发展。传统农业是以土地为基本生产资料，以农户为基本生产单元，在农业中投入人力、畜力、地力等传统生产要素的一种封闭式小生产；而在现代农业中，投入资金、管理、人才、科技、装备、设施等现代生产要素，农户广泛参与专业化生产和社会化分工，加入各种合作组织，活动在生产、加工、流通、消费等各个领域、各个业态。推进农村第一、第二、第三产业融合，促进农业现代服务业的发展，有利于建立现代农业三大体系，延伸农业产业链、价值链。构建产加销、贸工农一体化的现代农业产业体系，同时为第一产业注入现代生产要素，引领第一产业按照第二、第三产业要求组织生产，构建良种良法配套、农机农艺融合的现代农业生产体系，通过分工分业催生出农业的新型经营主体，构建适度规模经营和社会化服务的现代农业经营体系（潘利兵，2015）。

农产品加工业是一个大产业，一头连着农业、农村和农民，一头连着工业、城市和市民，沟通城乡，亦工亦农，是为耕者谋利、为食者造福的产业。农产品加工业的发展，辐射带动近1亿多农户。发展农产品加工业，有利于发挥桥梁纽带作用，促进农业产业的前延后伸，带动农业生产性服务业、电子商务、休闲农业、乡村旅游等新产业、新业态的发展，促进第一、第二、第三产业融合，加快构建现代农业产业体系，为实现农业由大到强的转变提供强大动力。

“2016年预计规模以上农产品加工业主营业务收入达到20.1万亿元，占制造业比例为19.6%；从业人员1566万人，每亿元加工营收入约吸纳78人就业；农民人均收入9%以上来自农产品加工业工资性收入，带动1亿多户原料种养殖户增收致富；农产品加工业与农业产值比达到2.2∶1。”①

其次，发展农产品加工与仓储服务业有利于农业产业链价值增值。随着农业产业链主要驱动力从生产环节向加工环节进而流通等服务环节的转

① 资料来源：中华人民共和国农业部网站.

移，品牌、流通、服务等对农业价值链升级和发展方式转变的重要性更加突出，农业服务商日益成为农业产业链、价值链的主要驱动者。就农产品加工而言，发展加工服务业有利于整合集成消费者对农业或农产品的需求信息，并通过产业链、供应链、价值链等现代产业组织方式将其传导给农产品加工者和生产者，带动从田间到餐桌的农业发展方式转变。有些农业产业化龙头企业通过由农业企业或农产品加工企业向农业服务企业的转型，对发展现代农业的引领作用显著增强，日益成为现代农业产业链的核心企业、现代农业产业体系建设的领航力量。农产品仓储是为了保留存货与保存产品，而不改变农产品本身的使用价值，是农业生产的延续。仓储活动主要通过改变农产品的时间来创造社会价值。发展农产品仓储服务是对农业生产的延续，也是实现第一、第二、第三产业融合的有效途径，有利于延长农业产业链，在资源不增加的情况下实现价值增值。

长期以来，我国农业现代化和绿色化成为制约工业化、信息化、城镇化、农业现代化和绿色化“五化同步”的短板，拉低了整个国家现代化的水平。城乡二元体制虽在很大程度上有所缓解，但是城乡差距、工农差距依然存在。推进农业服务业发展，将农业的增值增效转到依靠第一、第二、第三产业融合发展上来，在单位耕地面积不增加的情况下实现农业的多功能性价值，补齐农业现代化和绿色化短板。同时将农产品加工和流通利润留在农村，实际上意味着将资源要素和人气留在了农村，有利于构建新型工农城乡关系，促进城乡和谐稳定。

5.2.3 现代农业加工和仓储服务的内容

5.2.3.1 市场服务

农产品加工和仓储的市场服务包括提供交易场所和配套设施服务以及市场供求信息服务。农产品批发市场、农产品加工配送中心等提供农产品加工和仓储服务的重要场所，通过加工、仓储等配套设施的建设，逐步将市场服务内容和交易方式升级，形成了集加工、包装、仓储、配送为一体的农产品交易流通模式，成为农产品加工仓储服务发生的重要媒介。农产品加工和仓储的市场供求信息服务，主要是通过农产品市场、互联网等形式，为搜集、整理、发布服务供求信息提供平台。提供农产品加工和仓储服务的企业，以及有农产品加工和仓储服务需求的个体或组织，能够通过信息平台及时、准确地获取相关的市场信息，有利于加快农业生产环节的专业分离和农产品流通速度。

5.2.3.2 管理服务

农产品加工和仓储的管理服务，主要是指通过现代管理技术、信息技术为农产品加工和仓储企业提供管理服务，例如通过构建电子智能管理系统，采用多平台集成、数据分析等手段，为加工和仓储企业提供加工设备管理、仓库管理，如收货管理、移库管理、入库管理、库存管理、出库管理等。同时，还可以借助计算机、手机等移动设备，实现农产品加工和仓储企业的实时监控和调整，满足管理提供者和需求方的灵活操作。农产品加工和仓储的管理服务，在一定程度上提高了加工和仓储企业的运转效率，是农业现代化发展的重要特征。

5.2.3.3 技术服务

农产品加工和仓储的技术服务，主要是围绕农产品加工和仓储的技术问题提供相应的服务，一般包括农产品加工和仓储技术的标准化制定、技术转化平台服务等。农产品加工和仓储技术的标准化制定一般由相关管理部门牵头，由技术研究中心、标准化技术委员会等部门研究制定，并通过农产品加工仓储标准服务平台、相关行业网络渠道，为农产品加工和仓储提供技术服务，目的是为了规范农产品加工和仓储技术体系，推进农产品加工和仓储的标准化集成，提高农产品质量安全水平和市场竞争力，促进农产品加工和仓储业的健康发展。目前，我国初步构建了涵盖粮油加工、果蔬加工、畜产品加工和特色农产品加工等主要领域的农产品加工标准体系，但还存在系统性缺乏、研究基础薄弱、针对性不强、服务效果不明显等问题。农产品加工和仓储技术平台服务，主要是通过网络平台，以整合并发布技术的供求信息为重点，同时聚焦国内外的技术发展动态和发展趋势，发布国家相关支持政策，展示最新的技术研究成果，为技术的服务方和需求方提供对接的平台。

5.2.3.4 信息服务

农产品加工和仓储的信息服务，主要是借助互联网、大数据等现代信息技术，通过网上发布、数据库建设、电子商务等手段为农产品加工和仓储提供信息化运作和监测管理，是提高农业生产效率、提升农业附加值、推进农业现代化的重要体现。具体包括，农产品加工和仓储的服务供求信息发布、农产品加工和仓储技术信息服务、农产品加工和仓储的网络电子化管理、农产品加工仓储及网络销售一体化、农产品加工和仓储大数据服务、相关人才信息服务平台、信息监测分析服务、信息交流服务等。例如，粮食烘干、果蔬贮藏、采后商品化处理等初加工设施大数据平台，农产品产地贮藏、加工情况监测，农产品加工智能制造、拣选、加工、包装、码垛机器人等自动化设备应用，智能报警的安全生产风险控制系统，涵盖原料采购、生产加工、包装仓储、流通配送全过程的质量安全追溯体系等。

通过各类信息服务平台的搭建，为行业提供技术创新的推广、联合合作的机会，促进产业协同创新发展。通过开展农产品质量安全舆情监测分析，准确把握行业发展脉络，引导行业持续健康发展，提供权威信息咨询服务。

5.2.3.5 金融服务

农产品加工和仓储的金融服务，主要是围绕农产品加工、仓储等环节提供信贷、保险、担保等多元化的服务，主体一般包括银行、农村信用社等金融机构。为了扶持、引导农产品加工仓储业的发展，多地地方政府出台有关金融服务优惠政策，例如针对规模大、资信好的农产品加工企业，其贷款额度应尽可能满足，而且在利率上可以给予适当优惠。还可以采用政府产业化基金撬动放大银行贷款的方式，为龙头企业提供无抵押、无担保的流动资金贷款，以缓解企业流动资金不足等困难。

近年来，在依托国家、省、市县政策引导下，农村集体如农村合作基金会、资金互助社、租赁公司等工商资本、民间资本、金融资金发展投资农产品加工流通项目，竞争性的农村金融市场进一步形成，提高农产品加工企业发展质量和水平。相关农业金融产品不断创新，如将龙头企业订单纳入抵押物范围以龙头企业信用为担保的信贷产品，还有土地承包经营权抵押贷款、产业链融资贷等。融资形式也不断创新，互联网金融、移动金融规范发展，推出适合农村特点和需求的各种微型金融，涉农企业对接多层次资本市场，支持符合条件的涉农企业通过发行债券、资产证券化等方式融资。政策性农业保险制度不断完善，农业保险险种和覆盖面逐步扩大，拓宽农业保险保单质押范围。

5.2.3.6 人才服务

农产品加工和仓储的人才服务，是应农产品加工流通业快速发展的需求，培训相关技术人才、管理人才、建设人才队伍的相关服务工作。当前，人们生活水平和农业生产水平的不断提高，对农产品加工和仓储业的发展要求越来越高，既包括技术方面的要求，也包括管理运营方面的要求，因此相关方面的人才需求快速增长与供给不足的矛盾日益凸显。农产品加工业、仓储业人才队伍规模偏小、结构不合理、综合素质不高、创业创新能力不强等问题，已经成为制约农产品加工业、仓储业发展升级的主要因素。因此，人才服务工作成为推进农产品加工业、仓储业持续健康发展的重要工作。通过各级政府部门组织引领，广大科研单位、大专院校、企业及社会服务机构的配合，开展“政府主导、企业主体、科研教学和社会机构广泛参与”的人才服务模式，建设人才信息服务平台和服务机构，以提升自主创新能力和市场竞争力为核心，培养农产品加工和仓储业相关的经营管理人才、职业技能人才、企业家及创新创业带头人等。

5.2.3.7 会展服务

农产品加工和仓储的人才服务，指为农产品加工、仓储企业全国性或区域性地展示展销提供相应的平台及会议服务，包括展会现场的租赁，广告，安保，展品运输、仓储，展位搭建等专业服务，以及相关行业的配套服务。是农产品加工仓储行业展示技术设备、交流经验、接洽生意的关键平台，也是现代农业服务的新兴领域。相应的服务人才、服务机构成为行业中发展的新分支，有助于解决劳动力就业、提升产业附加值。

5.2.4 现代农业加工和仓储服务的主体

5.2.4.1 政府部门、事业单位及公益性机构

政府部门、事业单位及公益性机构作为主体，主要为农产品加工、仓

储提供公益性农业服务，职责包括制定相关的政策体系，提供基层公益性农业服务的场所、设备仪器和试验基地等。同时鼓励引导科研院所、高校、企业等其他主体参与提供服务，整合涉农服务资源，搭建地区综合服务平台，不断探索创新服务模式，如“政府+企业+专家+农户”市场化运作，农技农资双向服务、农资农副双向流通、农业科技双向推动的农业科技服务新型模式。近年来，供销合作社在发展农业加工、流通服务体系过程中的积极作用不断显现。供销合作社通过与新型农业经营主体有效对接，培育大型农产品加工、流通企业，兴办专业服务公司，不断拓展服务领域，通过合作、订单、托管等方式，为农民和新型农业经营主体提供仓储加工、产品销售等社会化服务，并积极运用现代信息技术，重点发展电子商务、农产品深加工和仓储冷链物流及各类综合金融服务等农业生产性服务新业态，为农民提供便利实惠、安全优质的服务。

5.2.4.2 涉农企业

涉农企业尤其是龙头企业，在农产品加工和仓储服务业的发展中发挥着引领示范作用。近年来，在国家支持发展农业现代服务业、农产品加工业转型升级等相关政策支持下，农业龙头企业重视发展农产品加工流通、电子商务和农业社会化服务，并通过直接投资、参股经营、签订长期合同等方式，带动农户和农民合作社发展适度规模经营。除此，龙头企业也是农业服务型人才培训的主要对象，特别是加工技术、技术推广、产品质量监测等方面的培训。在研发新技术、开展农业服务等凡是惠农惠民的，国家都给予一定的财政补助，支持重点发展农产品加工仓储服务业。

5.2.4.3 农民合作社和家庭农场

近年来，农民合作社和家庭农场在农业服务业当中的基础作用不断凸显。新型农民专业合作组织和家庭农场发展提速升级，逐渐成为提供农产品加工、仓储服务的关键力量。国家相继出台一系列政策，支持农民合作社和家庭农场开展市场营销、信息服务、技术培训、农产品加工储藏等。并且逐步引导大中专毕业生、新型职业农民、务工经商返乡人员以及各类农业服务主体兴办家庭农场、农民合作社，发展农业生产，农产品加工、流通、销售，开展相关的休闲农业和乡村旅游等经营活动，在一定程度上加快促进了农民合作社和家庭农场的规范化，使得农产品加工仓储服务业发展得到有力支撑。

5.2.4.4 农村小微服务主体

农村小微服务主体不断发展壮大，服务能力显著增强。国家不断鼓励农户从事农业生产性服务，如对购置和更新大型农机具给予补贴，开展农机服务等生产性项目价格和收费清理，对农村流动性小商小贩免于工商登记和收取有关税费等。在此阶段，部分农户经营规模的扩大和种养大户的形成，导致农业生产性服务需求迅速增加。农民经纪人、农资经营户、农机服务户等小微主体开始涌现，发展出加工、仓储等服务业务。另外，种养大户、农业能手在政策的引导下，开始逐步发展成农业专业服务公司、农民经纪人和各类中介服务组织开展服务活动。

5.2.4.5 科研院所及高校

科研院所及高校在开展农产品加工和仓储技术创新、提供专业技术指导、培训技术人才等服务方面扮演着至关重要的角色。在国家、农民、企业、消费者之间起着关键的桥梁作用。例如，国家农产品加工技术研发中心设置在中国农科院农产品加工研究所，主要开展农产品加工共性关键技术工程化实验研究，农产品加工技术集成与熟化，农产品加工技术规程与标准研究，准备与技术产品开发、农产品加工技术服务，信息共享和人才培养，是农产品加工关键共性技术研究的中间试验平台，是加快科技成果转化的重要环节，也是高精专业人才培训的实习基地。

5.2.4.6 行业协会和产业联盟

行业协会在教育培训和品牌营销方面起着关键作用，主要开展标准制定、商业模式推介等工作。在质量检测、信用评估等领域，也逐步由行业协会承担。近年来，国家不断鼓励龙头企业、农民合作社、涉农院校和科研院所成立产业联盟，支持联盟成员通过共同研发、科技成果产业化、融资拆借、共有品牌、统一营销等方式，逐步构建起信息互通、优势互补的服务网络。

5.2.5 现代农业加工和仓储服务的模式

5.2.5.1 “农户+合作社+企业”模式

农民通过加入合作社，实现农业生产活动与农业经营过程的合理分工，将农产品的加工和仓储等交由合作社统一经营和管理，与企业对接。规范发展的农民合作社在农业社会服务网络体系当中起到了良好的桥梁作用，不仅可以在生产环节上把分散的农户集中起来，更重要的是其在流通领域的服务内容。政府加强鼓励农民合作社等发展加工流通，出台相关优惠政策扶持农民合作社、种养大户、家庭农场建设烘储、直供直销等设施，农民可以以土地经营权、林权和设施装备等入股农民合作社和企业，逐步形成农产品产后统一烘干、仓储和加工的方式。

5.2.5.2 “农户+供销社+合作社”模式

供销合作社是为农服务的合作经济组织，具有为农服务的深厚基础和独特优势，尤其是在农村现代流通服务中发挥着重要作用。近年来，一些地区不断创新农业社会服务体系，以供销合作社系统为依托的新农村现代流通网络逐渐形成，同时发展连锁经营龙头企业、配送中心、乡级超市、标准农家店、村级综合服务社和社区综合服务中心，形成服务平台。各级供销合作社利用此平台，推动农民专业合作社与农产品交易市场、连锁超市、农产品加工企业对接，形成“农户+供销社+合作社”的服务模式。

5.2.5.3 “产业联盟”模式

以农产品加工企业为中心的全产业链发展形式，是农业服务网络的重要分支。农产品加工企业向前端延伸带动农户建设原料基地，向后端延伸建设物流营销和服务网络，与上下游各类市场主体组建产业联盟。通过与农民建立稳定的订单和契约关系，以“保底收益、按股分红”为主要形式，构建让农民分享加工流通增值收益的利益联结机制，成为新型的服务模式。

5.2.5.4 “互联网+”模式

近年来，随着现代网络信息技术的发展，农产品加工、仓储逐渐纳入“互联网+”，通过利用大数据、物联网、云计算、移动互联网等新一代信息技术，探索培育发展网络化、智能化、精细化现代加工仓储新模式。在“互联网+”的推动下，农产品加工仓储开始探索与休闲、旅游、文化、教育、科普、养生养老等产业的深度融合。电子商务、农商直供、加工体验、中央厨房等新业态不断出现。

5.2.5.5 “农产品加工产业园”模式

农产品加工产业园区，是集标准化原料基地、集约化加工、便利化服务网络于一体的产业集群和融合发展先导区，是在一定区域范围内，按照企业集中、要素集聚、产业集群、经营集约的要求，优化配置各类要素，将相互关联的加工企业首尾相连、上下衔接组合在一起，使企业共享公共资源、服务平台和分工协作效应，实现集约化、标准化、高效化生产的产业组织形式和生产力载体。农产品加工产业园区的模式，有利于实现资源要素共享，入园企业能够共享基础设施、公共服务和上下游产业，共享周边良好的资源禀赋条件和有力的区位优势，共享人力资源累积效应和客户需求集中效应，降低企业生产成本、加快技术研发创新、提高产业整体竞争实力。有利于激活各类加工生产要素，促进龙头企业与上下游中小微企业和农业经营主体建立产业联盟，带动农民合作社等兴办农产品加工流通。

5.3 现代农业加工和仓储服务发展实践和经验

5.3.1 国外现代农业加工和仓储服务发展经验

5.3.1.1 美国现代农业加工和仓储服务

在美国，整个农业的发展实践就是农业产业体系的持续延伸、完善和升级的过程。美国的农业自开始进入商品化的阶段，就不再只是生产问题，而是开始向农产品的加工和销售等方面扩展。美国爆发的第一次农产品过剩危机，迫切要求进一步的农业产业体系的升级，要求农产品生产、加工和销售等各个环节进行有机结合和互为促动，并且要与国民经济的其他部门相互融合。美国有着健全的农业社会化服务体系，包括农业生产资料的生产与供应体系，农产品的加工和销售体系，农业科研、教育和农业技术推广体系，农作物种子、禽畜品种的培育、繁殖、加工和销售体系，农产品质量检测与监督体系，农业信息服务体系等。伴随着农业生产力的发展和农业社会服务体系的不断完善，传统上由农民自己承担的农业生产环节越来越多地从农业生产过程中分化出来，发展为独立的农业经济部门。这些部门通过不同的契约形式，为农业提供产前、产中和产后的服务。

美国农业合作社和农产品协会历史悠久，在农产品流通过程中起着关键作用，是农民获得信息和专业服务的主要来源。农业合作社可以为农民提供加工、仓储的服务，以及相关服务企业的信息和专业咨询服务，甚至相关的融资服务。农产品协会主要在技术标准制定、产销信息、品牌经营等方面起到了重要作用。

5.3.1.2 法国现代农业加工和仓储服务

法国是欧盟最大的农业生产国，也是世界上主要的农产品出口国，有着先进完善的农产品生产、流通体系。在法国，政府主要参与对农业的服务，包括农业信贷的提供、基础设施的建设、农业科技的创新和推广、教育事业等服务内容。农产品的加工和仓储服务主要由相关的企业和公司提供，通过农业合作组织和农业协会，与农民对接。这些企业和公司，多是现实一体化经营，有利于提高农产品的附加值。法国农产品仓储经营的模式多是公司制一体化仓储模式和合同制一体化仓储模式。另外，私人商业机构也承担起为农业提供服务的部分任务。很多的发展中国家也吸取了这些发达国家的经验和教训，在发展农业服务业的进程中，既重视发挥好政府的导向作用，又充分依托合作组织深入农村，同时为私人工商企业参与农业生产经营提供机会，农业服务业多元化的趋势明显。法国的农贸市场配套服务功能完善，除了是交易的场所外，还提供农产品的仓储、加工、运输等服务，例如具有世界上最大冷链的翰吉斯市场，具备较强的区位和交通优势、先进的管理经验以及发达的信息技术平台。

5.3.1.3 日本现代农业加工和仓储服务

在日本，农业服务的主体是农业协会，依托批发市场模式，提供产地初加工、贮藏和流通等服务。日本农业协会是由企业化经营的农场和农产品批发与零售企业以及农户自愿联合组织起来的，是遍及全国的民办官助农民经济团体。在日本，大约有97%的农户加入农业协会。日本农业协会是农民进入流通领域的关键组织，利用自身庞大的组织网络，连接批发市场与农民，将农民的农产品集中起来统一销售。并提供加工、包装、仓储、运输等技术指导和服务对接。

日本拥有完备的公共设施、仓储、加工等服务体系以及先进的储运加工技术，并且政府对仓库、场地、道路等主要基础设施投资占总额的40%，通过财政拨款对农产品仓储、加工和销售的项目进行补贴，确保了农产品的高品质和标准化。

5.3.1.4　韩国现代农业加工和仓储服务

在韩国，农业协会和合作社在农产品加工和仓储服务方面同样起着重要的作用。农业协会为农民提供设施，从事农产品加工和仓储等。农民通过加入合作社，实现农业生产和流通经营的合理分工，专注于农业生产，而农产品的加工、仓储等，则有农民专业合作社统一服务。

为满足消费者对高质量且安全可靠的农产品需求和韩国农产品市场开放要求，韩国十分重视各类农产品加工技术组织的建立和发展，以为农产品的加工、仓储提供标准化的服务。例如，韩国重点扶持的稻谷加工联合会、农产品加工中心等产后加工技术组织的建立。稻谷是韩国农民的重要收入来源。但由于多种原因，韩国稻谷的务农家庭正在减少，休耕地正在增加。稻谷加工联合会以批量生产模式进行稻米的收集、烘干、贮藏、碾磨和销售，通过机械化和自动控制，减低稻谷损失率，节省操作成本，同时促进了质量的提升。农产品加工中心是新鲜农产品销售的核心工具，例如分级、包装、联合账目、品牌、契约的续约、销售市场、收集及发布销售信息、改进销售质量。它使生产和销售系统化，从而加强市场交易能力。与此同时，农产品加工中心加强了直接交易，并削减了销售步骤，使销售流程简单化。质量维护、农产品的价值增值以及销售成本，都是通过预冷却、非破坏性分级、货盘式海运、包装改良、品牌壮大以及公共关系的稳固而进行改进的。通过全面分级和标准化的货物销售，农产品的可靠性得到提高，高质量农产品的生产和销售问题已基本得到解决。

5.3.2 国内现代农业加工和仓储服务发展经验

5.3.2.1 中粮集团：依托龙头优势打造现代农产品服务一体化

中粮集团是我国最大的粮油食品出口公司和食品生产商，旗下的产品遍布粮油市场，集团业务涉及与大众生活息息相关的各个领域，包括农产品贸易、食品生产加工、地产、物业及金融服务等，实现多元化发展。

2009年，中粮集团提出打造全产业链战略定位，包括纵向一体化和横向一体化两方面。纵向一体化是指中粮集团在能力范围内，沿着每条产业价值链向上下游延伸和扩展业务。中粮集团通过旗下的中粮世通为企业提供高效、安全的一体化食品供应链服务，包括出口代理、采购、仓储、运输、初加工、销售、信息管理及供应链金融等一站式服务。中粮集团拥有具备世界先进水平的各类一体化加工生产线，主要业务有植物油加工、制糖、屠宰及肉类加工、蔬菜水果和坚果加工。同时，中粮集团不断吸收最新技术，推动技术研发创新。中粮世通根据客户需求，实现半自动化或全自动化仓储管理，每个业务流程可以加快50%，能有效降低劳动成本，提升运作效率，并有助于增强库存可视性和准确率。

5.3.2.2 北京市：新发地农产品批发市场依托专业市场推进产业一体化

北京新发地农产品批发市场成立于1988年，作为全世界50多个国家和地区优质农副产品的交易平台，它为中国农业产业化发展做出了极大贡献。新发地高峰期日吞吐蔬菜1.6万吨、果品1.6万吨，被誉为北京市“大菜篮子”“大果盘子”。

新发地农产品批发市场依托“专业市场+农户”的模式，将农户、经销商和消费者联系在一起，共同构成了农产品流通主体组织。通过加强农业专业合作社和农业协会的建设，把分散的小规模农户组织起来，并加强市场培育为农户传递市场信息，提供仓储、配送、加工等服务。在批发市场内建立配送中心，对产品进行生产性的在途加工和配送中心加工，对于有条件的商品，采用“农户+配送中心+消费者”或“基地+批发市场+超市”的方式，减少农产品流通的中间环节，提高流通效率。同时，针对不同区域特点，农产品特性、交通状况和需求特点，建立起适宜的农产品服务网络，采用现代信息技术，从农产品产前、产中和产后的仓储、加工及销售等每一个环节的物流信息做出及时处理，应对市场变化。并且注重加强批发市场基础设施建设，包括农产品仓储设备、农产品加工配送中心等，确保农产品市场经营活动有序、有效地开展。

5.3.2.3　山西省：阳城农业社会化服务惠农工程

2016年，山西省阳城县为响应全省深化供销合作社综合改革、加快推进供销社由单一购销服务向全程社会化服务转变，成立阳城惠农服务中心，标志着该县农业社会化服务惠农工程正式启动。

惠农服务中心由县供销联社与山西农资集团阳城分公司联合组建，内设农资超市、庄稼医院、农技培训室、农机服务室、农资仓库等。中心立足全县农业实际，围绕“谁来种地、地怎么种”的问题，以土地托管、农资供应、配方施肥、统防统治、农机服务、代耕代种、农民培训为主要内容，为农民朋友提供耕、种、管、收、加工、仓储等“保姆式”“菜单式”系列化服务。同时，通过劳动合作、资本合作、土地合作等多种途径，把农民、农户和各类新型农业经营主体以合作的方式吸收到基层供销合作社，形成新的更有活力的基层合作社，最终把供销系统打造成综合性、规模化、可持续的为农服务体系。

5.3.2.4　山东省：鲁花集团食用油加工对接“互联网+”

鲁花集团是一家大型食用油加工民营企业，于2003年正式成立。2014年以来，鲁花集团不断延伸品牌厚度，以花生油为引领，不断拓展食用油和调味品新品类，在国内调味品行业已然风生水起。当前互联网正深刻影响着传统产业，鲁花集团同样感受深切，积极对接“互联网+”新经济形态。早在2005年集团就建立企业网站，2013年开设了天猫旗舰店，并成立电商部。2014年，鲁花集团提出了电商发展双T模式，将互联网销售与采购（IT）、大数据生产与服务（DT）结合，形成双轮驱动，内外整合。

在IT建设方面，一是鲁花集团建立了网上采购平台。进行公开招标，省去中间环节，提高了原料质量并实现了原料的可追溯。二是采用全面铺开的“1288”模式。“1”是指鲁花集团将电商作为企业发展的第一战略；“2”是指集团利用联营和自营两种电商经营模式；第一个“8”是指以联营模式与1号店超市、京东超市、苏宁易购、天猫超市、中粮我买网、当当、本来生活、顺丰优选8家平台合作；后一个“8”是指在天猫、1号店、京东、善融商城等平台上开设8家自营官方旗舰店。三是建立鲁花集团移动电商体系。集团在电商平台上建立了移动版电商入口，设计具有集团特色的产品链接，方便顾客利用移动端采购商品。鲁花集团通过电商销售模式充分发挥了自身优势，也通过互联网在消费者中树立了自己的品牌。来自商务通的一份最新统计显示，2014年，国内互联网上每卖出1000桶花生油，就有766桶来自鲁花集团。

在DT建设方面，1999年开始鲁花集团先后投入2000万元，建立了ERP系统，将全国156个营销机构、140多个卫星仓和1万多名服务人员联系起来，建立了整套O2O和B2C交易模式，消除了中间环节，降低了成本。2014年底，鲁花集团又投入1000万元，建立了CRM客户服务平台，通过统计分析多渠道客户信息，完善客户服务体系，将分散的客户信息集中统一管理。

鲁花集团通过“1288”集群、电商采购、移动电商、ERP大数据、CRM平台等几大模块建设，实现功能闭环，逐步形成独有的电商生态圈。“鲁花做电商，看重的不是网上销量的多少，电商是个新业态、新模式，我们做传统行业以前没有接触到，现在消费者有需求，我们一定不能落下来。”鲁花集团负责人这样说，“鲁花集团重视电商的发展，这是营销渠道模式的创新，更是未来的方向，是未来发展的补充。”

5.3.2.5 内蒙古：伊利集团乳制品加工仓储智能化试点

内蒙古伊利实业集团股份有限公司是目前中国规模最大、产品线最全的乳制品企业。伊利集团智能制造的发展及应用紧跟信息技术发展趋势，在数字化、智能工厂方面的建设和革新一直走在行业前端。2015年，伊利集团“乳品生产智能工厂”被列入智能制造试点示范项目。伊利在呼和浩特的生产工厂已基本完成智能制造建设。

伊利集团具备发展乳制品流程型智能制造所需的前提条件，如企业资源均纳入ERP系统管理、具备产品研发仿真能力、已经建成高度智能化中心化验室、生产全过程实现集散控制系统（DCS）控制、关键设备具有包装线监测（PLMS）或效率控制（ECS）系统、建立了WMS仓库管理系统和 EOS 电子订货系统、实现了办公自动化。以上条件使得伊利在建设智能制造方面更加具有优势。

伊利集团建设乳制品流程型智能制造力图实现五种功能，一是构建乳制品制造管理平台，提供实时的可视化数据管理与分析；二是建立质量追溯平台，实现产品端到端的全过程信息可视化、可追溯；三是支持集团层面战略决策平台，完善企业资源管理、客户管理、仓储管理等系统；四是建立生产管控平台，对现场生产、质量、设备运行等进行管控，实现数据统一规范的管理；五是建立制造现场的数采平台，实现对现场数据的实施采集和归集。

伊利集团的智能制造以生产管控系统为核心，包含了设备控制、过程控制、生产集中管控和决策支持五个层面的功能。并以生产计划为主线，生产过程动态质量管控为重点，将生产执行系统（MES）与企业资源计划系统、仓储管理系统、原奶收奶、化验系统、车间层控制系统集成。整体信息系统框架采用云服务模式，即在集团建立统一的云服务应用中心，在事业部层面建立事业部级的管理平台，可对其下设各分（子）公司、生车工厂的运营数据作统一的管理、分析和决策；各分（子）公司、生车工厂作为生产管控系统的子用户建立工厂及管理平台，可实现对制造现场生产数据的实时监测分析。现场统一的数据采集平台将各分厂生产、工艺、设备、质量、成本等实时数据收集和归存后，存入各分厂的实时数据库中，再根据生产管控应用系统的需要，将现场数据上传云服务平台。目前，伊利集团的乳制品流程型智能制造已建立起 12 个模块，包括生产排产、工艺控制、生产报表、质量监控、产品追溯、成本管理、设备管理、物料跟踪、安全环保、能源管理、统计分析和系统管理。

5.3.2.6 四川省：眉山泡菜加工服务业带动发展

眉山是“中国泡菜之乡”，近年来通过大力发展泡菜加工及配套服务业，推进第一、第二、第三产业融合发展，有效提升了“中国泡菜之乡”的品牌知名度，带动当地百姓发家致富。

科研机构助力加工技术服务。坚持科技兴业，成立了四川东坡中国泡菜产业技术研究院，加强与四川大学、四川农业大学、四川省食品发酵工业研究设计院等科研机构合作，泡菜产业获得国家发明专利19项，直投式乳酸菌发酵加工泡菜技术获得国家食品行业科技发明一等奖、省科技进步一等奖，萝卜雄性不育系创制、新品种选育与应用获得省科技进步二等奖，企业和科研机构每年研发泡菜新产品100余个。

推进加工会展服务，打造品牌效应。眉山是“中国泡菜之乡”，以“东坡泡菜”整体形象参与全国市场竞争。连续举办八届全国性泡菜展会，成为中国泡菜展销会独有的会节品牌。“东坡泡菜”是国家地理标志产品、国家地理标志证明商标，拥有中国驰名商标5个、国家级标准化示范基地5个、有机食品21个、绿色食品74个。为进一步加大加工农产品的销售力度和知名度，近年来各地通过博览会、洽谈会、推介会等方式，整合多方力量，加大推进“名特优”及精深加工产品力度。眉山市政府承办的中国第八届泡菜博览会，是将泡菜加工企业的产品集展示贸易、项目洽谈、美食品尝、品牌培育等主题活动融为一体，不断提升泡菜加工产业的整体水平和产品知名度。

实现第一、第二、第三产业融合发展。第一产业方面，泡菜加工通过粮经复合、订单生产，建成原料基地42万亩，带动21万户基地农户增收8.6亿元；第二产业方面，建成了全国首个“中国泡菜城”，聚集泡菜加工企业及上、下游企业30余家，2015年全市泡菜企业加工泡菜153万吨，提供就业岗位2.5万个，增加农民工资性收入6.5亿元；第三产业方面，初步形成了以泡菜博物馆、风情街、企业高端生产线、万亩标准化基地、水天花月湿地公园为核心的中国泡菜城观光旅游环线，休闲农业发展方兴未艾，常年接待游客10万人次以上。通过“泡菜九进”“万企出国门”“全国行”活动，眉山泡菜销往全国以及日本、韩国、美国、英国等100多个国家和地区，其中红油泡菜系列占全国销售市场80%，李记的鱼酸菜和酸菜鱼佐料占全国销售市场70%。在眉山市第一、第二、第三产业融合发展中，泡菜产业走出了先行之路。眉山泡菜加工企业与当地农村第一、第二、第三产业融合发展密切，做到从“小产业”带动“大发展”，前延是带动蔬菜基地种植和农民专业合作组织发展，后延是推动了文化传承、服务餐饮及农旅结合。

规范生产标准提升加工水平。目前我国泡菜加工企业的生产标准是以眉山市吉香居企业生产标准为依据，该企业生产的泡菜以生态、少盐、脆香为特点，与韩国、日本等主要泡菜生产国交流密切。应继续加大国际交流合作，不断借鉴先进的生产工艺和管理水平，提升我国泡菜加工企业的整体水平。

5.3.2.7 新疆：加工仓储服务一体化产业园

在新疆，一些农户创新性地利用烘干房开发研制新的烘干制品，创造出新的产业经济。新疆哈密市将烘干房、冷藏库建在农产品产业园内，助推形成集筛选分级、清理水洗、烘干打蜡、保鲜贮藏、物流配送、包装储运、品牌培育、市场营销、质量检测等服务为一体的农产品初加工产业园。

产地初加工设施建成使用后，烘干、预冷及初步的分级包装等为接入电商物流系统创造了基本条件，吸引了大型电商平台的进入发展，以上网销售实现了产地与最终消费者的高效对接。新疆轮台县小白杏初加工设施形成一定规模，2016 年开始已有电商进入订购，在冷库预冷后，通过电商的全程冷链运输，将新鲜的小白杏送到上海、北京等大城市，产地出库价格在 10~12 元/千克，比当地市场零售价格高 50%，运到销售地的价格则可达到 25~30 元/千克。

5.3.2.8 农业部：农产品加工产业园助推农业现代化发展

近年来，在各级农产品加工业主管部门的共同努力下，农产品加工园区建设日益呈现出旺盛的生命力和强大的带动力，产业集聚集群发展势头良好。

一是数量规模扩大。全国农产品加工产业园区发展到 1600 个，入园企业 3.5 万家，其中规模以上企业 1.5 万家，龙头企业约 5000 家。二是区域特色明显。各地发挥资源、区位、资金和技术等优势，形成了河北小麦加工、内蒙古乳制品、山东肉制品、安徽炒货、福建膨化品、河南方便食品、湖南辣味、四川豆制品等特色产业集群。山东、河南、四川等 10 个畜禽养殖大省，肉类加工企业收入占到全国总量的 80%，形成了一批加工产业集聚区，涌现出一批知名品牌。三是聚集效应显著。大量企业入园，形成了显著的规模经济和分工效应，据对 10 省（区、市）的调查统计，入园企业固定资产达到4300亿元，研发投入超过60亿元，营业总收入超过1万亿元。四是带动能力增强。园区往往是本行业和当地先进生产力的代表，是本地优秀农产品加工业流通龙头企业的集聚地，通过带动主导产业发展增加农民收入。农产品加工园区在建设过程中，逐步形成了几种典型的发展模式，包括龙头企业引领型、特色资源带动型、科技创新支撑型、专业市场拉动型等。

5.3.2.9　农业部：加强公共服务，推进产业发展

搭建服务平台，助推产业发展。只有在好的环境“土壤”里，才能生长出有生命力的产业。特别是在经济下行压力下，企业发展需要更多的“阳光雨露”。农业部成功支持举办了十八届中国农加工洽谈会，累计签订项目3900多项，签约金额3500多亿元；搭建产销、银企、科企对接平台；动态监测行业运行情况，发布预警信息；加强标准体系建设，开展国际标准跟踪服务；引导行业协会为企业提供专业化服务。

北京市连续举办世界草莓大会、世界食用菌大会、世界葡萄大会等会展，带动了相关产业快速发展。河南省近年来通过银企对接活动，促成银企合作项目4152个，签约信贷资金1197亿元；通过企业上市培训班，扩大企业融资渠道，签约投资项目637个，投资总额1840亿元。上海市每年组织农业加工企业出国参展，扩大上海农业企业、农产品的国际国内影响力，拓展海内外市场。

5.3.2.10　农业部：农产品加工青年科技创新人才培训

自2015年起，农业部农产品加工局每年举办一次“农产品加工青年科技创新人才培训”，旨在通过聘请行业权威专家现场授课、学员交流研讨、现场观摩学习等形式，为农产品加工业的发展培养科技创新领军后备人才，服务于农业现代化发展。来自全国农产品加工科研院所、高等院校、企业的青年科技人才是培训的主要对象。

在2017年7月的第三期培训班上，邀请来自中国工程院院士、中国农业科学研究院和中国科学院等行业知名专家，分别就“农产品加工科技现状及发展趋势”“现代农业本质与一二三产融合”“农产品保鲜加工科技成果转化”“肉品加工科技成果转化”“科研机构知识产权管理和运用”“科

技成果转化的新形式、新思维、新模式”“中科院西安光机所产业化实践”“中科院微电子所科技成果转化实践”作了精彩报告。培训期间，学员们纷纷表示，农业部农产品加工局长期坚持举办青年科技人才培训班，体现了对培养后备科技领军人才的高度重视，培训班时间安排合理、内容设计丰富、聘请师资权威，切中了青年科技人才成长的实际需求。经过深入研讨，学员们建议切实贯彻落实促进科技成果转化的政策和措施，完善科技成果转化激励机制；建立面向产业需求的第三方科技成果评价体系；增强知识产权保护意识，普及知识产权法律法规，建立技术成果持有单位知识产权保护制度；加快推进“互联网+科技”成果转化平台建设。

5.3.3 我国现代农业加工和仓储服务的发展“瓶颈”

5.3.3.1 农产品加工行业发展受限

农产品加工行业有了很大发展，但仍存在较大困难。近年来，我国农产品加工业异军突起，已经发展成为农村的重要产业部门，在整个工业中的比重也不断上升，目前已达到20%。但从总体来看，仍有许多问题困扰着农产品加工业的进一步发展：一是城乡工业通盘规划不够，农村发展加工业没有专门的论证和指导，存在着较大的盲目性，导致农产品加工业和城市工业的重复率非常高，加剧了全国工业结构的不合理。二是农产品加工业与农村的关联度非常低，不能就地取材，充分利用农村资源，发展特色加工业，较好地服务于农村与城市经济发展。三是农产品加工业技术和管理水平比较低。目前，农产品加工业除少数采用现代技术和装备以及现代管理方法以外，绝大多数仍设备简陋、技术落后，还处于传统的家庭手工业阶段，无法实现对农产品的深加工，产品技术含量低，竞争力不强。四是农产品加工业大都是“五小企业”，没有形成规模效益。

5.3.3.2 配套服务业不能满足市场经济发展需求

农村道路设施不发达，交通运输业的能力非常有限，许多产品不能及时地运进运出；邮电通讯滞后，电报、信件传递较慢；农村科技服务人员短缺，技术服务状况不佳；服务业内部发展不平衡，商业、餐饮、交通运输业等传统服务产业，有了一定的发展，但一些新兴的服务业发展不足。农产品加工仓储服务业仍然处于低水平发展阶段。农村以农业为主的第一产业比重仍然很大，服务业的比重偏低，地区间服务业发展不平衡。农产品加工仓储服务业企业数量偏少，农产品加工仓储服务业没有形成自己的特色，竞争力不强，农村加工服务企业没有合理的布局。农产品加工仓储服务业缺乏资金支持，发展后劲不足。

5.3.3.3 政策支持力度不足，产业配套环境尚不完善

政府对农产品加工企业政策、金融支持力度不大，可谓是比较欠缺。根据调查，大多数农产品加工企业都面临着严重的资金不足、融资难的困扰，这些问题在很大程度上制约了农产品加工业的进一步发展。尚未建立服务于企业的多元化农产品加工业投资融资体系，对加工企业的产前、产中、产后的全程社会化服务组织体系都还不够完善，信息服务、法律援助、人员培训、创业辅导、融资担保、技术推广、质量检测等方面支持乏力，发展缺乏动力。全行业外延关联性不够紧密，农产品从生产、流通到营销的协调发展机制不够健全，并且以冷链物流为特征的农产品加工专业化服务网络不完善，因产业级和子行业级的交易信息共享平台仍未建立，导致对市场发展的预期存在较大的盲目性，对市场的供需等相关预见性较差。

5.4 促进现代农业加工和仓储服务发展的措施

5.4.1 制定现代农业加工和仓储服务的发展规划

目前，我国农产品加工和仓储服务业的发展还处于低水平，整体服务体系还不完善、相关基础设施缺乏、产业配套环境滞后、缺乏全面统筹，不利于农产品加工仓储服务的发展，因此，亟待出台行业相关发展规划，加强规划引导，构建我国农产品加工和仓储服务业体系。应由农业部及相关主导部门统一协调，按照突出重点、合理布局、功能完善、优势突出的原则，制定农产品加工和仓储服务业发展战略、年度发展计划以及中长期发展规划，明确行业发展方向、目标、任务和建设重点，组织解决农产品加工和仓储服务运行中的有关重大问题，与农业现代服务业发展规划有机衔接，引导农产品加工和仓储服务业规范健康发展。

5.4.2 完善现代农业加工和仓储服务的发展环境

近年来，国家相继出台有关政策，加快推进农业现代服务业发展。将发展农业生产服务业纳入“十三五”发展规划当中，并颁布各项税费补贴措施，不断完善行业基础设施建设，旨在为农业加工和仓储服务业的发展提供良好的政策环境和市场环境。

5.4.2.1 引导社会力量参与，培育多元市场主体

必须多主体参与、多要素投入、多形式发展，利用多种渠道和手段吸引产业要素投向为农业提供服务的现代服务部门，推动传统农业向现代农业发展。

发挥供销合作社综合服务优势。推动供销合作社与新型农业经营主体有效对接，培育大型农产品加工、流通企业。兴办专业服务公司，牵头领办乡镇三农服务中心、发展新型庄稼医院，不断拓展服务领域，通过合作、订单、托管等方式，为农民和新型农业经营主体提供收储加工等全程社会化服务。积极运用现代信息技术，重点发展电子商务、农产品深加工和仓储冷链物流等农业生产性服务新业态，在农产品流通、农村服务等重点领域和环节为农民提供便利实惠、安全优质的服务。

发挥龙头企业引领示范作用。龙头企业是服务生产、带动农户的主要参与者，从1998年开始，中央就提出乡镇企业要适应农业产业化需要，着重发展农副产品加工和储藏、保鲜、运销等，并对龙头企业为农户提供培训、营销服务，研发引进新品种、新技术等给予财政补助。因此，企业增加值当中第三产业的占比不断提升。培育壮大农业产业化龙头企业和林业重点龙头企业，成为引导其重点发展农产品加工流通、电子商务和农业社会化服务的重要方式。应鼓励龙头企业通过直接投资、参股经营、签订长期合同等方式，建设标准化和规模化的生产加工基地，带动农户和农民合作社发展适度规模经营。鼓励龙头企业建设现代物流体系，加强产业链建设和供应链管理。

支持农民合作社和家庭农场等发展加工流通，强化基础作用。为经营的稳定、生产效率效益的提高，农民需要自主组织起合作组织，建立社会化服务体系。应当充分发挥农民专业合作组织在农业社会化服务中的基础

作用，培育一批入社农户多、带动面广、服务功能强的农民合作社，鼓励发展农产品加工、销售，拓展合作领域和服务内容。加强家庭农场工商登记注册指导和服务，建立和完善省、市、县三级示范家庭农场名录制度，鼓励家庭农场开展农产品加工、仓储、直销。鼓励引导种养大户、农业能手和农业企业牵头兴办农业服务业，大力发展良种、农机、植保、沼气等专业合作社，支持农民专业合作社为社员提供市场营销、信息服务、技术培训、产品储存和农资采购等各类服务，支持农业专业服务公司、农民经纪人、专业技术协会和各类中介服务组织开展连锁配送、进村入户等便民服务活动。促进农民合作社规范发展，引导大中专毕业生、新型职业农民、务工经商返乡人员以及各类农业服务主体兴办家庭农场、农民合作社，发展农业生产。

积极发展行业协会和产业联盟。发挥行业协会自律、教育培训和品牌营销作用，开展标准制定、商业模式推介等工作。在行业标准、质量检测、信用评估等领域，将适合行业协会承担的职能移交行业协会。鼓励龙头企业、农民合作社、涉农院校和科研院所成立产业联盟，支持联盟成员通过共同研发、科技成果产业化、融资拆借、统一营销等方式，实现信息互通、优势互补。

鼓励社会资本投入。优化农村市场环境，鼓励各类社会资本投向农业服务业。国家和省级相关扶持政策对各类社会资本投资项目同等对待。逐步规范投资环境，减少投资限制，引导和鼓励社会资本投入农产品加工仓储服务业当中。能够商业化运营的农业服务业，要向社会资本全面开放。改革投融资制度，发挥开发性金融作用，支持农产品加工仓储服务基础设施的投资建设，加大过桥贷款、专项建设基金、抵押担保贷款等投放力度。

5.4.2.2 完善农产品加工和仓储服务业发展的支撑体系

在推进农产品加工和仓储服务体系建设过程中，注重市场化的农业服务业发展，建立和完善符合国情和地区特点，多层次、多功能、上下配套、左右贯通、高覆盖率、全方位服务并与国际农业服务业接轨的服务网络，以新型农业服务业为切入点，逐步形成适应市场经济发展要求的现代农业服务业框架和运行机制。扩大财政资金对农产品加工服务业的支持范围，不仅中央要有专项拨款，各级地方政府也要相应给予配套支持，对于这部分资金，应做到专款专用，不得随意侵占，改作他用。构建多层次、广覆盖、可持续的农村金融服务体系，综合运用奖励、补助、税收优惠等政策。加大金融行业对农产品加工产业的支持力度，对于规模大、资信好的农产品加工企业，其贷款额度应尽可能满足，而且在利率上可以给予适当优惠。在土地利用上给予优惠，对于农产品加工企业的用地需求，应当优先考虑、优先审批、优先安排，占用不同性质土地的，其各项用地费用都当在原有用地价格基础上给予适当减免。强化行业运行监测分析，健全跟踪渠道，完善数据库与公共服务平台，设计完善加工业统计制度和调查方法，做到指标全覆盖、制度可衔接。动员社会机构提供各项服务，采用政府购买服务的形式组织社会力量提供各类服务，加快形成自我管理、自我监督、自我服务的社会化服务体系。

5.4.2.3 汇聚各方资源，搭建服务平台

搭建智力支持平台，组建农产品加工和仓储相关的标准化技术委员会，为行业发展提供决策咨询和智力支持。投资贸易平台建设，大力搭建全国性和区域性农产品加工、仓储服务展示展销平台，为企业销售产品和到国内、境外进行直接投资、参股并购提供配套服务。搭建展示推介平台，支持举办行业投资贸易洽谈会，支持地方开展特色农产品加工产销对接，为企业提供展示推介、产销对接的阵地。搭建监测分析平台，印发农产品加工、仓储行业统计报表制度，推进行业监测预警和统计分析，开展安全舆情监测分析，准确把握行业发展脉络，引导行业持续健康发展。搭建交流合作平台，推动组建专业科技创新联盟，促进产业协同创新、联合合作。推进成果转化，建立农产品加工技术、仓储服务交易平台，探索“互联网+科技”成果转化，组织多次全国性和区域性科技创新推广、科企对接活动，推介发布年度十大科技创新推广成果，解决企业技术难题。

5.4.2.4 引导农产品加工业信息技术普及应用

努力把服务领域向农业信息领域拓展，建立完善的农业信息加工仓储保障体系。搭建信息服务平台，持续推进加工信息网、休闲农业信息网等

网站建设，创建中国农村创业创新信息网，建立权威信息发布平台，提供权威信息咨询服务。完善农产品产地初加工补助政策管理信息系统，探索建立粮食烘干、果蔬贮藏、采后商品化处理等初加工设施大数据平台，加强农产品产地贮藏、加工情况监测。鼓励农产品加工企业推进信息化建设，积极发展智能制造，加强拣选、加工、包装、码垛机器人等自动化设备的研发应用，推广普及智能报警的安全生产风险控制系统，利用大数据实现精准生产、精准营销，加快建立涵盖原料采购、生产加工、包装仓储、流通配送全过程的质量安全追溯体系。

5.4.2.5 推进农产品加工产业园区的建设

农产品加工产业园是集标准化原料基地、集约化加工仓储、便利化服务网络于一体的产业集群和融合发展先导区，是推进农业服务业集成发展、实现产业融合发展的重要基础。应当加强农产品加工园区基础设施和公共服务平台建设，完善功能、突出特色、优化分工，吸引农产品加工企业向园区集聚。以园区为主要依托，创建集科学编制规划，优化结构布局。结合优势和特色农产品区域和现代农业示范区布局规划，对农产品加工业整体以及加工园区进行科学合理的布局。与当地经济社会发展规划相衔接，更要把园区建设列为“十三五”规划研究编制工作重要内容。在确定产业布局和规划的基础上，引导产业向重点功能区和产业园区集聚。园区建设要布局在农产品资源丰富、交通便利的区域，特别是现有农产品加工、仓储企业相对集中、并有充足发展空间的区域，明确功能定位。

5.4.3 加快现代农业加工和仓储服务的机制创新

政府是提供公共服务和公益性服务的主体，但在现有的社会主义市场经济体制下，要想提高生产效率、提升产业附加值，就离不开市场的引导，必须应对市场机制的要求。因此强化对市场化农业生产性服务业，特别是农业生产性服务业创新的引导支持政策。在农业产业化和区域专业化程度较高的地区采取税费优惠、财政补贴或以奖代补方式，鼓励加强农产品产地批发市场的改造和信息化建设；鼓励创办农业生产性服务企业或非营利机构；鼓励按照企业化或非营利机构的方式，兴办综合性或专业性的区域农业技术服务中心、区域农业服务中心等公共农业生产性服务平台。

建立产权清晰、权责明确、政企分开、管理科学的现代企业制度。尝试各种有利于现代农业服务业的所有制形式和运行管理形式，探索多元产业融合主体培育机制，发展订单农业、“保底收益+按股分红”模式，发展合作制、股份合作制和股份制，探索完善利益联结机制。对国有农业服务业大中型企业进行规范的公司制改革，使它们逐步改制为多元持股的股份有限公司或有限责任公司。进一步放开搞活国有农业服务业中小企业，采取改组、联合、兼并、租赁、承包经营、出售等多种形式进行产权制度和经营机制改革；促进部分政府投资的农业科研机构实行企业化经营，成为自主决策的利益主体和创新主体。发展行业协会、技术创新或产业联盟，发挥各类社会组织的桥梁纽带作用，探索协同创新、协调发展机制。

5.4.4 加强科技创新推广和人才队伍建设

5.4.4.1 加强科技创新推广，培养科技创新人才

创新驱动发展关键是科技创新。推进农产品加工仓储科技创新推广，加强国家农产品加工技术研发体系建设，完善“互联网+科技成果”转化平台，组织实施技术试验示范、科企对接活动。加快推进农产品加工技术集成基地建设，组织开展关键性技术联合攻关，推动加工装备国产化。加强农产品加工业、休闲农业经营管理、科技人员培训，提升企业发展水平。

提高我国农产品加工业自主创新能力，核心是加强行业科技创新人才队伍建设。以促进农产品加工业创新驱动转型升级发展为目标，以提高农产品加工业自主创新能力和市场竞争力为核心，以培养科技创新与推广人才、经营管理人才、职业技能人才、企业家及创新创业带头人为重点，进一步加大政策支持力度，创新体制机制，优化发展环境。要坚持科技创新与人才培养同步推进，不断完善竞争激励机制，健全人才评价制度，最大限度地激发广大科技人才的创造精神和创新热情，为科技创新人才成长创造条件、搭建平台。加强国家农产品加工技术研发体系建设，组织开展重大关键共性技术攻关，培育一批创新领军人才和创新团队。落实国家科技成果转化扶持政策，推进农产品加工科技成果推广转化，打造一批全国性和区域性科技创新推广平台，培育一批既有较强创新能力又熟悉产业发展

需求的科技创新与推广复合型人才。完善青年科技创新人才培养机制，通过项目支持、合作研究、成果推广、教育培训等途径，加强青年科技创新人才培育。

5.4.4.2 加强人才平台建设，提升公共服务水平

加强以农产品加工科研院所、大专院校和领军企业为重点的科技创新平台建设，进一步完善科企合作、校企合作机制，为科技创新人才发展创造条件。发挥农村实用人才培训基地优势，建立一批企业经营管理人才和创新创业人才培训基地。选择一批基础设施完善、服务功能齐全、社会影响力大、示范带动作用强的农产品加工园区和领军企业，建设一批创业基地和见习基地，为农民创业创新提供专业化、特色化、个性化服务。加强人才信息服务平台建设，逐步建立覆盖面广、优势互补、资源共享的人才信息服务系统，促进人才信息交流，提高人才管理科学化、信息化水平。健全人才评价使用机制，完善以能力、业绩为主要内容的人才评价标准，探索第三方或专业中介机构开展人才评价，推动人才评价的科学化和社会化。

第六章　现代农产品流通服务

改革开放以来，我国经济快速发展，而农产品流通体系发展相对滞后，对农业综合发展、农民生活水平的提高不利。20 世纪 80 年代开始，国家逐步对农产品流通进行体制改革，开放了农产品贸易市场，取消原有的统购统销制度，极大地促进了农产品流通发展。随着社会环境不断变化，农产品物流行业的发展渐渐无法满足当前社会对农产品流通的高效、快速、优质服务等诉求，农产品流通体系需要进一步修正、完善，建立现代农产品流通服务体系被提上议程。近年来，中央政府多次强调，要加快农产品流通体系建设，2010 年，财政部与商务部出台《财政部办公厅、商务部办公厅关于开展农产品现代流通试点的通知》《财政部关于印发〈农村物流服务体系发展专项资金管理办法〉的通知》等系列文件，目的是在试点区初步建成高效率、低成本、低损耗、安全通畅的农产品现代流通体系，可见现代农产品流通服务建设备受关注。

现代农业服务业是以服务农业为目的的现代服务产业，是融合了新技术、新信息、新方法的新型服务体系。农产品流通领域是现代农业与现代服务业融合的关键领域之一，也是现代服务业发展的重点领域之一。发展现代农产品流通服务，在提升农业综合竞争力、促进农业产业结构升级、解决“三农”问题等方面，都具有十分积极的作用，是国家推动农业现代化建设的重要举措。

6.1　现代农产品流通服务的新发展

现代农产品流通服务体系在近年来得到快速发展，呈现出许多新的发展方向、发展态势。

6.1.1 现代农产品流通服务的新提升

6.1.1.1 现代农产品流通服务的服务理念不断提升，服务范围不断延伸

现代农产品流通服务不再是仅属于某个部门、某一行业，分析现代农产品流通服务中的各类问题时，不应从某一个点出发，而是要从整体角度，统筹考虑。

现代农产品流通服务理念的提升就在于把传统的局限于某一环节、某一部门的流通体系上升到全局高度，从供应链的角度统筹农产品流通的各个环节，运用系统的方法规划农产品从生产到流通最后至销售的全过程，使信息、物资、资本在整个环节流畅运行，各个功能环节间衔接紧密，最终使得整个供应链实现成本最小化与利益最大化，从而实现供应链上各个主体的最优配置。

这是一种全新的理念，是以农业与服务业的产业融合升级为依托，致力于实现多主体共赢的状态。有了全局性的服务理念，相应的，现代农产品流通服务的服务范围大大扩展，从以往的仅局限于农产品运输、集散扩展到农产品的生产、运输、装卸、仓储、集散、销售、配送等领域，同时流通环节涉及的信息服务、技术支撑、社会管理等一系列辅助因素都将同时纳入决策过程，大大提高农产品流通的运行效率。

6.1.1.2 现代农产品流通服务强调“绿色化”

2015 年，中共中央、国务院印发《关于加快推进生态文明建设的意见》，首次明确“绿色化”概念，绿色发展已经成为中国实现可持续发展的战略选择。绿色发展强调的是效率、和谐、可持续的发展模式。

现代农产品流通服务走“绿色化”发展道路，就是要在农产品流通过程中，实现流通过程的高效、环保、低碳、优质几大目标。具体来说有如下几点内容：第一，流通中的农产品自身应该是绿色的、有机的、无公害的农产品，这是对生产环节提出的“绿色化”要求，要做到这一点，就必须做到降低农药化肥使用率、防止农业生产环境污染等；第二，流通过程的“绿色化”，主要指的是流通中产生的废弃物得到有效回收利用或妥善处理，流通过程尽可能降低农产品损失比率，运输、装卸等中间环节设计

科学、合理，尽可能提高各环节效率、降低流通成本；第三，销售、配送过程“绿色化”，减少这一过程中垃圾、废料的生成率，提高流通中产生的可重复利用废料的回收率，提倡绿色消费，拒绝铺张浪费、过度包装等不良现象。

6.1.1.3 现代农产品流通服务的主体多元化

农产品流通包含的环节众多，各个环节均有不同的主体，例如，生产环节的生产主体，包括农户、大型农场等，运输环节的运输主体，如物流企业，销售过程的销售主体，超市、市场摊贩等均在其中。

随着现代农产品流通服务的不断发展，一批新型的流通主体在各个流通环节不断涌现，它们与原有的流通主体一起，使得流通主体呈现多元化态势。例如，农业种植大户数量增多，成为生产环节中不可忽视的新型生产主体；各类农村专业合作组织，在原有农村合作社的基础之上，其组织形式、经营目的、经营手段等均有创新，成为农产品流通环节中增加农产品价值、提高农民收入的重要一环；提供信息、管理、规划农产品流通体系的第四方物流企业，也是近年来出现的农产品流通领域中的新型主体，它横跨农产品流通的各个环节，依靠自身的高素质、信息拥有量大、经验丰富等资源优势，为农产品流通的各个环节提供咨询、管理等服务。

6.1.1.4 现代农产品流通服务的渠道多样化

由于农产品流通所涉及的环节均包含多个主体，因环节对接情况不同、每个环节参与主体的不同，划分出多种不同的农产品流通渠道。

目前我国主要的现代农产品流通服务渠道有如下几种：第一，由生产方发起，以农村经济人和运销队伍为主体的经纪、贩卖型流通渠道，这种流通渠道优点在于具有灵活性、自主性，能够自发地寻求市场盈利空间，但是也存在着诸多问题，例如组织化、专业化程度低，抵御市场风险能力不强等。第二，由流通环节发起，以农产品批发市场为主导的市场带动型流通渠道，通过培育批发市场，形成产品集散、信息发布、价格形成中心，推动实现农产品流通功能的实现。第三，由销售方发起，以连锁超市为主体的联合采购型流通渠道，该流通渠道的特点在于大型超市由于其体量大，往往拥有自己的标准化生产基地或者专业的配送中心，因而能够实现从生产基地或者供应商手中直接采购农产品，减少了中间流通环节，因而能够大大节约成本。第四，以合作社为主体的合作型流通，此类流通渠道能够将分散经营的农户组织起来，形成与大市场直接对接。

6.1.1.5 现代农产品流通服务依赖现代信息服务保障、现代技术运用、现代管理理念提升、标准化使用、劳动力素质提升等多重因素的有力支撑

畅通的信息传达、农产品流通过程中各类设施技术水平的提高、科学的管理手段以及物流标准化指定与实施，都是现代农产品流通服务体系快速发展的有力保障。信息技术的提升、信息有效流动能够大大降低农产品流通的盲目性，提高流通效率，避免物流的效益逆反现象；设施技术水平的提高，是现代农产品流通服务发展的重要动力，农产品流通的各个环节均需要技术的保障；现代管理理念包含政府层面的体制制度、法规政策以及流通行业的规章制度等，这是保障现代农产品流通服务得以顺利、有序实施的基础；标准化是保障农产品流通各个环节有效衔接、高效运行的基础；劳动力素质是农产品流通体系的根本所在，是制约农产品流通最根本的因素。

6.1.1.6 现代农产品流通服务的基础设施水平不断提高

近年来，政府不断增加信息基础设施、交通基础设施建设力度，使得我国网络覆盖率、公路铁路覆盖率屡创新高，为发展现代农产品流通服务体系提供了基础保障。

从农产品流通环节来说，我国已具备独立设计制造大型仓库、专业物流设施等装备的技术，并已投入到实际使用中。

6.1.2 现代农产品流通服务的新业态

6.1.2.1 产业融合

现代农产品流通服务本质上是现代农业与现代服务业产业融合的产物。如果按照生产过程进行划分，农业服务业主要包括三个方面：产前服务、产中服务与产后服务（胡鞍钢，2003）。产后领域表示的是农产品从生产出来之后，一直到消费者手中的全过程。农产品的流通即属于产后领域，具体来说，指农产品生产出来之后的运输、装卸、包装、营销、进出

口等内容。现代服务业隶属于第三产业，具体来说，可以划分为流通部门和生产、生活服务部门，流通部门主要提供的服务类型，包括运输、装卸、包装、营销、进出口等环节。从上述概念分析中，不难发现，现代农业中的农产品流通与现代服务业包含的流通服务从内容方面是相吻合的，因而现代农产品流通服务是现代农业与现代服务业产业融合的产物。

6.1.2.2 多部门、多产业的新型服务体系

现代农产品流通服务是涉及多个部门、多个产业的新型服务体系。首先，流通的产品为农产品，因而会涉及种植业、养殖业、副业等多个农业部门；其次，流通环节本身涉及货物的包装、运输、装卸、销售等，交通部门、商务部门等也参与其中。现代农业发展下的农产品流通强调农业的现代化，是以第一产业为视角，而现代服务业下的农产品流通强调流通体系本身的不断创新，以第三产业发展为视角，二者间的融合使得农产品物流发展同时兼顾第一产业与第三产业发展。

6.1.2.3 冷链流通体系建设

冷链流通体系也叫低温流通，是一种与常温流通相对应的流通方式，当农产品流通的对象是易腐烂食品、原材料、半成品等时，则应在流通过程中保持低温。冷链流通建立在制冷技术发展的基础之上，对科技发展与先进设备要求较高。在农产品流通领域，冷链流通的适用对象较多，主要有初级农产品，如肉、蛋、奶、蔬菜、水果等；加工食品，如冷冻速食品、加工熟肉类、冰淇淋等。目前，我国肉、菜、果等食品的冷链流通比率仅有 10%左右，损耗率在 20%~40%，远高于发达国家水平。

随着人民生活水平的不断提升，对食品品质的重视程度越来越高，食品安全已经成为不可忽视的问题，冷链流通体系的普及与完善越来越受到关注。从政府层面而言，不断完善相关法律、规章，“肉与肉品物流规范”等国家标准相继出台；从参与主体而言，充分重视冷链流通建立对自身的影响，形成了以加工企业、大型超市等不同主体主导的多样化的农产品流通体系。此外，在看到中国巨大的冷链流通市场之后，外资企业也加入到冷链流通建设之中，美国著名冷链流通公司英格索兰在中国开设生产工厂达到 11 个。国外冷链流通相关企业的不断进驻，大大增加了我国冷链流通

市场的竞争激烈程度，在激励国内相关企业积极发展、规范国内冷链流通市场方面起到显著作用。

总的来说，农产品的冷链流通体系建设是现代农产品流通服务中的新业态之一。

6.1.2.4 信息化服务体系建设

随着人们对农产品流通服务水平要求的提升，对农产品流通的速度、过程追踪、信息获得的及时性等关注度越来越高，极大刺激了对信息化服务的需求，信息化服务体系的构建正是基于此种情况，因此它也属于现代农产品流通服务体系发展的新业态之一。

农产品流通的信息化体系建设主要包括信息化基础设施建设、信息技术的发展与运用、信息平台建设几个方面。第一，信息化相关基础设施建设，这是构建信息化服务体系的基础，主要包括计算机以及网络的普及，目前我国是全世界范围内网民数量最多的国家，这也侧面反应出近年来我国计算机及网络的普及、光缆铺设等工作成效显著，为农产品流通领域的信息化服务体系建设与应用打下良好基础，但是，相关工作仍要继续快速推进，大量农村、偏远地区的相关基础设施建设仍然严重滞后，而这些地方往往也是农产品流通发展相对滞后的地方。第二，信息技术的发展与运用，具体来说，信息的标准化技术、信息识别技术、信息传输技术、信息采集、信息跟踪等，各个农产品流通环节均会使用到不同的信息技术，想要信息化服务体系建设顺利发展，技术难题必须攻克，此外，各类信息相关高新技术的出现应及时与农产品流通实际应用相对接，做好技术向实际操作层面的转化。第三，信息平台建设，例如，为农产品流通各个领域提供信息、数据等的各类信息网站的构建，以加强农产品流通中各个环节之间的联系，避免效益逆反现象的出现。

目前对农产品流通流域信息化的利用最为密切的就是农产品电子商务。农产品电子商务指的是利用计算机技术、网络技术等，实现整个买卖过程，当然电子商务整个实施，离不开实体的农产品物流体系。农产品流通采用电子商务技术能够大大扩展交易范围、降低交易成本，具有多方面优势。

6.1.2.5 *标准化服务体系建设*

农产品流通过程中做到流程、设备、技术等方面采用比较统一的标准，能够有效避免各个流通环节接洽时的"摩擦"，提高流通效率、降低流通成本。规范化与标准化因而成为现代市场流通体系发展的关键和基础。许多国家都根据自身特点制定了相应的标准化体系、规定，以规范本国农产品流通，使该行业健康发展。制定适合我国实际情况的农产品流通标准化服务体系也应是我国农产品流通领域未来的工作重点，即本领域的新业态之一。

农产品流通的标准化服务体系指的是在农产品流通领域，对涉及的环节、实物、操作等进行统一的规定，以实现农产品流通过程中的高效对接。标准化体系涉及的方面非常多，从农产品的生产、流通、加工、批发、零售、过程管理等各个环节均可以制定相应的标准。具体来说，可以分为四方面的标准制定：第一，农产品流通领域的专业术语、符号、标识等；第二，农产品流通过程中管理规范、环境要求、技术配套等；第三，农产品流通涉及的各个环节的技术、信息、服务标准；第四，各类农产品自身品质方面的标准化分级。

当前，针对农产品流通领域的标准化服务体系建设依然十分落后，存在诸多问题，今后，加大对这方面的关注、投资力度将成为主流。

6.1.3 现代农产品流通服务的新模式

现代农产品流通服务模式的创新主要体现在两方面：一方面，农产品流通环节的简化；另一方面，农产品流通具体环节的创新，例如主体创新、技术创新、设备创新、管理创新、制度创新等。

6.1.3.1 *农产品流通模式的创新*

传统的农产品流通以小农户生产为基本单位，小农户生产单位数量巨大，因而存在小农户与大市场的对接问题，这是农产品向市场进行流通的第一步，这一环节通常经由当地运销商来达成。运销商收购农产品之后，转而卖给当地大型批发商，进而流向全国各个地方的农产品批发市场。在农产品批发市场中汇集了大量产地批发商与销售地批发商，也就是说存在大量买家与卖家，销售地批发商购买农产品后再转卖给零售主体，最后销售给消费者。传统的农产品流通经历环节多，流通效率较低，使农产品的流通速度放缓、流通损失率增加，流通环节加价成本甚至超过农产品生产成本。新的流通模式可以从简化农产品流通的环节数量着手，来改变传统流通模式中的弊端。例如，当前经常提到的“农超对接”模式，大型超市作为零售环节的主体，由于自身规模较大，对农产品需求量也大，如果按照传统农产品流通过程进行采购，农产品的价格增加幅度相对其刚生产出来进入市场的价格要高出很多，这极大地抬高了超市成本。鉴于此，大型超市开始向生产农户或者第一级批发商进行直接采购，相比传统采购方式的高成本，直采带来的内部成本的提高相对较低，因而直采方式得以发展壮大。家乐福、沃尔玛等大型超市已经有了较为成熟的农产品直接采购体系，其农产品销售价格也显得更有竞争优势。

6.1.3.2 农产品流通环节中的创新

第一，主体创新，指的是农产品流通中新的主体的出现，如具有不同服务功能的各类农民合作组织、农业协会等。当主体发生变化时，一种情况是农产品流通中的环节对接方也会发生改变，如具有加工能力的农民合作组织可以直接与下游的零售环节相对接；还有一种情况，主体变化导致的流通效率的改进，还是以农民合作社为例，农民合作社取代传统的运销商之后，其组织化程度大大增加，议价能力提升，农民获得的利润率增加，从利益分布角度来讲，效率得到提升。第二，技术创新，主要指的是新技术在农产品流通领域的应用，如信息化技术的广泛运用导致电子商务平台的兴起，扩大了农产品流通在时间和空间层面的覆盖范围，大大释放了对农产品流通的需求水平，有效促进了流通发展；农业信息网站的创建，使农产品流通中的信息流动服务速度提升，有效缓解了农产品流通领域中的信息不对称现象。第三，设备创新，指的是新的设备、设施投入实际流通使用中。例如，当前农产品流通领域中的运输、装卸等过程，机械化程度较低，大量劳动都是依靠人力完成的，效率较低，在这一环节普及装卸车、智能机器人、自动装卸作业设备等，则能够大大提高劳动效率。第四，管理创新，指的是对各个农产品流通环节的各个主体，从管理层面提出新的方法、理念，促进作业效率的提升，比较典型的例子有，大型龙头企业通过对自身企业的整体运行流程依托第四方物流公司进行调查、评估，提出一套较为完善的未来发展、细节优化方案，促进企业增加竞争力，提高物流效率、降低流通成本。第五，制度创新，主要指与农产品流通环节相关的各类规章、制度、法律等的完善，如制定规范物流主体的第三方物流企业管理相关法规，制定农产品流通市场交易相关法规，以规范交易环节。

6.2 现代农产品流通服务的内容、主体和模式

通过对现代农产品流通服务的内容、包含主体以及具体的流通模式进行详细介绍，以便全面地认识现代农产品流通服务。

6.2.1 现代农产品流通服务体系的内容

6.2.1.1 概念

（1）农产品流通与物流概念辨析。物流，不同国家、不同学者对其的定义也不尽相同，目前，大家的共识是：物流是物质资料的实质性转移，也就是说，一方面要有物存在；另一方面该物体在时间与空间上的流通。相应的，农产品物流则可以认为是农产品在时间与空间上发生的实质性转移。

流通是以货币作为载体，进行商品交换的一种行为，是运动着的具有交换价值的物质在流动过程中寻找实现自身价值的渠道的过程。相应的，农产品的流通指的是农产品以商品的形式，通过买卖，实现从生产领域最终到达消费领域的一种经济活动。

农产品的流通与农产品物流均可以看成农产品物质运动与转移的表现形式，只是二者的侧重点有所不同。物流侧重于物体本身的转移，而流通更侧重于经济角度的交易与随之而来的物的流动。

（2）现代农产品流通服务的概念及内涵。第一，现代服务业的概念与内容。产业的划分可以按第一、第二、第三产业来进行。20 世纪 80 年代，国家统计局把第三产业的划分又进一步细化为两大部门，一个是流通部门；另一个是为生产、生活服务的部门。2007 年，国务院出台《关于加快发展服务业的若干意见》，意见中明确将商贸流通业、物流运输业、商务

服务业、金融服务业、科技服务业、信息服务业这六个生产性服务行业领域作为今后一段时期我国重点发展的领域，标志着现代服务业的确立。现代服务业是经济社会发展到一定阶段的产物，是建立在社会与个人对各类服务需求的极大扩展上，为了满足社会和人们对各种使用价值的需要，而提供的各类型的服务，这是现代服务业的关键所在（肖建中，2012）。现代服务业中，物流运输以及商贸流通是其中重要的内容之一。

第二，现代农业的概念与内容。现代农业的概念是与传统农业相对的，传统农业包含的范围较窄，主要指的是农业的种植业、养殖业方面，而现代农业则是一个产业集群概念，农业的生产、农业相关服务、农业周边产业都可以认为是现代农业的内容，此外现代农业往往伴随的农业生产的高效率、农业装备的新提升、农业技术的新运用、农业运作的新模式等。因此，现代农业与第二产业、第三产业之间是存在着交叉的。

第三，现代农业与现代服务业的产业融合。随着现代农业范围的不断扩展，其与现代服务业交叉部分也越来越多，因而两者的融合是必然的，即现代农业服务业的出现。霍秀珍等（2008）认为现代农业服务业的内容主要包括农业科技成果的转化服务、农业信息服务、农业物流服务、农业旅游服务和农业保险服务等。肖建中（2008）认为，现代农业服务业是根据农业的多功能特点开展的现代服务产业，信息、科技、高新技术等内容被注入农业产业发展之中，成为现代农业的重要组成部分。

第四，现代农产品流通服务是现代农业与服务业产业融合的主要内容之一。现代农业服务业中包含的内容较多，也就是说现代农业与现代服务业的交叉点众多。例如，现代农业科技服务业、现代农业信息服务业、农业物流现代服务业等，现代农产品流通服务显然也是其中的一部分。

6.2.1.2 现代农产品流通服务的特点

第一，现代农产品流通服务是精细化的服务模式。现代农产品流通服务的发展依托于经济的发展，社会和个人对其的认识其本质是社会与个人对于农产品流通领域提出了更多、更新的服务要求、服务方式、服务内容。从社会角度来讲，要求现代农产品流通服务应该更加高效、环保、绿色、高附加值、高社会效益、高经济效益，即流通效率更高，对环境污染减少、农产品损失比率大大降低，流通环节废弃物尽可能地回收再利用或者妥善处理，流通环节中通过再加工等方式提高产品的增值比率，通过现代农产品流通服务行业的发展更多地吸收劳动力，创造更多社会价值。从个人角度来讲，对现代农产品流通服务的要求呈现出个性化与服务多样性特性，不仅关注农产品的流通效率以及品质情况，还开始关注售后服务、服务体验等，例如近年来出现的商品配送准时达服务，商品不满意限期退货服务，商品流通全过程网络可追溯服务等。

第二，现代农产品流通服务的服务层次不断提升。现代农产品流通服务的服务层次大致上可以划分为四类：（1）满足普通农产品流通的基本服务层次，此类农产品对流通过程中的运输、装卸等条件要求不高，例如流通对象主要是粮食、棉花等时，便属于此类情况。（2）满足不同要求的有针对性的一般服务层次，诸如某些农产品需要特殊的流通要求，如环境、温湿度等。当有针对性服务层次的流通对象数量、规模足够大时，那么这类针对性服务会由于越来越普遍而成为基本服务层次，例如现阶段对冷链物流的普及率还不高，那么某些农产品需要采用冷链流通时，便是一种针对性服务，但随着冷链流通的设备不断普及，未来它便不会再被认为是有针对性的服务了。（3）满足增值要求的特殊服务层次，此时在农产品流通过程当中，各类企业会对农产品进行包装、分割、再加工等特殊处理，使农产品所蕴含的商品价值增加，也就是说农产品得到了增值。（4）满足系统服务要求的系统服务层次，这也是目前最高级的服务层次，它有别于前三种服务，是从整体角度对农产品流通提供的服务，例如目前新型的第四方物流企业，自身具有丰富的信息资源、先进的管理水平与管理经验、高级流通人才等，能够对具体等农产品流通进行指导，达到提高流通效率、降低流通成本等目的。

6.2.1.3　发展现代农产品流通服务的意义

第一，促进农民增收、农村发展、现代农业推进。从农民增收角度来看，发展现代农产品流通服务，创新流通模式，一方面能够改变流通环节的利益再分配，使农民获得更高的利润率分配比，增加农民的收入，提高其农业生产的积极性；另一方面通过现代服务业对农产品流通各个环节的支持，有效提高农产品产前环节、产中环节的效率，农民直接参与的环节效率得到提升，其利润率也自然得到提升。从农村发展角度来看，农民增收可以直接提高其生活水平，促使其改善自身生活方式，间接促进农村发展，再者农产品流通的产前、产中以及产后与市场的最初对接都是在农村完成的，因而现代农产品流通服务的发展能够带动农村发展。从推进现代农业发展角度来看，现代农产品流通服务本身就属于现代农业中的一部分，前者的发展必然对整体现代农业发展起到积极推动的作用。

第二，成为经济发展的动力点之一。我国人口众多，地域辽阔，农产品产量总体居世界第一位，因而对现代农产品流通服务需求十分巨大，但是由于现代农产品流通服务发展尚不充分，大量的农产品流通需求潜力尚未得到释放，因而在未来，有着巨大的上升空间，其所能够创造的经济效益总量令人期待。而随着经济的发展，第三产业比重在全社会生产比重的比率还会不断提升，现代农产品流通服务作为第三产业中的一部分，其快速发展能够加速第三产业整体发展，使我国更快迈入中等发达国家水平。现代农产品流通服务行业是一个大跨度、多产业的行业，其对劳动力的吸纳能力非常可观，尤其农产品流通领域根植于农村、起步于农村，因而在劳动力吸收过程中能够面向农民群体吸收大量农村剩余劳动力，这将形成一个正向循环，即农村人口向第三产业转移，城市化不断推进，农村土地规模化进程阻力减小、速度加快，农业生产效率提升，加速对劳动力的释放，进而继续向其他产业转移。

6.2.1.4 现代农产品流通服务包含的具体内容

农产品流通包含的环节众多，大体上可以分为产前环节、产中环节、产后环节，因而针对各个环节均会有相应的各类服务。具体来说，现代农产品流通服务有原材料供应环节服务、生产环节服务、批发服务环节、加工环节服务、储存环节服务、运输环节服务、装卸环节服务、销售环节服务以及售后环节服务。除了上述环节，还有农产品流通的支撑环节服务，即体制、制度、法律、规章、行政指导等环节的支撑服务，没有它们，整个现代农产品流通服务体系都将无法运作。

第一，原材料供应环节服务。农产品生产需要用到诸多的原材料，例如农药、化肥、薄膜、种子、饲料、农机等。原材料的生产，可以归纳到工业生产中，可以看成为农产品流通提供服务；原材料的配送，例如原材料从出场到销售地，再由销售地到农产品生产场地的过程，肯定需要运用到诸如运输、装卸等服务形式，因而也属于现代农产品流通服务。原材料的使用，例如播种服务等便属于现代农产品流通服务的一种。

第二，生产环节服务。农产品生产环节所需的服务类型与服务内容多种多样。农作物生产过程中，土地整理、播种、灌溉、收割等一系列专业化服务均属于现代农产品流通服务的内容，并且，随着第三方农业服务公司的兴起，农产品生产过程中的各类劳动不再由农户自行完成，转而依靠外包给相应的第三方服务公司，既能促进机械化的应用，又有利于自身效率的提高，长期进行还将有利于农村生产规模化的推进。在畜禽生产过程中，提供专业的免疫、饲料供应等也属于农产品流通生产环节服务范畴。

第三，批发服务环节。农产品生产出来之后，必须要进入市场，作为实现自身价值的开始。尤其在我国，大量的农产品是以小农户为单位生产出来的，数量多、规模小的农户生产与大市场的有效对接，是我国目前仍要解决的问题之一，因而批发服务环节便应运而生。生产方与市场的首次对接，是产地的第一次批发，之后，农产品通常会进入大型农产品批发市场，在那里继续农产品的流通，之后会有二级甚至三级批发商出现，使农产品继续向下游流通。这个过程是批发阶段的服务内容。

第四，加工环节服务。加工环节通常指的是对农产品进行的物理的、化学的处理，例如简单的分类、包装、产品分割，再进一步，诸如各类半成品、成品、面食、甜点等。对加工环节提供的现代服务有技术服务，如对具体生产线的技术支持；信息服务，为加工企业进行生产决策提供参考；管理服务，从整个企业的高度优化生产流程以提高企业效率，等等。

第五，储存环节服务。储存既包括专门的储存，如储备粮的存放，又包括临时的储存，如农产品流通过程中不同环节对接过程中的短暂储存。储存设备的提供、储存技术的升级等均属于农产品现代服务中储存环节的服务内容。

第六，运输环节服务。运输环节的概念比较直观，运输过程中不仅涉及运输设备，还涉及运输过程，因而需要与铁路、公路、航空、海运等多部门沟通。因此，从运输设备方面，设备与技术的提供与升级属于运输环节的服务类型，铁路、公路、航空、海运等多部门为运输的顺利进行而做的设施建设、交通管理等也是运输环节中非常重要的服务内容之一。当前，我国交通体系不断发展完善，颇具规模的现代交通体系逐步形成，为现代农产品流通服务打下坚实基础。

第七，装卸环节服务。装卸环节存在于各个流通环节之中，是基础的流通环节之一，农产品每经历一次流通中环节的对接，都至少发生一次装卸行为。装卸过程中的服务支持主要是各类装卸设备的提供与设备技术的提供。

第八，销售环节服务。销售本身便是一种服务方式，目前主要有线上销售与线下销售两种类型，线上销售需要依托电子商务平台，因而相应的信息服务、技术支持服务等便出现了，线下销售指的是传统的超市、零售市场、摊贩进行售卖农产品，这一过程中消费者获得的是面对面服务，因而消费者的“体验”好坏，成为销售阶段的重要服务内容之一，诸如我们日常提到的销售人员的态度、购物场所环境等。产品销售出去之后，还面临着配送服务，这里主要针对线上销售或者某些农产品线下销售时提供配送服务。配送服务是近年来兴起的现代农产品流通服务，并越来越受到重视，配送服务具体包括配送的时效性服务、品质性服务等。

第九，售后环节服务。售后环节服务也是近年来越来越受到关注的一种现代农产品流通服务方式。农产品在销售之后，为了方便消费者而进行的加工服务，例如在鱼市挑选鱼之后，店家往往会免费为其去鳞开腹，为了保证产品品质，对有质量问题的农产品提供免费退换货的服务等，均属于售后环节的现代服务内容。

第十，支撑环节服务。（1）体制、制度的支撑服务，是国家相应机构对现代农产品流通服务体系的体制、制度进行的宏观层面的决策，决定着现代农产品流通服务在国家经济发展中的地位。（2）法律、法规的支撑服务，这是确保现代农产品流通服务正常运转的有力保障，既能保障当事人的合法权益，又能规范具体的农产品流通活动。（3）行政、命令，为现代农产品流通服务在某一个时期的发展方向、发展策略提供指导，也是重要的支撑服务内容之一。

6.2.2 现代农产品流通服务的主体

随着经济的不断发展，我国农产品流通过程中涌现出多种主体，极大地丰富了农产品流通市场的流通方式。对现代农产品流通服务的主体进行梳理，可以从两个角度着手，首先，可以从现代农产品流通服务所包含的各个环节进行梳理其中的主体；其次可以根据现代农产品流通服务主体的服务目的不同来进行梳理。

6.2.2.1 各个流通环节所包含的主体

在上部分内容中，我们对现代农产品流通服务过程中包含的具体环节进行了阐述，每个环节中均存在着不同的主体，现代农产品流通服务各个环节的对接，实质上就是不同主体之间的对接。

第一，原材料供应环节主体。提供原材料供应服务的个体或公司，即是这一环节包含的主体，例如，农村供销社、农机部门、种子公司、化肥公司等，这是负责原材料的生产以及销售所需经历的主体。比较典型的原材料供应环节主体是各级供销部门，全国 1/3 以上的乡镇都存在供销社，这类主体主要从事化肥、农药、薄膜等农业生产资料的供应，是比较重要的原材料供应主体之一。

第二，生产环节主体。生产环节主体主要包括农民、农业专业合作社、家庭农场、大型生产基地、农产品生产加工企业等。目前，我国农产品生产主要以分散的小农经营为主要方式，农民是生产环节不可忽视的主体之一，但是，尽管农户生产主体数量众多，但是每个主体的经营规模非常小，各个农户的生产经营往往是自发组织的，盲目性大，缺乏组织化、规模化，因而生产效率、产品与市场需求对接方面往往不够好，给自身的获利也带来较大影响。农业专业合作社是近年来备受关注的生产环节之一，部分合作社可以完成包装、再加工等生产活动。截至 2016 年底，全国依法登记的农民合作社达到 179.4 万家，入社农户占全国农户总数的 44.4%，其中，国家示范社 8000 家、县级以上各级示范社 13.5 万家、联合社 7200 多家。合作社内涵式发展迈出新步伐，超过 1/2 的合作社提供产加销一体化服务，8 万多家合作社实施标准化生产，7 万多家合作社注册商标，4 万多家合作社通过“三品一标”农产品质量认证，2 万多家合作社创办加工实体。农民专业合作社，尤其是属于生产环节主体的生产合作社，在解决大数量小规模经营农户与市场对接方面作用巨大。截至 2016 年底，全国有各类家庭农场 87.7 万家，逐渐成为我国农业生产的生力军，家庭农场与普通农户的最大区别在于其生产经营规模较大，平均每个种植业家庭农场经营耕地 170 多亩。据农业部对全国 3000 多户家庭农场生产经营情况的典型监测，家庭农场的年均纯收入达到 25 万元左右，劳均纯收入近 8 万元，高于普通农户收入。大型生产基地也是近年兴起的农产品生产主体之一，通常是以企业的形式存在，提供大规模标准化的生产服务。农产品生产加工企业近年来不断发展，2016 年各类龙头企业达到 12.9 万家，销售收入 9 万多亿元，所提供的农产品及加工制品占农产品市场供应量的 1/3，占主要城市“菜篮子”产品供给的 2/3 以上，涌现出了中粮、新希望、温氏等一批年销售收入超百亿元的大型龙头企业（“农民日报”，2017.3.8）。

第三，批发环节主体。批发环节主体主要包括个体农民经纪人、产地批发商、销地批发商、农民专业合作社、农产品批发市场。农民与农产品的流通关系非常密切，因此批发环节中农民经纪人数量众多，其特点是农民自己找销路、找市场，具有较高的积极性与灵活性，但是与农户生产者主体类似，农民经纪人也存在着组织化程度低的缺点，使其抵御市场风险能力较弱，对此类批发主体，一方面要继续鼓励其发展；另一方面还要引导其成立合作组织，建立相应的管理机制。产地、销地批发商主体是以个体户或者企业形式存在的，负责生产所在地以及销售所在地的农产品批发。农民专业合作社，在上一段中也已提到，目前合作社内涵式发展迈出新步伐，超过 1/2 的合作社提供“产加销”一体化服务，因而，农民合作社根据其提供服务不同又可以被纳入批发环节主体。农产品批发市场是批发环节主体中最重要的主体之一，也是农产品流通中最为重要的一个环节，目前农产品批发市场的交易总额占全社会农产品消费总额的 75%以上。农产品批发市场把农产品流通中的多个主体、多种渠道联系在一起，贯通了城乡、地区间的流通，但是其自身也存在着诸多问题，如基础设施薄弱，储存加工能力弱、档次低等。

第四，加工环节主体。主要指具有加工能力的农民合作社以及加工企业。农民专业合作社能够作为加工环节主体，主要看其自身建立时的具体发展规划以及当前具有的功能，如果能够完成包装、再加工等活动，那么便可以把该合作社纳入加工环节主体。加工企业是对农产品进行物理的、化学的再加工。

第五，储存环节主体。各个企业拥有用于农产品储存的仓储，那么它便成了储存环节主体，如储备粮的存储通常是国有粮食局负责，因而粮食局便是储存主体之一，某企业专门修建大型冷冻仓库，存储各类生鲜产品，这个企业也是储存主体。

第六，运输环节主体。主要包括个体经纪人、第三方物流公司、邮政系统、参与农产品流通的部分企业、公路铁路水运航空等相关部门。个体经纪人是指农民自行想办法、把自己生产的农产品运往批发商或集散中心。第三方物流公司指的是专门提供农产品运输服务的公司，随着社会分工不断精细、农产品流通领域发展不断完善，未来第三方物流公司将成为现代农产品流通服务的主要提供者。邮政系统在农村拥有广泛而深入的服务网络，多年来取得良好的信誉，自 2003 年开始邮政系统涉足农产品流通领域，在农产品的输送方面具有重要地位。参与农产品流通的部分企业，出于运输便利、降低成本的考虑，往往会自行购置相应的运输设备，如运输车辆，此时，该企业便可以纳入运输环节主体。公路、铁路、水运、航空等相关部门，由于直接管辖、维持交通路线的有序，与农产品运输息息相关，因而也可以纳入运输环节参与主体。

第七，装卸环节主体。由于每个环节都会有装卸服务的需求，因而不再具体讨论。

第八，销售环节和售后环节主体。两者很多情况下是统一的，一般指的是负责销售的商家，他们既提供销售服务，也负责售后服务，因而在两个环节中都可作为主体。此外，2016 年，全国两万多家合作社开设社区直销店，开展“农社对接”，此时这类合作社也可作为销售和售后主体。

6.2.2.2 根据现代农产品流通服务主体方目的不同来划分

首先，第一方流通主体。第一方流通主体主要指农产品生产者、农产品卖方，作为供给第一方，他们的主要业务是生产和供应农产品，过程中出于自身的生产和销售需要而进行的相关农产品流通服务的提供，例如通过购买车辆、修建仓库来提供运输、储存等服务。总的来说，第一方流通主体不依靠社会化的服务，转而自己提供流通方面的相关服务。随着经纪的高速发展，对行业分工提出了更高的要求，第一方流通主体的弊端逐渐显现：生产经营活动趋于复杂，相关主体无法把全部精力集中于农产品的生产经营上，导致整体效率提升受限。

其次，第二方流通主体。第二方流通主体指的是当个体对农产品有需求的时候，自行前去购买并自行运回商品，这个过程中，相应的个体作为需求一方，为自身提供了运输、采购等服务。

再次，第三方流通主体。第三方流通主体即提供专业化等流通服务，它们既不拥有农产品，也不参与农产品的买卖，而是向农产品买卖者提供建立在规范化合约基础之上的个性化、信息化的现代农产品流通服务。

最后，第四方流通主体。第四方流通主体出现的时间不长，是目前最高端的流通主体，它是专门为第一方、第二方、第三方流通主体提供服务的主体。第四方流通主体拥有充分的信息资源、丰富的管理经验、高级的人才储备，可以提供农产品流通整体规划、信息咨询、供应链管理等一系列高端服务。

6.2.3 现代农产品流通服务体系的模式

从前文可知，现代农产品流通服务要经历农产品的产前、产中、产后三大环节，来实现农产品从生产者到消费者的转移，这中间通常来说要经历“生产—运输—销售—消费”几个节点（刘勇等，2016）。农产品经由不同的主体、不同的环节完成从生产者到消费者的流通，就是不同的农产品流通模式，见图 6-1 所示。

接下来，我们可以根据在农产品流通过程中参与环节的不同对现代农产品流通服务的模式进行梳理。

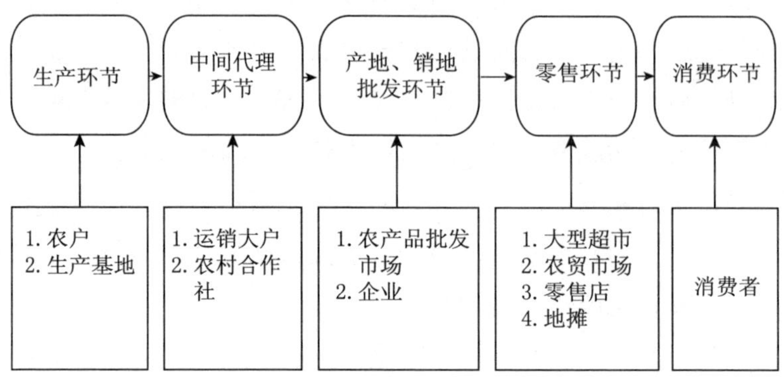

图 6-1　农产品流通环节及对应主体

6.2.3.1　各环节共同参与的农产品流通服务模式

各环节共同参与的农产品流通服务模式，如下所示。

“生产环节—中间代理环节—产地、销地批发环节—零售环节—消费环节”。

这也是传统的农产品流通服务模式，具体来说，可以表示为“农户—运销大户—农产品批发市场—批发商—零售商—消费者”。此种流通模式是最基本的流通模式，其历经的流通环节最多，并且在未来很长一段时间内都不会消失，但是，传统的农产品流通服务模式存在着诸多弊端：首先，传统农产品流通服务模式的流通时间效率不高，这主要是由于参与流通的环节过多，每个环节均需要对农产品进行装卸、运输、对接等操作，花费了大量时间；其次，传统农产品流通服务模式的农产品完好率不高，农产品从生产者转移到消费者手中的时间越长，越容易变质，转移过程中，对其操作的次数越多、越频繁，农产品发生损坏的概率也就越大；再次，传统农产品流通服务模式的流通成本高，农产品在流通过程中的各项投入表现在价值形态方面便是农产品的流通成本，具体来说可以包括不同主体间的交易成本、流通成本、包装成本等，经历环节越多，成本发生的可能性、成本总量就越大；最后，传统农产品流通服务模式利润分配不均衡，单位重量的农产品利润最大环节往往在于零售，然后是批发，而作为生产者的农户所获利润微乎其微，若是考虑农户的自由劳动，那么大部分农户面临亏损状态，此中流通模式无法使农民获得大幅增收，挫伤其生产积极性，不利于“三农”问题的有效解决。

总的来说，传统农产品流通服务模式存在诸多弊端的根本就在于其流通环节过多、过于复杂，因而导致效率不高等一系列问题。因此，对现代农产品流通服务模式的理解与创新可以立足于减少流通环节这一角度来进行。但是，由于农产品体量大、种类多、需求广，传统的农产品流通模式仍然有其存在且发展的空间，未来应该着力于优化各个流通环节，用信息化、标准化等新型技术、知识、装备完善传统农产品物流模式，使其不断完善，也为减少流通环节提供基础。

6.2.3.2 四个环节参与的现代农产品流通服务模式

农产品流通通常包含五个环节，其中生产环节与消费环节是必须存在的，因此，本节所要介绍的四个环节参与的现代农产品流通服务模式，是省略了中间代理环节、批发主体环节、零售环节其中一环的服务模式，由于其有别于最传统的流通模式，因此可以称其为新型流通模式，如下所示：

“生产环节—产地、销地批发环节—零售环节—消费环节”；

“生产环节—中间代理环节—零售环节—消费环节”；

“生产环节—中间代理环节—产地、销地批发环节—消费环节”。

第一种，“生产环节—产地、销地批发环节—零售环节—消费环节”。具体到主体层面，比较典型的模式有“农户或生产基地—农产品批发市场—零售商—消费者”“农户或生产基地—企业—零售商—消费者”。这一类型的农产品流通模式跳过了生产者手中的农产品与市场对接的中间环节，诸如果品站集散地、运销大户等，因而在时间效率、运输效率、成本降低等方面有所提升。产销地的大型批发商、各类加工企业通过直接向生产者采购的方式，既提高了自身效率，又降低了采购成本。

第二种，“生产环节—中间代理环节—零售环节—消费环节”。比较典型的流通模式为“农户或生产基地—农民合作社—大型连锁超市—消费者”，此种模式就是我们经常提到的农超对接模式，例如，家乐福超市的部分农产品供货模式。随着超市在我国的快速发展，部分大型超市具有相当体量的货物需求量与谈判能力，因而可以直接与合作社联系起来，降低自己的供货成本，但是目前此种农产品流通模式在农产品流通中所占比例较低。

第三种，“生产环节—中间代理环节—产地、销地批发环节—消费环节”。具体来说，主要有“农户或生产基地—农民合作社—企业—消费者”。此类的特点在于大型龙头企业往往拥有自己的配送销售渠道，因而可以把零售阶段的利润转化为自身利润，大大提高利润率水平，同时通过减少交易环节降低流通成本，同样的，此类现代农产品流通服务模式尽管效果良好，但是普及率也不高，它对企业自身要求较高。

第二种与第三种新型现代农产品流通服务模式，是建立在农民合作社跨环节对接的基础之上。当前，农民专业合作社的服务内容已经涵盖农业产业链的多数环节，已经由最初的以生产、技术服务为主，逐步向在农资供应、良种引进和培育、市场供求与经营信息服务、病虫害鼠害防疫防治技术指导和服务、农产品加工、质量标准、品牌包装、基地认证、市场拓展和建立稳定的购销关系等环节延伸，涉及农业产前、产中、产后的各个环节（肖卫东，2012）。正因为农民合作社服务内容的大幅扩展，才使得新型农产品流通模式得以出现，未来，具有多重服务功能的农民合作社应该作为农产品流通模式创新的重点之一，大力扶植。

6.2.3.3　三个环节参与的现代农产品流通服务模式

三个环节参与的现代农产品流通服务模式，是必须包含生产环节与消费环节外，再在中间代理环节、批发主体环节、零售环节三者中加入一环的服务模式。主要有：

“生产环节—中间代理环节—消费环节”；

“生产环节—产销批发环节—消费环节”；

“生产环节—零售环节—消费环节”。

第一种，“生产环节—中间代理环节—消费环节”。目前，此类模式暂未有典型案例出现，主要原因在于，农民专业合作社尽管在服务领域不断扩展，但是，受其组织形式及发展规模限制，暂时还没有能力布置面向消费者的直接销售渠道。

第二种，“生产环节—产销批发环节—消费环节”。此类模式的代表就是“生产基地—龙头企业—消费者”，与四个环节流通模式“农户或生产基地—农民合作社—企业—消费者”相类似，对接企业的下游均为消费环节，不同的是，此处的模式代表企业向农户或生产基地进行直采。

第三种，“生产环节—零售环节—消费环节”。此类模式的代表就是“生产基地—大型超市—消费者”，这也是农超对接的方式之一，此处的大型超市直接与生产方对接，或者拥有自己的标准化生产基地，进行农产品的直采，起到提高流通效率、降低流通成本的作用。

6.2.3.4 两个环节参与的现代农产品流通服务模式

分析仅包含两个参与环节时的农产品流通模式，显然，此时生产方与消费者必须包含其中，已经满足两个环节的限制，因此，此时的农产品流通模式为：“生产主体—消费主体”。

具体来说，可以包括“农户—消费者”和“生产基地—消费者”两种具体模式。这类模式主要指的是消费者自行前往农户或生产基地购买所需要的农产品。例如，近年来在各地兴起的采摘园，便属于此种农产品流通模式，从旅游休闲、农产品采购双重角度为消费者提供服务。

“生产主体—消费主体”流通模式最大化地精简了农产品流通过程中的环节，降低了中间流通环节的产品损失，同时降低了消费者的采购成本，生产方能够以高于批发价格、低于市场价格的价格向消费者销售农产品，因而也提高了自身的利润水平。总的来说，此种农产品流通模式是一种新型的现代农产品流通服务模式，它融合了农产品流通服务与消费者观光休闲服务两种服务类型，同时提高了双方的收益，获得“双赢”，是值得大力倡导的新型现代农产品流通服务模式。

值得指出的是，从生产者到消费者直接进行对接的现代农产品流通服务模式并不能成为最主流的流通模式，整个国家对于农产品需求量巨大，就个体消费者而言，所需采购的农产品种类、数量繁多，根本无法通过自采的方式来完全满足个人需要，多环节参与的现代农产品流通服务模式才是我国现代农产品流通服务模式的重点所在。

6.3 现代农产品流通服务发展实践和经验

6.3.1 国外发展实践

6.3.1.1 规模化生产主导的现代农产品流通服务发展实践——美国经验

美国是世界上农产品生产传统强国以及农产品出口第一大国，研究美国的现代农产品流通服务发展历程，对我国构建自己的现代农产品流通服务体系具有较大的参考价值。

在美国，从事农产品生产的主体是家庭农场，这些家庭农场往往拥有大量土地，规模通常在100公顷之上，因而美国的农产品生产具有单个个体生产规模较大、专业化水平高的特点。美国农产品流通渠道以及流通模式日后呈现出的各种特点、发展趋势，都是建立在美国自身的生产特点之上而不断发展演进的。

19世纪中叶至20世纪初，农产品生产出来之后，需要进入农产品流通体系才能最终完成价值实现，尽管美国农业生产专业化水平高，但是各种农产品要完成在全国范围内的销售甚至出口至海外，仍离不开各类中间环节，这一过程中，农产品批发市场发挥重要作用。大量的买家与卖家聚集在农产品批发市场，农产品批发市场提供了一个连接生产与消费的重要枢纽作用。由于美国通讯业十分发达，因而美国农产品批发市场不同于大家平时想象，人声鼎沸的现象并不常见，取而代之的是通过电话谈定交易意向，农产品批发市场更多的是农产品的运进与运出。尽管近年来美国农产品批发市场的重要性有所下降，但是美国仍持续关注农产品批发市场的发展情况，使农产品批发市场尽量朝着公益性方向发展，在土地和设施建设方面给予各种优惠政策，使其更好的为本国农产品流通提供各类服务。

20世纪30年代开始，农产品出现过剩，为了增强农民在市场中的议价能力，政府开始鼓励农民加入各类合作组织，并颁布《反托拉斯法案》，明确加入农村合作组织不作为反垄断对象。自此，农民合作社在农产品流通中的作用以及重要度逐步开始显现。据有关统计显示，目前由农业合作社加工的农产品数量占美国农产品生产总量的80%以上，美国年出口的农产品中由农业合作社完成的部分占总量的70%左右。由于美国农民参加农业合作社往往不止一个，因此美国农民合作社社员总数量高于美国农民总数。农民合作社根据自身性质、特点不同，为农民提供的服务也不同，例如可以提供金融服务、农产品流通相关服务、加工服务等。总的来说，20世纪末，美国已经建立了较为发达的农产品流通体系，并且农民合作社、农产品批发市场在其中扮演着重要角色。

随着经济的进一步发展，农产品流通的渠道以及模式不断改变着。大型超市及连锁店在美国发展十分迅猛，这些超市及连锁店在发展过程中意识到，随着规模的不断扩大，从以农产品批发市场为中心的流通渠道采购农产品的成本越来越不可忽视，如果能够缩短流通渠道，降低采购成本则会大大提高利润水平。如前所述，美国的农产品具有规模化、专业化等特点，因而在与大型超市、连锁店的对接方面具有产品品质稳定、对接成本低等优势。自此，超市、连锁店越过中间批发环节，以直接向生产者采购的农产品流通“直销”模式在美国得到快速发展。大量的农产品，尤其是生鲜果蔬不再经过批发市场，而是直接由生产方运往超市等的配送中心，并且超市往往能够采购到最佳品质的农产品。农产品批发市场上果蔬的销售额增长速度不断放缓，并且在1990年开始不增反降。直销模式在美国农产品流通模式中的重要性不断加强。时至今日，美国农产品流通的主要渠道可以概括为三种：第一种，农产品由生产方直接运往销售市场给消费者；第二种，农产品由大型超市或配送中心等以直采的形式从生产方采购进来，然后卖给或配送到消费者手中，也就是目前美国发达的农产品直销模式；第三种，农产品经由批发商、农产品批发市场运往全国各地进行销售，也就是传统的农产品批发市场主导的农产品流通模式。

总的来说，美国农产品流通体系十分发达，农产品流通较为顺畅，各类农产品流通服务提供到位，现代农产品流通服务体系基本建立。这些都离不开美国相关法律、法规的完善。农产品流通在依托市场调节的同时，为了稳定生产和供应，保持流通的必要规模，国家出台了一系列政策加以影响或调节，包括主要农产品的保护价格政策，对低于最低价收购的农产品给予一定财政补贴；提供政府优惠贷款鼓励农产品储存；对粮食种植和收获下达计划指标；收集和公布情报资料；以及通过签订采购合同建立国家农业储备等。从法律保障角度来讲，除了普遍适用的反托拉斯法、联邦贸易委员会法等这些重要立法外，农产品流通涉及的各个环节几乎也都有明确的规程和条例。如主要针对期货交易的《商品交易法案》，一直在不断的完善，1974 年进行较大修改后，到 1992 年又 4 次进行修订补充。由于依法治商和执法严谨，有效保护了正常贸易者利益，维护了公平竞争高效率的自由流通秩序。此外，美国农产品流通全过程以及相关服务都统一由美国农业部负责贯彻实施，避免了管理体制上形成部门分割、备自为政的局面，有效地防止管理效率的降低，使农产品流通体系更加协调顺畅的运转。

综上所述，对美国现代农产品流通服务体系进行总结，其包含如下特点：第一，现代农产品流通服务体系相关法律、法规健全；第二，现代农产品流通服务体系十分健全。

6.2.3.2 小农户与大市场有效衔接——日本模式

日本是工业强国，国内农业生产机械化水平很高，但是由于日本土地数量的限制因而农产品进口数量很大。历来，日本政府都十分重视本国农产品的生产以及流通情况，总体来说，日本的农产品流通配套服务十分完善，值得我们学习借鉴。

尽管日本的农业生产机械化程度较高，但是日本农产品生产主体中，小农户仍然占据主导地位，即以家庭为单位进行生产、每个生产单位的规模较小，这也符合日本农地稀少的现实特点。因此，日本现代农产品流通服务体系便是在这一基础之上不断发展起来的。

为了解决小农户与大市场对接对问题，日本从很早便开始了农民合作的探索。1843 年，日本第一个具有民间合作思想的组织便诞生了，名为“小田原报德社”。1900 年，日本第一部农民合作相关的法律《产业组合法》颁布，随后，日本进入了以农协为代表的农民合作组织快速发展阶段，并逐步在农产品流通领域占据重要地位。农协，即农业协同组合，在日本拥有非常广泛的群众基础，日本几乎所有农民都参加了农协组织。与美国的农业合作组织不同的是，日本的农协组织作用范围更广，是典型的综合性合作组织，其提供的服务内容包含了农民生活、生产、加工、销售等多个领域，在产前环节，农协能够集中组织采购生产资料，产中环节可以提供各类生产技术支持，产后环节，可以开设工厂对农产品进行加工或者积极创建农产品品牌，并组织集体销售，增加议价能力。从产后环节角度来说，日本农协也是研究日本现代农产品流通服务体系的重要一环。可以说，农协是农产品进入流通市场的第一步，据有关数据统计，日本70%以上的粮食作物是通过农协组织进入市场流通渠道的。

目前，日本农产品流通渠道主要有三种模式。第一种模式是传统的以农协、农产品批发市场为中心的流通模式，农产品由农民生产出来之后，经过农协把产品推向农产品批发市场，之后经由各级批发商转移到零售商手中，最后进入消费者领域。值得一提的是，日本法律明令禁止中间商从事批发业务，也就是说批发市场内不允许存在零售行为，农产品大多要经过两级以上的批发商才能到达零售端，因而这种流通渠道往往存在流通环节较多、流通成本较高的问题。尽管这种模式存在一定问题，但是基于日本小规模生产的现状，传统的流通模式目前在日本仍然占据重要地位，据有关数据统计，日本农产品批发市场承担着果蔬类产品流通的重要任务，全国80%以上的果蔬类农产品是经由农产品批发市场途径销售的。第二种农产品流通模式是指农产品不经过批发市场，直接由农民或者农协销售给零售端，也就是近年来兴起的“直销”模式，一方面，通过直销可以进一步拓宽农产品销路，增加农产品销路；另一方面直销能够减少农产品流通环节，提高农产品流通效率，总的来说，直销模式在日本的交易规模虽然远不能及传统流通模式，但是发展非常迅速。第三种农产品流通模式也是近年来兴起的，路边站式的“地产地销”模式，即在公路或者加油站的旁边设立农产品营销场所，农产品直接由农民销售给过往消费者，既能保证产品新鲜度，又能节约农产品运输等成本，在日本越来越受到生产者与消费者认可。

在这里仍要着重介绍一下日本传统流通模式中的一个关键环节——农产品批发市场。在日本，农产品批发市场可以分为两类：第一类是中央批发市场；第二类是地方批发市场。中央批发市场必须经过日本农林水产大臣的批准才能够建立，且周围必须有20万以上的消费人口，有合格的经营者株式会社，地方批发市场则需经过地方政府的许可和批准（郑伯权等，

1984），这样操作一方面，便于政府对批发市场进行管理；另一方面，利于稳定农产品流通渠道、降低流通费用。2014 年，日本全国 47 个城市共开设中央批发市场 76 个，地方批发市场 1207 家，经由批发市场流通的农产品约占全国 2/3 左右。日本农产品批发市场流通体制一方面解决了日本的小规模农业种植模式的局限性；另一方面保证了农产品市场的稳定性和安全性（卢迪颖，2015）。

日本能够保障高效的农产品流通服务体系，离不开各类政策、法规的支持。从批发市场角度来讲，批发市场的设立、交易以及监管机制等环节，均有明确的法律、法规可以遵循，如 1921 年颁布的《中央批发市场法》（1991 年将该法修改后更名为《批发市场法》，并且之后每 5 年修改一次），1971 年出台《批发市场法施行令》和《批发市场法施行规则》，1991 年《食品流通审议会令》等，此外，各地方政府针对地方批发市场也出台了一系列条例规范。从农协角度来说，日本在 1947 年出台《农业协同组合法》。除此之外，农产品流通服务相关领域还有许多相关的法律、法规，并且经常随着发展变化不断的动态调整，以使法律适应于农产品流通服务的实际需要。

6.3.2 台湾地区实践经验

中国台湾地区农业有着较为辉煌的历史，尽管中间经济了不少波折，自 1991 年起，中国台湾地区转变农业发展模式，强调从人力、土地、技术、组织、市场、福利、生态保护等方面发展生态、生活、生产农业。目前，中国台湾地区基本完成了由追求数量向追求质量的转变，提升了农业发展理念，实现农业生产、生活的良性循环。完善的现代农业服务业体系也已建立，为当地农业良好发展发挥巨大作用（孟京生，2011）。

中国台湾地区地处亚热带地区，耕地面积约为 1290 万亩，农业人口约为 400 万人。与日本类似，中国台湾地区农民人均土地数量也较少，农场面积零碎而狭小，因而，中国台湾地区农产品的生产也存在“小农户主导生产、与大市场对接困难”的现象。为解决上述问题，中国台湾地区从三方面着手，一是积极推进农产品批发市场的建立与完善；二是鼓励农会的发展；三是积极拓展新型农产品流通途径。

中国台湾地区农产品批发市场从建立至今，已有40多年的发展历史。据2013年数据，中国台湾地区目前农产品批发市场为158个。中国台湾地区农产品批发市场是政府主导的具有公益性性质的单位，具体来说表现在如下几个方面：首先，政府低价租让农产品批发市场所需的土地，即使该土地为私有土地，政府通常也会先征用，再低价租让给批发市场，保证了农产品批发市场的较低成立成本；其次，政府入股农产品批发市场，直接参与批发市场的运营管理；最后，减免税费，农产品的交易在中国台湾地区是免征税费的，并且各类农产品进入批发市场进行交易所缴纳的费用也很低。台湾农产品批发市场的成立必须依法经过审批，按照统一规划进行建设。根据“农产品批发市场管理办法”规定，对每个地区批发市场的设立数量、服务人口数有着较为严格的规定，从宏观角度合理调整市场数量和布局规划，以避免恶性竞争和重负建设等不良现象。对进入农产品批发市场的供销商、批发商实行严格的市场准入制度。必须经由当地政府审核才能成为合法的供销商，并且其各类信息均需在市场予以登记备案，使供货商个人与其所经受货物均做到“有迹可查”，市场对每个参与者均设立了诚信档案，对违法违规经营者勒令其退出市场交易。中国台湾地区农产品批发市场依法还需承担提供价格行情查询的服务，交易数量、交易价格、等级、规格等信息都需要及时在相关网络网站上登记公示。

为服务农户，中国台湾地区一直积极鼓励农会的发展。农会通常能够为当地农户提供多种类型服务，从生产到生活都有囊括。单从农产品流通服务角度来分析，农会可以对会员进行生产指导，设立加工厂统一加工农产品、使其增值，统一对外进行销售、提高议价能力，此外，农会还可以向农户提供保险、信贷等服务。

除了传统的经由农产品批发市场的流通服务渠道，近年来中国台湾地区也在不断创新新型流通渠道。比较具有代表性的是中国台湾地区农产品直销流通渠道。直销也就是农产品从生产者到消费者的直接对接，这种流通方式可以减少流通经过的中间环节，大大降低流通成本，提高流通效率，目前在中国台湾地区发展态势良好。在中国台湾地区，直销的对接通常是农户与大型超市间的对接，两者相辅相成，形成共赢局面。

中国台湾地区农产品流通服务体系的高效运转离不开中国台湾地区完

善的相关法律法规的支持。涉及农产品流通交易相关的规定主要有“农产品市场交易法实施细则”“农产品批发市场管理办法”“农会法”“农产品贩运商辅导管理办法”等，农产品食品安全、检验检疫相关的“蔬果安全管理办法”“食品卫生管理法”“农药残留检测要点”等。这些规定从多个角度确保了农产品流通各个环节的高效有序进行，是中国台湾地区现代农产品流通服务的重要保障。

6.3.3 有益的启示和借鉴

我国农产品流通整体仍处于快速发展阶段，存在诸多需要完善的方面，通过分析国内外较为先进、成功的现代农产品流通服务体系，有助于开阔国人思维，从各个方面为我国完善自身现代农产品流通服务体系提供经验借鉴。

第一，继续完善对农产品批发市场的建立。纵观美国现代农产品流通服务的发展历程，尽管美国农业生产专业化水平高，但是各种农产品要完成在全国范围内的销售甚至出口至海外，仍离不开各类中间环节，农产品批发市场在农产品流通过程中发挥重要作用，提供了一个连接生产与消费的重要枢纽作用。尽管现在美国农产品流通的直销模式十分发达，仍不能否认农产品批发市场为美国农产品流通奠定的坚实基础。再看日本与中国台湾地区，以家庭为单位的小规模生产农户往往很难与大市场进行直接对接，因而农产品存在难以进入流通渠道的困境，而走出这一困境的有效途径之一便是依托于农产品批发市场。农产品批发市场能够为大量的买家与卖家提供交易平台，发挥纽带的作用。近年来，农产品批发市场正朝着公益性、政府主导、限制准入“门槛”等多个方向发展，农产品批发市场本身的服务水平、规范化不断得到提升。在我国，农产品的生产同样是以小农户为主导，农产品的生产经营具有“小规模、大群体”的特点，即从生产、加工到市场销售均表现出参与个体与组织众多、规模与离散性强、层次低、组织化程度低的特征，这就需要借助批发市场把农产品的生产者、经营者联结起来（肖文金，2011）。借鉴日本、中国台湾地区的经验，大力推进农产品批发市场的建立与完善，提高农产品批发市场服务水平与服务质量，对我国完善现代农产品流通服务体系具有十分重要的作用。

第二，继续推进农民合作组织的建设。美国为了增强农民在市场中的议价能力，政府开始鼓励农民加入各类合作组织，并颁布《反托拉斯法案》，明确加入农村合作组织不作为反垄断对象。日本与中国台湾地区为了解决小生产与大市场对接的难题，引入农协、农会等组织，把农民聚集在一起，以壮大自身实力。总的来说，农民合作组织的出现具有多方面积极作用，首先，它能够提高农民的议价能力，使农户收益相应得到提高，其次，农民合作组织能够提供加工、包装等各类增值服务，再次农民合作组织能够组织农户统一销售，在某些情况下还能有效减少流通环节，提高效率，最后，农民合作组织能够为农民提供包括生产、金融等多方位的服务，发挥多种功能。综上所述，我国也应该大力提倡、推进农民合作组织的建立与发展，促进多种功能定位的农民合作组织共同发展，为农业生产、农产品流通、农民生活提供新型、优质的现代服务。

第三，立足自身国情，选择适合自身发展的现代农产品流通服务体系。流通方式没有先进与落后之分，只有合适与不合适之别。一种成功的组织模式，主要是演化的结果，而不是构建的结果。在某个时期，某国或某地“先进”的流通方式，当转换时空，在另一个时期，在其他的国家或地区，可能就会非常的不合时宜（徐振宇，2011）。美国现代农产品流通服务体系，直销模式与传统农产品批发市场主导模式都发挥着重要作用，但是日本与中国台湾地区的农产品现代流通服务体系仍以农产品批发市场为绝对主导，其他形式的流通途径与服务体系虽然发展十分迅猛，但其市场重要程度仍无法与农产品批发市场对等。当市场上充斥超小经营规模的农户、小规模流通业者和频繁小批量购买的消费者时，必然要求批发市场充分发挥大集、大散等基本功能，注定了在大多数情况下，农户与零售商之间的“对接”有必要经过一级批发、二级批发，中间环节较多反而节约了交易成本。在这方面，中国与日、韩比较相似，而与西欧、北美以中间环节少的“短链流通”为主的鲜活农产品流通的差距较大（徐振宇，2011）。不同的资源禀赋、不同的农业生产特征、甚至不同的生活习性，均会导致一国现代农产品流通服务体系的差异。因此，我国在探索自己的现代农产品流通服务体系过程中，一定要紧紧立足自身的生产、流通现状，选择最适宜我们的现代服务体系，使其最大化的缓解当前问题、提供最优质的服务。

第四，完善相关法律法规体系。统观美国、日本以及台湾的农产品流通途径以及现代服务体系的建立，从始至终都离不开相关法律法规体系的保障与规范。相比之下，我国农产品流通服务体系总体来说还处于起步阶段，相关政策法规的建立存在很多的问题，首先是法律法规体系不健全，很多政策存在真空，其次就是法规政策缺乏系统性，各部门间的政策往往从自身利益出发，条块分割严重。综上所述，我国应该在借鉴其他国家和地区的经验、充分调研本国情况的基础之上，尽快出台现代农产品流通服务相关的各类规章制度，明确具体的操作原则、交易规则、惩罚机制等。

第五，积极探索新型农产品流通模式，创新现代服务内容。我国“三农”问题长期以来备受重视，现代农产品流通服务体系是提高农民收入、转变农业经营方式、创新农业收入的有力途径。在我国，以农产品批发市场为主导的农产品流通途径占据重要地位，并且在以后也会继续发挥重要作用，但是这种流通途径存在的不足同样应该引起大家重视，即流通环节过多带来的效率低下、成本升高、利益分配不平衡等，因而积极探索新型农产品流通渠道，为新型农产品流通渠道提供现代化服务也是接下来要着力推进的工作之一。要充分结合不同区域内农产品生产、流通、运输等的现状，探索适合该区域发展的农产品流通途径，例如，随着大型农场的数量逐渐增多，生产者与销售者、消费者的直接对接开始变得更高效，因而直销模式得以推广发展，又比如随着农民合作社的发展以及其功能的不断完善，依托于合作社的农产品流通途径越来越多，为该流通提供的一系列服务体系也应该快速予以发展。

6.4 促进现代农产品流通服务发展的措施

6.4.1 现代农产品流通服务体系存在问题

6.4.1.1 现代农产品流通服务体系内主体过多，相互间缺乏协同机制

我国现代农产品流通服务的主体涉及面非常广，涵盖个体农户到批发商、零售商、各类企业等。主体过多，则相互间的沟通成本越大，各个服务组织之间联系不紧密，相互分散、信息不配套，严重影响整个现代农产

品流通服务体系的整体效率。此外，现代农产品流通服务的主体大都层次较低，农民层面受教育程度低、决策水平不高，存在很大盲目性，流通环节中各个企业规模小、实力差，缺乏带动辐射作用，各个合作组织由于发展程度低，各类服务功能还不完善。

6.4.1.2 现代农产品流通服务体系标准化缺失

规范化与标准化是现代农产品流通服务体系有效流畅运转的关键和基础。为了减少不同服务主体对接时的不便，建立本国的现代服务标准体系是十分必要的。目前，我国现代农产品流通服务体系的标准化工作仅处于起步阶段，存在着诸多不足，主要有以下几点：运输、仓储服务体系缺乏设备、器具的统一标准化规范；流通服务标示缺乏统一规范；现代农产品流通服务体系的信息流通缺乏标准化规范；农产品本身缺乏质量、品质规范。

6.4.1.3 现代农产品流通服务体系信息化发展滞后

我国现代农产品流通服务体系由于流通服务形式多样、流通服务提供分散化以及区域之间的信息流动性差等因素，导致整个现代农产品流通服务体系信息流通十分不通畅，信息极大不对称，各类现代农产品流通服务主体在信息缺乏或信息扭曲的状态下进行服务的供给，非常容易造成供给的盲目性，导致自身发展面临巨大风险，挫伤了现代服务提供主体的劳动积极性。究其原因，我国目前缺乏统一的信息平台供各个企业、个人获取信息，缺乏有效的管理方式规范农产品信息的采集、整理与发布。

6.4.1.4 现代农产品流通服务体系缺乏宏观调控与法律法规规范

首先，现有现代农产品流通服务体系相关法律法规政策缺乏全球性、宏观性背景的考虑，对当前我国经济体制的适应性不够，对全局层面的政策调控不强；其次，现有政策法规缺乏系统性，现代农产品流通服务体系是跨部门、跨行业、跨地域的复合型产业体系，关系到社会多个层面、多个政府部门，因此，在制定政策时，各部门往往各行其是，导致政策分割严重，甚至忽悠重叠、冲突，使得现代服务体系内个主体无所适从，影响了农产品流通体系发展，也影响到政策权威性；再次，政策可操作性不强，尤其国家层面出台的各类政策法规往往是宏观指导层面的，缺乏具体的操作、实施细节，缺乏法律效力，只能作为参考；最后，很多农产品现代服务领域政策存在真空，使得部分环节参与者存在投机钻空行为。

6.4.1.5 现代农产品流通服务体系基础设施建设薄弱

农产品流通本身具有特殊性，主要体现在品种繁多、数量巨大、季节性强、地域性强、易腐烂变质等方面，因而对现代农产品流通服务要求较高。较高的服务水平离不开农产品流通相关的基础设施建设，而我国目前的相关基础设施建设较为薄弱，例如，农产品生产环节的机械化设备、农田水利设施落后，流通过程中缺乏专业运输装备、专用冷藏库、冷藏车，运输过程中基本的公路道路建设分布不均衡等，加工环节企业设备落后，以及批发零售环节中农产品批发市场等建设十分落后，缺乏必要配套设施。基础设施的落后，使得农产品流通受限，效率降低，成本升高。

6.4.2 促进现代农产品流通服务发展的几点措施

6.4.2.1 加强政府的支持和引导作用

我国历来十分重视农业发展，现代农产品流通服务业作为农业中的一部分，其重要性越来越得到大家认可，但是由于其发展尚不充分，政府应该重视对其进行支持与宏观引导。首先，从国际化、全球化角度审视我国现代农产品流通服务业，并从这一角度出发对我国现代农产品流通服务业进行发展规划；其次，努力宣传改变传统的重生产轻流通思想，积极出台各类政策引导人才、资金、技术等向现代农产品流通服务业的流通；再次，完善自身职能，调整机构设置，设立相关部门，专门负责现代农产品流通服务业的发展推进相关事宜，提高政府部门效率；最后，政府也应从土地、资金等方面积极支持现代农产品流通服务体系的发展。

6.4.2.2 加快相关政策、法律法规体系的建立健全

加强政策支持，营造良好的外部条件。借鉴国外经验，尽快出台现代农产品流通服务业相关的法律法规体系，规范现代农产品流通服务各个环节，中央政府要通过各类规范、建议、办法指导推进法律法规体系的建立，地方政府着手制定具体政策。尽快弥补当前现代农产品流通服务体系

中的法律空白，使相关经济活动有法可依，既规范市场又避免不法分子破坏市场秩序。

6.4.2.3 积极推进现代农产品流通服务的信息化发展

农产品流通过程中无时无刻不在产生信息，相应的现代服务体系也在不断产生各类信息，两类信息流动于农产品流通服务的各个环节，起到神经系统的功能，保证现代农产品流通服务体系通畅运行。我国应大力推进现代农产品流通服务的信息化发展，具体来说，可以从两个方面入手：首先，从参与农产流通现代服务体系的主体角度，尤其是企业层面，积极采用先进的农产品物流信息管理系统以及农产品流通现代服务管理系统，做到内部数据线上化，方便取用或者与外界交流；其次，从现代农产品流通服务的整体供应链角度，推进主体间的标准化与信息共享，发展现代农产品流通服务体系网站的构建，使各个参与主体快速有效发布、获取所需信息；最后，积极发展现代农产品流通服务领域的电子商务，拓展服务体系的需求方与供给方来源，提高服务效率。

6.4.2.4 完善相关基础设施建设

我国现代农产品流通服务体系涉及多方面的基础设施建设：首先，努力推进交通网络基础设施建设，加快公路网的建设，尤其农村或偏远地区，推进铁路、海路、空运网络的建设，使各个运输方式互相配合，共同提高交通网络基础设施水平；其次，提高农产品批发市场的建设，完善配套设施，改善农产品批发市场整体环境；再次，提高现代农产品流通服务体系中的设施装备水平，推进冷链装备的使用与普及；最后，加快发展基础网络建设，为现代农产品流通服务的信息化打造坚实基础。

6.4.2.5 努力提升现代服务主体的素质与功能

首先，积极提升农户自身素质，提高其受教育程度，开阔自身思维，把好现代农产品流通服务的第一关；其次，积极提升现代农产品流通服务组织的水平，提高其经营、谈判、业务扩展能力，更好地提供现代服务；最后，提升现代农产品流通服务提供企业的经营理念与经营水平，使其成为现代服务体系的中坚力量。

6.4.2.6 积极探索现代农产品流通服务模式、服务内容

传统的以农产品批发市场为主导的现代农产品流通服务体系在目前与未来相当长的时间内仍会发挥重要作用，但是其流通环节较长。今后，大力发展新型现代农产品流通服务体系模式，对提高服务水平、服务效率作用巨大。一方面，应大力发展以农民合作组织为主导对现代农产品流通服务体系，发挥农民合作组织的积极作用（孙涛，2011）；另一方面，实现现代农产品流通服务各个环节的有效对接，减少中间环节，提高服务效率。

第七章　现代农业信息服务

信息化是农业现代化的标志，也是实现农业现代化的关键，它主导着未来一个时期农业现代化的发展方向。随着信息革命的兴起，农业信息化已成为现代农业经济发展的主旋律，在农业生产力发展中显示出无比强大的推动力量，使古老的资源农业焕发出勃勃生机，拉开了新一轮农业技术革命的序幕（王勇，2013）。现代农业信息服务作为我国农业信息化建设的重要组成部分，以现代信息技术为基础，可有效地解决我国农业、农村、农民现实生活中的实际问题，在促进农业增效、农村发展、农民增收方面具有重要作用（徐娜，2016）。

7.1　现代农业信息服务的新发展

7.1.1　现代农业信息服务发展的新背景

7.1.1.1　政策支持

农业信息化是社会信息化的重要组成部分，随着我国经济社会的发展，农业发展的趋势是从农业现代化走向农业信息化，从现代农业走向信息农业。伴随信息技术的进步与服务需求的快速增长，农业信息服务业得到全面提升。党中央、国务院高度重视信息化发展，对实施创新驱动发展战略、网络强国战略、国家大数据战略、“互联网+”行动等做出部署，并把农业农村摆在突出重要位置，为农业农村信息化发展提供了强有力的政策保障。

2016 年出台的《“十三五”全国农业农村信息化发展规划》提出，信息化是农业现代化的制高点。“十三五”时期，大力发展农业农村信息化，是加快推进农业现代化、全面建成小康社会的迫切需要。推动信息技术与农业农村全面深度融合，确保“十三五”时期农业农村信息化发展取得明显进展，有力引领和驱动农业现代化。《中华人民共和国国民经济和社会发展第十三个五年规划纲要》提出推进农业信息化建设，加强农业与信息技术融合，发展智慧农业；《国家信息化发展战略纲要》提出培育互联网农业，建立健全智能化、网络化农业生产经营体系，提高农业生产全过程信息管理服务能力；《全国农业现代化规划（2016—2020 年）》提出，推进信息化与农业深度融合。加快实施“互联网+”现代农业行动，加强物联网、智能装备的推广应用，推进信息进村入户，提升农民手机应用技能。《“十三五”国家信息化规划》也将对全面推进农业农村信息化作出总体部署。《农业部关于推进农业农村大数据发展的实施意见》聚焦大数据在现代农业当中的应用，提出充分发挥大数据在农业农村发展中的重要功能和巨大潜力，有力支撑和服务农业现代化。《农业应急管理信息化建设总体规划（2014—2017 年）》提出在信息化推动农业现代化的新时期，充分利用信息技术完善应急管理手段，提升应急管理能力和水平，成为改进和加强农业应急管理的当务之急、保障和推动现代农业发展的现实需要。

7.1.1.2 技术支撑

近年来，随着信息技术的不断进步，为农业信息化发展提供了前所未有的良好环境。当前，以信息技术为代表的新一轮科技革命方兴未艾，以数字化、网络化、智能化为特征的信息化浪潮蓬勃兴起，为农业信息化发展营造了强大势能。网络经济空间不断拓展，农业农村信息化服务加快普及，网络基础设施建设深入推进，信息消费快速增长，信息经济潜力巨大，为农业农村信息化发展提供了广阔空间。信息技术创新日新月异并加速与农业农村渗透融合，农业信息技术创新应用不断加快，为农业农村信息化发展提供了坚实的基础支撑。大数据、电子商务等信息技术成为服务现代农业的主流形态。

7.1.1.3 发展需求

同时，资源环境约束日益趋紧，农业发展方式亟待转变，迫切需要运用信息技术优化资源配置、提高资源利用效率，充分发挥信息资源新的生产要素作用。居民消费结构加快升级，农业供给侧结构性改革任务艰巨，迫切需要运用信息技术精准对接产销、提升供给的质量效益和竞争力，充分发挥信息技术核心生产力的作用。农业小规模经营长期存在，规模效益亟待提高，迫切需要运用信息技术探索走出一条具有中国特色的农业规模化路子，充分发挥互联网平台集聚放大单个农户和新型经营主体规模效益的作用。农产品价格提升空间有限，转移就业增收空间收窄，农民持续增收难度加大，迫切需要运用信息技术促进农村大众创业万众创新、发展农业农村新经济，充分发挥“互联网+”开辟农民增收新途径的作用。

要想在市场经济条件下占据有利的位置，必须按照市场规律调整种植养殖结构，合理配置农业资源。作为农业市场中主要的主体——农民，需要更好地认识并适应市场，发展农业信息服务业是使农民适应市场经济的基础，做好信息服务工作，对于农民获取和利用信息是有帮助的。只有这样，农民才能获取和利用科技和市场信息，并用其指导农业生产并帮助农民处理好生产、销售和消费间的关系。

据统计，国内的农科教专业网站和与农业相关的其他网站上都有大量的农业科技信息，在这些网站上农民不仅可以获取商业信息，也可以通过农业专家系统及时得到专家的技术指导，解决生产上遇到的疑难问题，从而提高农民的信息素养、技术水平和生产效益，使农业科学技术信息的得到及时的传播。

现代农业的发展导致农村有大量的剩余劳动力，并面临转移问题，而农村劳动力转移存在着各种障碍，障碍之一就是农村劳动力自身素质低和掌握的就业信息少。农业信息化的实现，有利于农民及时获得各地的就业信息，有效地促进农村劳动力的转移。

7.1.2 现代农业信息服务发展的新趋势

7.1.2.1 农业大数据发展和应用

农业大数据已成为现代农业新型资源要素。当前，大数据正快速发展为发现新知识、创造新价值、提升新能力的新一代信息技术和服务业态，已成为国家基础性战略资源，正成为推动我国经济转型发展的新动力、重塑国家竞争优势的新机遇和提升政府治理能力的新途径。农业农村是大数据产生和应用的重要领域之一，是我国大数据发展的基础和重要组成部分。随着信息化和农业现代化深入推进，农业大数据正在与农业产业全面深度融合，逐渐成为农业生产的定位仪、农业市场的导航灯和农业管理的指挥棒，日益成为智慧农业的神经系统和推进农业现代化的核心关键要素。

7.1.2.2　电子商务发展和应用

农业电子商务发展突出，涉及农业电子商务的企业数量增加较快，农民合作社、农业生产企业“触电”比例不断提高，农业电子商务社会化服务机构迅速发展壮大。通过互联网渠道实现农产品的快速推广和销售，不断提高农业收益率，帮助农民实现增收。大型电子商务平台带动农业电子商务快速发展，淘宝、天猫、京东等成为农业电子商务的大型支撑平台。在农产品特别是鲜活农产品生产销售方面，得到了重点推广。同时，鼓励发展农业生产资料电子商务，开展农业生产资料精准服务。探索休闲农业网上营销和交易模式，推动休闲农业成为农业农村经济发展新的增长点。

7.1.2.3　农业网络信息平台应用

21 世纪以来，随着网络和计算机的深度普及，中央政府和各级政府开始高度重视信息化农业的建设。因此这一阶段也是资源整合、方式转变、理性回归阶段。信息网络工程的进一步落实与实施，将农业领域的信息技术应用进行了井字方式的布置，尤其表现出信息化农业的功能。提高了农业运营的效率以及提升农民农产品收入、提供了农村农民管理信息以及沟通的平台、为农村农业决策提供了数据以及为系统分析提供了依据。

农业部网站及时准确发布政策法规、行业动态、农业科教、市场价格、农资监管、质量安全等信息，日均点击量 860 万人次，成为服务农民最有权威性、最受欢迎的农业综合门户网站，覆盖部、省、地、县四级的农业门户网站群基本建成。全力打造的公益性 12316“三农”信息服务平台，为农民提供了科技、市场、政策、价格、假劣农资投诉举报等全方位的即时信息服务，为切实提升信息化服务“三农”水平、带动农业增效农民增收、密切党和政府与广大农民群众的联系发挥了重要的作用。同时，农业网站体系进一步健全。覆盖部、省、地、县四级政府的农业网站群基本建成，农业部初步建立起以中国农业信息网为核心、集 30 多个专业网为一体的国家农业门户网站，全国31个省级农业部门、超过3/4的地级农业部门和近一半的县级农业部门都建立了更新较为及时的农业信息服务网站。目前，全国农业网站总数达到31000多个。利用农业信息网开展网上农产品展览活动，发布农产品市场形势和价格变化趋势信息，分析、预测农业生产灾情灾害预警，促进生产和销售农产品，提升农民对农业生产与农产品市场需求波动的应变能力，帮助农民和农业规避风险。

7.1.2.4 融合信息服务平台

近年来为积极推进实施信息进村入户，农业部投入财政和基建资金1亿多元，先后搭建了32个省级、78个地级和352个县级“三农”信息服务平台。各地农业部门以面向“三农”服务为目的，逐步建立起融合12316“三农”热线电话、农业信息网站、农业电视节目、手机短彩信服务等于一体，多渠道、多形式、多媒体相结合的农业综合信息服务平台，实现了农业技术、市场、政策等信息及时有效的传播，满足了农民群众的个性化需求，受到了广大农民群众和社会各界的普遍欢迎。全国31个省（区、市）已基本开通了12316“三农”服务热线，每年咨询人数达上千万人次，帮助农民增收和为农民挽回直接经济损失超过50亿元。

启动实施信息进村入户试点，试点范围覆盖到26个省份的116个县，建成运营益农信息社7940个，公益服务、便民服务、电子商务和培训体验开始进到村、落到户。基于互联网、大数据等信息技术的社会化服务组织应运而生，服务的领域和范围不断拓展。

7.1.3 现代农业信息服务发展的新特征

7.1.3.1 农业信息服务模式不断创新

信息技术的发展带动农业信息服务模式的不断创新。包括电视、电信、广播等组成的传统媒体得到了很大发展，覆盖全国的电信网和广播电视网成为农业信息传播的重要载体。于此同时，互联网的发展为农业信息服务模式提供了新的发展空间。国家不断加强农业信息网络的建设，通过各省市县信息网络的全面联网，实现了信息进村入户的目标。并且通过建立自有的农业数据库和引进国外大型农业数据库，逐步构建起庞大的农业数据网络，使得各农业工作者能够及时了解各地农业科学技术动态和信息资源。近年来，依托于先进的网络信息技术，大数据、电子商务等新兴模式，逐渐成为农业信息服务的主流，为农业生产经营方式的转变提供了良好的契机。于此，我国目前已形成了集合电信、广播电视等传统服务模式与互联网、数据库等新兴模式为一体的全方位的农业信息服务系统。

7.1.3.2 农业信息服务内容多样化

当前农民对农业信息服务的需求与日俱增，他们的目的很简单，就是为了提高其产品的生产效益，增强其产品的市场竞争力，最终增加其收入。传统的农业信息服务提供的服务相对单一，其中，绝大部分内容涉及的都是生产阶段的服务。而农户对于农业信息服务的需求呈现出多样化的特征，在这样的背景下，基于现代信息技术的农业信息服务体系建立就成为必要。传统的农业信息服务需要逐步转为以生产、运输、销售一体化的信息化农业信息服务。

7.1.3.3 农业信息服务不断深入基层

为了积极推进农业信息服务进村入户，破解信息传播的“最后一公里”难题，各级政府部门通力协作，不断创新改进信息服务的方式，让农民及时准确地了解到农业信息，做出正确决策。通过积极探索政府、运营商、服务商和信息员、村委会、农民六者之间的关系，积极利用农民经纪人、种养经营大户、专业合作社等经济组织，建立基层信息服务平台，带动农业信息进村入户。在12316信息服务平台运行过程中，各地充分挖掘信息服务新方法，相继建立了短信服务系统，及时发布与农民生产、经营、生活息息相关的政策信息和市场信息，增强了信息服务的时效性和针对性，部分地区还开通了视频点播、远程视频诊断等业务系统，为信息服务能力的提升注入了新的动力。建立了“三网合一”、农业科技“110”、农业短信、远程教育等灵活多样的农村信息服务方式。

7.1.3.4 农业信息服务实现双向交流

基于现代信息技术的农业信息服务体系则具有高效性，由于信息技术的快速传递，农民即使足不出户也可以以最快的速度了解到最新的农业资讯。现代的农业信息服务体系具有信息交流互动性。以往的农业信息服务体系的工作流程为单向的，而且是层层递进的，而基于信息技术的农业信息服务体系不再拘泥于传统工作模式，这里农户可以直接寻找自己需要的市场信息、技术信息以及政策信息。另外，政府可以通过信息手段更快的收集农户的产品种植和最终收入情况。同时由于信息技术的引入，农户可以通过信息技术平台直接跟农技工作人员进行交流，在一定程度上大大提高了农业信息推广的效率。

7.2 现代农业信息服务的内容、主体和模式

有关农业信息服务的含义，目前尚无统一的界定，不同的学者给出的含义侧重点有所不同。农业信息服务业是现代农业服务业的重要组成部分。信息技术作为一种重要的手段，使得现代农业与信息服务业实现有效结合，从而推进现代农业走向全面信息化。农业信息化是社会信息化的组成部分，目的是为了提高新农村建设的步伐，为农业增产和农民增收提供信息保障，在农业生产经营过程中提高农民获取信息和利用信息的能力（岳虹，2014）。它包括农业产品经营信息化、农业科技信息化和农村家庭生活信息化等方面。

从提供服务的主体来看，同世界上其他国家一样，我国也主要由政府组织提供农业信息服务。各级农业部门围绕推进农业和农村经济结构调整以及促进农民增收这一中心任务，大力加强农业信息服务体系建设，积极开展面向市场和农民的信息服务，取得了显著成效（余斌，2004）。从提供服务的对象和内容来看，农业信息服务以农业、农村和农民为服务对象，以农民的生产经营、生活需要和精神追求为服务内容，其中，信息服务为其核心服务内容。农业部农业信息中心指出，农业信息服务是指信息服务机构以用户的涉农信息需求为中心，开展的信息搜集、生产、加工、传播等服务工作。王志军（2005）认为，农业信息服务是指对农业的生产经营管理提供信息支持的一种活动，主要包括农业信息产品服务、农业信息技术服务和农业信息咨询服务。从提供服务的手段和方式来看，农业信息化服务是国家信息化发展到一定阶段时，以一定程度的信息基础设施建设为前提，以现代信息技术为主要服务手段，通过利用最新的信息技术成果，对信息及时的收集、准确的处理、有效的传播，以专家咨询、信息发

布、视频点播、远程培训、现场指导、实体示范等服务形式来提高农民的科技信息接收能力、科技信息供需对接能力和科学技术成果转化能力的高整合度、多功能的综合性服务（胡雷，2013）。农业信息服务被看作对有关农业生产、经营管理、战略决策过程中的自然、经济和社会信息进行收集、整理、加工、传递和利用的过程（林涛，2014）。从提供服务的目的来看，农业信息服务是为了提高整个农业产业的效率，利用现代的各种信息技术为农业生产、供应、销售及相关的管理提供信息服务，最终将信息以最快捷的方式传达给需要信息的农民，从而帮助农民提高农业生产效率、提升经营管理水平（孙田野，2013）。

结合上述关于农业信息服务的观点，本文认为农业信息服务是由政府、企业、科研机构、农村合作组织等农业信息服务主体通过开发和运用各种现代信息技术手段，采用多种服务方式，为农业的产前、产中、产后提供各类信息资源所进行的一系列有价值的服务活动（党红敏，2009）。

7.2.1 现代农业信息服务的内容

根据农业经济开展过程的各环节，可将农业信息服务的内容归为如下五大类。

7.2.1.1 农业生产管理信息服务

包括农田基本建设、农作物栽培管理、农作物病虫害防治、畜禽饲养管理等。目的是及时收集信息，帮助农户解决生产管理问题。如农田灌溉工程中，水泵抽水和沟渠灌溉排水的时间、流量全部通过信息自动传输和计算机自动控制。农产品的仓储内部因素变化的监测、调节和控制完全使用计算机信息系统运行。畜禽棚舍饲养环境的测控和动作完全可以实行自控或遥控。还有农作物栽培管理的自动化。如农作物施肥，可以在田间设置自动养分测试仪或设置各种探针定时获取数据在室内自动测定，通过计算机分析数据，确定施肥时间、施肥量、施肥方法，使用田间遥控自动施肥机具或与灌溉水结合实现自动施肥。除此，还包括农作物病虫防治信息化和自控，畜禽饲养管理的信息化和自动化等。在田间设置监测信息系统，通过信息网发出预测预报，利用计算机模型分析，确定防治时间和方法，采用自控机具或生物防治方法或综合防治方法，对病虫害实行有效的控制。可以通过埋置于家畜体内的微型计算机及时发出家畜新陈代谢状况，通过计算机模拟运算，判断家畜对于饲养条件的要求，及时自动输送饲喂配方饲料，实现科学饲养。

7.2.1.2 农业经营管理信息服务

及时准确向广大农民提供与农业经营有关的经济形势、固定资产投资、物价变动、资金流向等各种信息，指导他们的生产经营活动。建立适合农场自身具体情况的计算机决策支持系统，及时进行模拟决策。通过进入乡、县、省、以至全国和全球的信息网络，及时了解市场信息、政策信息，按照市场需求选择生产和合理销售自己的产品，以发挥自己的优势，取得最佳的经济效益。通过进入外部的信息网络，广泛获取各种先进的科学技术信息，选择和学习最适用的先进技术，装备自己的农场，不断提高农场土地生产力和劳动生产力，以获取最佳的生产效益。

农业管理服务系统，主要是适应国家信息化发展和电子政务建设要求，实施农业电子政务建设，开发建设网络办公系统，建立开放的农业政务管理数据库，实现农业部门行政审批和市场监督管理等事项的网络化处理，增强政务管理透明度，提高政府部门办事效率。

7.2.1.3 农业市场流通信息服务

提供农业生产资料供求信息和农副产品流通、收益成本等方面信息。建设新型的农产品批发市场。积极扩大批发市场的信息网络和电子结算等现代交易方式试点。加强对农产品产后加工、贮藏、保鲜技术的开发和推广，大力开发农产品加工技术和农业节本增效技术，发展优质高产高效农业。

提供政策、市场、资源、技术、生活等信息的网络体系，及时准确地向农民提供政策信息、技术信息、价格信息、生产信息、库存信息以及气象信息，提供中长期的市场预测分析，指导帮助农民按照市场需求安排生产和经营，解决分散的小农生产和统一的大市场之间的矛盾；把农业融入到经济全球化的竞争发展中，通过网络、信息技术将全国乃至全球作为一个统一的大市场，将分散的农户和涉农部门组织起来形成一个大系统。农产品贸易在网上进行，农民在网上洽谈，交易在网上实现，降低了农产品的销售成本；通过网上信息分析和专家的科学预测，农民在网上获得市场行情和发展预测分析，在网上获得农业生产订单，减少了农业生产的盲目性；利用计算机网络技术，农业生产者可以与不同产业结盟，共同经营，共同管理，共同打造品牌，稳定市场占有量，并不断拓展新的市场。

另外，按照农业经济发展的要素分类，现代农业信息服务的具体内容还包括农业科学技术服务、农业资源环境服务。

7.2.1.4 农业科学技术信息服务

收集并传递与农业生产、加工等领域有关的技术进步信息，包括农业栽培技术、畜禽养殖技术、农副产品加工技术以及农业科研动态。推进农业信息平台与科教机构、农村实用技术远程培训等有机融合，整合资源，充分发挥信息平台的科技资源和信息服务优势、科教机构的人才技术优势、远程培训的基层站点优势，通过“三农”服务呼叫中心、公共信息服务及电子商务、远程培训等方式，为农村科技传播和服务搭建良好运作平台，促进农业科技传播与退关的结合。提高农业科技成果的转化应用效率。通过现代信息网络技术建立专家库服务于农民，让农民与专家零距离接触。

7.2.1.5 农业资源环境信息服务

发布与农业生产经营有关的资源和环境信息。如耕地、水资源和生态环境、气象环境等信息，这些都是农业生产的基本资料和条件。由于中国土地幅员辽阔，自然条件复杂，气象和生物性灾害频繁，农户规模小而且分散，再加上几千年传统的经验作业方式，因而呈现出生产的分散性，很强的地域性、时变性，很低的可控性和稳定性，以及经验性强而量化、规范、集成程度差的行业特点和弱势。先进的信息收集、处理和传递技术将有效地克服农业生产的分散化和小型化的行业弱势；强大的计算能力、智能化技术和软件技术，使农业生产中极其复杂和多变的生产要素定量化、规范化和集成化，改善了时空变化大和经验性强的弱点；将信息技术与航空航天遥感技术（RS）、农业地理信息系统技术（AGIS）以及全球定位系统（GPS）等相结合，大大加强了对影响农业资源、生态环境、生产条件、气象、生物灾变和生产状况的宏观监测和预警预报，提高了农业生产的可控性、稳定性和精确性，并能对农业生产过程实行科学、有效的宏观管理。

7.2.2 现代农业信息服务的主体

农业信息服务体系具有公共物品性质，即非竞争性和非排他性。农业信息服务系统是一个公共的开放的系统，农业信息产品及服务的提供，除了给消费者带来直接的经济效益外，还具有相当大的外部效益。这些外部效益并不能直接由农业信息服务提供者和投资者所获得，即不能直接体现为投资方的经济效益，而是通过农业信息服务的社会效益、生态效益的改善和提高间接地体现出来（党红敏，2009）。因此现代农业信息服务体系的服务主体以政府部门为依托，包括合作经济组织、龙头企业及其他社会力量。

7.2.2.1 服务供给的依托——政府部门

政府部门的角色相当于农业科技服务中的“国家队”。政府部门主要提供一些公益性、基础性的服务，例如，网络基础环境建设，信息技术宣传与培训等。这些基础性的服务为农户进行有效生产经营奠定了坚实的基础。随着市场经济的发展，农业生产环境在不断发生变化，政府部门的服务职能也在发生转变。为了更好地适应农业经济发展的需要，一方面政府部门要释放一些自身职能，更多地与其他服务主体相配合，优化服务供给效率；另一方面政府部门自身也在不断调整与完善，兼顾公益性服务与经营性服务供给，协调专业性服务与综合性服务比例。总之，政府部门在农业科技服务体系中是一股依托力量，起着航标灯的作用。

7.2.2.2 服务供给的基础——合作经济组织

合作经济组织包括供销合作社、信用合作社以及各种专业合作社等。供销合作社是农村合作经济的重要组成部分，是信息化农业信息服务体系中的骨干力量。供销合作社强化为农服务宗旨，完善经营网络，形成了具有自身特点的经营管理体制，其作为一种商业经济实体，是引导农民进入市场、沟通农民与政府及其他社会利益群体的极佳方式，随着信息技术的引入，供销合作社的服务信息更加准确，提供的信息服务更加准确，服务效率明显增加。农村信用合作社是农村金融体系的基础，为农业信息技术提供了金融服务。从我国农村金融体系的分工上看，农村信用合作社将一家一户的零散资金集中起来，变小资本为大资本，带动农户进入大市场，学习先进生产方式，从而提高竞争力和抵御风险的能力。农村信用合作社的存在有助于解决农户在应用信息技术过程中的资金问题。农村专业合作社是主要在流通领域按合作社原则组织起来的专业性经济组织，它是农业产业化的重要载体，是农业信息技术引入的先锋。

7.2.2.3 服务供给的骨干——龙头企业

农业产业化龙头企业作为农业产业化经营的市场开拓者和运营中心，在农产品的生产、加工、流通等方面与农户有机结合，从而在农业信息服务体系当中巩固了自己不可或缺的独立地位。农业信息技术的使用有助于农业产业化的发展，这其中龙头企业起着重大作用，信息技术的引入一方面可以把龙头企业将分散的农户组织起来，纳入社会化大生产中；另一方面，又可以把农业生产经营的一体化，在社会化大生产中实现资源合理配置，获取规模效益，提高农户参与国内外市场的竞争力。

7.2.2.4 服务供给的补充——其他社会力量

参与农业信息服务供给的主体除了政府部门、合作经济组织、龙头企业以外，还包括其他参与农业信息服务的部门、机构或个人，如商业、物资、外贸、金融、工商管理、质量监管、产品认证、财务会计、司法援助、农村经纪人等。这些行业组织或个人都直接或间接地在信息化农业信息服务过程中发挥着重要的作用，缺少了哪一个环节，都会影响信息化农业信息服务功能的发挥。

由此可见，信息化农业信息服务是一个多层次、全方位的复杂系统，若要这个系统正常运转，充分发挥其功能，各服务主体必须形成一个体系，互相配合，互相补充。

7.2.3 现代农业信息服务的模式

随着信息技术的进步和农业生产经营组织的不断创新，农业信息服务的模式也逐步由单一主体模式发展为多种主体融合的综合型服务模式。

7.2.3.1 传统的单一主体模式

（1）龙头企业服务模式，这一模式提供服务的主体是政府的农业管理部门和农业企业。其信息用户是农民、农业企业、涉农管理部门，农产品加工业、流通业；提供的农业信息包括农业生产技术、农产品市场行情、农产品供求信息、农业政策法规等。

（2）农村经济合作组织服务模式，这一模式提供服务的主体是农村合作社，服务的对象是合作社成员，主要给信息用户提供合作社内部需要的技术信息和市场信息等。服务的手段是利用黑板报、宣传单，广播、电话，特点是针对性强。

（3）科技大院服务模式，这一模式提供信息服务的主体是科研院所的专家教授，服务的对象是全体农民，主要给农民提供政策法规的信息，也提供科学技术信息、市场信息以及技术培训等。

（4）农民之家模式，这一模式提供服务的主体是有关农业部门，提供服务的主体是由有技术的农民、农业企业的专业人员和农民专业协会。提供服务内容包括：生产经营方面的信息、生产资料信息等。

（5）网上服务模式，这一服务模式提供服务的主体是政府有关涉农部门。服务的对象是涉农企业、涉农管理部门。提供信息服务的内容包括农业企业的产品价格、品种、供求和市场信息。

（6）网上劳务咨询服务模式，这一服务模式的主体是政府、农业管理部门。服务的对象是全体农民和涉农企业，服务的内容包括：搭起企业与农民之间劳动力转移的桥梁。

7.2.3.2 多种融合模式

（1）“农业信息服务中心+信息服务人员”模式。此种模式主要依托于政府部门建立的农业信息服务中心，招募农村信息服务员，向农民传递免费的农业产品市场信息、农业产品供求信息、农业生产技术、相关政策信息等。这其中可以与传统农业信息服务的模式相结合，服务中心在场地环境和技术环节允许的情况下，除了提供信息服务以外，还可以提供包括农药、种子、化肥等生产类信息服务。

（2）“经纪人+农业信息平台+农民”模式。此种模式是农村经纪人通过调查统计收集来的信息，而后对这些信息进行加工和分析，最后运用信息平台发布出去，经纪人主导整个生产、收购和销售环节。

（3）“农民合作组织+农业信息网+农民”模式。此种模式是通过农民自发组织成的农民合作机构，利用信息平台或者是传统的服务手段，对农户和会员等进行发送文字资料、开展相关会议、走访等服务方式将农业信息内容进行分享。通过信息内容引导农民进行农业生产和经营。

（4）“农业企业+农业信息平台+农民”模式。此种模式是农业、企业利用信息平台建立企业网站，通过网络以及传统的人员模式收集农业技术信息、社会经济信息、农产品市场价格信息等相关信息，通过信息技术和传统走访模式传递农业信息给农户，指导农户的生产和经营的整个过程。

（5）“高校、科研单位+农业信息平台+农民”模式。此种模式是高校、科研单位建立农业科技信息网站和农业信息数据库，通过网上发布信息，网上进行技术培训等形式向农民推广新型农业科学技术与市场信息。另外，此种模式还可以通过现代通信手段，包括新农村服务热线开展相关的农业技术咨询业务，提高农民对农业科技的利用水平，增加农民收入。

案例：“三农”服务呼叫中心

充分发挥科教机构技术、人才和科技信息资源的综合优势，推进12396热线与科研院所的对接，建立“三农”服务呼叫中心。通过“三农”科技服务呼叫中心暨星火科技12396服务热线，加强农村科技专家咨询服务系统建设，为广大农民、农民合作社、涉农企业提供农业生产技术、农产品质量安全生产、病虫害防治、畜禽水产健康养殖、农业产业政策、农业法律法规等方面的信息服务，以技术带动服务效能，以服务需求促技术进步。同时，科技专家在技术服务中可以收集、发现农民在农业生产过程中的具体问题并及时解决，对暂不能解决的问题，可作为今后研究课题，从而有目标、有方向地开展科学研究，提高科技推广的适用性与针对性，促进科技成果向现实生产力转化①。

（6）“农技站+农技110+农户”模式。此种模式通过农技站收集信息，农户主动的拨打农技110的电话进行服务。通过声讯服务提供市场行情，种植技术和问题解答等一系列农业信息服务。

（7）“企业+运营商+农信通或电子商务+农户”模式。此种模式通过

① 刘波．农村科技服务综合体理论与实践［M］．北京：中国农业科学技术出版社，2015.

企业、运营商、电子商务平台和农户多个部件组成，企业通过运营商作为中间平台，提供农业信息服务，运营商以信息技术为载体建立服务平台，为农户提供包括信息咨询，产品销售等一系列服务。

案例：公共信息服务及电子商务平台

建立覆盖县、乡镇、村的农村信息网络，将农业技术、农资、农产品物流信息等扩散和传播，逐步建立完善农产品网络电子商务直销平台及公共信息服务平台，为农业生产者、经营者、管理者提供及时、准确、完整的农业产业化的资源、市场、生产、政策法规、实用科技、人才、减灾防灾等信息；同时，为企业、农民合作组织、农户提供网上交易的平台。特别是大力推进农村物流信息化建设，加强农村信息硬件基础设施建设，实现生产者、销售者计算机联网，促进物流企业与货源地、物流企业之间的信息互通；建立农村物流信息管理系统，对农村物流各环节进行实时跟踪，有效控制与全程管理；以市场需求为导向，做好农村物流信息采集和发布工作以及市场信息咨询服务，提高农产品物流的效益和效率，为农村电子商务提供广阔的发展空间和完整的产业链。

7.3 现代农业信息服务的发展实践和经验

7.3.1 我国农业信息服务的历史进程

7.3.1.1 初始阶段：建国后—1979 年

这一阶段，与计划经济体制相对应，农业信息服务的内容主要是生产统计和农情信息，基本没有市场价格信息，信息不对社会公开，因此信息对基层农业经济不产生直接影响。农业信息服务手段比较原始，是以传统信息技术为支撑，信息服务效率低下。此阶段的主要特点是由农业部、中国科学院、各地的农业科学院及一些高校在政府主管部门的支持下，以独立、分散的应用项目和研究为主。

7.3.1.2 规划阶段：1979—1996 年

改革开放以后，农业的生产关系进行了重大调整。农业经济逐步摆脱计划经济的束缚，信息开始作为一种无形的生产要素，与劳动者、劳动工具、劳动对象等有形生产要素共同构成生产力的基础。1979 年我国引进遥感技术并应用于农业，自此拉开了我国农业信息化的序幕。1981 年我国建立中国农业科学院计算中心，第一个计算机农业应用研究机构。1985 年国家农业部提出《建设农牧渔信息系统的方案意见》，并制定《农牧渔业部电子计算机应用规划》，1986 年提出《农牧渔业信息管理系统总体方案》，并组建了农业部信息中心。1992 年提出了《关于加强农村经济信息体系建设的总体构想》，1993 年农业部建成了农业部局域网，1994 年 12 月，在“国家经济信息化联席会议”第三次会议上，农业部提出了跨世纪的农业信息化工程——金农工程，目的是加速和推进农业和农村信息化，建立“农业综合管理和服务信息系统”。1995 年，农业部建立了“中国农业信息网”，成为我国农业综合信息发布的权威网站。1996 年，农业部召开全国农村经济信息工作会议，制定了《“九五”时期农村经济信息体系建设规划》和“金农工程”（草案），其中，农村信息体系建设列入了农业部《农业和农村经济发展“九五”计划和 2010 年规划》。与此同时，国家 863 计划 306 主题“智能化农业信息技术应用示范工程”以集成现有农业信息成果为基本目标，以专家系统、模拟模型等为关键技术，通过协作研究和示范区的模式，把可用的农业信息技术向生产者提供服务。

7.3.1.3 成型发展阶段：1997—2010 年

1997 年，在首次召开的全国信息化工作会议上，农业主管部门和各级政府被要求把信息化纳入农业发展规划，逐步建立农业综合管理与服务信息系统，向各级农业管理部门、生产单位提供有关信息。其后，农业信息服务体系建设的基本框架成型并逐步加以完善。2001 年农业部启动“‘十一五’农村市场信息服务行动计划”，立足为农业和农村经济发展、农业结构战略性调整和农民增收提供及时、准确的信息服务，2005 年农业部在全国选择了部分地级和县级农业部门开展“三电合一”农业信息服务试点项目建设。重点建设的“中国农业科教网”、农业专家系统、国家农业科技信息分析与评估中心以及中国农业研究信息系统，进一步为我国的农业现代化奠定了先进高效的信息系统支撑。

2007 年农业部提出《全国农业和农村信息化建设总体框架（2007—

2015）》，明确表明到2015年我国农业和农村一体化信息基础设施将进一步完善，现代农业设施的信息化装备水平实现明显提高，信息化对现代农业、农村公共服务和社会管理的支撑能力显著增强，乡村两级信息化服务组织得到充分发展，农业和农村信息化可持续发展机制逐步健全，基本满足社会主义新农村建设的总体要求。往后，我国连续四个中央一号文件中都强调要加强农业信息化建设，推进农业信息服务发展。2008年中央一号文件更加明确了农业信息服务的重要地位，提出着力强化农业科技和服务体系基本支撑，积极推进农村信息化。按照求实效、重服务、广覆盖、多模式的要求，整合资源，共建平台，健全农村信息服务体系。推进“金农”“三电合一”、农村信息化示范和农村商务信息服务等工程建设，积极探索信息服务进村入户的途径和办法。在全国推广资费优惠的农业公益性服务电话。健全农业信息收集和发布制度，为农民和企业提供及时有效的信息服务。

7.3.1.4 快速发展阶段：2011—2016年

“十二五”规划阶段，我国农业现代化实现了飞跃式发展。伴随着信息化全面建设，农业信息服务网络全面建成，服务模式也不断创新。2013年，中央一号文件《关于加快发展现代农业进一步增强农村发展活力的若干意见》明确提出发展农业信息服务；2014—2015年，我国连续两个中央一号文件对农业现代化建设提出了新要求：“加大农村信息基础设施建设力度，推进信息进村入户”。2015年2月4日，农业部颁布了《关于扎实做好2015年农业农村经济工作的意见》，提出“加快农业信息化步伐，切实抓好信息进村入户试点工作，确保试点地区村级信息服务站建设基本实现全覆盖，集成运行全国统一信息平台，力争在政企合作、市场化运营机制上取得突破；加强信息资源共建共享，强化基础设施和条件建设”。

7.3.2 国外农业信息服务的发展经验

在国外，农业信息化水平以及信息服务水平普遍高于我国，所以西方发达国家农业信息体系发展建设中的很多经验是值得我们学习和借鉴的。本书选取了代表国际先进农业信息服务水平的三个国家美国、法国和日本作为主要的研究对象，同时，这三个国家也代表着美洲、欧洲和亚洲最先进的农业信息服务水平，很具有研究代表性，通过去粗取精，学习先进经验，有利于我国农业信息化水平的提高。

7.3.2.1　美国农业信息服务建设

美国是目前世界上重要的农产品生产国，也是最大农产品出口国。美国农业基本上是以市场为异向的农业，农民根据市场信息经营和管理农场，独立做出生产和销售决策。由于农业市场开放性强，美国农业不但要受到国内市场的影响，同时还要受到国际市场的左右。所以美国农业产业需要强大信息体系来支持，为自己的经营管理做出决策。

美国的宏观农业信息体系是以农业部为核心主体建立而成的，农业部下属各局：如农业统计局、市场信息服务、经济研究局、海外农业局和世界农业展华委员会，均有各自相关职能。农业统计局通过在华盛顿的总部和其分布在45个州的分处，负责提供美国农业的宏观信息。农业统计局每年组织全国的农业调查，出版数百份与种植业有关的生产报告，同时提供农产品库存、产地价格、劳动就业和天气预报等信息。对生产者来说，这些信息有助于他们做好种植、养殖、繁殖和销售计划，对为农业服务的商业机构、贸易集团、金融组织来讲，可根据这些信息作出经营管理方面相应的决策。农业统计局收集的信息直接来自农业生产者，通过抽样由各州农业统计分处初步汇总，再报到华盛顿总部，进行全国性的数据处理、在预定的时间对外正式发布官方的统计报告。市场信息、服务局主要负责农业市场动态信息的收集与发布。通过设在各地的派出机构，专人收集和整理谷物、牧草、饲料、肉类、禽蛋、乳品、羊毛、大牲畜、水果、蔬菜、花卉、棉花、棉子、烟草等方面的价格和供求信息，上午采集并及时加以汇总和整理，当天中午可分类发出。经济研究局主要负责农产品供求情况分析和预测，分析美国和世界其他国家的农业政策对农产品国际贸易的影响，分析农业资源以及技术投人和应用新技术情况，分析农村经济中出现的各种成本和收益问题。

美国的直接市场信息主要是通过农业部市场营销局与分布在各地的农产品市场报价员配合提供，市场基础信息的收集、整理和发布都是由市场调查员来完成的，这些调查员利用电话访问交易所、观察交易过程、会见买主、查看交易记录等方式，收集有关产品的数量、质量、价格、供给和需求方面的信息，并依此预测变化趋势。这些信息借助于通信卫星可在瞬间传到100多个地面接收站。“美国农业信息化水平高于工业，农民可以借助光纤、光缆、电话线等方式使计算机联网，农民在家中就可以使用在全国各地的政府农业中心、大学、科研院所和图书馆里的数据库。”可以获得关于产品价格彼动、品种改良、新型农业机械、动植物病虫寄防治等方面的最新数据。

7.3.2.2 法国农业信息服务建设

法国的农业信息体系是一个多元化的信息服务主体共生共存的局面，因此在服务内容上侧重点多不相同，服务对象和群体规模各有不同，具有良好的互补性。国家农业部门包括农业部、大区农业部门和省农业部门，负责向社会定期或不定期地发布政策信息、统计数据、市场动态等。如国家农业部生产与交流司市场信息处，负责发布市场动态，从基层收集信息，每天向社会发布有关农业信息商情。农业商会，其中包括中央级农业商会、大区农业商会和省农业商会，该组织归国家农业部领导，承担一部分政府职能，同时负责传播高新技术信息，承办各类培训，组织专家、学者讲课和发表文章并协助农场主做好管理工作等。研究、教学系统包括各级各类农业科研及教学单位，这些机构都是双向发展和产学研一体化，一方面产生、传播和直接利用大量农业科技信息；另一方面培养学生和面向社会咨询等。通过这两种方式向社会提供信息服务。“多种行业组织和专门技术协会，如法国农业合作联盟、农业术合作协会、玉米生产者协会等，这些不同类型、不同级别、不同规模的机构约为130多万个，专门负责收集对本组织有用的技术、市场、法规、政策信息；以及组织本身及其成员使用多种农产品的生产合作社和互助社，如粮食生产合作社、葡萄生产合作社等，其职能和行业组织与技术协会相似。负责收集相关信息，统一为其成员服务，只不过其专业性和针对性更强。”法国农业部从上到下都有自己的信息数据库，自己的计算机局域网。省级农业部门一般都配置了计算机及服务器等设备。中央农业商会和管理信息机构，如《法国农业》杂志社等非政府组织也都建立了自己的信息数据库、计算机局域网和广域网。专业技术学校也有自己的计算机室和局域网，一边教学生、农场主学习计算机操作，一边教上网获取信息。合作社普遍使用计算机进行管理，能上互联网获取信息。农场主有5%上网获取信息。一些经营规模较大或素质较高的农场主已经利用Internet开展电子商务活动。

7.3.2.3　日本农业信息服务业建设现状

“从60年代开始，日本就开始在农业上使用计算机。现在的普及率已达到90%以上。90年代初实现了农业信息技术服务全国联机网络，建立了管理系统，对全国各地的农业技术信息进行收集处理、储存和传递，各县可迅速得到有关信息，并随时进行信息相互交换。”近几年来，开发建立了农业技术信息网，通过公众电话网、专用通讯网和无线寻呼网把大型数据库系统、Internet系统、气象信息系统、温室无人管理系统、高效农业生产管理系统和个人计算机用户连接起来，用户随时查询和利用入网的各种数据。

7.3.3　我国农业信息服务的发展经验

7.3.3.1　北京农业信息化推广经验

当前，信息化与农业现代化的融合，已成为发展农业的重要趋势，农业信息服务体系已经成为现代农业服务体系的重要组成。近年来，在多个部门的探索实践中，北京农业信息服务体系发展较快，农业网站越来越多，农业信息化基础设施也越来越完善，“爱农驿站”“农村数字家园”“移动农网”“三电合一”等多种多样的农业信息服务模式也不断涌现。

但从实际运行情况来看，上述的农业信息服务无论其内容还是合力，相对于农业现代化的发展需求都还存在着一定差距。北京市农业局信息中心通过问卷调查发现，农业信息服务有两个核心问题需要解决。一是“最初一公里”的问题，即信息资源缺乏的问题。多年来的农业信息服务体系更多注重计算机、网站等看得见的硬件基础建设，信息资源这个费心费力又看不见的工作做得不足。调查显示，农业生产经营主体最需要的信息包括：农业政策类信息、实用技术培训信息、农产品市场信息、非农就业信息等。二是“最后一公里”的问题，即信息服务落地的问题。多年来的农业信息服务体系更多注重信息高速路的建设，而忽略了农业生产主体能否真正享受到信息服务。调研发现，仅有20%的农业生产经营主体习惯从网站上搜取信息，更多地则是通过电话、手机等。

针对这两个问题，北京市农业局信息中心立足多年的农业信息服务体系建设基础，依托北京12316农业服务公益短号码，着力加强农业信息服务的顶层设计，综合多部门、多类型的信息服务资源、信息服务技术和信息服务渠道，建设形成了省级农业信息综合服务平台。这一平台在多个方面取得了成效。在资源上，平台融合了农产品市场、农业科技、农业政策法规、农业专家、农业企业等资源。在技术上，平台集成了自动语音、三方通话、视频流媒体等交互式技术，建成了以北京12316呼叫中心为核心的信息服务系统。在渠道上，平台集成了计算机网络、移动终端、视频系统、信息服务一体机等现代化的信息传播渠道，实现海量信息资源的自主订制、自助式分发，为北京都市型现代农业生产经营提供了针对性的服务。

北京12316农业信息综合服务平台的推广应用具有显著的创新性，主要表现在三个方面。首先，建立了全市统一的农业综合服务平台。通过各级农口部门的共同合作，联合共建了全市统一的农业综合服务呼叫中心。呼叫中心开通的12316电话短号码，填补了北京市农业系统公益服务短电话号码的空白，为有效开展农资投诉举报和农业信息咨询服务创造了有利条件。其次，构建了一体化的农业信息综合服务体系。通过整合服务资源、服务系统、服务队伍、服务手段和服务渠道，建立了以信息咨询服务、农业执法服务、技术研发服务、决策支持服务、行政许可服务、质量追溯服务和区县特色服务为一体的农业信息综合服务体系，全面推进了科技与市场信息在郊区的推广和应用。最后，创建了北京都市型现代农业信息服务新模式。目前，通过平台形成了“政府主导+资源整合+系统集成+市区联动”的北京都市型现代农业信息服务新模式，解决了农业信息公共服务体系人、财、物有效协同问题，对于消除信息服务“瓶颈”、释放大量农业信息资源、促进科技成果转化具有强大的推动力。平台建成后，在全市13个区、400多个乡镇、700多个生产经营主体进行了推广应用，共提供农业信息技术咨询52.8万次，热线推广农业新技术60多项、累计发布各类服务信息26000多万条，辐射受众达到1600多万人，直接或间接获得经济效益累计 2.8 亿元，取得了良好的经济和社会效益。

7.3.3.2　全国 12316“三农”信息平台的建设

2006 年以来，农业部积极探索信息服务进村入户的途径和办法，统筹规划语音电话、手机短（彩）信、广播电视、互联网络等现代传播手段，以计算机、电视和电话“三电合一”项目为推手，利用社会力量，创新工作方法，全力打造了公益性的 12316“三农”信息服务平台。平台为农民提供了科技、市场、政策、价格、假劣农资投诉举报等全方位的即时信息服务，为切实提升信息化服务“三农”水平、带动农业增效农民增收、密切党和政府与广大农民群众的联系发挥了重要的作用。据初步统计，12316 平台已经惠及全国约 1/3 以上农户。同时，覆盖部、省、地、县四级政府的农业网站群基本建成，农业部初步建立起以中国农业信息网为核心、集 30 多个专业网为一体的国家农业门户网站，全国 31 个省级农业部门、超过 3/4 的地级农业部门和近一半的县级农业部门都建立了更新较为及时的农业信息服务网站。目前，全国农业网站总数达 31000 多个。

各地在实践中不断探索和创新，农业信息服务模式进一步成熟。比较典型的有，吉林农委与吉林联通调动社会各界力量，成功打造了“12316 新农村热线”；浙江利用“农民信箱”信息服务平台，为农民提供形式多样的信息发布、农产品产销对接等服务，实名制用户达到 236 万；上海为农综合信息服务“农民一点通”平台，使农民足不出户，就能享受到方便、快捷的信息化服务。此外，广东的“农业信息直通车”、海南的“农技 110”、山东的“百姓科技”、山西的“我爱我村”、陕西的“农业专家大院”、福建的“农业科技特派员”、甘肃的“金塔模式”、云南的“数字乡村”等模式也不断成熟。

全国各地在 12316 平台建设中，因地制宜，合理规划，抓住关键，明确重点，充分借鉴和发挥现有信息资源优势，积极整合相关部门信息资源，为平台建设提供了有力的信息支撑，使平台建设有了较好的运行基础和服务保障。如北京市整合了区县“三电合一”信息资源、市农科院农业科技信息资源以及部级农业信息资源，实现了全市统一的信息服务界面和各级信息资源的共建共享；浙江台州市整合 96160110、电信 114 号码百事通的电话服务资源，及时解决农民电话咨询的各种问题，实现了农业信息低成本进村入户；四川仪陇县和通江县充分利用已有数据库资源，充实本地化信息，提供符合农民需求的信息资源，使信息服务有了坚实基础。

在12316信息服务平台运行过程中，各地充分挖掘信息服务新方法，相继建立了短信服务系统，及时发布与农民生产、经营、生活息息相关的政策信息和市场信息，增强了信息服务的时效性和针对性，部分地区还开通了视频点播、远程视频诊断等业务系统，为信息服务能力的提升注入了新的动力。如福建龙岩市针对不同农时、特色产品上市季节，每周至少发出1种类型短信，包括市场价格、实用技术、新产品新技术、病虫害防治技术、防灾抗灾等信息，充分发挥信息对农民技术指导、及时防灾和市场预测的作用；云南普洱市农业局在信息网站上还制作了VOD视频点播节目，方便农户随时点播观看；山东济南、章丘、滕州、寿光、昌乐、荣成等地建设了网络视频系统，用于植物病虫害远程诊断及技术培训等，对推动农业标准化生产、保证农业食品安全、实现农业可持续发展起到了积极作用。

各地在12316平台建设中，注重加强与畜牧、水产、林业、农机、兽医、粮食、统计等涉农部门的沟通协调，充分发挥各自优势，共建网络平台，实现资源共享。如河南省推行了“一键服务”，农民在12316热线中提出的超出农业主管部门的问题，可以通过热线平台直接转接到相关主管部门的公益服务热线上；河南许昌市在许昌教育电视台开办了“农业信息综合节目”，在许昌电视台开办了《乡村行》栏目，已累计播出150多期，在许昌广播电台开办了《金色田园》节目，全面实施农业信息入户电波工程；新疆兵团平台单位积极与所在师、团的科技局、商务局、电视台密切合作，共同编制农业电视节目，开设了“农业科技大篷车”“农情快报”“病虫害预测”“农产品价格”等栏目，每天播放五小时以上，制作各类农业节目2000多期，受到职工的热烈欢迎，成为师、团电视台的“黄金节目”。

7.3.3.3 江苏线上线下齐发力的品牌营销路

2016年下半年以来，家禽行情在低迷中徘徊，加之流感病毒的影响，草鸡、草鸡蛋价格波动幅度较大。面对不利形势，江苏农垦新曹农场一方面选择优质草鸡养殖品种，合理安排生产批次；另一方面，积极对接各大电子商务平台，全力拓宽销售渠道。2017 年上半年，江苏农垦新曹农场销售鲜鸡蛋 123 吨，老母鸡、小公鸡 8 吨，实现销售收入 118 万元。

互联网为产品销售提供了广阔平台，江苏农垦新曹农场抓住机遇，及时更新升级产品包装，在入驻微店、淘宝、天猫等平台销售的基础上，在华东地区建立并拥有了稳定的电商合作平台，如南京捷农、宜美鲜、小六美鲜、上海鲜上农庄、福州城市蜜蜂等。电子商务所占的市场销售份额不断扩大，2016 年电商销售额 92. 6 万元，占全年销售总额的 35. 8%，电商品牌产品的销售价格是线下销售的 320%，除去包装和物流成本，净利润提升 60%；2017 年上半年电商销售额 50 万元，为在逆境中顽强生存夯实了基础。在线下，农场着力扩大直营直销。根据市场和客户需求，进一步将“玉谷”品牌宣传易拉宝、产品手册、宣传片等宣传资料加以完善升级，以新的面孔、新的形象与消费者见面。同时，将“玉谷”品牌产品的生产、宣传、销售等有效信息通过微信公众号、朋友圈、微博等新媒体进行针对性的网络宣传。

7. 3. 3. 4　广东清远“互联网+农业小镇”

在大力发展“互联网+”的时代背景下，将农业特色优势转化为产业优势，培育出经济效益好、辐射带动强的新型农业经营主体，打造优势特色明显的农业区域公用品牌、企业品牌和产品品牌，把小镇培育成农业农村经济的重要支柱，成为农业特色互联网小镇的发展方向。自 2016 年 6 月被公布为广东省首个“互联网+农业”创建小镇以来，广东省清新区立足实际、有的放矢、抓住重点，围绕“互联网+特色农品”“互联网+农业品牌”“互联网+精准扶贫”，实施三大工程、提升三重境界，不仅用互联网为脱贫攻坚、农民增收愿景插上了腾飞的翅膀，更在这一过程中完成了对现代农业的体系重塑。一年来，清新区引进“互联网+农业”相关企业近 50 家，新增注册资本 9805 万元。2016 年农产品电商销售额 1. 7 亿元，相比 2015 年增长 200%。

“互联网+特色农品”，消费者与生产者在生产端“握手”。当信息化时代带来的硕大“加号”将互联网与农业紧紧连接在一起的时候，产品要素的流动速率成为衡量网络能量释放强度的首要指标。在清新区，作为当地最为驰名的特色农品，“清远鸡”一经触网便销量倍增，这样的营销“魔术”超出了许多人的想象。“互联网+农业小镇”项目的落地，让“清远鸡”产业转型升级得以柳暗花明。在清新，“互联网+清远鸡”的思路创新，不仅是将更多养殖户推上了农村电商的发展风口，更在于将农业物联网等前卫概念植入其中，让消费者与生产者的隔空握手从销售环节迁移到了生产环节。在政府的支持和引导下，由广东天农食品有限公司和深圳市三栖科技有限公司共同发起实施的“互联网+清远鸡”计划，旨在借助互联网，把“清远鸡”养殖标准全面应用到养殖、屠宰、配送、烹饪等环节。同时，消费者通过微信等软件平台，可以随时随地的了解“清远鸡”的生长、加工和流通情况。建设“清远鸡”大数据中心、质量安全溯源系统、垂直电子商务平台和网上博物馆，成为这一计划的主要支撑。2016年，“清远鸡”养殖现场直播平台搭建工程告竣，并与京东、天猫等完成对接。借助于互联网营销模式带来的全新消费体验和更强品质认同，2016年，“清远鸡”网上订单达到10多万笔，销售额达到1200万元，比2015年增长了350%。

伴随互联网基因的植入，当地不少农业龙头企业华丽转身，同样成为了农业电商领域的佼佼者。在清新，这些电商企业同样是打造农业品牌的主力军。按照“电商企业牵头负责、农村资源股份化分红、本地农户主动参与”的思路，电商企业不仅要提出农业项目，而且还要制定种养标准和农户加盟标准。加盟农户则需要按照标准相对独立生产，之后通过“保底价收购+市场价调节”的方式交由电商企业销售。

在“互联网+”养料的滋润下，清新农业品牌建设大树，不仅结出了产品硕果，还伸出了平台枝丫。在龙颈镇龙北村，占地600亩的南方传媒现代农业科普基地，还有一个更为人们耳熟能详的名字——“和记农庄”。这个由广东广播电视台与和记低碳农业科技有限公司共同建设的基地以生产功能为主、农业观光为辅，提供“从田间到餐桌”的一站式服务，采用全程冷链配送，并通过“粤鲜生”O2O电子商务平台，借助地利之便，24小时内可将优质农产品送达客户手上。

7.3.3.5 恭城瑶族自治县农业局信息化建设

开播《恭城植保》电视栏目。随着农村经济的不断发展，“家电下乡”等惠农政策进一步实施，农村家用电视已基本得到普及，广大农民基本上可以在家里了解国家大事和所需要及时掌握的农业基本信息。开设《恭城植保》电视栏目，将各农事季节主要农作物特别是水果生产的病虫防治和管理要点，拍成电视宣传片，在“恭城新闻”之后的黄金时段播出，每期5分钟左右，连播5天，每年播出10~12期，此栏目的开设深受本县老百姓的欢迎。

创建区域信息平台。水果标准化生产在恭城瑶族自治县已引起高度重视，也得到各示范基地老百姓的充分关注。为在一定的区域内统一管理，恭城瑶族自治县的西岭乡与桂林电子科技大学合作，以农民专业合作社信息化建设为切入点，设计和研发了西岭农业信息化管理服务平台，将全乡示范区内基地农户的手机号码收集起来，统一发布水果标准化管理信息，实现了合作社水果生产、管理、培训、销售全程网络化管理。

设立“绿色水果”网。加强水果销售宣传是助农增收的重要环节，为使恭城瑶族自治县的农村水果销售经纪人、水果生产大户以及销售大户，及时了解全国各地水果生产与市场销售形势，政府每年派出专业队伍，到各省区了解水果生产行情，所收集的资料通过“绿色水果”网传给恭城瑶族自治县经纪人、水果生产大户及销售大户，指导广大农户及时、适时销售水果，实现果农增产增收。

加强“120”气象服务合作。“120”气象服务信息每天一播，覆盖了恭城瑶族自治县所有的手机用户。县农业局与气象局密切合作，将当前主要农事要点或病虫防控措施等编成10~20字短信，发给县内手机用户，此做法简单、快捷、效果好，受到广大老百姓的欢迎。

公布专家信息。为了促进地方经济的发展，恭城瑶族自治县农业部门根据本部门各技术专家的特点，公布专家的特长和手机号，并提示生产上遇到困难和难题时，可相互开展交流和讨论，必要时还可以组织技术攻关，此做法对农业生产也起到很好的效果。

开通科技点播。借助“金农工程”电视设备，恭城瑶族自治县在红岩、北洞源、黄岭、大岭山等新农村建设示范点，开通了“金农工程”电视点播。示范点农民可以随时根据自己的实际需要，按遥控器提示，点播自己需要学习的节目内容，极大地满足了示范村农户学习现代科技的需要，对当地的农村经济发展也起到了重要的作用。

7.4 促进现代农业信息服务发展的措施

当前，我国农业信息服务水平正处在起步阶段，与发达国家相比，基础相对薄弱，发展相对滞后，总体水平还不高。由于我国农业正由传统农业向现代农业转变，信息化对农业现代化的作用尚未充分显现，主体部门对发展农业信息服务的重要性认识还不够强，农民对农业信息化的应用程度低。农业数据采集、传输、存储、共享的手段和方式落后，农业物联网产品和设备还未实现规模量产；支撑电子商务发展的基础设施十分薄弱，农业信息技术标准和信息服务体系尚不健全，农村网络基础设施建设滞后；自主创新能力不足，农业信息化学科群和科研团队规模偏小，领军人才和专业人才匮乏，农业信息技术成果转化和推广应用比例低；市场服务、监管制度体系不健全等因素，都极大地限制了农业信息服务的发展速度。因此，亟待从服务意识、基础条件、科技创新、人才培养、机制体制方面去改革提升。

7.4.1 完善农业信息服务主体功能

7.4.1.1 充分发挥政府主导作用

政府作为农业信息服务的关键主体之一，在基础设施建设、法律法规制定、服务推广宣传方面起到至关重要的作用。首先，农业信息服务涉及技术范围广，软硬件设施建设规模庞大，加之信息技术在农村地区的推广和应用困难，都需要政府大量的资金投入。因此，必须加大资金投入，确保农业信息化基础设施体系的建设，推进农业信息化服务的发展。其次，在信息法律法规建设方面，应尽快形成信息法律体系的大体框架，以便有计划、有步骤地逐步建立和完善我国的信息法律体系，做到有法可依。再者，农村地区信息技术落后，对于农业信息化发展的重要性和必要性认识不够，因此有必要加强成效宣传和经验推广。目前我国在各地方试点实施了多种农业信息服务模式并取得了一定成效。对当中的先进经验，政府应积极宣传，对典型进一步引导和扶持，用不同的方式在不同层次促进涉农信息资源的整合，促进农村信息服务的推广。

7.4.1.2 加强农民信息化应用能力培训

信息服务的建设应该服务于农业、农村、农民。在市场经济体制下，政府不再是单一的服务主体，市场引导下的多元主体参与的服务模式，才更有利于农业信息服务业的发展。农民作为服务的接受者，同时也是服务的主要参与者，自身信息化的应用能力直接影响到服务的质量和成效。当下信息技术发展的日新月异，对于世代耕种的农民来说具有一定的适应难度。因此，应当面向包括新型职业农民在内的新型农业经营主体、新型服务主体，开展农业物联网、电子商务等信息化应用能力培训，提升技术水平、经营能力和信息素养，具有信息收集、信息应用和信息反馈的能力和意识。加强新型职业农民培育的信息化建设，为新型职业农民提供在线教育培训、生产经营支持、在线管理考核等服务。组织农民手机使用技能竞赛，推介适合农民应用的 APP 软件和移动终端，为农民和新型农业经营主体构建支持生产、提升技能、学习交流的平台和工具。加强农技推广服务信息化，开展农技人员专业化培训，实现科研专家、农技人员、农民的互联互通，提升农技人员的业务素质，为农民提供精准、实时的指导服务。

7.4.1.3 促进农业信息社会化服务体系建设

支持农业社会化服务组织信息化建设，支持科研机构、行业协会、IT 企业、农业产业化龙头企业、农民合作社等市场主体发展生产性服务，并积极利用现代信息技术开展农业生产经营全程托管、农业植保、病虫害统防统治、农机作业、农业农村综合服务、农业气象“私人定制”等服务，推动分享经济发展。鼓励农民基于互联网开展创业创新，参与代理服务、物流配送等产业基础环节服务。利用“互联网+”创新农业金融、保险产品，增强信贷、保险支农服务能力。推进农业数据开发利用、农产品线上营销等信息服务业态发展，拓展农业信息服务领域。加强农业博物馆现有实体陈列和馆藏农业文物数字化展示。

7.4.2 加快农业信息服务基础网络建设

7.4.2.1 完善农业信息服务基础设施建设

信息网络等基础设施是实现农业信息化服务的重要前提和基础，特别是在我国农村通信技术普及不完全、整体信息网络不发达的情况下，亟待完善农业信息服务基础设施建设。加强农业农村信息化装备建设，不断提升农田水利基础设施、畜禽水产工厂化养殖、农产品加工贮运、农机装备等基础设施信息化水平，把农业信息化纳入整个农村中小型基础设施体系中，实现生产者、销售者计算机联网，促进物流企业与货源地、物流企业之间的信息互通。加强智慧农业生产、农产品冷链物流与电子商务、休闲农业等的信息化基础设施建设，充分发挥都市现代农业的生产、生活、生态功能。对未通宽带行政村进行光纤覆盖，对已通宽带的行政村进行光纤升级改造，解决边远地区的网络覆盖，尽快实施农村地区网络降费政策，探索面向贫困户的网络资费优惠。

7.4.2.2 加强农业信息技术研发创新

完善农业农村信息化科研创新体系，壮大农业信息技术学科群建设，科学布局一批重点实验室，加快培育领军人才和创新团队，加强农业信息技术人才培养储备。提升农业农村信息化关键核心技术的原始创新、集成创新和引进消化吸收再创新能力，加快研发性能稳定、操作简单、价格低廉、维护方便的适用信息技术产品，逐步实现重点领域的自主、安全、可控。推动农业信息技术创新联盟建设，搭建农业科技资源共享服务平台，提高农业信息化科研基础设施、科研数据、科研人才等资源的共享水平，实现跨区域、跨部门、跨学科协同创新。加快农业农村信息化技术标准体系建设，强化物联网、大数据、电子政务、信息服务等标准的制修订工作，为深入推进农业信息技术应用奠定基础。

7.4.2.3 培育壮大农业信息化产业

构建以涉农 IT 企业、高校、科研院所为主体，以新型农业经营主体为纽带，面向广大农民的农业信息化产业联盟，推动科技创新与农业生产经营有效对接。积极探索农业农村信息化应用新机制、新模式，引导大型传感器制造商、物联网服务运营商、信息服务商等进入农业农村信息化领域，培育和壮大农业信息化产业。推动建立农业软件与农业电子产品质量检测机构，按照国家和行业标准规范，加强农业信息化软硬件产品市场监管，提供产品性能检测服务。加大试点示范力度，强化全国农业农村信息化示范基地和农业信息经济示范区建设，发布适宜推广的农业信息技术和产品目录，引导信息技术在农业生产、经营、管理、服务等领域的应用创新。

7.4.3 加强农业信息服务资源整合与应用

7.4.3.1 整合农业信息资源

随着我国农业向现代化迈进，整个农业体系也将卷人全球化、信息化、可视化的浪潮，信息资源的丰富程度将成为左右现代化农业发展的关键。由于涉及技术、政策、经费等多方面的因素，在农业信息资源建设仍存在较多问题。因此亟待加强农业信息资源建设，充分发挥信息资源作用。农业信息服务资源的建设包括信息的开发、采集、整合以及系统的过程。要加大国内外农业信息服务资源开发的力度，建立信息采集渠道。根据市场发展和管理需要，建立完善农业信息服务技术指标体系，调整布设信息服务采集监测点，开发统一信息服务采集软件，建立标准化的数据库。建设农业信息数据云网路，推动形成跨部门、跨区域农业政务信息资源共享共用格局，有序推动数据资源社会开放，逐步实现农业农村历史资料数据化、数据采集自动化、数据使用智能化、数据共享便捷化，形成一套完善的信息服务资源交流系统。

7.4.3.2 加强农业信息资源库的建设

目前，我国已经建立了一大批农业信息资源数据库，但数量上和内容上还不能满足农业信息服务的需要。因此，要大力挖掘农业信息资源，把农业信息视野扩展到农业及相关的各个领域，来充实现有数据库的内容，逐步建立大型综合性数据库和专业特色数据库，具有一定数字资源基础的、权威的农业及其相关机构作为信息资源中心的核心，并加强资源建设与共享。在建设资源中心的过程中，广泛利用多种数据挖掘与分析技术，充分发挥资源中心的深层次服务功能，为“三农”提供全方位、多层次的农业信息服务。研发农业信息搜索引擎技术，建设农业专业搜索引擎，从浩瀚的农业网络信息资源中搜索、提供个性化的农业信息服务，大大提升农业信息资源的利用效率。

7.4.4 培养农业信息化服务人才

信息化服务的关键在于应用，而应用的关键在于人才。特别在农村地区人们的文化水平普遍不高，对现代通信信息技术的了解还很少，农业信息技术的推广和应用急需大量人才来完成。要通过建立健全农业信息技术人才培养体系，开展农业信息化服务队伍建设。一是通过学校教育体系培养年轻而学历层次高的农业信息专业学生。全国各大农业院校开设专业，培养农业与信息技术的复合性人才。二是对广大基层的农业信息员和农民进行农业信息方面的培训。依托农业广播学校的农村广播、电视远程教育培训网络来加强农村基层信息人员和文化程度较高的农民的培训，提升广大农村农民的整体素质。另外，可以利用有条件的农村普及中小学、职业中学、农业技术学校进行远程教育或短期培训，传授计算机应用基础和农业信息检索与服务等方面知识。

7.4.5 加快推进农业农村电子商务与大数据发展

7.4.5.1 统筹推进农业农村电子商务发展

电子商务作为现代信息技术的产物，在推进农业转型升级，提升产业附加值方面具有显著的作用。因此，注重提高农村消费水平与增加农民收入相结合，扩大农业农村电子商务应用范围。积极配合商务、扶贫等部门，加强政企合作，大力推进农产品特别是鲜活农产品电子商务，鼓励发展农业生产资料电子商务，开展农业生产资料精准服务。加强产地预冷、集货、分拣、分级、质检、包装、仓储等基础设施建设，强化农产品电子商务基础支撑。

大力培育农业农村电子商务市场主体。开展新型农业经营主体培训，鼓励建立电商大学等多种形式的培训机构，提升新型农业经营主体电子商务应用能力。发挥农业部门的牵线搭桥作用，组织开展电商产销对接活动，推动农产品上网销售。鼓励综合型电商企业拓展农业农村业务，扶持垂直型电商、县域电商等多种形式电商的发展壮大，支持电商企业开展农产品电商出口交易，促进优势农产品出口。

7.4.5.2 加快推动农业农村大数据发展

大数据应用，是提高生产决策科学性、提升信息服务水平的重要因素。因此，加强农业农村大数据建设，完善村、县相关数据采集、传输、共享基础设施，建立农业农村数据采集、运算、应用、服务体系，统筹国内国际农业数据资源，强化农业资源要素数据的集聚利用。加快完善农业数据监测、分析、发布、服务制度，建立健全农业数据标准体系，提升农业数据信息支撑宏观管理、引导市场、指导生产的能力。推进各地区、各行业、各领域涉农数据资源的开放共享，加强数据资源挖掘应用。

7.4.6 全面推进信息进村入户

7.4.6.1 加快信息进村入户推进速度

构建信息进村入户组织体系，不断完善部管理协调、省统筹资源、县运营维护、村户为服务主体的推进机制。建立政府补贴制度，研究出台政府购买服务政策，积极引导电信运营商、电商、IT 企业、金融机构等共同推进信息进村入户，健全市场化运营机制，推动组建信息进村入户全国和省级运营实体。不断完善以 12316 为核心的公益服务体系，丰富便民服务内容，推进电子商务快速发展，提升体验服务效果。围绕农业农村大数据建设，强化益农信息社的数据采集功能。加大涉农信息资源整合共享力度，协调推动村务公开、社会治理、医疗保险、文化教育、金融服务等领域的信息化建设和应用。

7.4.6.2 破解农业信息化服务“最后一公里”障碍

农业信息化服务是引导农民和农业发展经济的重要措施，也是帮助农民增产增收的一把“金钥匙”。但是，由于受传统小农经济自给自足的思想禁锢，以及交通条件、通信设施等硬环境因素的限制，我国广大农村尤其是边远地区的农民，市场意识仍然十分淡薄，对农业新技术、新方法的信息需求不够重视，从而导致农业信息服务在广大农村未能取得成效。因此，打通农业信息通道在“最后一公里”出现的障碍，积极推进农业信息化服务建设是我国农业发展的必然选择。通过加大资金投入力度，积极探索市场参与的运行方式，解决农村信息基础设施配备问题，包括进村入户的计算机、网路设备等，解决农民信息获取的途径和方式难题，提升农民信息获取和使用能力，消除农业信息通道的“最后一公里”障碍，加快推进农业信息服务的推广和发展。

第八章　现代农业资源、能源和环境服务

现代农业可以概括为用现代物质条件装备农业、用现代科学技术改造农业、用现代产业体系提升农业、用现代经营形式推进农业、用现代发展理念引领农业、用培养新型农民发展农业，通过提高农业水利化、机械化、无公害化和信息化水平，提高土地产出率、资源利用率和农业劳动生产率，提高涉农产业效益和竞争力等。

以现代服务业引领现代农业发展，既是一种现代服务业与现代农业之间关系的变化，也是一种农业发展方式的转变。与传统发展方式相比，以现代服务业引领现代农业发展更加突出现代服务业的主导作用和产业之间的融合趋势。

根据产业链，可以把我国现代农业划分为三个领域①：即产前领域，包括农业机械、化肥、水利、农药、地膜等制造领域；产中领域，包括种植业（含种子产业）、林业、畜牧业（含饲料生产和水产业）；产后领域，包括农产品产后加工、储藏、运输、营销及进出口贸易等。这三个领域涉及了农业生产中资源、能源、环境三方面的内容，本章就农业资源、能源、环境的现代服务做以下分析。

8.1　现代农业资源、能源和环境服务的新发展

8.1.1　农业资源现代服务新发展

根据农业生产需要，农业资源服务涉及种子供应、农机装备、水利排灌、肥料、农药等多个方面，下面对其发展动态分别进行介绍。

---

①　龚晶，张晓华．以现代服务业引领现代农业发展的模式及路径［J］．贵州农业科学，2014（12）：238-242.

8.1.1.1 建立现代种业综合服务体系

农业的发展，很大程度上取决于现代种业的有效服务，因此建立现代种业综合服务体系是现代农业发展的必由之路，也是破解当前农业发展难题的一个有效途径。

现代种业管理是涵盖种质资源的搜集保护利用、新品种的培育、生产、加工、销售、市场监管以及售后服务等内容的种子全产业链管理。现代种业服务是从系统科学的角度围绕以种子为要素的一系列科研部门、生产部门、推广部门、监管部门和技术服务部门之间紧密协作而形成的服务链，是把科研单位培育出的有自主知识产权和广阔市场前景的优良品种，利用现代种业的综合服务技术，有效、精准、保纯地应用到农业生产中，以解决当前农业生产和发展所面临的难题，更好地促进农业增产、农民增收，实现农村富裕、农民全面脱贫奔小康。

现代种业服务发展主要体现在以下方面。

（1）充分利用法律许可的良好政策环境。为适应新形势，给种业发展提供有力支持，自2016年1月1日，我国开始施行修订后的《中华人民共和国种子法》（以下简称《种子法》）。对种质资源保护、育种创新体制机制、品种审定和登记管理、植物新品种保护、种子生产经营许可、种业监督管理等进行全面规范，构建了科学、合理、健全的种子法律制度，主要目的是提升我国种业的自主创新能力和市场竞争力。修订后的《种子法》加强和完善了种质资源保护利用制度、自主创新的育种体制机制、加大了新品种原始创新的保护力度、简化了种子经营管理程序的审批事项、明确了基层种业执法的权责主体、加大了政策的扶持和培育力度等方面，符合现代种业发展的要求。现代种业服务，要以法律为依托，为保障现代种业体制改革，增强机制创新动力，促进农业增产、农民增收和国家粮食安全，提升我国农作物种业科技创新能力等方面发挥重要作用。

（2）主动适应供给侧调整给种业发展提出的新要求。种业是农业发展的源头，现代农业发展很大程度上取决于现代种业。2015年中央农村工作会议首次提出了农业供给侧改革与补种业发展短板协同发展的理念。要求农业生产所使用的品种和生产的农产品质量要契合消费者需要并满足不同层次的消费需求，给种业发展、种子品种培育提出了更多、更高的要求；要求生产的农产品供给数量充足，对品种的多样性和丰产性提出了新的要求。现代种业发展，要从调整农产品结构、提高农产品质量、开发新的消费需求等方面进行产业提升，满足农业供给侧改革发展的需要。

8.1.1.2 推广应用现代物理农业工程技术

现代物理农业工程技术集成了物理、机械、电子和农学等相关学科的内容，是一门新兴的交叉型学科。与传统的化学农业相比，物理农业具有节约资源、提高农产品品质、保护环境等特点，是传统农业的升级，是农业生产模式的创新。实施、推广现代物理农业工程技术，是发展资源节约型、环境友好型农业，实现农业可持续发展的重要途径，也是拓展农业机械化服务领域，促进农业发展方式转变的新亮点。

现代物理农业工程技术，是将电、磁、声、光、热等物理学原理和技术应用到农业生产中，通过特定的物理方法来处理农作物或改善农业生产环境，将物理技术和农业生产有机结合，减少化肥、农药的施用，促进动植物生长，从而使农产品安全、高效和优质生产，以保护生态环境、实现农业的可持续发展，在种植业和养殖业都有探索应用。

（1）设施种植业应用模式。通过选用各种适用于设施农业生产的物理技术及装备，提高设施种植装备水平、改善设施农业生产环境，以推进设施农业种植现代化进程。设施种植业物理农业技术包括温室电除雾防病促生技术、声波助长技术、烟气电净化二氧化碳气肥技术、土壤连作障碍电处理技术、种子处理技术、电子杀虫技术、温室病害臭氧防治技术、LED补光技术和温室热风炉增温技术等。

（2）设施养殖业应用模式。设施养殖业中应用的现代物理农业工程技术主要有畜禽舍粪道等离子灭菌除臭技术、畜禽舍空气电净化防病防疫技术和畜禽饮用水变频磁化技术等。其中畜禽舍空气电净化防病促生技术为防治畜禽气传疫病提供了新的解决途径。实践证明，该技术不仅能满足畜禽舍空气的静态净化，解决微生物气溶胶、恶臭气体的危害，又能最大限度地减少通风次数，减少饲料的扬尘，降低疫病的发生概率，提升畜禽的健康水平，降低养殖户的作业成本和劳动强度，推进绿色、环保型畜禽养殖业的健康发展。

8.1.1.3 加强农田水利建设，发展节水型农业

粮食安全关系到国家安全和社会稳定的基础，在耕地数量有限且减少的情况下，通过加强农田水利建设，提高单位粮食产量，能够有效增加农田产量。加强农田基础设施建设，尤其是农田水利设施建设，是调整农业产业结构，发展现代农业的前提。

随着全球工业的急速发展和人口的持续增长，全球气候日益变暖，异常天气频现，给人类的生产生活造成了极大的不便和影响。近10年来，我国更是多次遭受水旱袭扰，农业受灾严重，粮食减产，人畜饮水困难，严重制约了经济发展，影响社会稳定。频繁发生的水旱灾害，暴露了农业在农田水利等基础设施建设方面存在薄弱，因此要不断加强和完善农田水利系统，增强水利应急能力，增强抵御自然灾害等风险的能力。

农田水利建设主要指为保证农业生产兴建的水利工程，为发展农业服务修建的水利设施，目的是通过水利工程技术措施，改变不利于农业生产发展的自然条件，为农业高产增效服务。主要包括大型水利建设、小型农田水利建设和农田水利设施等。农田水利建设的主要内容有：平整土地、改良土壤、扩建耕地、修整排水灌溉河渠、修筑道路以及植树造林等。农田水利建设的主要任务是：通过兴修水利工程，调解区域性降水不均匀，采取蓄水、引水、跨流域调水等措施调节水资源的时空分布，为充分利用水资源、土地资源和发展农业创造良好条件；改善农田水文状况，采取灌溉、排水等措施调节农田水分状况，满足农作物需水要求，改良土壤，提高农业生产水平，满足农业发展需要；通过兴修水利工程设施，如灌溉，除涝，排水，治理盐碱、风沙等，调节和改良农田水分状况和地区水利条件，建立旱涝保收、稳定高产的农田服务系统，使之满足农业生产发展的需要，促进农业稳产高产。

我国农业发展面临着许多问题，与水资源和水利有关的主要有：季节性降雨不均，南北水资源分布不均，水土流失率高，土地沙漠化、盐碱化严重等问题。我国在20世纪六七十年代进行的农田水利建设主要是发展大型水利工程，针对的是地区性引水灌溉、排涝和治碱，对水资源的利用以

一地一时为主，过于依赖对河渠的使用，没有重视节水型、小新型农田水利的作用。对于农业用水一贯采取大水漫灌的灌溉方式，结果造成水资源的极大浪费，同时也容易造成土壤板结、土地返碱、肥力下降、土壤缺氧等方面问题，不利于农作物的生长。还有，就是将水利建设的重点放在了治理洪涝上，从而忽视了储水工作，造成了旱季水资源的严重不足，应积极应对气候变化，做到涝旱兼治统一完善。

进入21世纪后，农业逐渐实现了多元化经营，水利灌溉的弊端也越来越突出。随着机械化不断应用于现代农业生产，20世纪五六十年代修建的水利工程已无法满足现代农业对水利的要求，因此修建小型农田水利、发展节水型农业成为现代农业发展的必然趋势。

8.1.1.4 推进肥料行业供给侧改革

我国农业资源匮乏，要用占世界6%的水资源、9%的耕地生产出占世界26%的农产品，养活21%的人口。“人多、地少、缺水”是我国农业面临的最大挑战，节水农业已成为农业发展的重要方向。同时，传统的化肥施用方式，存在施用量大、挥发多、施用不均等弊端，由此所造成的土地生产力降低、农业环境污染等问题日益凸显。采用水溶型肥料，选择水肥同施、以水带肥的水肥一体化模式，能够有效解决上述问题，水肥一体化技术必将引发肥料行业乃至现代农业的新一轮革命。

（1）水溶性肥料是肥料行业发展的方向。水溶肥是指能够完全溶解于水的多元素复合型肥料，与传统的过磷酸钙、造粒复合肥等品种相比，具有明显的优势：①它是一种速效性肥料，水溶性好、无残渣，可完全溶解于水，能被作物的根系和叶面直接吸收利用；②采用水肥同施，以水带肥，实现了水肥一体化；③有效吸收率达到80%～90%，高出普通化肥1倍多；④肥效快，能够满足高产作物快速生长期的营养需求。随着水资源的进一步匮乏，我国农业的集约化、规模化发展，以及大型农场的不断涌现，喷灌、滴灌节水设施农业面积将进一步扩大，水肥一体化将步入快速发展时期，也将成为肥料产业重点发展的方向之一。

大力发展节水农业和水肥一体化，促进农业发展方式转变，是我国农业在“人多、地少、水缺”现实条件下保障国家粮食安全的必然选择，是既要农业增产、农民增收，又要保护生态环境安全，实现农业可持续发展的必然选择。与此同时，水肥一体化的快速发展也为水溶肥等新型肥料的发展带来了巨大的市场机遇，发展水溶肥是实现水肥一体化和节水农业的关键环节。

据有关资料显示：2000 年以前，我国的水溶肥主要是进口；2005—2010 年是我国水溶肥起步发展时期；自 2010 年以来，以金正大集团为代表的一批中国新型肥料生产“大鳄”开始加入水溶肥市场，水溶肥成了肥业市场的“新贵”；近年来，中国水溶肥料迎来了快速发展的时期。截至 2014 年 4 月，在农业部登记备案的水溶肥有 5670 个。据中国化工信息中心统计，我国水溶肥登记的企业有 2490 多家，配方有 5000 多个。但是，从全球水溶肥的市场容量看，世界水溶肥市场总量大约是 1510 万吨，美国市场占世界市场的 1/3，中国占的比例还非常小，只占 2. 8%。发展科技含量高的水溶肥技术，推广水肥一体化模式，探索出一条具有中国特色的节水农业、绿色农业、生态农业途径，作为新型、高效、节水肥料的水溶肥无疑会成为中国肥料产业未来发展的一个方向。

（2）水溶性肥料发展的趋势。大型企业与微小企业并存。中国农业大学陈清教授指出，由于我国目前规模化经营和传统经营并存的原因，我国水溶肥行业在一定时期内会出现大的水溶肥企业和微小水溶肥企业并存的局面。目前，我国大概有 2. 3 亿农户，城市化流转以后，流转出 5000 万个，还剩 18000 万个，我国现有耕地 20 亿万亩左右，意味着每个农户大概有 10 亩地左右，尽管中央和地方在大力倡导规模化经营，但这个模式不会迅速扭转成全部的规模化经营。例如，从经济作物发展情况来讲，小规模经营在将来可能会占较大的比例。

产品结构将进一步丰富，产品形式多样化。在市场模式作用下，水溶肥的产品结构将进一步丰富。例如，2005—2010 年，很少有人提及尿素也是一种水溶肥，2010—2014 年，已经有人提出可以将高塔的硝基肥用来做水溶肥的论断。

8. 1. 1. 5 加强农药市场监管

现代农业发展应围绕“效益优先、生态安全、规模集约、竞争力强”

的定位，培育优质安全农业产业。随着生态特色农业的发展和现代农产品市场的不断开拓，国内外市场及消费者对农产品质量的要求进一步提高，农药残留检测标准日趋严格，如何在新形势下强化农药供给服务管理工作，确保农产品质量安全，为特色农业产业持续健康发展保驾护航，成为农药生产、销售、服务及监管部门面临的首要任务。

通过严格落实《农药标签和说明书管理》，规范农资市场上经营的农药产品，解决农药品名混乱、“一药多名”等突出问题，提高农药标签规范化率。由市场检查延伸至农药质量抽检、农药经营人员培训、农药残留快速检测等各个方面，通过多渠道、多层次的管理手段，对假冒伪劣农药进行整治和高毒高残留农药进行精准管控取缔，从而更为有效地控制农药在农业生产中的投入，并引导农药经营人员、农产品产销企业和种植户合理、规范使用合格农药，切实推进农业标准化进程。通过不断优化农药经营市场秩序，稳步提升优质特色农产品质量，保证农产品的品质和安全，夯实现代农业产业发展的基础。

农药市场的监管服务主要体现在三个方面。（1）加强农药经营许可。农药属于特殊商品，应严格按照国家有关规定审核经营资质，在取得农药经营许可证的基础上办理工商营业执照，具备合法经营资格。（2）加强农药市场监管。植保系统在从事植保、检疫工作的同时应承担农药市场监管、农药经营人员培训、许可证办理等业务。集中力量进行农药打假、打劣，集中查处群众投诉多、社会反映强烈、农药市场秩序长期得不到有效治理的集镇市场，重点检查经营、使用高毒高残留、假冒伪劣、过期农药的违法行为，遏制高毒高残留农药以及剧毒鼠药的销售、使用。通过净化农药市场，给农民提供安全、放心的供给服务，确保农产品质量安全。（3）加强农药质量检测。在加强抽样检查广泛性的基础上，采取有针对性的抽检方式，以往年不合格企业、品种为重点抽查对象，加强对农药产品质量的监测力度，从源头上保证市场供应。

8.1.2 农业能源现代服务新发展

8.1.2.1 积极发展新能源、推广绿色能源

进入 21 世纪以来，我国农村经济不断发展，农村能源消费总量快速

增加，农村生产用能的比例持续减少，农民生活用能规模超出生产用能规模，传统生物质能等低质能源所占比重减少，现代商品能源比重上升，商品化、优质化趋势增强，能源消费结构处于由传统能源消费结构向现代能源消费结构的变迁过程中。从现阶段情况来看，农村生活用能规模超过生产用能并呈不断增加趋势，但农村生活能源消费仍以秸秆、薪柴等传统植物质能为主，优质能源所占比例较小，商品能源比例虽逐年增加但总量和比例仍偏低，农村居民生活能源消费结构还需进一步优化。

推进光伏发电，逐步扩大农村电力、燃气和清洁型燃煤供给，开展新一轮农网改造升级工程等，都是推动农村能源清洁化的重要举措。因地制宜地发展沼气、地热能、农村水电、生物质成型燃料等，亦是农村能源转型不容忽视的重要路径。对生产和使用新能源、清洁型煤、生物质成型燃料、节能环保炉具等，进行财政补贴，降低农村居民清洁用能的成本，增强农村居民清洁用能的意愿，是推动农村新能源革命的关键。

8.1.2.2 建设全能型乡镇供电所，适应农电发展新要求

2017年的中央一号文件，要求补齐农业农村短板，夯实农村共享发展基础，提出实施农村新能源行动，推进光伏发电，逐步扩大农村电力、燃气、清洁型煤等新能源供给，实施新一轮的农村电网改造升级工程。从网架结构到末端服务，电力在推进农业提质增效、推行绿色生产方式、壮大新产业新业态、引领现代农业加快发展等方面，发挥着巨大作用。做好农村电力服务，意义重大，而做好乡镇供电所的建设，是最关键的环节。

农业发展的新特点、农村发展的新形势、农民生活的新需求，在给农村电力市场发展带来新特点、新规律的同时，对基层供电服务工作也提出了新的要求。打造业务协同运行、人员一专多能、服务一次到位的“全能型”乡镇供电所，体现了农电工作在新要求下的新意，目的在于提高效益效率，不断增强乡镇供电所的供电服务保障能力，更好地服务于“三农”。

农村新产业、新业态不断发展，电网新设备、新技术、新业务也在不断涌现，在核心业务集约化的同时，基层供电所“城乡服务一体化”的内容越来越多，对提升服务的及时性、有效性提出了更高的要求。因地制宜设置乡镇供电所，实施差异化管理；在业务上按照“末端融合”思路，实

行营配合一、开展新型业务，着力打造“全能型”乡镇供电所；进一步加强乡镇供电所的组织建设、持续优化人力资源配置、改善基础设施，是确保农村的供电服务需求得到满足，做好农村电力服务工作的关键环节。

8.1.2.3 加强农业排灌电力设施投资和管理

在我国很多地区的农业生产过程中，农业灌溉用电问题一直困扰着农民群众。改善农业灌溉设施的投资建设和管理，成为解决这个问题的关键。

现阶段农业排灌电力设施投资主要有以下几种模式。（1）个人投资。其产权属于个人，供电企业收费管理到配电变压器，设备的产权所有人负责对设备进行日常维护并缴纳电费；产权所有人再根据设备投资和维护的费用支出情况，向用电户收取使用费。（2）村集体投资。其产权属于村集体，供电企业收费管理到配电变压器，村集体指派专人或者承包人负责对设备的日常维护和缴纳电费。（3）政府投资建设。其产权属于政府部门，政府部门负责农业排灌电力设施的维护和电费的缴纳和收取，供电企业收费管理到配电变压器。（4）电气企业投资建设。配电变压器的产权属于电力企业，其在为居民提供生活用电的同时，还提供农业排灌用电。但在灌区修建的排灌设施其产权仍属于村集体。

由于农业排灌电力设施投资主体较多，在带来建设资金渠道多样化的同时，也造成了管理维护、责任划分主体不明，使用效率低下，相关部门需要从农业排灌电力设施投资、责任划分、管理模式创新等几个方面做好服务。

8.1.3 农业环境现代服务新发展

农业生产不可避免的受到经济、自然、社会的影响，因此，农业环境服务应包括经济环境、自然环境和社会制度环境三个方面。

8.1.3.1 经济环境

（1）推进农业产业化发展，促进农业转型升级。当前，我国农业发展面临以下几个主要问题：一是部分地区受到区域自然资源因素（土地、水等要素）的制约。随着人口的增长和土地资源的不断减少，所面临的挑战也越来越大。二是受到劳动力资源的制约。当前，在农业生产比较收益低的情况下，农户从事农业生产的收益同农户兼业的收益相比没有优势，导致农业劳动力的短缺。三是受产业链不完善的制约。农业生产经营主体多而分散，组织化程度不高，单家独户为主的生产经营方式，导致集约化生产水平较低。四是质量安全等突发事件对农产品产销的影响日益明显。在生产环节，为追求产量，不合理使用农药、化肥等投入品，造成化学物质残留。在储藏、运输与销售环节，由于运输距离远、时间长，违规或超量使用防腐剂，还有保存、保鲜措施不当，储运过程中可能产生微生物危害。五是农产品市场的波动变化对供给的影响敏感。一方面供给市场受供需波动影响较强；另一方面市场供给和需求在时间、空间、质量方面的矛盾依然突出，在蔬菜行业表现的最为明显，表现为菜贱伤农、菜贵伤民。同时，中间商贩、零售环节等层层的利润加成等因素加剧了生产和消费两端的矛盾。推动农业产业化发展，能够有效整合资源、加强监管、延伸产业链、提升抗风险能力，对帮助这些问题的解决大有作用。

现代农业的产业化发展，应以“四化同步”发展战略为指导，以科技为支撑，以提质、增效、内涵提升为标准，转变农业发展方式，努力提高农业生产的区域化、规模化、标准化和产业化水平，通过构建现代农业产业体系，推进农业产业转型升级发展，丰富有机农产品品种，提高质量，以满足居民不断增长的消费需求，推动现代农业向更深层次、更高标准发展。农业产业化发展的具体路径，可以“规模化建设、园区化发展、标准化生产”为方向，以提升设施农业硬件建设标准为依托，以设施农业标准园区创建为手段，以严格监管产品质量安全为保证，促进其健康、可持续发展。例如，在 2008 年，北京市即出台了《关于促进设施农业发展的意见》（京发〔2008〕30 号），强力推进设施农业标准化、规模化发展。2014 年，北京市仅设施蔬菜产值就达到了 36.15 亿元。

（2）实施品牌农业战略，发展高端特色农业。打造富有发展活力和市场竞争力的农业品牌，发展品牌农业，是转变农业发展方式的重要途径，也是发展现代农业的重要标志。

品牌农业是以市场为导向的高质高效高端农业，是农业产业化发展进程中，通过品牌打造提升农产品和食品附加值的高级发展形式。品牌农业依托的是品质，彰显的是科技，承载的是文化，内涵是诚信及附着在诚信之上的社会认知度、认可度和美誉度。

发展高端特色农业，应结合当地独特的农业资源条件，以市场需求为导向，开发区域内特有的名优农产品，走高效、特色、品牌发展之路。通过生态农业与产业化的结合，生产品种更多、数量更大、质量更优、符合标准的多系列、质量安全的农产品，创造品牌效应，实现经济效益、社会效益、生态效益的全面提高。

8.1.3.2 自然环境

(1) 加强对自然环境的保护，注重与自然和谐发展。一是农村旅游深度融合，建设现代农业庄园。2016 年 11 月，国家旅游局、农业部联合印发了《关于组织开展国家现代农业庄园创建工作的通知》，决定在全国国有农场范围内组织开展国家现代农业庄园创建工作，计划到 2020 年建成 100 个国家现代农业庄园。

现代农业庄园是以现代化农业生产为基础，以现代旅游经营服务理念和管理方式为支撑，以满足游客多元化需求和旅游消费转型升级为目标，依托庄园的自然和人文资源，深度开发旅游观光、休闲度假、健康养老、科普文化等多种功能，形成的旅游产业集聚区和旅游综合体。具体是以山林、田园、湖泊、溪流、水库等自然景观资源为依托，以农、林、牧、渔等特色农业生产、加工、经营为基础，以乡土文化、农作生产、农村生活为引线，集生产、加工、经营、观光、娱乐、休闲、运动、餐饮、住宿、购物等生产、服务功能于一体的农业企业形态，是休闲农业的一种高级形式。发展现代农庄经济有利于吸收农业人口就业、促进农地流转、综合提高农业的现代化经营水平，使农业发展走适度规模经营的道路。

二是推广种养结合的循环生态农业。按照循环经济和生态农业的要求，积极发展种养结合的循环农业，建立推广种养结合、立体复合型发展、农业副产物再利用等循环农业模式和技术体系，同时培育生态有机农业品牌，为发展农业循环经济，推进农业资源的循环利用和现代农业的可持续发展奠定基础，以适应现代农业的发展需要。

三是发展休闲农业模式。休闲农业是横跨农村第一、第二、第三产业，融合生产、生活、生态功能，紧密连接农业、农产品加工业和服务业的新型农业产业形态，是现代农业新的发力点和重要组成部分。乡村旅游以农业生产、农民生活、农村风貌、人文遗迹、民俗风情为旅游资源，满足旅游者乡村观光、度假、休闲等需求。以现代农庄为载体，发展休闲农业和乡村旅游，能有效推动农业发展方式转变、优化农业产业结构、促进农民增收。

（2）加强农业气象服务，提高适应自然环境能力。农业是易受气象影响的脆弱行业，农民是需要提供专业气象服务的弱势群体。近年来，随着极端天气、异常气候事件频发，水灾、旱灾、风灾、雹灾、冻害等危害趋于严重，病虫害发生种类增多，发生区域增大，农业对气象服务和保障的需求也越来越高。农业气象服务需求首先表现在农业气象信息服务上，加强地面观测是保证气象信息准确、及时、满足需求的基础性工作，也是提高农业生产适应自然环境能力的重要着力点。

8.1.3.3 社会环境

（1）完善政策制度配套服务。

一是大力加强农业生产技术推广服务体系建设。美国是世界农业的强国，以全球0.2%的农业劳动力，生产出了全世界16.3%的谷物、34.2%的大豆、14.3%的肉类。美国农业能够拥有如此强大的生产能力，除了农业资源丰富之外，还有高水平的农业科技。美国高度的农业科技水平不仅体现在研发能力上，还与其高度完善和发达的农业技术服务体系密不可分。我国在农业科学技术研究方面已取得了一些成果，但是在成果的推广应用上还有很大欠缺，表现在成本思想守旧、新技术应用缓慢、积极性不高、普及面窄等方面，制约了现代农业的发展。应制定完善相关政策，营造好的制度环境，加强农业生产技术推广服务体系建设。

二是加快农村土地流转。推进农村土地流转和发展多种形式规模经营，是发展现代农业的必由之路，也是农村改革的基本方向。推进农村土地流转是释放土地活力、实现农业资源持续高效利用、优化生产要素配置、降低生产成本、提高农业经营效益和促进农业增收的必然选择。但是依法合理有序规范土地流转行为，保护农民土地权益，实现农民和经营者双赢，仍然需要更加完善的政策支持和多方努力。

（2）加强农业人力资本投资。

拓展职业农民教育，培养新型职业农民。新型职业农民是指以农业为职业、具有一定专业技能、收入主要来自农业的现代农业从业者。主要包括生产经营型、专业技能型和社会服务型三种类型。生产经营型职业农民：指以农业为职业、占有一定的农业资源、有资金投入能力和农业专业技能、收入主要来自农业的务农劳动力，主要包括家庭农场主、专业大户、农民合作社的带头人等。专业技能型职业农民：指在农民合作社、专业大户、家庭农场及农业企业中长期稳定从事农业劳动作业，具备农业专业技能，以此为主要收入来源的农业劳动力，包括农业雇员和农业工人等。社会服务型职业农民：指具有相应服务能力，在社会化服务组织中直接从事农业产前、产中、产后服务，以此为主要收入来源的农业社会化服务人员，包括农村经纪人、农村信息员、统防统治植保员、农机服务人员和村级动物防疫员等。

发展现代农业，推动农业转型升级，迫切需要有文化、懂技术、会经营的新型职业农民。但是，我国农民老龄化、兼业化、素质偏低的问题仍相当突出。据浙江省的有关调查显示，在从事农业的700万人的劳动力中，平均年龄53岁，初中及以下学历的占90%以上；该省5.2万家专业合作社负责人中，具有大专以上学历的不足10%。科技文化素质不高已成为制约现代农业发展的“瓶颈”。培育职业农民是当前和今后相当长时期内农村经济工作的重要任务，是一项长期而艰巨的战略工程，应从农业人力资本投资的角度夯实这一基础，提升传统农民、转化失地农民、引入新型农民，建立健全农民培训体系，着力培育一批有文化、善经营、会管理的现代农业带头人。

上述从农业资源方面应建立现代种业综合服务体系，从源头做好服务；推广应用现代物理农业工程技术，进一步提高农业机械化水平；加强农田水利建设，发展节水型农业；推进肥料行业的供给侧改革，发展水肥一体化技术；加强农药市场监管、保证农业安全。农业能源方面应积极发展新能源、推广绿色能源，改善农村用能结构，降低农业碳排放；建设全能型乡镇供电所，适应农电工作发展新要求；加强农业排灌电力设施投资和管理，做好排灌服务。农业环境方面应发展品牌、高效农业，加速推进农业产业化发展，促进农业转型升级；应提高农业适应自然环境的能力，加强对自然环境的保护，促进农业与自然和谐发展；应完善政策制度配套服务，加强人力资本投资。

8.2 现代农业资源、能源和环境服务的内容、主体和模式

8.2.1 改善农业资源供给和服务

8.2.1.1 从供给侧改革出发完善现代种业服务

（1）提升农作物品种选育水平，满足农业生产需要。当前农作物品种培育机构偏少、培育方向不丰富，“高产、稳产、适应性强”的品种是改革开放以来主要的品种培育方向，随着大量新品种的推广，近年来粮食持续高产，但培育的优势品种还不能完全满足生产的需要，现代种业服务应侧重向优势品种培育方向发展。

（2）农作物品种选育要跟随并引领消费需求变化，调整农产品供需平衡。近年来，随着国家对种业市场的放开及政策扶持，农作物品种也日益丰富，加之农业新技术的应用，使粮食持续高产，产量巨大。人们物质生活得到极大满足，从以前单纯追求吃饱，到现在讲究吃好，吃得有营养；农作物品种也从单纯地追求“高产稳产”转向了“优质广适”。但是，从近年所提倡的“功能营养”品种的选育过程可以看出，选育多样化的品种需要很长时间，这和人们日益增长的消费需求还不能协调统一，由此出现了传统产品供给过剩和新消费需求得不到满足并存的问题。今后，种业服务应在“功能营养”品种的培育上实现新突破，具有引领市场消费的超前意识，开发新品种，缩短育种周期。

（3）帮助农民把握市场，提高有效农产品供给，满足生活消费需求的变化。想让农民生产出的产品，在质量和数量上符合消费者的需求，需要农业服务部门的扶持和技术指导。应从以下方面加强服务：从提高农产品生产的源头——品种上着手，培育功能性强的，适合消费者需要的优良品种；生产中给予农民业务知识的培训和技术上的指导；收获后给予市场信息支持和调控，让农民生产出的农产品种类，在质量和数量上更好地满足市场需要，最大限度地契合消费者需求。以此提高全要素生产产出率和有

效供给对需求变化的适应性和灵活性，促进农业生产持续健康发展。

（4）从源头提高农业生产的市场竞争力，防止农业增产但农民不增收，挫伤农民生产积极性。现代种业是农业产业链最前端的一环，农作物品种是决定农业生产增产增效的基础，是增加农民收入的物质支撑，也是实现农业现代化必不可少的物质基础。没有优良高效的农作物种子，农业生产就是“无源之水，无本之木”。优良的农作物品种要以农业科技为载体，旨在降低农业在生产过程中的投入，从而降低生产成本，提高市场竞争力。2015 年的东北玉米滞销现象，表面上看是玉米丰收了，产量增加了，导致玉米卖不出去，卖不上价；实际上是我国进口大量的低价玉米进入到加工领域，占领了国内大量的加工市场。

（5）完善种子市场监管体系和现代种业综合管理体系。加强现代种业管理是实现农业生产提质增效，保障粮食生产和农产品有效供应的核心环节。综合服务管理体系涵盖种业发展理论、品种试验、市场监管和种业技术服务等内容，主要包括品种选育、栽培技术试验、市场监管和种业后续服务等项目，是产前、产中和产后的全生产链管理。现代种业服务是把科研单位培育出的有自主知识产权和广阔市场前景的优良品种，通过有效的推广介绍，精准地应用到农业生产中，促进农业增产和农民增收，帮助解决农村的全面小康问题。当前工作的重点是，完善种子品种的备案登记和市场准入、种子质量检验、种子市场秩序的监管等制度，完善种业技术服务规范和行业标准，完善种子质量问题的风险保障和赔偿机制。

8.2.1.2　加强农机专业合作社建设，提高农业物质技术装备水平

农机专业合作社建设是加强农机工作的重要内容，是建立和发展现代农业服务体系的重要组成部分，在一定程度上体现了一个地方的农业机械化水平，代表着该地区的农机化发展程度。近年来，农机专业合作社在实现地方农机化发展方式的转变和推进现代农业转型升级的发展进程中发挥了积极作用，已成为优化农机装备结构和推广新技术新机具的主导力量。合作社的全程机械化服务，有效地提高了田间作业质量和标准；有计划的理性投资，减少了重复投资和不必要的资源浪费；延长了作业链，提高了农业生产组织化程度，切实提高了农机具的利用效率。

农经部门服务农机合作组织的内容和形式：①促进农机合作社与农户之间有机组合，互惠双赢，共同发展。农机专业合作社在工商部门完成登记注册，为农户提供耕翻、整地、播种、施肥、收获、植保等“一条龙”服务。农机手以缴纳少量会费的形式取得学员资格，合作社建章立制，会员分工明确，责任到人，小型作业任务实行单机核算，大面积耕作任务可实行联合作业，作业质量标准、收费统一。②加强合作社与农场基层组织紧密配合，成为农场农机化的中坚力量。农机合作组织的建立，为农场农机管理和使用带来了极大的便利。分场和管区将农机合作组织与农户联合在一起，农机作业实行统一调度、统一标准和统一作业，从而能充分发挥基层组织的服务功能。③帮助合作社牵头实行跨区作业，树立农场良好的社会形象。合作社的发展可以立足农场，辐射周边，逐步扩大对外机械耕作作业面积，树立良好外部形象。

农机专业合作组织服务农户的内容和形式：①将农机手与作业市场连结起来，提高农机具利用率，增加农机手收入。通过合作社，可以把本地区拥有的农机服务组织调动起来，开展跨区作业，开辟作业市场，实现规模化生产。②作为联系政府部门和农民的桥梁。通过农机合作组织，可以与农场和地方农机管理部门加强联系，从而有效拉动农机消费市场，协助农机主管部门开展工作。向农机主管部门传达农民的真实想法和意愿，使农民能够获得真实的市场信息及政策精神，由此做出符合市场需求的决定。③提高农民的协作意识，帮助维护农民的合法权益。合作社为农民提供了交流的机会，使他们在技术上互帮互学，利益上互助互利，信息上广泛传播，增强了保护自我权益、争取平等权利的意识，避免自身利益受到侵害。④提高农业经济效益和社会效益。以农机专业合作社为依托，完善农机管理，推广农机作业，实现机械化、标准化耕作，助推农业产业化发展，从而为农业增产增收提供可靠保证，帮助农户脱贫致富。⑤以农业机械化促进农业现代化。大型机械作业能力强、效率高，减少了劳动力投入，节省了成本，提高了农民种地积极性。引进先进适用的大型机械，对农业各方面都起到了增产、增效作用，农民的收益也得到了提高。农业机械化不仅降低了农民的劳动强度，而且能够使一部分农民从农业劳动中解放出来，在畜牧养殖和服务行业中寻找新的发展道路。

农业物质技术装备水平是衡量农业现代化的重要标志，是提高土地产出率、资源利用率和劳动生产率的关键举措，推动现代农业发展，离不开农业物质技术装备水平的提升。农业物质技术装备是指农业生产过程中运用的生产工具及其他劳动资料的总称，是实现农业现代化的重要载体，是提高农业生产水平和解放农业劳动力的重要工具。有效提升农业物质技术装备服务水平，应从农业生产的实际需要出发，现阶段的重点体现在以下三个方面。

第一，满足粮食综合生产能力稳步提升对农机装备的需求。当前，在粮食作物生产中，小麦生产达到全程机械化的硬件条件已基本具备，水稻种植硬件设施距实现全程机械化的目标也为之不远，但是在设备配套服务方面仍需努力。今后要加快水稻育秧中心建设，加强机械化育秧成套技术、育秧基质研究，推广壮秧剂拌土、基质代替营养土、育秧流水线播种、室内暗化立苗、秧板摆盘绿苗、无纺布（防虫网）覆盖、硬盘硬地育秧、工厂化大棚集中育秧等成套育秧技术，提高育秧水平和育秧效率。同时，需要加快高速插秧机等先进机械插秧技术及谷物烘干设备的研发。

第二，满足高效设施农业生产对农机装备的需求。①高效设施农业生产需要配套作业机具，对农机装备的需求重点是解决温室、大棚等设施栽培生产的配套机械化。进一步试验示范质量轻、体积小、操作方便、多功能环保型微型耕整管理机械；引进试验穴盘播种、育苗成套设备以及栽培基质机械化加工与处理技术及设备；示范推广二氧化碳气肥发生器、超低量雾化降温设备、常温烟雾植保机；示范推广经济适用型温室、大棚环境智能化检测及预警设备等；加快推广卷帘机等设施农业配套机具。②设施蔬菜生产更需要农机农艺的融合。蔬菜作物具有种类多、品种多、差异性大，精耕细作、环节多、作业要求高，复种指数高、用工多、季节性强等特点，这是制约农机农艺融合的重要原因。目前，设施蔬菜作业机具装备体系已初步形成，虽然在育苗、整地、直播、移栽、灌溉、植保、环境控制等环节已经实现机械化，但距离农民的要求仍相差甚远，存在空白点、不完善、不规范和不配套等问题，需要加大创新力度，重点解决蔬菜生产劳动强度大的问题。应进一步试验示范经济适用型蔬菜种子丸化处理、育苗装备及菜地耕整机械、开沟机械、起垄机械、铺（覆）膜机械等；示范推广节水灌溉、植保、施肥、中耕等田间管理机械。

第三，满足农作物秸秆还田及综合利用对农机装备的需求。目前，机械化秸秆还田的技术需求主要包括加快动力机具更新换代速度、推广应用大马力拖拉机、新型高效稻麦秸秆水田埋草机、稻麦秸秆粉碎还田机、稻麦秸秆反转灭茬还田机、玉米秸秆粉碎还田机、油菜秸秆还田机等；经济适用的秸秆打捆机及配套的草捆装运机、移动式秸秆田间压缩打捆机等。秸秆建材、饲料、燃料、基质等综合利用配套机械需求包括秸秆粉碎机、畜禽饲料青贮机、秸秆饲料造粒机、压块机、致密成型机、食用菌基质加工等。

8.2.1.3 水利建设服务农业发展的方向

（1）通过农田水利建设促进农业转型。一是依托农田水利建设加快农业结构的调整，突出各地区的特色和优势，在转变农业增长方式的同时处理好粮食作物与经济作物的关系，在保证粮食产量稳定性的同时增加农民收入。二是根据顺势建设的原则，应用自然水利条件培育特色支柱产业，坚持因地制宜，突出地方特色，抓住重点带动区域经济的发展。例如，在城区附近，交通便利，人口密集，可发展蔬菜种植；沿海地区，土地盐碱化较为严重，可以发展抗盐碱的水稻种植业；在其他水利便利地区，可以发展果树和设施农业促进农民增产增收。三是要加强农业产业结构的规划研究，以利于农田水利设施发挥更好的作用。

（2）实施虚拟水战略，实现水资源区域调配。水资源是影响区域农业生产发展与空间布局的基础性资源。20 世纪 90 年代初期，英国学者 Allan 提出了虚拟水的概念，认为虚拟水是指生产产品和服务中所需要的水资源数量，即凝结在产品和服务中的虚拟水量，这为深入研究水资源问题开创了新的领域。虚拟水战略是指贫水国家或地区通过贸易的方式从富水国家或地区购买水密集型产品，尤其是农产品（特别是粮食），来保障自己国家或地区内的水资源安全和粮食安全，它的提出为全球和地区解决水资源短缺问题提供了新的思路。在全球和地区水资源短缺日益严峻的形势下，虚拟水战略越来越受到国家和地区政府以及水资源管理部门的重视，并开始在区域农业水资源开发利用和农产品贸易等方面付诸实施。

采用虚拟水战略，调整农业生产空间布局，优化区域水资源空间配置，能够有效促进农业产业转型升级和结构的调整。具体措施如下。①农业生产布局过密型。农业生产布局现状与虚拟水战略背景下的农业生产布局不吻合，在保障区域水资源和食物安全方面，其所做出的贡献已经远大于应承担的责任，表现为区域水土资源已经超载。需要适度压缩农业生产规模，减轻区域水土资源的压力。应当对现有的农业生产布局进行合理调整，适当压缩高虚拟水含量农产品的生产，保证非农用水尤其是生态用水的安全。水土资源优越区域，提高水资源利用率，适当减少高耗水农产品的生产，保证生态用水、生活用水和工业用水的供应。干旱带调整农业种植结构，发展旱作高效节水农业，减少高耗水农产品的生产；并根据区域发展的实际，探索实施虚拟水战略，弥补地区生态用水的不足，改善区域生态环境。②农业生产布局过疏型。在保障区域水资源和食物安全方面，其实际做出的贡献低于其能承担的责任。区域农业地域资源的优势还未能充分发挥出来，在虚拟水战略背景下可以根据地区农业发展的实际，适度扩大农业生产。应继续发挥地域水土资源优势，合理发展现代农业，为水资源短缺地区顺利实施虚拟水战略提供有效服务。

（3）加快现代节水型灌溉区建设。第一，节约农田用水，减少农田灌溉用水损失。加强现代节水型灌溉区建设，加大农业节水力度、减少灌溉用水损失，既有利于缓解农业面源污染，又能够提高农业生产力，是转变农业生产方式的重要途径。加大节水设施与节水技术推广力度，扶持节水灌溉典型，完善防渗渠系配套，合理发展喷灌、滴灌工程，重点推广浅湿灌溉技术，有条件的地方对主干渠道逐步实现衬砌化，能够减少水资源的不必要浪费，有效起到节约农田用水的目的。针对蔬菜、瓜果、苗木、花卉等需水量大的种植品种，实行节水灌溉是促进农业结构调整的必要手段。

第二，排除农田大涝灾害，减少农田水土流失。大涝会造成农田水土流失，地里的肥料、上层的好土层被水给冲走，既给水土资源带来很大的损失，又降低农作物的产量，也影响了农村的生态环境。随着农业结构调整的不断深入，对农田灌溉、排涝、降渍水平提出了越来越高的要求，要加强对灌、排、降技术标准的研究。今后的农田水利基本建设，要适应农业结构调整的需要，既要提高供水保证率，又要提高农田排涝能力标准，为农业生产提供高标准的灌排服务，将大涝灾害对农业生产带来的损失减少到最低程度。可以通过兴修渠道，引水入河、引水入湖、引水入海，不仅减少农田水土流失，还节约了水资源。

第三，调整和优化种植结构，培育节水高产品种。根据区域和种植实际情况，调整和优化种植结构，对提高农田的整体水分利用效率非常有利。通过调整作物布局，建立适应抗逆型种植制度，一般可使作物增产15%。此外，培育节水高产品种也是提高作物产量的重要途径，是提高农业用水效率的重要举措。目前，已初步完成小麦、玉米、水稻等作物品种的染色体基因图谱绘制，使人类按照自己的意愿实现作物的基因重组成为可能。但是，一些品种没有将抗旱和增产有效地结合起来，今后应该加强这方面的研究。

第四，积极推行“互联网+”政策，注重水利信息化发展。水利信息化是以现代通信、网络、数据库技术为基础，充分利用现代信息技术，深入开发和挖掘水利信息资源，实现水利信息的采集、输送、存储、处理和服务的现代化，全面利用水利信息资源，提升水利事业活动效率和效能的过程。充分利用信息技术的渗透性和共享性拓展水利基础公共服务的覆盖范围，充分利用遥感、物联网、无人飞机、传感器等信息技术为水生态文明建设提供新手段。积极推行“互联网+”政策，建立“云灌溉施肥”技术示范区，推广“物联网+水肥一体化”技术，进一步提高水肥资源利用效率。

8.2.1.4 规范水溶性肥料行业发展

虽然水肥一体化技术与水溶肥发展趋势前景广阔，水溶肥将有可能成为我国未来最具发展潜力的肥料类型，但水溶肥行业当前面临着产品与规模参差不齐、标准尚未完全统一、灌溉行业与肥料行业间存在断层等几个亟待破解的难题，需要规范行业的发展，服务的内容也集中在这些方面。

（1）龙头性生产企业及配套跟踪服务缺乏，应加强培育。第一，缺乏专业性水溶肥生产企业。2007 年至今，水溶肥在我国获得飞跃式发展。目前，该行业已形成由传统肥料企业金正大、史丹利、深圳芭田、新都化工，农药企业深圳诺普信、江苏龙灯、四川国光等为首的超过2000家的水溶性肥料生产企业，但其产销量所占比例不大，也缺乏龙头性的专业水溶肥生产企业。第二，缺乏市场监管。由于监管不到位，市场比较混乱，助剂及激素使用较多，影响了优质产品的推广。第三，缺乏跟踪服务。产品配方没有实现根据作物的需求来配制，行业服务水平低，达不到预期效果，也影响了市场份额。

（2）行业标准不规范，应抓紧完善。目前，水溶肥行业有两套标准并存，且没有完全统一，不利于行业的良性竞争和发展。据了解，水溶肥涉及5个农业行业标准和1个化工行业标准，且5个农业行业标准包括了大量元素、中量元素、微量元素、含氨基酸、含腐殖酸5大种类，产品概念繁多。此外，水溶肥产品登记在农业部，而化工行业标准落地执行也是一个现实问题，并且两套标准的指标要求并不统一。

（3）生产与施用有断层，亟待“无缝”对接。当前，肥料企业注重肥料的品质及销量，不能清楚地了解不同灌溉方式对水溶性肥料的不同要求，灌溉行业与肥料行业存在断层。灌溉设备企业大多只给农户“搭框架”，未能与配套的施肥方案有效结合，无法给农户建议如何选择肥料。这就要求水溶肥企业与灌溉设备企业“无缝”对接，共同满足现代农民对产品与技术服务的需求。

（4）完善配送模式，消除“最后一公里”障碍。国外已有成熟的液体肥配送模式，设备配套专业。华南农业大学张承林教授介绍，美国有3000多家液体肥料厂，液体肥产量占比55%，据美国《液体肥料杂志》数据显示，美国年消耗液体肥达到1600多万吨。液体肥的主要销售模式，大农场以配送为主，工厂生产完以后送到配送站，再由配送站送到田间。这种模式适合我国的新疆、内蒙古、东北等地区，也适合实行规模化经营的农户。应积极推动配送体系建设，畅通产品供给和输送渠道，消除使用障碍。

8.2.1.5 加强对农药市场的监管和服务

（1）杜绝无许可证经营农药，保护农民利益。在一些偏远乡镇，无证照、无门市经营农药的现象仍然存在。未办理农药经营许可证和农药营业执照的多为个体经营业户，法律意识淡薄、对农药知识认识不足、经营规模小、走街串巷、营业时间不确定等造成农药市场混乱，成为坑农、害农的主要因素。应加强对偏远地区农药销售经营监管的力度，清理农药市场；加强农民对农药选购、使用等相关知识的宣传，防止上当受骗。

（2）加强农药标签规范管理，帮助正确选购。这是目前农药市场管理工作中最普遍、又难以解决的问题。农业部《农药标签和说明书管理办法》中，对农药标签的标注规范作出了明确规定，但目前市场上的农药标签仍存在以下突出问题：一是擅自扩大适用作物或防治对象；二是擅自使用未经核准的商品名；三是通用名及有效成分不按规定规范标注；四是只标注代理商名称、地址，不标明生产企业名称、地址；五是随意标写用药量或用药量不明确等。工商行政管理部门应加强执法力度，防止这类产品流入市场，已进入市场的要加强处罚、坚决清理。

（3）加强市场监测能力，提高农药产品质量。市场上仍存在有部分农药质量不合格，原因在于：一是现行的对农药产品进行抽样检查的手段，存在检测量小、检测结果慢的缺陷，加上处罚手段跟不上，延误了最佳处理时机；二是有少部分无农药登记许可的产品在市场上出现，以肥代药，误导消费者；三是边远地区的农药经营户存在销售过期、失效农药的现象。应增加投入，引进先进仪器设备，提高质量检测部门的监测能力；加强整顿市场秩序，切实保护消费者利益。

（4）加强科普推广，科学使用农药。目前，还有相当一部分农民对农作物的病、虫、草害等发生规律不清楚，认识不到位，不知如何安全、科学、合理地使用农药，一些经销商为谋取私利，推荐农民施用农药的品种多、乱、杂，甚至大剂量、重复用药，不仅费药、费工，浪费了财力、人力，还造成农田环境污染、增强了有害生物的抗药性，增加了农药残留、降低了产品品质。应开设培训机构，进行科普知识宣传教育，指导农民合理施用农药，提高农药的使用效率，从而节约农资投入。

（5）加强宣传教育，停止销售和使用国家明令限用的农药。目前，国家明文规定限制使用的农药有 19 种，禁止使用的范围主要为：蔬菜、水果、茶叶、中草药材等。但部分经营商及农户对限制使用限用农药的认识不足，经销商在销售限用农药时台账不健全、去向不清楚，农户由于受利益及传统习惯的影响，没有严格遵守限用农药的规定。应加强对农药经营者及使用者的法制教育，提高其法律意识，对违反法律法规者加强处罚，追究责任。

（6）加强农药市场执法力量，提高监管强度。虽然对农药市场的执法工作受到各级重视，但仍存在机构编制人员少、力量弱、执法设备差、无农药执法专项经费等实际困扰，导致执法力量依然薄弱。应加强执法队伍建设和经费投入，切实提高监管力量。

（7）解决农药销毁的实际困难，消除执法的后顾之忧。查获收缴的假冒、伪劣、过期、高毒及违法销售农药，一不能使用，二不能乱丢，三不能深埋，处于无处销毁的尴尬状态，只能堆放在仓库里。既存在严重的安全隐患，又占用了资源，造成了新的浪费。应着力研究开发化学分解及生物降解技术，给农药销毁开辟路径，疏通出口，消除农药执法的后顾之忧。

（8）完善农产品安全检测网络，加强农产品质量检测。当前，农产品安全检验检测站点存在建设数量少、分布不均衡、覆盖不到位等问题，增加了对产品进行检测的成本，降低了农户参与监测的积极性，同时也带来了不合格产品流入市场的风险，给整顿市场秩序增加了难度。检验检测站点应尽量分布到乡镇，实在布局不到的地区也应设立样品收集站，给农户参与产品检测提供便利。

8.2.2 丰富农村能源保障和服务

8.2.2.1 积极推广利用新能源、绿色能源

（1）持续提高农村生产、生活用能中沼气、太阳能等可再生能源的比重。中国农村通过燃烧薪柴、秸秆等生物质获取能源的做法已经历了数千年，几乎没有什么实质性的变化。近年来，随着农村能源技术和使用模式进入快速发展轨道，我国农村可再生能源开发利用水平有了较大程度地提高，但总体来看，依然存在开发利用不足的问题。我国农村每年因粮食种植产生6亿多吨秸秆，畜禽养殖产生30亿吨左右的粪便，大部分未经处理和充分利用，开发潜力巨大。

（2）大力开发可再生能源，提高综合利用水平。农村沼气用途单一，

主要用于炊事、照明，没有形成沼气、沼液、沼渣综合利用，没有实现生产、生活联动效应。太阳能的利用形式主要有太阳能热水器、太阳房、太阳灶和光伏发电。如今太阳能热水器发展最快，2000—2009 年年均增长速度达到 41.2%，是农村太阳能利用的主要方式。但是，太阳房、太阳灶、光伏发电等利用仍然非常有限，需要开发和推广。

（3）恰当利用能源，保护农村生态环境。农村地区秸秆、薪柴、煤炭的不合理利用造成了生态环境破坏。秸秆在直接燃烧利用过程中，产生大量的粉尘颗粒物，不但影响空气质量，而且阻碍了秸秆还田，使有机质流失，土壤板结，地力下降，加剧了土壤盐碱化，不利于农业生产的可持续发展和生态环境平衡。薪柴的大量使用容易导致森林植被破坏，森林覆盖率下降，水土流失严重，生态环境愈加脆弱。此外，农村煤炭的利用效率低，煤炭燃烧后的固体废弃物没有进行集中处理，导致农业生态环境遭受污染。需要推广普及农村科学用能，在提高能源利用效率的同时保护已脆弱的生态环境。

8.2.2.2 科学规划建设全能型乡镇供电所

建设“全能型”乡镇供电所，可从以下几个方面着力。①坚持提高运行效率和服务质量的原则，综合考虑行政区划、销售电量、服务半径、客户规模等因素，因地制宜优化乡镇供电所的布局和设置，完善组织架构和人员配置。②全面推进乡镇供电所营配业务融合，推行集农村低压配电运维、设备管理、台区营销管理和客户服务于一体的“台区经理制”，加强乡镇供电所对农村配电网规划的支撑。③研究拓展乡镇供电所的业务范围，在具备条件的乡镇供电所，逐步开展电能替代、电动汽车充换电设施建设与服务、光伏发电等分布式电源及微电网的运维及代维等新型业务。④加快“互联网+”及电子渠道推广，实现各项业务的“一站式”服务。

8.2.2.3 妥善解决农业排灌电力设施的管理维护问题

当前，在农业排灌电力设施的管理运行中存在几个突出问题：①农业电力排灌设施的日常维护得不到切实保证，设备经常带故障运行。②排灌电力设施质量低下、老化现象严重，配电设备在安装过程中存在严重的不规范现象。③很多设备中的电力保护设施基本没有安装，或者已经出现了损坏现象。

解决上述问题主要从以下几个方面着手。

(1) 保障农业排灌电力设施的日常维护资金供给。由于资金短缺，使得设备维护保养不足的现象广泛存在，再加上一些电力设施、设备过于老旧，对其维护需要花费更多的资金，导致了维护搁置。近年来，随着国家取消农业税和对各种摊派行为的抑制，村集体的经济收入来源逐渐变窄，由于资金来源不足，导致了在设备维护过程中存在力不从心的现象，政府部门应当给予财政支持。

(2) 强化对农业排灌电力设施管理维护的认识。很多村集体简单地认为，只要能够保证农民群众在农忙时节的正常灌溉，设备并不需要进行维护，在运行过程中即使出现了故障，只要不影响灌溉的需求，简单维修一下即可。对于个人投资建设的排灌设施，处于从成本角度考虑，在施工过程中，也会多使用价格（质量）不高的设备，只要能够满足排灌的需求即可，增大了后期管理维护的工作量。应通过农业技术服务部门加强对村组及农户的宣传教育，加深其对排灌电力设施管理维护的认识

(3) 明确划分农业排灌电力设施在管理维护过程中的责任。虽然我国电力领域的相关法律有明确规定，电力设施的产权所有人负责对设施进行管理和维护，出现的电力安全事故，由产权所有人承担责任。但在实际运行过程中，由于疏于管理和维护，导致用电设备仍存在严重的安全隐患，很多农业排灌电力设施，要么由于安全保护装置安装不到位或者损坏之后未及时进行更换，要么因为线路接触不良而经常引起保护装置制动。出现了人员伤亡，农民不是找产权所有人进行维权，而是直接找供电企业索赔，并不按照法律程序办事；政府部门在协调过程中，会因为舆论压力而向电力企业施压；电力企业为了自身的形象也往往做出让步，赔偿了事。责任划分的不明确导致类似事情恶性循环的发展，不利于排灌电力设施的管理维护。相关部门应加强农村普法教育，明确责任主体，明晰事故责任。

8.2.3 加强农业环境支持和服务

8.2.3.1 经济环境方面

(1) 构建农业产业化服务体系。第一，培育产业带动型龙头企业，推

动农业产业集聚集约发展。一是充分挖掘各地农产品资源丰富、成本低廉、交通便利、发展空间广阔等区域优势，紧钉国家级农业产业化重点龙头企业、国内食品行业百强企业的发展方向和投资动向，积极引进与本地产业关联度高、投资体量大、科技含量高的农产品精深加工企业，形成“公司+农户”“公司+基地+农户”的产业格局，带动农业增效、农民致富。二是按照“扶大、扶强、扶优”的原则，在本地选择具有一定的带动能力、有较大发展空间的企业，从政策、资金、技术、管理等方面进行重点扶持，助推企业体量增大、规模扩充、产品拓展、科技增强，带动农业产业的集聚、集约发展。三是着力构建新型产业发展模式，以打造著名品牌带动龙头企业发展，以龙头企业壮大推动著名品牌升级，形成品牌与企业有机结合、互惠共赢、相互促进的发展格局，壮大传统优势产业。

第二，打造电子商务和现代化交易平台，推进农产品专业化市场建设。一是根据农业产业化发展形势，高标准规划建设本地农产品专业市场，满足本地农产品的销售需求和现代农业产业化发展需求。对照省级或国家级一流专业市场建设标准，配套建设集检测、结算、仓储、物流、信息发布、电子商务结算等功能为一体的公共综合服务平台，完备市场功能，增强市场承载力，提升市场辐射力，拉动本地农产品的生产与销售。二是对现有农产品市场实施改造升级。通过加大基础设施建设，拓展市场容量，提升市场管理水平，促进农产品市场的提档升级。三是按照供应链管理理念发展农产品现代流通。稳步推进农超对接、连锁专卖、直供直销等农产品现代物流形式的开发，重点发展农产品电子商务平台，通过网络销售，减少流通环节，提高交易效率，切实推进农业产业化、信息化“两化”融合。

第三，加大农业产业化发展政策和资金扶持力度，营造和谐宽松的发展环境。一是加大财政扶持力度。在确保现有扶持力度的基础上，逐步扩大扶持范围，增加扶持总量，每年安排专项资金用于农产品种养、加工基地的基础设施建设，争取国家和省市的扶持项目资金配套，不断改善农业产业化发展条件。二是积极协调金融支持。根据现行产业政策和本地农产品加工业的自身特点，协调金融部门，适当放宽担保抵押条件，适度提高放贷额度，科学确定贷款期限，尽量满足业主合理的资金需求。三是积极搭建融资平台。在瞄准一流企业进行招大引强的同时，鼓励社会资本、工商资本进入，帮助化解农业产业化经营主体发展的资金压力。四是研究出台和积极落实相关配套政策。农业产业化是发展方向，有着广阔而美好的前景，对经济社会的发展起着基础性作用。提高组织程度，提升农业产业化办公室的档次和规格并充实力量，使其更具政策制定、组织协调、考评验收等多方面的能力和权限，以提高服务能力和质量。

第四，建立一流人才队伍，加强农业产业化人力资源建设。一是充实力量。根据农业产业化发展的现实需求，招引专业人才，充实农业产业化发展的规划、管理、科技、市场建设等方面的专业力量，逐步建立起责任心强、素质能力高、知识结构合理、年龄结构阶梯配置的农业产业化服务专业人才队伍。二是合理配置。根据乡镇、园区农业产业的规模和特色，按照一定的标准，科学确定编制人数，合理配置专业力量，更好地为农业产业化特色发展、规模发展提供强有力的技术支撑。三是加强管理。建立绩效考评制度，实行竞争上岗，奖勤罚懒，优胜劣汰，切实增强人员队伍的服务意识，提升服务的质量和效能。建立继续教育制度，引导农技人员不断更新知识、提升技能，不断增强农业产业化服务的水平和能力。

（2）精准着力，发展品牌农业。我国农业发展中尚存在自主创新能力和体制创新能力弱，信息网络不够完善，供、产、销一体化断链等问题，影响了农产品的市场竞争力，且农产品质量安全问题频发，严重制约了现代农业的发展，也影响了品牌农业发展。应着力解决以下几个方面问题。

第一，提高龙头企业的规模和经济效益，提高其参与市场的主动性。虽然从全国来看龙头企业建设已有一定数量且形成了一定规模，但仍有许多问题。一是企业经营规模小、效益低。以中小型加工企业居多，生产方式多以农产品粗加工、初加工、低端加工为主，精深加工企业少，产品技术含量不高，难以做大做强。二是低水平同质化竞争比较严重，转化增值能力低，大型企业偏少、巨型企业缺乏，企业产品单一，品牌影响力低。三是参与市场的主动性差。部分企业不注重产品适应市场的变化而革新，产品附加值低，缺少特色；有的企业在产品质量上“做文章”，结果弄巧成拙，在葬送了企业的同时也为区域品牌种下恶果。相关部门应为企业发展提供资金、技术支持，帮助其延伸产业链，提高市场参与意识。

第二，塑造品牌知名度，培育竞争优势。虽然部分农产品有一定的知名度，但形成知名品牌的农产品企业少，核心竞争力低，影响了农产品的销售和价格，也制约着规模的扩大。广告宣传力度不够，品牌多，精品少，市场开拓不到位，使有些产品“藏在深闺人未识”，虽然质量优良，但没有销量，品牌效应没有发挥出来。地方政府部门应积极打造平台，塑造品牌效应，帮助进行推介。

第三，建立责任追查机制，严控农产品质量安全事件。近年来，国家和地方虽然在农产品质量安全监管上下了很大工夫，但问题依然存在：基层监管和执法体系不健全，检测手段落后，导致个别地方出现盲点、盲段、盲区；农业生产经营主体群体大、个体小、组织化程度低，少数群众质量安全意识不强，片面追求眼前利益，致使问题和隐患依然有不同程度地存在；农药、化肥的过度使用等导致农业面源污染严重、地力过度开发等问题，增加了生产高品质农产品的难度。质量检测监督部门在加强质量安全执法的基础上，应建立完善责任追查机制，严控农产品质量安全事件发生。

（3）培育新型经营主体。以发展农业龙头企业、农民专业合作社、家庭农场为重点，提升农业发展的三大经营主体。以培育新型农民、农业龙头企业、专业合作社为重点，提升农业发展主体的素质，形成以企业为龙头、合作社为骨干、高素质农民为基础、社会力量共同参与的新型生产经营队伍。着力培育产业关联度大、辐射带动力强、实力雄厚的农业龙头企业，以打造品牌为核心，发展壮大农业龙头企业。加强培育“龙头型”专业合作社，以规范运行方式和经营机制为核心，加强内部管理，培育产权清晰、机制灵活、运行规范、管理民主的示范性合作组织，提高专业合作社的带动能力。以培育新型农民为基础，提升家庭农场的生产能力。

8.2.3.2 自然环境方面

（1）创新农业与自然和谐发展的模式。

第一，服务发展现代农庄经济。我国农庄的整体现状及特点。我国农庄最早出现在成都，后来在四川省乃至全国铺展开来。1987 年成都郊区龙泉驿书房村举办的桃花节是我国最早以“农庄”命名的乡村旅游形式。目前，国内的农庄类型主要有传统农家乐、景观型农庄、生产型农庄等几种类型。我国农庄整体上发展水平不一，主流形式仍旧是传统农家乐，经营管理上普遍缺少新技术、新产品和新理念，且规模较小、设施简陋、经营粗放、产品单一，大多数仅停留在提供住宿、观光和餐饮的低层次上，同质化竞争比较严重。

我国农庄的形成原因分析。农庄的发展跟农业发展水平紧密相关。由于我国人地矛盾突出，每户家庭所承包的土地有限，产出基本上只能满足家庭自身的需要。受制于较小的农地规模、落后的种植、养殖技术和经济发展水平，农民无法在农地上进行大规模投入，也不能在农地上获得足够收益来满足日常开支，只能在农忙之余，外出打工或者经营副业来增加收入。随着经济和交通的发展，城市居民到乡村旅游、体验农村生活逐渐兴起，农家乐等各类农庄应运而生。但在经营规模和经营方式上存在先天不足，这也是我国农庄和发达国家农场很大的差别所在。近年来，由于经济快速发展，个体农业比较收益持续走低，许多农民不再从事农业，农村出现了土地抛荒现象，自发性的农地流转开始出现，随之出现了一些规模农业。国家 2005 年 3 月 1 日出台的《农村土地承包经营权流转管理办法》从法律层面对土地流转进行了规范，间接促成了一些大规模农庄的出现。

政府在农庄经济发展中的准确定位及应提供的服务。三农工作一直是政府工作的重点内容，近年来，为了推动农业适度规模经营，政府做了许多工作，如连续多年的粮食直补、良种和农机补贴等农业补贴，正在进行的深化农村确权、赋权改革，提供土地流转经营权抵押贷款来引导农地流转等，对农业发展起到了积极作用，现代农庄的发展也因此而受益。但是，农庄本身是一种市场经济行为，政府不能以经营主体的身份直接参与农庄经营，而应以引导者和服务者的身份出现，做好农庄发展的服务性工作。

第二，加速发展循环生态农业。完善农牧结合的循环生产模式，提升农业废弃物的资源循环能力。帮助建立和推广合理的资源循环利用技术及模式，特别是农业废弃物资源化技术及农业新技术，推动资源能够得到更加高效地运用。一方面是形成农牧相互结合的可循环生产方式，主要包含秸秆高效还田、种养殖业废弃物循环利用技术等，同时还应充分发挥出农业废弃物在农业生产过程中的作用；另一方面是积极发展农村使用沼气，提升沼气利用技术及效率，加快农村生态家园的开发与建设，有效发挥农户用沼气在农业循环经济中的核心作用。

推进农业产业化，加快农业循环经济发展。运用改革来创新农业产业化的不同形式，通过发挥农民合作互助组织的作用，实施“企业+协会+农户”的利益发展模式，帮助龙头企业和基地农户之间形成利益共享、风险共担及相对稳定的运行体系，提升农户和龙头企业在抗击市场中的抵抗力。加快现代经营形式和传统农业的相互结合，提高农业的综合效益及水平，积极鼓励农业龙头企业更好地引入农业循环生产的新技术、新产品与新工艺，促使其成为农村与农业发展的强大创新源。同时，大力发展农产品深加工业，延伸农业产业链条，促使农村产业结构全面优化。

完善政策，形成推动农业循环经济发展的鼓励体系。政府部门在推动与发展农业循环经济中应切实规范与引导农业经营主体行为，从而激发出农民群众参与农业循环经济的主动性。对积极发展农业循环经济的企业及农户加以激励，通过设置农业循环经济发展基金，对农业循环经济产品予以减税和让利，对农业循环经济开发项目给予贴息贷款等，积极扶持与强化一批农业资源循环利用企业，引领其更加深入地实施农业循环经济的开发，从而实现农业生产的减量化与再循环，进而提升农业资源的综合利用率。

（2）加强农业气象观测服务，提高农业适应自然环境的能力。

一是，提供及时、准确的天气预报服务。每天发布常规的短期天气预报，提供农业生产中、长期天气预报，开展气候旬（月）预测，及时发布灾害性天气预报预警，为农民开展农事活动提供有效参考。

二是，发布农业气象情报及农业气象专题。定期制作并发布农业气象旬（月）报，为政府部门、农业部门及广大农户提供决策依据和农用气象信息服务，帮助分析旬（月）内天气趋势、农业生产概况及天气气候对农业生产的影响，合理提供农事工作指导，为农业生产提供趋利避害建议。加强农产品播种期、生产关键期和收获期的天气监测预报预警，提供作物最佳播种期、病虫害等级及作物产量预报等服务信息。加强农业生产的灾害性天气预报预警、防控建议和灾害评估调查等，为农业生产的防灾、减灾、抗灾及灾后补救提供决策服务。

三是，开展局地小气候监测。在专业种植基地安装“农田小气候监测仪”，对农田局域环境，包括空气温度、降水、湿度、土壤温度、太阳辐射、风速、风向等气象要素进行自动监测，采集设施农业、特色农业种植的第一手气象资料。根据掌握的气象资料进行科学分析，合理指导农作物栽培管理措施，为农作物种植提供特色气象服务，帮助农民增产、增收。

8.2.3.3 社会环境方面

（1）加快完善政策制度配套。

第一，积极学习先进的农业推广服务体系。

美国的农业生产技术服务体系实行教育、科研、推广“三位一体”的合作农业推广体制，由农业部、州推广机构与农学院、县推广机构等主体组成，州农业推广机构居核心地位。各主体密切联系，构成完整的协同农业推广服务体系。

美国农业部在农业推广工作中负责全国的宏观管理和协调工作。根据2008 年的美国农业法案，联邦政府在美国农业部系统内成立了国家食品与农业协会（NIFA），代替了以前的国家研究、教育及推广局，与农业研究局、经济研究局、全国农业统计局共同构成了美国农业部研究、教育及经济机构。该协会是协同农业推广体系中的联邦政府代表，它向整个体系拨付联邦经费，负责指导系统发现并解决农业推广中的关键问题，确保农业推广体系运行有效，并以先进的知识、良好的教育和实际的项目满足农民的需要，从而体现联邦政府的利益和政策。联邦政府主要通过各个州立大学的农学院管理州农业推广机构，实施农业推广的具体工作。联邦政府与各州立大学农学院形成的是合作共事的平等伙伴关系，而不是进行直接领导或指导。国家食品与农业协会设有 12 个处，雇员达到 350 余人，还拥有100 多名专家，他们经常到各州巡视并就具体问题提供咨询帮助，承担州推广机构无法或难以做到的工作。

州农业推广机构是美国农业推广体系的核心，一般设在州立大学农学院。美国政府历来重视以农学院为中心的农业科研、教育、推广协同体系。1862 年，美国国会通过了《赠地法案》，由政府免费提供土地用以创办“赠地大学”，联邦政府鼓励这些大学从事农业和机械技术的教学、研究和推广。1887 年，联邦政府又资助在每个州成立了农业试验站，并把农业试验站与赠地大学相结合。经过 150 余年的发展，赠地大学大部分发展成了州立大学，而美国则形成了以州立大学农学院为依托，农业教育、科研和推广紧密结合的农业推广体系。州推广机构的主要职能是制定州农业推广计划，组织推广服务，分配推广资金，评估推广效果，帮助县农业推广机构开展工作，选聘县农业推广人员并对其进行培训和管理，协调农业大学和综合性大学的农学院与县推广机构共同工作。目前，州农业推广机构已经遍布美国 50 个州和波多黎各、关岛、尔京群岛与哥伦比亚特区。美国共有州一级农业推广专家 4000 余名，这些专家大部分都具有博士学位，一般本职工作是州立大学的教授，甚至包括很多知名的科学家和经济学家。

县推广机构是州推广站的派出机构，接受州推广站的监督和技术指导。1914 年，美国出台了有关农业推广服务的法案，在每个县都成立了州推广站的派出机构。目前，县推广站一般由拥有硕士以上学历、经过大学培训、择优聘用的推广人员组成。农业推广人员的主要任务是访问农场和农户，通过技术指导、信息服务以及组织培训等活动，向农民和社区居民推广农业技术及相关知识；现场诊断农业生产中遇到的技术问题，帮助农民寻找解决办法；为农民提供经营指导，提高农资购买、生产及销售方面的组织化程度，提高农户的农场经营管理能力。目前，美国有县一级的农业推广员 12000 多名，绝大多数具有硕士以上学位，其中 25%的人具有博士学位。

采用商业化运作的农业推广系统更能体现市场需求导向。例如，单产水平、营养成分含量、抗虫、抗倒伏等特性，都被公司所看重。美国没有国家层面上的种子审定制度，但是其种子企业都设立专门的部门来组织品种试验。只有经过严格试验的良种，才可能得到公司的大力推广。原因在于美国发达的商业信用体系，如果有公司因推广了未经严格试验的种子而引发了农民的损失，那么该公司就破坏了自己的信誉，从而会直接受到市场的惩罚。在良种推广过程中，公司通过上游的品种研发为下游的推广服务提供创新性技术产品，同时通过下游推广服务与生产实际紧密结合，可将生产实际需求直接反馈到育种研发，及时优化调整育种目标和方向，研发适合要求的新品种、新技术。

第二，及时解决农村土地流转过程中出现的问题。

我国的农村土地流转工作已取得了一些成效，但由于土地流转受到多方面因素的影响，在当前的实际工作中面临着一些新的问题，应及时解决。

土地流转纠纷频发。由于农户法制意识淡薄，加之乡镇土地流转服务机构力量薄弱，在土地流转中不签订流转合同或流转合同内容不完善的情况大量存在。由于双方当事人的权利义务、流转价格、支付方式、违约责任等约定内容不明确、不全面，导致土地流转矛盾纠纷时有发生。据甘肃省的有关调查统计显示，在小规模（5 亩以下）的土地流转中，未签订书面流转合同的比例达到了 40%；酒泉市 2014 年共发生土地承包纠纷 214 起。其中，土地流转纠纷有 107 起，占到了 50%。

规模流转难度大。由于规模流转涉及的农户多，协调难度大，加之土地流转费与农民自己耕种的收益有差距，农民不愿流转，使一些想规模流转土地的企业行动受阻，迫于无奈，企业最终放弃流转。

土地确权面临的问题多。农村土地二轮承包遗留下来的问题多，农户承包地块面积不准、四至不清、空间位置不明，导致权属争议多。加之试点工作没有抽调专门人员，无经费保障，使农村土地承包经营确权颁证工作进展缓慢。

（2）探索职业农民培训模式，提高教育培训质量。

一是以“本土化、高端性、创业型”定位培训为目标。以种养大户、农业企业骨干、农业生产经营和技能服务人才等农业骨干为对象，开展高层次的专业技能和创业培训，把该群体培养成农业领军人物。除了培养现代农业科技和农业经营知识，还要培养他们热爱农村、建设农村的乡土情怀，防止人才流失。通过农业骨干的示范引领和帮扶带动，帮助广大农民改变传统的生产经营方式，改变思想观念，提高农业生产力。

二是突破技术培训，满足多样需求。根据区域特色产业和现代农业发展需求，突出农村产业体系发展所需的职业技能，加强优势专业、特色专业和涉农专业建设。根据职业技能划分专业，按专业筛选、重组、创新、优化课程内容，明确相关岗位或岗位群所需的知识和技能点，找准职业农民培养的着力点。新型职业农民不仅是生产者，还是经营者和管理者，需要适当增加市场经济、企业管理和相关法律法规等方面的内容，培养他们的创业精神和市场意识，加强国家农业政策的宣传，了解现代农业的未来和走向。

三是创新培训模式，紧密贴合实际。开展新型职业农民培训的难点之一是培训内容、培训方法不符合农民需要，应加强改造。培训内容方面，通过座谈讨论、到户咨询、深入调研等形式，了解农民对培训工作的具体需求，以提供个性化的培训菜单，让农民根据实际需要，自主选择培训内容，确定培训项目。培训方式方面，针对农民学习的特点，采取集中培训与个人自学相结合，课堂教学与生产实践相结合，远程教育与现场指导相结合，半脱产和短期脱产学习等方式开展培训工作。这种培训模式，能使农民广泛参与、提高积极性，能将培训内容与所在乡镇的主导产业、特色产业紧密结合，有助于一村一品、一乡一业格局的形成。

四是整合现有资源，实现联合培养。由政府统筹规划，以市、县两级农经部门协同组织，以农业职业院校为主体，整合各类培训资源，形成利益共同体。科学制定培训方案，实现各类培训资源效用最大化，形成开展农民职业教育培训的长效机制。引入农业生产、经营、服务一线所应用的最新知识、最新技术、最新工艺，使培训紧贴生产实际；走出课堂，实地考察最新生产设备，使培训紧跟生产前沿；引入技术专家、操作能手进课堂，使培训强化实践操作，以弥补学校职业教育在教学内容、实训设施、专业师资上的“缺陷”。

上述介绍了现代农业资源、能源和环境服务的内容、主体和模式。提出从供给侧改革出发完善现代种业服务，加强农机专业合作社建设提高农业物质技术装备水平，通过农田水利建设促进农业转型，实施虚拟水战略实现水资源区域调配，加快现代节水型灌溉区建设提高水资源利用效率，规范水溶性肥料行业发展，加强对农药市场的监管和服务等方面来改善农业资源供给和服务。提出通过积极推广利用新能源、绿色能源，科学规划建设全能型乡镇供电所，妥善解决农业排灌电力设施的管理维护问题等丰富农村能源保障和服务。提出从多方构建农业产业化服务体系，精准着力发展品牌农业，培育新型经营主体，服务发展现代农庄经济，加速发展循环生态农业，加强农业气象观测服务，学习引进先进的农业推广服务体系，加快土地确权，及时解决农村土地流转过程中出现的问题，探索完善职业农民培训模式，提高职业农民教育培训质量等方面加强农业环境支持和服务。

8.3 现代农业资源、能源和环境服务发展的实践和经验

8.3.1 农业资源现代服务发展实践

8.3.1.1 促进现代种业服务发展的经验推广

（1）提高农业生产的先端种业链的品种选育水平。一是加强功能多样的农作物品种的开发研究，为农业发展提供新路。例如富硒小杂粮、高淀粉玉米、彩色作物等功能性农产品。这些科技含量高、社会效益好的农产品，能够带来相应的经济效益，为解决农产品价格低、效益差的难题开辟新路。二是从优质种质资源的搜集保护入手，在新品种的选育目标上，重点把握市场需求，贴合现代农业需要。开发符合区域发展的以“高产、优质、多抗、广适”为主要指标的多样化农作物品种，满足农民耕作需要和市场消费需求，使农民有目的生产，生产出的农产品精准销售。三是选育适宜机械化耕作和收获的农作物新品种，以适应目前农业生产所面临的劳动力短缺问题，节约劳动时间和劳动力投入。通过品种支持，为农业生产节省劳动成本与提高劳动效率提供前提条件，为农业增产和农户增加收入提供物质基础，为实现现代农业的节本增效提供有力保障。

（2）对适宜区域的品种审定或备案进行准入试验。一是建立新品种的备案和准入制度。新品种审定后，要确定品种的适宜推广区域，并对该品种进行准入试验。推行先备案后经营，以确保种子真实可追溯。通过多点、多年试验，建立品种档案和视频资料；筛选出适合区域种植的农作物新品种，再对该种子实行严格的质量检验检测；在建立登记准入和经营备案后，方可进入市场环节进行销售。二是完善市场监管。市场监管是种业管理的一项关键环节，是决定新品种能否进入生产阶段的有力手段，更是决定农业生产成败的重要内容。其核心是对农作物品种实行市场准入管理，严格落实“凡进必试、凡推必检、不备不销”的原则，确保农业生产供种安全，加大非主要农作物和特色农作物的监管。三是尽快完善非主要

农作物的种子质量标准，做到有法可依，有据可查。特别是对具有地理标志的农产品，更要保障特色农业用种安全、品质上乘。努力构建与农业生产大国地位相适应，具有国际先进水平的现代农作物种业管理体系，全面提高我国农业种业发展水平。

（3）加强现代种业技术服务体系建设。一是开展产前品种选育。建立良种质量可追溯制度，包括种质资源的利用、新品种选育和试验档案及知识产权的保护制度。推广采用物联网技术对进入流通领域的种子、种苗进行标识，逐步建立以标识为基础的良种信息库，以实现种子、种苗进销存的现代管理和可追溯管理。二是加强产中种植指导。对进入生产环节的种子，要结合种子特点，配套提供相应的高产栽培技术进入农户进行示范种植。与农户建立联系，对关键种植技术给予指导，观察作物生长过程，记录重大病虫害发生，提供应对和防治方法，根据反馈信息，及时改良种子。三是完善产后调查。对于农作物品种的产量、品质、适宜性、病虫害及抗逆性等问题进行实际调查、汇总，形成调研报告，确保粮食生产的用种安全，也为新品种的真实性检测提供客观依据。

（4）建立现代种业综合服务体系。一是注重产业之间的深度融合。从供给侧结构性改革入手，改变单纯地局限于农业生产的传统做法，充分利用二产业、三产业的技术优势、信息优势为种业发展服务，以更好地满足消费者的高层次需求。注重电子商务和物联网发展，延长种业产业链，提供精准服务，增加产品附加值。二是创造优良环境，鼓励功能多样的农产品研究开发、推动发展功能农业，为农业改革提供新视野，拓展新方向。“隐性饥饿”形象地比喻了人们对重要微量元素的缺乏，也引导了功能农业的发展。功能农业是在经济社会发展到一定程度以后出现的，以提供富含重要微量元素、促进人类健康长寿的功能农产品为主的新型农业。现代种业应注重开发带有功能性的农产品，提高种植效益和土地产出率，促进农业结构改革。三是体现种业在农业生产中的主导地位和战略意义。种业作为种子的延伸和拓展，是代表种子能否良性、高效发挥增产作用，确保国家粮食安全和国民经济顺利运行的关键性、基础性产业，是围绕以种子为要素的一系列科研部门、生产部门、推广部门、监管部门和种业服务部门之间紧密协作而形成的产业链。应把科研单位培育出的有自主知识产权和广阔市场前景的优良品种，尽快应用到农业生产中，使其发挥农业增产作用，增加农民收入，全面提高农业生产水平。

（5）完善现代种业市场综合管理体系。一是加强种业市场的规范化管理。加强品种准入备案和产后调查，有效解决种子管理中的单一问题；加强跟踪服务，检验新品种在产量、品质、适宜性、抗逆性等方面的问题；建立完善品种档案资料，为检查种子渠道的可靠性奠定基础。二是以管理促发展，破解种业发展的“瓶颈”。逐步形成品种育（引）、繁、推、管和服务一体化的种业全产业发展模式，破解种业企业和管理机构的发展“瓶颈”，为种业发展注入新的活力和保持强劲动力。

8.3.1.2　国内外农机装备服务发展的经验借鉴

（1）发达国家提高现代农业物质技术装备水平的经验。日本农业机械化的主要特点是主要农产品生产（如水稻）全过程机械化水平高，产品质量好，农业机械对小规模经营的适应力强，每公顷农用地的拖拉机投入功率比美国、英国、法国等高度机械化国家的多。日本农业机械化的快速推进和实施，主要得益于3个方面。一是立法支持。第二次世界大战后日本高度重视农业的基础地位，先后制定了一系列旨在支持保护农业和农民利益，促进扶持农机化发展的政策法规保障体系，如《农业机械化促进法》《农业经营基础强化促进法》等。二是资金支持。具体包括财政信贷扶持、购机补贴扶持、引导农户之间形成以农机分工合作形式的“农业机械银行”等，从而减轻农户购买农机的资金压力。三是引导农业经营集约化。20世纪60年代后，日本抓住以工业经济为先导的经济起飞，二产业、三产业吸引大量劳动力的契机，鼓励农户扩大生产规模，使一般农户的生产规模达到3.3~4.7hm^2，大大降低了农户实现机械化的单位成本，为机械化水平的提高奠定了基础。

美国是世界上农业发达、技术先进的国家。高度发达的资本主义商品生产促使美国在20世纪40年代领先世界各国，最早实现了粮食生产的机械化。60年代后期，美国粮食生产的机械化水平更加提高，达到从土地耕翻、整地、播种、田间管理、收获、干燥的全过程机械化；70年代初，完成了棉花、甜菜等经济作物从种植到收获各个环节的全程机械化。当前，美国依然在种植业、工厂化畜禽饲养、设施农业、农产品加工等方面保持世界先进水平。美国农业机械化水平在世界范围内的领先，首先得益于高度发达的工业，如机械、化肥、航空、航天等，为农业提供了大量的农业机械、化肥、农用飞机等先进生产资料和装备。近几年，美国开始在谷物联合收割机、喷雾机、播种机等农业装备上采用全球卫星定位系统监控作业，出现了向精准农业发展的趋势。

以色列是一个农业资源极其贫乏的国家，尤其是水资源匮乏。以色列通过兴修水利，使用先进技术，提高机械化程度，使农业获得了迅速发展。水果、蔬菜和花卉除满足国内需要外，还出口到欧美市场。以色列农业机械化和电子化水平高，科研人员以高新技术发展农用机械，使拖拉机、摘棉机、地温测量器、病虫害预警机、挤奶机等主要农用机械都实现了更新换代，并在生产实践中得到普及。近年来，以色列将先进的电子技术应用到农业机械方面，如发明了一种载有计算机和自动装置的拖拉机，实现了从耕地、种植到收割的全套田间作业。

（2）我国培育农机专业合作社的主要作法。

在培育上择优发展。例如，华阳河农场在农机专业合作社的发展过程中，首先把有较大规模、较强服务能力和较好社会影响的农机大户作为重点进行扶持培育，采取成熟一个发展一个的长效机制，推动该场农机专业合作社进入良性发展轨道。

在经营上培养引导。在运行过程中，注重引导农机专业合作社在服务功能上实现多元化。华阳河农场连年组织有带动能力的农机人员出外参观考察，学习新的管理理念、新机型和新的作业方式，同时每年邀请地方农机管理部门和农机生产厂家来场举行农机技术培训。通过参观学习，开阔了眼界，提高了农机手的技术水平。在农机合作社成立之初，积极与地方农机管理部门牵线搭桥，以合作社的名义联系业务，组织成员开展对外作业，让农机户看到合作社带来的实惠，以经济效益增长促进农机合作社的发展壮大，促进合作社建设和服务的开展。

在发展上实行政策倾斜。华阳河农场与基层管理单位高度重视农机合作组织的成长，各级管理人员经常性地为农机户提供有效服务，协助其积极争取项目和政策优惠，在农机购置补贴政策上实行倾斜，优先为农机专业合作社安排作业任务，引导发展新机型，支持其开拓新的作业领域。

8.3.1.3　国外农田水利建设和管理的经验介绍

农田水利工程体系是现代农业生产体系的重要组成部分，世界上的农业发达国家都建设有完善的农田水利体系及较完备的农田水利管理体系。随着人口不断增长，水资源缺乏已是当今所面临的重大课题，在农田灌溉领域采用合适的方法和管理模式合理使用水资源是一个重要方面。国外在农业灌溉服务方面的经验介绍如下。

（1）推进产权改革，吸收农民参与管理。印度、印度尼西亚以小型灌区作为试点，逐步推行参与式的灌溉管理。印度所有的地面灌溉工程，从水源、渠道及水量的控制和分配都由政府机构管理，深井由国有公司所有。由于政府和国有公司长期依靠财政补助，无法通过税费征收和投资回收偿还投资成本，反而加重了政府的财政负担。印度政府逐步将深井转让给农民集体管理，由于这种管理方式运行良好，印度用水户协会在小型灌区发展很快。印度尼西亚从 1989 年开始，先以 150 公顷以下的灌溉系统作为试点，逐步将 500 公顷以下的灌溉系统转让给用水户协会管理维护。

澳大利亚采用政府与公司合作经营管理。于 1995 年开始实施的水务管理体制改革，采取私有化的形式将国家管理的灌溉系统或水务局的管理业务转让给农民或私人公司负责经营和维护。公司与政府保持联合经营的合作关系，公司董事会成员为灌区内的农民或农场主。政府通过行政许可的形式监督公司的合理运行和工作绩效。此外，公司还与地方政府合作执行有关水土管理、农业开发、植被保护等项目，以达到吸引农民投资农田基本建设和灌区自主管理的目的。政府借助公司的组织结构将分散的农户团结起来，对灌区实行透明的企业化管理，同时兼顾了水土保持、环境保护等灌区和农业可持续发展所需要解决的外部性问题。

（2）完善水权市场交易机制。澳大利亚实行完全包含各类成本的灌溉用水定价政策。虽然供水管理分为政府控股、政府参股经营和政府转让管理权完全私营三种模式，但对所有用水户都按全部成本核算水价，包括年运行管理费、财务费用、资产成本、投资回报、税收、资产机会成本等。其中，农业灌溉水价还结合用户的用水量、作物种类及水质等因素确定，一般实行基本费加计量费的两费制。至2001年，澳大利亚已基本实现了农业用水的水价完全包含各类成本。

以色列制定统一水价，实施区别补贴。主要有以下几个特点：一是实行全国统一水价；二是定价相对较高；三是政府通过建立补偿基金（通过对用户用水配额实行征税筹措）对不同地区进行水费补贴。这种统一的较高定价方法，促进了农业节水灌溉的发展，同时又达到了保障农业用水，兼顾地区经济发展不平衡的情况，使其成为国际上农业节水技术最先进的国家之一。为鼓励农业节水，用水单位所交纳的用水费用按照其实际用水配额的百分比进行计算，超额用水部分加倍付款，利用经济杠杆强化农业用水管理。此外，为了节约用水，鼓励农民使用经处理后的城市废水进行灌溉，其收费标准比国家供水管网提供的优质水价低20%左右，如发生亏损由政府进行补贴。

8.3.1.4 水溶性肥料发展的国际经验

2014年6月，在第五届中国国际水溶性肥料会议上，国内外27位知名专家学者作了主题报告。其中8位分别来自美国、以色列、韩国、智利、荷兰的外国专家分享了各自国家在水溶性肥料研制、生产和施用方面的先进经验。

美国佛罗里达大学 K. T. Morgan 教授介绍，在美国可以借助 GPS 全球定位系统做到有针对性的施肥，可以定位边界，也可以精准定位，甚至可以根据土壤类型、坡度及地面状况制定施肥量。据介绍，他们用到了卫星图像、近红外测定等技术以确定哪些土壤需要进一步施肥。先通过航拍，进行作物的叶绿素测定；然后通过植物内部叶绿素的含量，确定怎样调节肥料，包括种类、数量和配比等；最后采用自动灌溉施肥，减少人工成本。

韩国恩博股份有限公司总经理 KAYLEE 介绍了“水溶硅肥泡腾片的应用”。为了克服传统硅肥的缺点，恩博公司开发了一种全新的硅肥，100%水溶，而且是泡腾片的形式，一片大约5克，直径20毫米，一公斤真空袋里可以放500克。这种泡腾片可以非常简便的施用到水稻田中，把泡腾片放置到水里，在1分钟之内就会完全溶解，而且会全方位扩散。经过测试，施用量比传统硅肥大大降低，每公顷需要 2500～5000 克泡腾片。由于泡腾片施用起来非常简便，能够减少劳动力成本和时间，特别适应农业人口老龄化的特点。

8.3.2 农业能源现代服务发展实践

8.3.2.1 洛阳市农村沼气能源服务体系建设经验

为促进农村沼气的快速推广，洛阳市采取了一系列的推动措施。

（1）建立规范的沼气技术服务体系。为推进沼气技术服务体系快速发展，洛阳市政府研究出台了《关于鼓励发展股份和民营农村沼气技术服务体系的意见》，制定了服务体系建设标准。一是区域公司要达到“十有标准”，即有工商部门登记、有固定办公地点、有连锁经营门店、有村级服务网点、有专门服务热线、有专业施工队伍、有业务熟练技工、有完善服务制度、有专业服务设施、有农户服务合同。二是乡级服务站要达到“六有标准”，即有专业门店、有检测设备、有维修器具、有服务电话、有沼气技工、有服务承诺。三是村级服务点要达到“五有标准”，即有专人负责、有配件货柜、有服务电话、有维修工具、有出料设备。四是专业施工队伍要达到“四有标准”，即有技术人员、有专业设备、有施工合同、有服务协议。五是经过培训的人员要达到“四懂”“三具备”，即懂相关政策法规、懂沼气基本原理、懂安全使用常识、懂综合利用技术，具备实际操作能力、具备建池指导能力、具备管护维修能力。

（2）加强对农村沼气技术服务体系建设的考核。为加强对沼气技术服务体系建设的考核，洛阳市沼气建设领导小组专门下发了《洛阳市农村沼气及服务体系考核办法》，对各级政府部门实行绩效考核。

（3）出台相关优惠政策，鼓励企业加入。对沼气物业公司的税收，沼气出料车的入户、养路费减免，服务费标准的制定，资金支持等方面给予政策优惠。

（4）完善沼气物业管理服务网络。洛阳市在农村沼气服务体系建设规划的基础上，成立了“农村能源开发工作站”，以区域性沼气物业服务公司为龙头，以建立乡级、村级连锁经营门店为重点，以发展村级服务协会为补充，以农村沼气用户为基本服务对象，构建了覆盖全市乡村的沼气物业管理服务网络。

（5）规范市场运作。在沼气服务体系布局基础上，打破地区界限，取消区域限制，引入竞争机制，实行市场化运作。

（6）加强技术培训和指导。坚持把沼气技术培训工作作为建设农村沼气服务体系的重要环节来抓。一方面，大力提高沼气物业公司从业人员的技术水平。洛阳市农业部门专门组织编印了《生态沼气培训教材》，作为沼气技术服务体系和沼气工程培训教材。另一方面，加强对农村沼气用户的培训。明确要求达到“四个一标准”，即每户培训一个明白人、发给一张明白纸、提供一个联系电话、签订一个服务协议。据统计，自服务体系出台两年来，洛阳市共举办各类培训班550余期，为全市沼气能源推广和沼气服务体系健康发展提供了有力支撑，使沼气建设和行业服务快速步入了良性发展轨道。

8.3.2.2 乡镇电力能源为“三农”服务的实践探索

加强对乡镇供电所的建设与管理，推行农村电力普遍服务机制，从售电侧放开对农村的供电服务，是做好电力服务“三农”工作，实现基本公共服务均等化，提高农村供电服务水平的有效途径。

（1）优化乡镇供电站所设置，实现管理精益化。一是持续加大投入，提高供电所硬件配置和服务设施配备水平，提高服务能力。二是开展乡镇供电所综合业务监控平台试点建设，实现核心业务和工作质量的全过程管控。三是加快推进光纤网络改造，深化应用班组一体化信息系统。

（2）延伸专业管理，提升服务“三农”质量。根据农业生产和农民生活季节性用电特点，编制服务“三农”24节气表，主动服务好“三农”工作。通过推进村村通动力电，积极服务现代农业、乡村旅游、网店微商等新型业态发展，提升农村供电服务能力。依托乡镇供电服务站点，统筹安排用电指导、设施保障和供电服务工作，增强服务“三农”的实效。

（3）优化业务组织模式，提升资源配置效率。通过业务集约，因地制宜地推行“多镇一所”，能够有效缓解结构性缺员，更好地做好农电服务工作。

8.3.3 农业环境现代服务发展的实践和经验

8.3.3.1 经济环境方面

（1）农业产业化发展经验。农业产业化发展经验主要有两个方面，一是保持一定的生产规模；二是保证产品质量。

第一，推进跨区域合作，保证生产规模。实施“走出去”战略，强化区域间合作。通过县区合作的形式，打破行政边界，实现土地整合，扩大生产基地规模，确保产品的有效供给。支持和鼓励农业产业化重点龙头企业到外埠建立多种形式的生产基地，重点发展自建基地和订单模式的区域合作。例如，北京市实行“京张合作”的模式，2015 年张家口供京蔬菜总量超过 113.6 万吨，7—9 月的蔬菜市场占有率达到 35%，合作范围已不断拓宽到河北、天津、山东、山西、内蒙古等省（自治区、直辖市）。

第二，强化对三类主体的建设与管理，加强质量监管。一是细化市级实施管理主体，二是明确县（区）级监管主体，三是落实生产主体基本情况普查。按照“属地管理、统一、对应”的原则，强化本区监管职责，建立多部门联动、联合监管的工作机制，确保监管到位。

第三，突出 3 项重点管理，加强标准化建设。一是突出对重点品种的开发管理，二是突出在重点时期的监督管理，三是突出对重点生产基地的建设管理，强化标准化基地建设。

第四，强化监督检查，保证质量安全落实到位。一是强化质量安全生产源头管理，大力推进标准化基地建设，强化“三品一标”的认证和管理工作，探索实施 GAP、HACCP、ISO 等质量安全控制认证活动。二是强化质量安全监管工作措施，以田间督导为抓手，加强对各生产环节的日常检查，尤其是对重点生产基地、生产和加工配送企业及农民专业合作组织的检查，对所发现的问题及时提出整改意见并督导整改。例如，截至 2015 年年底，北京市累计制定农业种植业地方标准 434 项。其中蔬菜产品标准 44 项，建立市级蔬菜产业标准化基地 200 余家。

（2）品牌、高效农业发展经验。

第一，构建四大服务体系。构建优质良种繁育和供应体系、农业质量安全体系、农产品市场流通体系、农业服务体系。一是加快种植和畜牧、水产良种繁育和供应体系的建立和完善，培育和储备一批后备优良品种。二是强化农业质量安全标准化体系建设，确保生产和上市的农产品全面实现无害化。严格源头控制，强化市场准入，建立完善的质量监测体系，实现从产地到餐桌的全过程控制，让消费者放心。三是加强农产品市场设施建设，发展新型流通业态。鼓励兴建发展大中型农产品批发市场、集贸市场和超市，推动农产品批发市场改造升级，培育多元化、多层次的市场流通主体，形成大中小并举、开放统一、竞争有序的市场体系。四是建立和完善农业服务体系。首先，建立稳定的农业投入体系，调整财政支出结构，大幅增加农业投入，加快建立现代农业投入的稳定增长机制。其次，完善公益性的农技推广服务体系、支持经营性的社会化专业服务体系，为农民提供全程服务。在植保机防、供种供苗、农机服务、产品运销、土地流转等方面，为农民提供产前、产中、产后的优质服务，解决农村缺劳动力、缺技术、缺信息的现实问题。

第二，全力塑造品牌形象。把创建名优品牌作为发展特色高效农业的重要抓手，从打造农业品牌、制定产业导向、发展龙头产品、培养核心品牌四项措施入手，优化农产品品牌资源配置。改进生产方式，全力开发无公害农产品、绿色食品和有机食品，赢得更高的市场知名度，增强市场竞争力。按照规范化生产标准、规程和要求，制定一系列品牌农产品建设的措施和标准，规范和引导农产品生产加工企业和农户，塑造品牌形象。积极发展壮大农业龙头企业，强化带动功能。积极建设技术密集型、外向型的农业龙头企业，持续提高农业产品质量，打造一流的农业品牌。

8.3.3.2 自然环境方面

（1）农业与自然和谐发展的实践。

第一，先进的国外农庄发展实践。“农庄”源自国外的乡村旅游。自20世纪60年代以来，乡村旅游在发达国家的农村地区逐渐兴起，对推动农村经济发展起到了重要作用。世界乡村旅游的开创者是西班牙，随后在美国、英国、法国等发达国家得到了迅速发展。

美国“农庄”的经营现状。美国农业发达，除得益于农业科技水平发达、机械化程度高之外，农场经营制也有很大的贡献。2012年美国约有

220万个农场，占地9.2亿英亩，平均每个农场规模为418英亩，约合2508亩。其中家庭农场约有190万个，通常是一个家庭两三个农民经营上百甚至上千英亩的农场。农业旅游大大增加了农户收入。美国农业部农业统计资料显示：2006—2008年，有2/3的美国成年人参与过农业旅游活动，包括乡村文化遗产旅游、乡村自然生态旅游和以休闲体验为目的的农业旅游。其中2007年有2.3万个农场提供农业旅游项目，平均每个农场因此增加收入2.43万美元。加利福尼亚州大学2009年针对该州的农业旅游进行过一项调查，调查农场经营者从事旅游农业的原因，75%选择了增加收入，62%选择了销售农产品，从业超过10年的占43%。可见，现代观光休闲农业对美国农业的发展产生了重要影响。

法国“农庄”的经营现状。法国有各类家庭农场66万个，其中主要是中小农场，占农场总数的81%，平均经营耕地630亩。法国农场的专业化程度很高，按照经营内容分为畜牧农场、谷物农场、水果农场、蔬菜农场等，大部分只经营一种产品，产品特点鲜明。法国农业旅游协会将农场划分为美食品尝、休闲和住宿三大类型，这三大类型又细分为9种不同风格的农场，包括点心农场、农产品农场、骑马农场、探索农场、狩猎农场、教学农场、暂住农场、露营农场、客栈农场。为了突出农场的经营特色，有效区分市场，避免恶性竞争，有关部门制定了专门的管理条例，严格规范不得贩售或采买其他远方农场的农产品，对于严重违规者，将被取消加入农业旅游协会的资格，不得再使用有关标志。至2005年，法国从事农业旅游的农户已有1.77万户，加入全国性联合经营组织的超过5800户。至2007年，有2.92亿人次前往乡村休闲旅游，占全国旅游人数的33.4%；农业旅游收入约为244.6亿欧元，达到全国旅游总收入的1/5。

第二，典型的循环生态农业发展模式介绍。农业种养结合模式。以沼气为纽带，利用食物链循环技术，将种植业、养殖业、加工业联系在一起，通过增加畜禽饲养、沼气池厌氧发酵（或生物处理）废弃物，将传统的单一种植、高效饲养及废弃物综合利用有机地结合起来，在农业系统内做到能量多级利用，物质良性循环，达到高产、优质、高效、低耗的目的。主要有“种—养—沼—电—肥”“猪—沼—菜”“猪—沼—粮”“牛—

沼—草—蚯蚓—肥”“鸡—沼—肥—菜（果）”等模式。例如，实行“种—养—沼—电—肥”模式，建成生猪标准化养殖单元，修建沼气发酵罐，配套沼气储存罐、沼渣及沼液沉淀池、调配池等存贮设施，安装沼气发电机。生猪产生的粪便进入沼气发酵罐，产生的沼气用于发电，副产品沼液作为肥料用于有机蔬菜种植，从而建立起畜禽养殖与有机蔬菜种植有机结合的高效循环模式。崇州市某公司利用该模式，已获得有机农产品认证 47 个，向市场成功推出有机蔬菜品种 100 余个，填补了崇州市高端农产品的空白。

立体复合型发展模式。该模式是在同一土地管理单元上，把栽培作物和养殖动物在空间上进行合理组合，以实现生产与布局的空间集聚和结构整合，是充分利用土地资源和耕地资源的有效途径。

生态种养模式。该模式实行农作物与水产、畜禽复合种养，以提供生态产品，对农产品品牌建设起到了重要支撑。例如“稻鱼结合”综合种养，鱼苗在稻田里自由生长，以水草、昆虫为食物，不需要投放饲料，其排泄的粪便成为有机肥料，供给水稻的生长需要，可不施（或少施用）化肥，提升了稻米品质。还有“稻虾结合”“稻蟹结合”“稻鳖结合”和“稻鸭结合”等模式。

以间作套种为内容的精细农业模式。该模式根据稻田、旱地及田埂的土壤、地貌特点，实行不同作物的间作、混作和套作，形成农田、旱地复合种植。

立体互补型设施农业模式。该模式是充分利用温室、大棚等设施的光温优势，采用一定的工程技术措施，按照空间梯次分布进行立体布局，形成有效组合、优势互补和资源高效利用的立体栽培农业模式。

农业副产物再利用型发展模式。该模式是将农业生产过程中的副产物通过加工处理变为可用资源加以利用，实现农业副产物的资源化，从而消解其对环境的污染和生态破坏，保障农业的可持续发展。例如，食用菌栽培种植，可收集秸秆、牛粪等副产物作为栽培的基质材料，通过降解、转化以充分利用秸秆。将废弃菌包与稻壳、锯末、生物菌组成肉鸭养殖的微生物垫料，鸭粪在微生物垫料中得到有效分解处理，从而解决了肉鸭养殖的粪污难题。经过长期利用后的垫料可作为肥料施用于农田作物种植，从而延伸了农业生态产业链，实现了“农业副产物—食用菌—菌糠—微生物垫料—动物养殖—肥料—大田作物”的多级利用和良性循环。

休闲观光型发展模式。该模式是根据不同物种的特点，设计布局合理、内涵丰富、环境优美的立体结构，拓展农业功能，使其进一步向低碳环保、生态休闲、观光旅游和文化传承的功能延伸。例如，崇州市某农业科技公司发展的“鸡—蚓—果—草”循环模式，实行果树（苹果柚）下种草和放养蛋鸡，鸡粪用于养殖蚯蚓、蚯蚓用于养鸡、蚓粪用于种植水果（蔬菜），建立起生态循环模式，有力地促进了种植养殖的良性循环，带动了品牌农业的发展。随着生态经济技术的发展，休闲观光型农业将会得到更大的发展空间。

第三，代表性的休闲农业发展类型介绍。现代都市依托型。主要规划分布在城市周边半小时车程范围内的农村或郊区，以周末休闲度假游为主要形式。国内外乡村旅游都是从大城市周边开始出现进而衍生发展的。

景区依托型。强化景区的观光、游览功能，围绕周边独特的自然景观和旅游景点进行开发，以自然景观、风俗民俗、文化古迹为特色的农家旅游为主，带动其他涉农产业的发展。

主导产业依托型。以主导产业为基础，以现代农业园区为载体，建设具有竞争优势和生态经济效益的休闲农业产业园。将优势农业资源整合为特色乡村旅游项目，以特色产业促进乡村旅游发展。

龙头企业依托型。围绕龙头企业和知名品牌，借助其品牌形象和品牌文化，将产业链向前、向后延伸，形成集观光休闲、现代科技、传统文化为一体的乡村旅游和休闲农业项目。

特色文化依托型。依托文化资源、发掘特色民俗艺术，开发独具特色的文化旅游项目。

（2）创新提高农业对自然环境适应能力的实践。以山东省临朐县为例。临朐县地处鲁中山区，气象灾害频发，时常出现旱、涝、冰雹、晚霜冻、干热风等灾害，农民迫切需要获得准确及时的天气信息，以安排生产活动和防灾救灾措施。大众化的天气预报已不能满足现代农业个性化的需求，而气象部门又普遍缺乏既懂气象又懂农业技术的复合型人才，不能充分利用有价值的气象信息指导农业生产，必须寻找一种新的模式来做好气象为农服务。临朐县气象部门探索建立了气象为农服务专家团，收效十分明显。

第一，组建气象为农服务专家团。临朐县气象为现代农业服务专家团由来自农业、林业、畜牧、烟草、气象等农口部门的农业推广研究员、农艺师等农业技术专家和农业合作社负责人、农民专家构成。专家团分成种植、果树、养殖3个专业组，按照工作计划开展集体活动和分组活动，定期召开会议和生产调研。每个专业组建立1~2个示范基地，每个示范基地联系50~100个示范户，建立了畅通的联系渠道。通过组建气象为农服务专家团，解决了气象部门农业技术人员缺乏的问题；通过提供观测资料和预报、预警信息，帮助农民科学利用气候资源，为农民增收、农业发展发挥了积极作用。

第二，气象为农服务的内容与形式。发送气象短信。为了快速、便捷的给群众提供气象信息，专家团采用了发送气象短信的形式。由县气象局筹资建立短信平台，专家团将农业技术人员、种养大户、农业合作社负责人等纳入短信服务群，定时发送天气预报、及时发布灾害天气预警，并且根据农时季节和实际生产需要发布专家技术指导意见。通过短信服务平台，有针对性地做好技术指导，实现了“直通式”服务，弥补了当前农技推广信息不畅、基层推广力量薄弱的不足。

深入一线服务。专家团本着零距离为农服务的原则，深入种养大棚、养殖基地，与群众面对面交流。通过传授技术，解惑释疑，帮助群众发展生产。特别是应对灾害天气提供的防灾救灾服务，收效显著，被农户赞扬为“农业保护神”。例如，2012年春节，临朐县遭遇低温连续阴雨天气，林果业专家到月庄樱桃大棚开展大棚增温、补光技术指导服务，防止了减产。2012年8月3日，台风“达维”经过临朐县，粮油、瓜菜、果树、烟草、畜牧专家分头到一线查看灾情，指导救灾，降低了损失。2013年4月19日，临朐县出现罕见的雨雪低温灾害天气，果树专家查看灾情后，及时发送建议短信，让果农用竹竿、木棍等工具敲打受灾果树、震落积雪，减轻了冻害。

建立示范基地。2012年7月，专家团依托大樱桃“三农服务社”，按照有培训室、图书室、化验室，有音响设备、化验测量仪器，有气象服务电子显示屏、大喇叭，有自动气象站的要求，在城关街月庄村建立了第一个专家服务示范基地。基地设立了专栏，定期刊登气象预测、技术意见等服务信息。经过示范带动，该基地的种植和管理水平迅速提高，成为高标准大棚樱桃示范基地，也被山东省气象局定为“鲁中山区特色农业气象服务技术研究”项目基地。

第三，解决生产实际中的技术难题。提供大棚果品需冷量信息。需冷量是果品生产的重要指标之一，也是大棚果树扣棚的重要依据。由于不同果树的需冷量存在差异及年际间气象因素的不同，需冷量达到的时间差别很大。果农没有专业的指导，也没有数据可查，仅凭借经验来估计扣棚时间，难以准确把握时机，影响果树开花结实，最终影响产量。气象服务专家团成立后，从筛选、记录和发送需冷量入手，专人负责记录、筛选自动站数据，扣棚升温期每天为果农提供需冷量，提供精准服务，有效解决了这一问题。

帮助控制大棚温度与湿度。以樱桃种植为例，樱桃开花期的温度与湿度条件是影响其开花结实的关键，但是棚内的温度与湿度又较难控制，成为生产中的一个难题。在气象专家团的指导下，在大棚内建立了自动气象站，为果农提供大棚实时气象信息，可得到樱桃开花时的地温、气温、湿度、光照等关键数据。果树技术推广部门参照此气象数据进行升温、授粉、盖苫、浇水、开风等大棚作业管理指导，改变了过去凭经验指导果农的做法，保证了大棚稳产、高产。

8.3.3.3　*社会环境方面*

（1）美国农业教育、科研、推广“三位一体”推广体系的经验和成效。第一，农业生产科技含量提高。“三位一体”的农业技术协同推广体系和商业化农业推广体系互为补充、高效运行，促使美国农业生产科技含量不断提高。美国农业良种覆盖率高，生物防治和其他非化学防治措施扩散迅速，精准农业技术得到有效开发，网络技术在农作物病虫害远程诊断中得到广泛利用。尤其是近年来，农业推广体系在指导土地所有者合理利用自然资源方面取得了明显成效，水质保护、林业管理、有机堆肥、废物利用、回收充分利用生产资料等项目的顺利实施，使农业可持续发展能力得到迅速提升。

第二，农业生产力提高。美国“三位一体”的农业生产性技术服务体系在美国的农业现代化过程中起到了关键作用。根据美国国家食品与农业协会的统计，美国玉米生产以前需要密集地投入土地和人工，发展到现在，土地投入量减少了一半以上，几乎不用人工。这一过程中，农业技术性服务起到了至关重要的作用。

第三，农民营销能力提升。农业推广体系中的资助研究与教育项目，不仅有很多技术推广专家现场指导农民的病虫害防治等技术，还有很多经济专家指导农户科学的规划生产资源，通过促进农户选择不同的销售对象、改善营销策略、提高管理能力等提高收入，以获得最大化的利润。

第四，农业发展后继有人。通过农业推广体系，一批“四健”（即健脑、健心、健手、健身）青年职业农民得以成长。推广体系培养了农业推广人员和志愿者的技能，保证了农业推广、食品安全、家庭、消费等方面相关政策的顺利实施。此外，农业推广体系资助了部分青少年参与农业推广活动，促使他们学习科学知识，提高社交能力和劳动实践技能。

（2）发达国家新型职业农民培育的经验和特点。发达国家农村发展都经历了农民职业教育培训的改革过程，他们从立法保障、管理协调机制、资格准入制度、培训经费投入等方面不断完善农民职业教育培训体系，积累了可借鉴的宝贵经验。

第一，发达国家的职业农民培训经验。韩国由劳动部的劳动能力开发审议司专门负责农民职业培训工作。目前，韩国农民职业培训包括公共职业培训、企业职业培训和资格认定职业培训，相应地，培训机构主要有公共培训机构、企业培训机构和资格认定培训机构。经费主要由向企业征收的职业培训分担金、政府补助及其他收入构成的职业培训促进基金，政府向企业和劳动者征收的雇佣保险费、征收金和积累金余额构成的雇佣保险基金，政府承担的职业能力开发基金三部分组成。韩国还非常注重农民思想教育，兴建“村民会馆”，培养农民的主人翁使命感、集体荣誉感，调动农民的积极性和主动性。

日本各都道府县政府设立了地区农业改良普及中心，设置了专门技术人员和改良普及人员，专门负责农业技术普及与培训，并由政府负责培训人员的选拔、任用和进修以及工资和津贴的开支。日本还调整和逐步完善农村教育体制，建立了国家农民学员，提供专业化的人才培训服务设施和农民终身教育基地，培养出大批高素质的适应现代农业发展的职业农民。

德国的“双元制”职业培训模式最为著名。“双元”指的是学校和企业，每周由学校进行 1~2 天的理论教育、由企业进行 3~4 天的技能培训，共同完成对学生的培训。学校的理论教学内容由州文化部制定，企业的技能培训内容根据联邦科教部颁布的培训条例和自身特点制定。培训经费由企业和学校共同负担，学校承担 1/4 的经费，主要由政府负责；企业承担 3/4 的经费，包括培训设备、师资、受训人员的津贴和社会保险费等。

澳大利亚的农村职业教育和培训由各州的就业和技术培训部负责，政府还成立了全国就业、教育和培训委员会进行宏观指导和管理，建立了全国统一的资格认证体系。培训机构主要有专门为成年人提供技术培训和文化补习服务的技术学院，专门为农民服务的农学院，以及由生产部门和公司自身经营管理的非公立培训部门。培训方式有全日制长期课程、半工半读式长期课程、短期课程、函授教学和外出教学 5 种，所有课程都要经过严格的市场调查和分析，要求授课教师有实际工作经验，非常重视实效性。

第二，发达国家的职业农民培训特点。培训管理法制化。国家立法保障是发达国家职业农民培训工作的主要特点，是农民职业培训事业的根本保障。如韩国颁布的《职业培训法》，从法律上为农民职业教育制度提供了保障；德国的《职业教育法》，使德国形成了“双元制”农民职业培训模式。

培训投入规范化。各发达国家政府都非常重视职业农民教育培训的资金投入，国家财政支持是发达国家农民职业教育培训事业不断发展的资金保障。如日本规定政府承担农业技术普及培训事业所需经费的一半；澳大利亚政府为鼓励企业开办农业职业培训机构，提供 20%~30% 培训经费补助。

培训主体多元化。随着各国农民职业教育的发展，培训主体也呈现出多元化特征，主要包括高中等农业职业院校、各级农业科技教育推广服务中心、各类社会培训机构等。由各培训机构协作，共同推进农民职业教育发展，为发展农业生产培养了大批高素质的职业农民。

培训方式多样化。各国农民的培训形式是多样化的，如澳大利亚有全日制长期课程、半工半读式长期课程、短期课程、函授教学和外出教学5种方式。此外，各培训机构除开设农业专业课程外，还结合本地区的生产实际，根据农庄发展需要和农民培训需求开设课程，如德国设立了理论教学和农业实践相结合的“双元制”模式。

上述了解了现代农业资源、能源和环境服务发展的实践和经验。从促进现代种业服务发展的经验推广、国内外农机装备服务发展的经验借鉴、国外农田水利建设和管理的经验介绍、水溶性肥料发展的国际经验等方面介绍了农业资源现代服务的发展实践。通过介绍洛阳市农村沼气能源服务体系的建设经验、乡镇电力能源为“三农”服务的实践探索，分析了农业能源现代服务的发展实践。通过介绍农业产业化发展经验，品牌、高效农业发展经验，先进的国外农庄发展实践，典型的循环生态农业发展模式，代表性的休闲农业发展类型，组建气象为农服务专家团提高农业对自然环境的适应能力，美国农业教育、科研、推广“三位一体”推广体系的经验和成效，发达国家新型职业农民培育的经验和特点等，阐述了农业环境现代服务发展的实践和经验。

8.4 促进现代农业资源、能源和环境服务发展的措施

8.4.1 促进农业资源供给服务发展的措施

8.4.1.1 促进种业发展的具体途径

（1）抓好科技研发增强种业竞争实力。主动适应现代农业发展，积极应对国际种子公司进入我国种子市场的挑战和压力。进一步优化科技、人力、财力、种质、自然、社会等种业资源配置，走科研、生产、经营、推广一体化道路，走产业与市场整合持续发展之路，走种业科研与财团合作开发共赢之路，以市场为导向、以效益为目标，打造一流现代种子企业，使种子企业尽快步入规模化产业轨道。种子企业竞争是人力资源的竞争、经济实力的竞争、种子市场的竞争、种质资源的竞争，焦点是高新的科学技术，核心是现代管理、科研技术人才。种业应确立科研为本的思想理

念，逐步壮大科研队伍，加大科研投入，有效改善科研、生产、生活条件，充分发挥科技人员研究潜能，种业产品才能不断推陈出新，占领市场，实现持续健康发展。

（2）抓好种子质量利于种业长远发展。以质量取信，以服务取信。种子质量是企业生命，也关系着农业生产安全，同时也是提高企业信誉的关键所在。以质量求生存、求效益、求发展，遵循市场经济规律，是种业生存发展的制胜法宝。从品种研发、种子生产、收购、仓储、运输、销售等各环节，提高繁殖用种纯度，严控种子质量监督检测，落实种子生产、收购、仓储、运输、销售等环节，从而提高种子商品化率水平。一是加强种子加工、仓储、检验设备。改进种子加工设备、提高检验仪器精密度、充实种子检验加工仓储技术力量，是提高种子质量的重要手段与保障。二是建设稳定固定的种子生产基地，保障种子纯度。实施种子连片种植，防止机械播种、收获造成机械混杂；一村一品或一地一种，隔区种植，防止品种天然杂交，确保品种种性不变。三是提高、提纯基础种源质量。企业建立种子三圃田，搞好三系整理，尤其要对原始种子保存，以保存其原有种性。四是制定严格的种子检验制度，严格按照国家标准进行种子田间纯度检验，种子发芽、水分、净度的室内检验，保证种子质量。

（3）做好市场调研有效规避风险。种业企业要想规避生产、经营的风险，必须准确掌握种子市场信息、农业生产调整动向、种植结构、国家粮食政策等，以生产适销对路品种，减少种子积压。要遵循市场规律，深入调查研究，分析决策生产。准确掌握品种信息、市场需求，做好新品种提早示范、繁育，是种业在激烈市场竞争中规避经营风险的制胜法宝。

（4）加强跟踪服务提升种企信誉。目前，绝大部分种业重视售前服务、产品介绍、种子宣传、企业形象塑造、购种咨询等，却忽视售后服务，未做到长期跟踪服务。应在农业生产的各个关键时期，深入到乡村和田间地头，现场指导耕作生产，如怎样一次播种保全苗、如何防治病虫草害、如何中耕管理等，使服务进一步延伸。种子经销商应介入秋季农产品收购销售服务，如建粮食加工厂，实行生产、加工、销售一条龙服务，打造优势品种、建设优势品牌。

（5）多方融合资金促进种业发展。种子收购、设备更新、产品研发等都需要资金做保障，在目前竞争激烈的种子市场，单靠企业自身的能力远远不够，需要借力众多有效信贷业务支持发展，或者通过融资依托大财团走合作共赢发展之路。近年来，不少大的财团、粮食企业、其他农业生产企业开始涉足种业，且发展势头迅猛。需要对诸多助推种业发展的因素进行科学合理的整合，灵活、机动的制定企业一体化运行机制，实现种子生产的集约化、集团化进程。

（6）利用网络信息优势扩张占领市场。随着信息化时代到来，网络在种业发展上同样也起到举足轻重作用。利用网络，种业建立信息平台，使得远在千里之外、田间地头，就可通过手机、计算机查阅所需相关技术。种业要编制各种各样的网络，如搭建种业信息网络平台，宣传自身产品，获知准确种子市场信息，生产适销对路的品种的种子；种业利用多种形式建销售网络，与各地经销商建立长期合作销售网络，以乡村合作组织建立种子销售网点，自身在适应区域建立直销店，使得自身产品达到最大限度占领市场，获得最大效益；种业为展示自己产品，在其适应区域，建设新品种试验示范网络，深入到乡村，接近生产实际让种子使用者亲眼目睹企业推出新产品，以求最快将其推广应用。

8.4.1.2　提高现代农业物质技术装备水平的政策建议

（1）加快提升农业机械综合利用水平。加快推进农业现代化建设，提升农业机械化水平是其中重要的环节。目前，粮食生产成套设备已形成，应进一步加强推广应用，需有重点的推进种植、植保、烘干等薄弱环节的机械化，争取有新的突破。应加快先进农机装备与技术的推广应用，推进畜牧养殖、高效设施农业、林果业的农业机械化水平，以提升农业机械化综合利用水平，实现农业生产全面全程机械化。

（2）加快构建新型农机社会化服务体系。现阶段，我国的农业机械服务存在一些弊病，导致许多的大中型农机具在农村无法得到普及，这些弊病主要是政府权力过大所导致，降低了我国农业机械化的整体作业水平。降低政府的作用，让市场逐渐在农机化的发展过程中占据主导位置成为解决这一弊病的关键。此外，建立一种新型的农业社会化服务模式已成为当务之急。

实现全面农业机械化必须依靠农机社会化服务。现阶段，围绕种粮大户、家庭农场、农民专业合作社等新型经营主体的需求，培育壮大农机专业户和服务组织，通过税费减免、信贷优惠、购机累加补贴、作业补助等扶持政策，发展农机大户、合作社、作业公司和农机协会等，提高农机社会化服务能力。具体做法是：建立农业机械化合作社，把农民聚集起来统一使用农机具进行农业生产，可以节约成本促进农业机械化；国家要制定相应的农业机械管理法规，派专业人员对农业机械机构的运营进行监管；增加农机具销售点，让农民购买农机具不再是麻烦事；充分发挥互联网平台的信息优势，在网络上大力宣传关于农机具和农业生产方面的资料，让农民充分接触到农业方面的信息，不因消息的闭塞影响到他们的生产，也使农业机械化的发展有了可靠的技术支撑。

（3）加快构建农机推广技术体系。应继续加大农业机械化推广技术创新与推广投入，资金项目要向农业科技自主创新、农业科技支撑计划、农业科技成果转化等涉农创新方面倾斜，要突出农机、农业与信息化技术结合。加快建设适应现代农业发展需求的农业机械化推广技术体系，形成农机与农艺专家协同创新机制，实现作物品种、栽培技术和机械装备的集成配套。分层次建立集合品种、栽培、农机化技术的综合示范基地，发挥引领示范作用。完善乡级农机站运行机制，积极支持农机社等合作组织的发展，鼓励各类合作组织开展农业机械化推广经营性服务工作，充分发挥其推广作用，更好地促进农业机械化和农机制造业的发展。

（4）加大新型农业机械研发力度。探索将现代信息技术和自动化技术的成果融入到农业物质技术装备的研发制造中，实现农业物质技术装备作业的精细化、自动化和操作优化。精细化作业包括精细播种、精细施肥、精细喷药、精细灌溉等，有助于进一步提高水、化肥、种子、农药、能源等资源的利用效率。自动化作业包括自动驾驶、自动监测、自动调整、自动补偿等，有助于改善作业质量，提高作业精度，减轻操作者的劳动强度。机器操作的优化则包括提高拖拉机、收割机、插秧机的作业速度，优化作业深度、作业幅宽等，有助于提高劳动生产效率，降低资源消耗。

（5）健全农机具购买和生产财政补贴机制。我国农业机械化普及率低的一个重要原因是购买率低，因为农机具价格昂贵，很多农民无钱购买，目前只有较富裕的农民会购买大中型农机具，大部分农民只能购买小型的农机具，所以提高农机普及率的关键是设法增加农民在农机购买上的投入。国家就有必要加大对农民的资金扶持，增强农民对购买农机具的信心。很多欧美国家在农机具购买方面就实施有优惠政策。在农业机械化道路上，欧洲国家普遍实行中等型的集约农业机制；美国实行大规模农业机制；日本则坚持精细的农业作业方式。虽然这些国家的农业发展道路不同，但核心是相同的，那就是国家坚持把资金与科技紧密地结合在一起，农民秉承提高农业生产率的初衷来购买农机具。

加大财政尤其是中央财政对农机具购置补贴的资金投入，加大地方财政对农机具购置补贴配套的投入力度，拓展补贴范围。制定或完善农机化作业补贴制度、农机报废更新制度、农机政策性保险制度等扶持政策，提高扶持政策的累加带动效应。研究出台“补作业”政策，促进机械化作业的推广，广泛推广应用节能型的农业机械新技术和新机具。地方财政投入适当向作业补贴（如深松作业）、项目建设（如农机库场库棚建设）、高效设施农业等领域倾斜。加大购机补贴中高效设施农业机械的补贴标准，有针对地提高高效设施农业的机械化水平。

（6）促进农业机械化、区域化发展。中国土地幅员辽阔，区域之间的自然种植条件差别很大，农产品的类型数不胜数，在农产品的种植上各地存在很大的不同。所以，农机化不能忽略地区间的差异而随意制定发展模式，一定要以各个地区的特色为前提，才能将这个地区的优势凸显出来。在制定农业机械化模式时，当地政府务必请专业人士做好前期调研，根据调研结果因地制宜，制定适合当地的发展模式，缺少前期调研的发展模式很难适应当地的农业发展。国家投入大量资金支持各地区的农机化发展是必不可少的策略，尤其要给中西部地区特别是贫困地区充足的资金技术支持，让贫困地区的农机化在坚实可靠的后盾上稳步发展。

（7）推进适合机械化作业的农业栽培技术。由于作物生长情况不一致或作物本身不适合机械生产，导致很多地区不能实现大范围的农业机械化作业。所以，必须要提高农作物的培育技术，并制定规范的标准让作物的生长与农机具的使用相匹配，才能更好地实现农业的机械化生产。提高农作物的培育技巧不但是农业生产机械化发展的要求，更是促进农业现代化的必经之路，可多向农业发达的国家来借鉴学习。

（8）构建农机科技创新体系。随着农业机械化生产规模的不断增大，要求有更先进的农业科技与之相适应。但是，就中国的农业发展情况来看，我国的农业机械化技术含量并不高，主要体现为我国农业技术的开发资金不足，研发团队缺少资金支持；农业机械技术主要还是借鉴国外技术，缺乏本国的自主创新；很多优秀的农业机械化技术没有得到重视，被实际投入到农业生产中的技术有限。所以，建立农业机械创新应用模式，完善农机化体系，已成为当务之急。

企业在增强创新能力方面具体的做法有：①整顿企业结构。企业一定要建立一支属于自己的农机具专业研发团队，认真做好市场调查，找到满足消费者需求的农机具产品种类，还要促进农机具的生产资源在企业内部合理配置，降低企业生产成本，最终才能增加生产的农机具在市场上的竞争力和占有率。②提高农机具质量。农机具的功能一般比较单一，而且针对不同地区农业生产的农机具有很大的功能差别。农机具的生产企业要考虑到当地独特的温度、湿度，把好技术关、质量关。在提高产品质量上，还需要国家的大力监督，企业生产出物美价廉的农机具才能更好地促进当地的农业生产，实现全国农业的持续性发展。③研发核心技术。对于企业来说，创新是最强的竞争力，必须投入精力研发具有核心科技的农机具。由于农作物的培育、生长、收割有其自身的特殊规律，这些规律短期内不易被记录保存，所以生产出有效适应作物生长规律的农机具实属不易。但只要企业认真做好前期的数据收集，建立起完善的作物数据库，就一定能生产出富有特色、适用性强、具有核心竞争力的农机具产品。

（9）积极推进节约型农业机械化发展。农业属于国民经济的基础，在社会生产中占据重要的位置。但是，我国农业发展存在生产模式过于粗放、不可再生资源消耗过大等不合理的表现。面对我国建设“两型社会”的现实状况，建设节约型农业也成为必不可少的一部分。因此，我国的农业机械化要把资源节约、资本节约以及劳动力节约作为未来转变的目标，生产出环保且质量佳的农机具是我国农业可持续发展的不二选择。在保证农机具质量的同时，更要注意保证生产的农机具的环保性能，不能以牺牲农机具的环保性能为前提来生产农机具，环保性能差的农机具即使功能齐全，价值也会被大大降低。集约型农业机械化模式的重要性在社会发展中的作用已逐渐凸显，对于节约型农机化的建设提出了以下要求。一是去除传统农业种植中的一些陋习，例如秸秆焚烧。这样的农耕陋习使得我国农业很难实现可持续发展，要以适应土地生长规律的方式来发展现代农业。二是要在农田间规划铺设专门的农机具行车道路，这样不但可以增加农机具在农田内的行车效率，更重要的是可以避免对作物生长的破坏，保证作物自然生长，减少农机具资源消耗，帮助降低使用成本和种植成本。三是要保证农机具的环保性能，减少在使用过程中的排放和对环境的压力。四是要研发能节约农机具能源的新技术，并且将这一技术普及到所有的农机具产品中，提高农机具的节能性。

8.4.1.3 提高农业用水效率的管理措施

（1）由供水管理演变为需水管理。传统的水资源管理统称为供水管理，根据工农业用水需求，建立大中型水利工程实现水资源供需平衡，在缓解水资源供需矛盾中发挥了重要作用。供水管理的最大缺陷是忽略了用水者节水的可能性，将水资源供需矛盾的解决寄托在水源供给上，其结果是水资源浪费增加和利用效率低下。随着经济社会发展，水资源供需矛盾加剧，运用综合手段缓解水资源供需矛盾成为一种必然。改供水管理为需水管理，能够有效缓解这一矛盾。需水管理是综合运用行政、法律、经济手段规范水资源开发利用中的人类行为，着眼于现存的水资源供给，实现对有限水资源的优化配置和合理利用。

（2）注重农业用水综合管理。提高农业灌溉用水效率是一项综合的系统工程措施。在工程措施方面，实行骨干渠道防渗、井渠结合，渠系配套和平整土地，以提高水利用率。在农业措施方面，结合当地的自然资源和经济条件，进行农业生产结构调整，推行节水栽培措施，以增加作物产量、提高水利用效率。在节水管理方面，改革管理体制和运行机制，建立多部门联合的管理方式，实行科学的节水管理和水价政策。充分调动农民节水积极性，建立农民参与管理决策的民主管理机制，全面开展节水活动。

（3）推进节水灌溉服务产业化管理。节水灌溉服务产业化是节水效率提高的重要途径，也是节水农业发展的必然趋势。一是实行小型水利设施管理改革，主要是对小水源、小渠道、小泵站采取服务合作制、拍卖、承包、租赁等方式，促进节水灌溉服务产业化发展。二是推行服务产业化综合技术，实现科、工、贸相结合，使产学研一体化股份公司成为咨询、规划设计、营销培训相结合的经济实体，通过多种形式的综合性服务，提高农业灌溉用水的综合效率。

（4）减少灌溉用水的无效蒸发。一般情况下，农田作物棵间土壤蒸发量占灌溉需水量的20%～30%，因此，减少土壤蒸发是提高农业用水效率的重要途径。目前，减少土壤蒸发比较成熟的技术是地膜覆盖和秸秆覆盖。地膜覆盖具有增温保墒、改善土壤理化性质的作用，而且可以促进种子萌发，使作物早出苗、出壮苗、早熟高产。地膜覆盖的作物一般可增产20%～30%，而且产品质量也有一定的提高。缺点是，地膜大量使用，造成了农业白色污染，带来了生态环境压力，也增加了农资投入。秸秆覆盖是一种资源丰富、发展前景广阔、经济效益明显的节水技术，具有改土培肥、保持水土和增产效果突出的特点，还实现了秸秆还田和循环经济，保护了生态环境。经试验研究表明，沙壤质和中壤质土壤经过连续覆盖后，土壤有机质分别由0.88%、0.94%逐渐增至1.06%和1.17%；在农田冬闲期覆盖秸秆，可减少48%的土壤蒸发量；小麦在夏闲期进行秸秆覆盖，一般能够增产10%～20%，干旱年份可达50%以上，水分利用效率明显提高。另外，在干旱时实施叶面喷洒黄腐酸，可使小麦减少水分蒸腾，提高15.5%的水分生产率。

（5）推广田间节水灌溉与管道（渠）系统高效输配水技术。①在田间节水灌溉技术方面，采用水平畦田灌、波涌灌等先进的精细地面灌溉方法。其中激光控制平地技术与大流量供水技术的结合，使传统的地面畦（沟）灌性能得到明显改进，具有技术适用范围广、节水增产效益显著的特点。与压力灌溉方法相比，地面灌溉的水流在田间扩散过程复杂，受土壤入渗特性、田间地面微地形条件、过水断面形状、作物种植密度等因素的影响较大。因此，改进地面灌溉技术的重点应放在加强地面灌溉过程的控制上，以提高地面灌溉的灌水质量。②除地面灌溉外，喷灌技术和微灌技术的推广应用有新的发展。当前，多种节水灌溉技术呈现以下发展趋势：一是机械化与自动化喷灌水平不断提高，机械化程度高的喷灌机使用面积不断扩大，计算机技术在喷灌系统中广泛应用；二是喷灌设备、微灌设备向低压、节能型方向发展；三是喷灌技术、微灌技术相互借鉴，同步发展；四是积极开展多目标综合利用，充分提高设备投资的利用效率；五是改进设备，提高性能，开发和研制新型喷头；六是产品日趋标准化和系统化。③在渠道管网高效输配水技术研究方面，为适应大规模的灌溉节水工程建设，已逐步实现输配水系统的管网化、智能化和施工手段机械化。近年来，为实现用水管理手段的现代化与自动化，满足对灌溉系统管理灵活、准确、快捷的要求，普遍应用信息技术、计算机技术、网络技术等高新技术，在减少调蓄工程数量、降低工程造价的同时，满足农户需求，有效减少弃水，提高灌溉系统运行性能和农业灌溉用水效率。

8.4.1.4 加快水溶肥料发展的建议

（1）加强产品的肥效对比试验，筛选优质高效产品，帮助农民正确选用。依据《农业技术推广法》关于新产品新技术“先试验、后推广”的规定，按照企业自愿的原则，鼓励水溶肥料企业提出参试申请，进行肥效试验。由销售地农业部门从在售的产品中随机抽样，通过质量检验合格后，由企业出资、地方土肥站统一组织进行多点示范试验，对效果明显的产品，统一向社会公开推荐，引导农民使用高效、优质、安全的水溶肥料。同时，也供基层农业部门招标时参考。

（2）加快肥料立法进程，加强对违法产品的处罚。尽快出台肥料法，从生产规模、注册资金、技术研发人员设置、质检手段等方面设定相应的市场准入“门槛”，从注册资金、专业技术能力、销售范围等方面规范经营行为，加大对违法产品的处罚力度，杜绝违法生产和经营。

（3）建立黑名单制度，加大曝光力度。建立省、市、县三级“黑名单”制度，对于有不良记录的企业，依照政府招标相关法律法规，限制或取消其投标资格，并定期向社会曝光违法生产经营者名单，防止农民受骗上当并引导农民自觉抵制违法产品。

（4）加大农药执法力度，保证肥料属性。依照《农药管理条例》，对添加有农药功能的肥料产品，如无农药登记证，对生产和经营者将依法惩处，以确保肥料属性，防止误导农民和最终消费者。

（5）加大政策扶持力度，鼓励科技创新。设立专门基金，鼓励生产企业加大科技创新力度，研发更多的优质高效产品投放市场。出台奖励办法，对经过实际使用及肥效对比试验证明是优质高效的产品，给予一定的奖励。

8.4.1.5 加强农药市场监管的措施

（1）加强农业法律、法规的宣传力度，提高社会法律意识。应进一步加强《农药管理条例》《农药管理条例实施办法》及相关法律、法规的宣传。广泛通过报纸、广播、电视等舆论媒体多方面进行报道和专题讲解，结合“放心农资下乡进村”“科技三下乡”等活动，采取走村串户印发、张贴、悬挂条幅、标语等多种形式向农药生产经营者、广大农民群众宣传农药法律法规和有关农药知识，提高全民法律意识。

（2）提高农药经营准入条件，对农药经营者实行许可制度。当前，造成农药市场混乱的原因一方面是农药经营者多且自身素质不高，需要提高农药经营准入条件；另一方面，农药使用者，即广大农民的知识水平普遍偏低，信息闭塞，对农药品种知之甚少，农民购买农药主要靠零售商的推荐和介绍，如果农药零售商没有文化、不懂专业知识，那么就容易误导消费者而出现药害等问题。因此，应对农药经营者作一定的资格规定，要求其具有一定的文化和专业知识，符合条件的再为其办理农药经营许可证。

（3）做好对农药经营主体的业务培训，规范其经营行为。一是定期为农药经营人员举办培训班，通过学习农药基本知识和有关法律法规知识，提高农药经营者的法律意识，促使其合法经营、守法经营。二是要求农药经营者提高服务意识和服务质量，在销售农药的同时提供农药适用范围、防治对象、使用方法和注意事项等配套指导服务。

（4）加大对农药市场的监管力度，整顿市场秩序。一是实行源头管理，加强对农药经营者供销台账的督查和违规处罚，肃清供销渠道。二是严格依法办事，对经营假冒伪劣、高毒高残留、过期失效农药及夸大虚假宣传等违规行为进行重点打击。三是建立农药企业诚信档案，实行信用等级分类动态监管。定期评选诚信经营企业、诚信经营店铺，并向社会公布；对违法企业实行定期通报并列入“黑名单”，对“黑名单”企业实行重点监控。

（5）开展联合执法，提高对违法行为的打击力度。由农业部门联合公安、工商、技术监督等部门不定期开展农资市场执法检查，增强农业执法威慑力，建立农药安全监管长效机制。

（6）积极推广植保新技术，引导农民科学使用农药。大力推广高效低毒的新农药与生物农药，提高农药利用效率，减少用药量和施药次数，确保农产品质量安全。

（7）加强农药质量检测能力建设。政府应增加投入，加大农药质量检测站（点）的建设力度，健全农药质量检测体系，提高对假、劣、失效等不合格农药的检测能力。

（8）建立服务平台，为民排忧解难。专门搭建服务平台，提供农药信息咨询、植保技术咨询、政策法律咨询，受理农药质量问题投诉等，畅通与民沟通的渠道。

8.4.2 推动农业能源保障服务发展的措施

8.4.2.1 促进农村新能源利用与发展的服务对策

（1）变革农业生产方式，发展现代生态农业，着力提高农民经济收入。增加农民收入是解决农村能源利用问题，促进农村能源可持续发展的关键。重新审视现有的农业生产模式，以注重生态为导向，改造传统农业，改变落后的生产方式，增加对农业的投资力度，帮助农民将现有的生产方式升级为注重生态效益的生产方式，发展现代农业。例如，因地制宜地采用推广“猪—沼—果”“猪—沼—粮”“猪—沼—作物”等以沼气为纽带的生态农业模式。既有效节约了农业生产成本，又有助于实现种植与养殖合二为一的农业经营方式；既实现了农业生产的良性循环，又拓宽了农民收入来源，增加了农业经济的贡献；既留住了农业生产所必需的劳动力，又能够较好地保护农业生态环境。农村经济的发展和农民收入的提高将直接影响农民对于能源的选择，促进农民对沼气等可再生能源的开发利用，促使农村能源消费结构不断向合理化、科学化发展。

（2）创新农村能源政策安排，保障可再生能源发展。在全国能源供应吃紧的背景下，农村能源紧缺将在全国范围内出现并在部分区域加剧。如何保障农村生产生活的正常用能，目前已经形成共识——充分挖掘广大农村地区产生的农作物秸秆、牲畜粪便、太阳能等丰富的可再生能源所蕴藏的巨大价值是理性的切合实际的思路，关键还是要从利用好可再生能源开发和建设的特点和规律出发，创新农村能源政策安排。主要从 3 个方面着力。一是从国际经验来看，可再生能源的建设离不开大量资金投入。资金作为可再生能源开发的初始动力和基本保障，一方面要加大政府资金投入力度；另一方面也可以借助于其他综合途径来实现。通过贴息、免税、定价等金融服务、财务激励使可再生能源技术在财务上可行，实现技术的商业化项目补助、政府财政拨款、低息贷款等。二是政策设计中要突破政府一元化的主导，注意引导多个主体特别是大企业、大集团的积极介入，实现可再生能源开发的主体多元化，推动和加快可再生能源的发展。三是可再生能源政策设计要尊重农民的生产、生活需要，保障农民的交易谈判权力，创造农民的就业机会，增加农民收入。通过能源政策的实施，合理利用农村地区丰富的可再生资源，优化物质循环过程，用可再生能源替代常规能源，满足农村地区日益增加的能源需求，以达到改善能源结构和节能减排的双重目标。

（3）健全农村能源服务体系，提高农村能源利用效率。一是注重村级能源服务网点建设，使农村能源服务机构达到全面覆盖，尽量减少能源服务盲区。二是加强对农村能源服务技术人员的专业培训，提高技术人员的职业水平，提高农村能源服务的质量和农村能源的使用效率，发挥服务效能。三是加大农村能源服务设备投入，提高能源服务机构的硬件水平，保证服务质量。四是规范农村能源服务项目的收费标准，加强对能源服务行业的管理和监督。农民的收入相对有限，如果能源服务及维修收费过高，会造成能源使用成本增加，挫伤农民使用新能源的积极性。五是对能源服务企业或相关部门提供专项财政补贴，降低能源服务及维修成本，使农村能源服务支出维持在农户可接受的范围内。

（4）加强农村能源宣传教育，提升农民能源理念和技能。当前，我国农村能源的开发和利用还处于初级阶段，部分农村居民对农村能源尤其是可再生能源（如沼气等）的使用还存在观望心理，开发利用生物质能源的意识淡薄，对能源综合利用效率的关注度较低，尚未形成科学的能源理念。一是需要政府把农村能源开发利用提高到经济社会发展的战略高度，通过各种途径，广泛普及能源知识，加强对农民的能源教育，深化农民对新能源的认识，提高群众节约常规能源、使用可再生能源及利用生物质能源的意识，为农村新能源建设奠定良好的思想准备和群众基础。二是着力进行农村能源相关的科普宣传、培训及技术指导，使农民能够掌握农村能源的基本知识、基本原理、生产技能和操作方法，增加农民的能源知识储备。通过大力、持续地宣传和教育，使农民广泛参与到农村能源建设中，发挥农村能源建设的主力军作用，为建设资源节约型和环境友好型新农村做出贡献。

8.4.2.2 建设全能型乡镇供电所的努力方向

（1）加强队伍建设，牢固打造“全能型”乡镇供电所的基础。加强对员工岗位相关的基础知识、基本业务技能的培训，改善员工队伍的知识、技能结构；积极开展电动汽车充换电设施运行维护、光伏发电等分布式电源管理与并网服务、电能替代业务拓展等方面的培训，加快建设适应全能型供电所工作要求的复合型员工队伍。

（2）加强内部管理，提升乡镇供电所的服务能力和质量。当前，在乡镇供电所的建设工作中，仍存在管理基础较弱、服务能力不强、基础设施历史欠账较多等问题，制约了乡镇供电所服务水平的进一步提升。迫切需要进一步加强乡镇供电所的管理工作，增强乡镇供电所的供电服务保障能力，提高效率效益。

（3）加强服务创新，主动适应农业农村供电供给侧改革的新形势。应积极主动适应供给侧改革的新形势，提升农户对供电服务的认知度和认同感，积极营造市场竞争和服务创新的良好外部环境，促进提质增效，充分发挥乡镇供电所服务经济社会发展的生力军作用。

8.4.2.3 解决农业排灌电力设施投资和管理问题的对策

要有效解决农业排灌用电过程中存在的问题，需要政府部门、供电企业和村集体共同努力，制定完善的规划，由各责任主体认真落实。

首先，政府部门应该统筹安排，制定农业水利设施建设规划纲要和总体规划布局。通过多种途径，筹集、引进和争取建设资金，按照计划的进行农田水利设施建设，提高建设的前瞻性和有序性。

其次，村集体应筹措资金，切实做好配套设施的建设、管理和维护。应该从村集体中拿出资金用于项目工程的灌溉配线、电缆、灌溉渠道、附属设施及施工的费用支付等。按照实际使用需求，提出或制定具备防盗、防砸、防窃电、防触电、报警等功能的电力排灌设施建设方案。通过供电企业的有效审核，由村集体组织招标，聘请有资质的施工单位进行施工作业，经供电企业验收合格后，由村集体负责管理、维护和使用。

最后，供电企业应该积极筹集专项配套资金，按照政府的规划和总体布局要求架设输电线路。供电企业可以通过政府协调与村集体或个人签订免费代维合同，负责对用电设备进行日常排查和监管，发现问题之后，及时向村集体下发维修通知单，让其在规定时间内进行整改，从而有效地解决村级集体及农户巡视和维护不专业的问题。

在具体工作中，只有政府、供电企业和村集体各尽其职，明确各方的责任和职能，才能有效地解决电力排灌设施日常维护难、责任不明确、政策不落实、生产成本高及破坏严重的问题，从根本上解决农业排灌过程中存在的用电难题。

8.4.3 提升农业环境支持服务发展的措施

8.4.3.1 经济环境方面

（1）加快农业产业化发展的措施建议。第一，提升服务的专业化水平，推进规模发展。按照优势产业合理进行规划布局，明确发展方向，加速实施主产区的规模化推进与生产环节的农机农艺相融合。通过实施以“专业镇村+生态园区创建”为核心的主产区区域化整体提升工程，提高农业产业的整体生产能力和综合效益；通过农机农业深入融合，优化完善不同农产品专用农机具和设施设备，进一步提高劳动效率；通过市场分析，优化细分市场和品种定位，逐步实现规模化布局、园区化建设、标准化生产、品牌化经营和产业化运行，全面提升产业整体生产能力和综合效益。

第二，提高集约化生产水平，推动涉农产业融合发展。产业发展中，以工业化理念统筹推进产、加、销各环节，提高集约化生产水平，延伸产业链条。生产基地建设，注意加强与专业科研机构和农业院校的合作，及时将各种新技术、新模式运用到实际生产中，提升产业的科技水平和产品质量。拓展和开发产业的多种功能，积极引入产业新技术、新业态、新模式，将农业生产与观光、休闲、旅游、采摘有效结合起来，形成“一产接二连三”的互动型、融合型发展模式，努力实现农业生产的生态价值、休闲价值和文化价值。

第三，完善品牌建设，实行品牌营销。引导合作社、生产经营企业等加大品牌创建与整合力度，充分利用电视、网络、杂志等媒体资源，加大宣传力度，提升品牌的知名度。通过开展“农业进社区”活动，扩大农业在群众中的影响力，加快品牌塑造，努力实现从卖产品向卖体验的转变。积极挖掘产业园区的旅游文化资源，在生产加工过程中融入第三产业，例如开展蔬菜采摘、粮食加工等传统的农业生产活动，开发农业生产中的观光旅游、休闲养生、科普教育等功能，将生产、加工与旅游、度假有机结合起来，为游客提供原生态的生产体验。

第四，强化信息体系建设，减轻市场波动。建立覆盖主要农产品品种的生产、流通、消费各个环节的信息监测、预警和发布制度，对种植面积、产量、交易量和价格进行及时监测，并逐步扩大监测的品种和范围。及时发布相关信息，积极引导种植户、经营者合理安排生产和经营活动，稳定生产者、经营者、消费者的市场预期。积极引导消费者理性消费，提倡节约，减少浪费，建立“两型社会”。

第五，实施一体化战略，推进区域协同发展。在保证区域战略目标一致、对产业协同发展有共同诉求的基础上，实施一体化战略。在协同发展中，注意取长补短，逐步调整生产关系，统筹整个地区的产业发展。建设便捷的区域农产品物流配送中心，优化物流与信息流，实现同城效应和信息共享。

（2）促进品牌农业发展的对策措施。第一，强化科技支撑，建设现代农业技术服务体系。有力的科技支撑是成功打造品牌农业的关键。以提高农产品市场竞争力为重点，积极整合科研院所、龙头企业等科技资源，加快建立完善产、学、研紧密结合的农产品科技创新与推广体系，不断提升农业科技创新能力，加大对良种培育、生态种养殖、农产品精深加工、现代信息服务和新型农药、化肥、饲料等关键技术研发、集成和推广力度。同时，依托高校、农业科研机构的培训优势，积极与农业龙头企业、农民合作社开展联合与合作，为农业技术推广服务体系建设提供人才支撑、科技支撑和服务支撑，为品牌农业持续健康发展提供有力保障。

第二，加快构建农产品流通服务体系，培育各类新型农业经营主体。构建完善的流通体系是打造高端品牌农业的基础。积极推广“龙头企业+专业合作社+园区（基地）”的经营模式，实现农业向规模化、专业化经营转变。积极培育并鼓励专业合作社、产业协会拓展服务领域，逐步提供对质量标准、产品品牌、生产技术、商场信息、产品销售等方面的统一服务，强化农业品牌发展市场竞争力。一是加快培育各类新型农业经营主体。进一步扩大农民合作组织的规模，创新内容和形式，提高运行质量。落实好有关扶持政策，推动种养大户、经营大户、家庭农场和农民合作社加快发展，鼓励支持各级兴办各类新型农业经营主体培训。二是加强流通基础设施建设，提升流通现代化水平。加强鲜活农产品产地预冷、预选分级、加工配送、冷冻冷藏、冷链运输、包装仓储、电子结算、检验检测和安全监控等设施建设。引导各类投资主体投资建设和改造农产品批发市场、农贸市场、菜市场、社区菜店、生鲜超市、平价商店等鲜活农产品销售网点。发展电子商务，扩大网上交易规模。鼓励农产品批发市场引入拍卖等现代交易模式。加快农产品流通领域的科技研发和推广应用。三是大力推进产销衔接，提高品牌农产品市场竞争力。瞄准国际国内农产品高端市场，引导品牌农产品生产业主开展订单式生产，支持与国际国内大型流通企业建立长期稳定的供销关系，积极推动农超对接、农校对接、农批对接、直销专卖、定单营销、网络营销、农产品会展、观光农业等多种形式的产销衔接，鼓励流通企业、销售企业与品牌农业基地建立长期稳定的产销关系。四是推动降低农产品生产经营成本和实现优质优价并举，提高品牌农产品的市场竞争力。

第三，坚持“安全农业”理念，建立长效机制做好品牌农业的维护和提升。建立质量安全长效机制是实现品牌农业可持续发展，提升品牌价值的必由之路。一是大力推进农业标准化。以农兽药残留标准为重点，加快健全农业标准体系。以农（畜、水）产品等为重点，推行标准化种植（养殖)、统一操作规程和技术规范。积极创建一批标准化示范基地、畜禽养殖标准化示范场和水产健康养殖示范场。加快发展无公害农产品、绿色食品、有机农产品和地理标志农产品等“三品一标”的认证工作。二是强化政府监管力度。规范认证程序，严格质量标准，鼓励企业、合作组织选择资质强、信誉好、有权威的认证机构申请认证，提高农产品的市场竞争力。三是构建农产品质量安全长效机制。实行严格的质量追溯制度，加强农资投入市场管理，从源头上解决农产品质量安全问题，严厉打击有害农产品的生产和经营行为。着力完善加强农业标准体系、农业化学品投入监控管理体系、农产品检验监测体系、农产品质量追溯体系“四大体系”，通过“统一技术、统一质量标准、统一投入品使用、统一收购产品、统一标识、统一品牌销售”等措施，规范品牌农业生产、经营环节和程序，特别是在示范基地选取、投入品使用、田间管理、病虫害防治、包装运输等环节，严格执行生产标准，确保产品质量安全和良好的市场声誉。

8.4.3.2 自然环境方面

(1) 以现代农庄为载体，发展循环、休闲、生态农业，与自然和谐发展。为强化服务职能，政府在农庄经济发展中应提供如下的服务。

一是组织成立专门部门或第三方机构，帮助做好咨询服务工作。为了强化服务职能，更好地为农庄经营者服务，政府应在现有机构设置的基础上进行整合，成立专项部门或第三方机构，为农庄经营者提供各类咨询和服务。第一，开展农庄经营的可行性研究服务。我国的农庄多数是自发形成的，尤其是中小型农庄，由于经营者素质较低，缺乏对农庄经营进行科学的规划，对市场风险的研究判断不足，导致其在经营中面临困难、甚至破产的可能。农庄项目在上马之前，进行完善的可行性研究是非常有必要的。政府应成立咨询服务机构，为农户提供指导，或者建立第三方机构准入制度，由政府审批资质，由专业咨询机构提供服务。第二，提供农庄的规划设计服务。规划、设计是农庄建设的前提，也是将可行性研究转化为现实农庄的必然过程，其质量好坏对农庄经营产生直接的影响。农庄建设除了要符合当地旅游景区（点）发展总体规划、选址要考虑交通便利之外，其规划设计更多是要满足生产经营的需要。大型的农庄，其规划设计可由专业的企业来完成；对于中小型农庄，政府部门可以提供有关规划设计的经验和指导，例如与旅游协会休闲农业与乡村旅游分会等行业组织或第三方合作，以不盈利为目的，提供规划设计咨询服务。第三，提供综合性咨询服务。由政府部门或行业协会牵头成立专家委员会，给农庄经营提供技术、管理、市场信息等方面的咨询服务。做好相应的信息统计工作，平时收集、整理的信息、资料及时在农业信息网等平台上发布，提高信息的透明度，帮助农民提高经营管理水平。

二是理顺供需关系，规范农地流转。农地流转是发展规模农业的前提，也是发展大中型农庄的必然途径。大中型农庄的建设投资大，回收周期长，在没有稳定土地经营权的情况下，农庄经营者难以进行大规模投入。农庄流转的土地，合同期限长短不一，同时由于土地租金一直在上涨，农民不愿意签订长期协议，有的农民为了获取更高的租金，甚至出现了毁约现象。这样限制了经营者对农庄的投入，甚至导致原本规划好的农庄变得破碎，不利于农庄的规模经营。农地流转应兼顾农民和农庄双方的利益。政府部门有必要组织相关机构制定各类用地租金的参照标准，并根据物价水平尤其是粮食价格水平进行相应的浮动，对矛盾双方进行协调。对于土地流转协议，应由政府部门或村组作为第三方参与，作为公证或担保，提高合同的效力，保证双方的权益。

三是创建区域营销平台，助力农庄市场对接。农庄的经营收入主要由旅游服务收入和农产品生产收入两部分构成，游客数量会对这两方面的收入都产生重大影响。因此，营销工作是农庄经营的一个重要环节。除了农庄可以加入旅游协会等行业组织以及借助地方团购网络等渠道外，政府借助公信力优势，也可以为中小型农庄构建统一营销渠道，完善与市场的对接。地方政府可以利用政府信息网开辟“绿色农场”专栏，介绍本地区的特色农庄及旅游服务信息；也可以和旅游协会等行业组织合作，借助行业组织网络对本地农庄进行营销；可以参照景区管理模式，对农庄进行分类评价，助力农庄的宣传。

四是落实补贴和金融支持，加大监管力度。目前国家对规模农业有各类的补贴，包括粮食直补、良种和农机补贴等，另外对流转农地以及确权农地鼓励农村信用联社等金融机构发放抵押贷款，能够降低农业生产成本及缓解农庄融资难的问题。政府应加强对这项工作的支持和监管，对于骗取农业补贴和专项补贴的，给予处罚；对于农地流转抵押贷款规模过小的，给予督促；对于获取补贴和贷款的项目，进行回访。通过提高各类补贴和金融支持的精准程度，提高服务质量。

五是组织农庄经营人员培训，提升农庄经营管理水平。针对农庄经营者经营管理水平普遍不高的情况，对农庄从业人员、尤其是管理人员开展培训显得非常的必要。培训除了传达政府有关的新精神以外，主要还是从开阔农庄经营人员的视野、传播农业新技术、提升经营管理水平等方面着手。培训形式既可以是专家讲座，也可以到示范性的农业经营现场参观学习。在灌溉、施肥、育种等农业生产的重要环节，也可以组织农业科技人员到农庄现场去，对农庄经营人员进行现场指导。

六是定向招商引资，建设示范性农庄。通过招商引资，引进大型农庄来带动当地特色农业的发展，给地方农庄起到示范性作用。招商引资时应考虑引进经营范围跟当地特色农业相近或相同的大型农庄，以降低产业资本跨行业进入农庄经营所带来的风险。通过大型农庄的示范效应，带动中小型农庄学习大型农庄经营管理的先进技术，从而提升当地农庄的整体经营水平。在完善规划的前提下，选择交通便利、环境优美、土地流转成熟的地块，通过大型土地经营权交易平台对外招商，在农业补贴、资金融通等多方面给予支持，以确保招商引资的成功。

（2）提高地面气象测报质量的措施。

一是完善现代农业气象观测体系，增强农业气象监测能力。根据特色农业生产基地建设情况及现代农业发展需求，进一步完善农业气象观测网，建立农业气象观测站点，增加农业气象观测项目，实现农业局地气候的连续、定量、全面观测，提高农业气象观测资料的时效性和精确性，提高农业气象监测及服务水平。外界因素对农作物正常生长发育的影响较大，对农业局地小气候的观测应加强基地气温、湿度、风向、风速、地温、降水、光合有效辐射、总辐射和日照时数等 24 小时自动监测记录和自动化传输。通过数据综合处理分析，积累相关气象资料，提高在作物生长期间应对与防御农业气象灾害的能力，为现代农业生产提供切实可靠的气象服务保障。

二是建立完善气象观测业务工作制度。根据台站业务岗位人员结构及地面测报工作现状，在国家标准范围内，结合实际制定适合本站的相关规范规定。要求测报人员严格遵守工作制度，养成良好的工作习惯。建立健全业务人员考核制度，用制度来有效约束，确保观测工作的规范开展，提高气象测报的成效。

三是提升测报员的业务素质。积极投入使用新型自动气象站，降低观测员的工作量，加强新设备及技术的学习，了解自动气象站仪器构造及工作原理，掌握新的业务规定和流程，熟练操作应用测报业务软件。加强对自动站仪器设备常见故障、错情判断和处理技能的培训，对于常见故障，能做到第一时间正确判断和排除，提高应对突发事件的能力。建立健全故障应急处理预案，定期开展观测业务应急演练，保障自动站的正常运行。

8.4.3.3　社会环境方面

（1）加强农业推广体系建设的措施。美国农业推广体系的发展经验，为我们提供了以下借鉴和启示。

一是加强建设农业的科研、教育和推广体系。美国对农业科研、教育和推广的重视程度仍在逐步加强，农业国际竞争力的提高，从根本上说是科技水平的提升。我国目前依然存在全局突破性、区域带动性强的新技术储备不足，生物技术应用潜在风险难以评估、受限制较大，农业技术推广人员散、线路断、网络破的情况，应大力强化体系建设。在立法层面，将现在的《农业技术推广法》升格为《农业推广法》，将农业经营管理指导也纳入法律范畴，扩充农业推广体系的职能。在中央层面，设立专门机构，可以是政府部门，也可以是科学院所等科研机构，来协调推进农业推广相关工作。在地方层面，充分发挥农业大学的引领作用，设立农业推广教授（或研究员）专业技术职务岗位，建立健全激励机制，为推广工作储备人力资源。同时，发动大学生村官、在校学生等参与农业推广志愿活动，将农业教育与推广紧密结合。继续完善市场化的农业推广体系，鼓励企业根据市场需求开展育、繁、推一体化。

二是加大农业推广补贴的财政支持力度。美国在现代农业转型升级的关键时期，政府用于农业科研和推广的经费由 1915 年的 350 万美元增长到

1970 年的 29070 万美元，扣除通货膨胀因素以后，增长了 5 倍以上。目前，用于农业科研和推广的经费维持在 21 亿美元左右。在我国，不仅政府用于农业科研推广的经费规模与美国有差距，而且商业化的农业科研经费投入与美国相比规模十分小。因此，政府在加大公共农业科研推广投入的同时，还可以通过贴息贷款、财政担保等方式引导和鼓励市场化的农业科研推广投入，尤其是可以以农机具购置补贴、作业环节补贴、防灾减灾稳产增产重大关键技术补助等为抓手，提高农业推广补贴。

三是加大对技术推广和培训支出的投入。资助合作社、龙头企业等新型经营主体建新技术推广示范基地。设立新技术、新品种风险基金，对因技术、品种不稳定所造成的损失给予补偿。

四是提升农民和新型经营主体的市场营销能力。美国一贯重视对农民农业经营管理的指导。20 世纪 80 年代，美国设立了信贷支持、海外市场促进等项目。在其最新的 2014 年农业法案中，又整合了过去一系列项目，用于农民营销能力提升和海内外市场开发。近年来，我国农业的综合生产能力得到进一步加强。但是，农民参与市场的能力并没有相应地快速提升，农产品销售困难轮番出现。当前，多种新型农业经营主体发展迅速。今后可以考虑与田间学校、阳光工程等现有培训项目相结合，加强新型职业农民培训，尤其是提升其市场营销能力。支持家庭农场、合作社等新型经营主体申请无公害农产品、绿色食品、有机农产品等认证，鼓励新型经营主体建设自有农产品品牌。支持新型经营主体参与农业会展活动，在重要农产品展示、展销活动中，设立家庭农场、合作社等新型经营主体的产品专柜。针对大宗农产品，建立农业部门管理的国家农产品营销信贷基金，与中储粮、中储棉等国有农产品收储主体相配合，为农民的农产品销售提供保底收购方。

（2）做好土地流转工作的建议。根据农村土地流转工作中存在的问题，在农业服务方面应做好以下工作。

一是稳定承包关系，依法流转。稳定和完善农村土地承包关系，是保障农民权益、促进农业发展、保持农村稳定的制度基础，是保证土地流转正常进行的基本前提。应进一步贯彻《农村土地承包法》和中央 1 号精神，首先做好二轮承包的后续完善工作，明确承包权益，稳定承包关系，在此基础上，根据农村发展的实际，确权、确利，按照“依法、有偿、自愿”的原则，加快土地流转步伐。

二是构建流转平台，服务流转。培育和建立规范的土地流转有形市场，为农村土地流转搭建服务平台，引导农户采取多种方式依法、合理、有序流转。第一各县（市、区）在已经建立的土地流转服务中心基础上，培育土地流转交易有形市场，配备人员和设备设施，组建县（市、区）级农村土地流转信息网和流转信息库，搭建流转信息发布平台，指导乡镇开展好土地流转工作。第二发挥好乡镇土地流转服务站的作用，及时收集和发布土地流转相关信息，为流转供求双方提供价格评估、法律咨询及合同签订指导等服务。第三健全村级土地流转服务点和信息采集员工作，及时收集并向乡镇报送土地流转供求信息，协助土地流转双方签订土地流转合同。四是发展农民专业合作社和流转中介组织，以中介服务促进土地流转。通过县、乡、村三级服务网络和流转中介组织的有效配合，为土地流转提供高效、便捷、优质的服务。

三是推进确权登记，保证有序流转。第一继续做好土地确权宣传动员工作，宣传确权颁证工作的重要意义，依靠广大群众的积极支持参与，为稳步有序推进确权颁证工作营造良好氛围。第二引入测绘机构参与，明确土地边界、地块面积等关键因素，减少争议，从源头上防范纠纷。第三按照“先易后难、逐村推进”的方式，严格政策，加大协调、指导工作力度，妥善处理矛盾纠纷，稳步推进实施。第四各级财政应加强对土地流转服务工作的支持，通过项目支撑，带动土地流转服务体系建设。五是及时做好经验总结和推广，加快土地依法、合理、有序流转。

四是健全管理体系，强化服务指导。通过建立县级土地流转服务中心、乡镇土地流转服务站、村级土地流转点，形成农村土地流转服务体系。通过建立健全农村土地承包经营权流转备案登记、档案管理等制度，全面开展农村土地流转政策咨询、信息发布、流转合同签订、流转备案登记等工作。通过增强法制意识，严格按照《农村土地承包经营权流转管理办法》，从合同文本、流转程序、纠纷调处等方面进行规范。

（3）拓展职业农民培育的对策。

一是充分发挥媒体作用，做好职业农民意义宣传。利用线上、线下多种渠道，广泛宣传职业农民和新型农业经营主体对我国社会发展的作用，宣传新型职业农民的优越性和发展前景，特别是宣传身边“新型职业农民”的成功案例，以榜样的力量吸引社会关注，消除传统的轻农思想，吸引优质人力资源进入农业领域。

二是建立以政府为主导，电大、职业学校为依托的职业农民培育平台。由市（县）政府统一安排，建立新型职业农民培育工作领导机构，统筹各县（区）的培训工作。电大、职业学校作为教育培训工作的业务指导部门，具体制定培训计划、统筹师资、开发培训资源等工作。各县（区）具体落实培训单位，负责培训组织、教学管理等工作。

三是创建适合职业农民特点的教学模式。结合农业生产特点，坚持“实际、实用、实效”原则，探索组织高效、务实管用、农民欢迎的培育模式。顺应农民学习规律特点和生产生活实际，以方便农民、贴近生产为原则，采用学校、社会融合模式，就地就近下乡进村办班。充分利用村级组织活动场所、现代农业示范园区、农业企业、农民合作社、家庭农场等生产基地开展培训。紧密结合农时季节组织培训，理论学习与生产实践交替进行，促进学用结合，避免脱离生产实际的远距离、走过场培训。

四是开发适应职业农民需求的数字化教育资源。第一开发“微课”形式的“通识”与“专业”课程。“微课”的设计目标要符合现代农业发展的要求，培育具有良好职业道德，掌握农业生产经营的基本技术，能够从事农业专业化、标准化、规模化和集约化生产经营的新型职业农民。“微课”的设计内容，分为“通识”与“专业”两个方面。“通识”包括现代农业和新型农业生产经营体系、农业政策与法规、农业生产标准化和农产品营销与品牌建设等。“专业”要根据粮食、蔬菜、果木、水产、茶叶、畜牧等进行分类，分别开展生产经营专业技术培训。第二充分利用网络平台开设新型职业农民培育栏目。包括：农技资料、技术鉴定、三农信息、在线课程等。第三创建丰富的培训辅导视频和专业技术讲座等微课视频资源。

五是做实、做新创业基地，培养示范型职业农民。选择龙头企业作为实践基地、创业基地，为职业农民学习新产品开发、检测产品质量、了解产业规模及评价经济效益等提供示范。经常组织学员到基地学习观摩，研讨创新创业，学习打造名优品牌、发展规模农业、开拓精致农业的成功经验。

以上简要讲述了促进现代农业资源、能源和环境服务发展的措施。在促进农业资源供给服务发展方面，提出了促进种业发展的具体途径、提高现代农业物质技术装备水平的政策建议、提高农业用水效率的管理措施、加快水溶肥料发展的具体建议、加强农药市场监管的措施等。在推动农业能源保障服务发展方面，提出了促进农村新能源利用与发展的服务对策，建设全能型乡镇供电所的努力方向，解决农业排灌电力设施投资和管理问题的具体对策。在提升农业环境支持服务发展方面，提出了加快农业产业化发展的措施建议，促进品牌农业发展的对策措施，以现代农庄为载体发展循环、休闲、生态农业的服务重点，提高地面气象测报质量的方法措施，加强农业推广体系建设的措施，做好土地流转工作的建议，拓展职业农民培育的对策等。

参考文献

[1] 李美云．国外产业融合研究新进展［J］．外国经济与管理，2005（12）：12-20.

[2] 陈俊红，陈慈，王铭堂．以服务业的发展引领农业现代化［J］．农业经济，2015（3）：7-9.

[3] 姜长云．农业生产性服务业发展的模式、机制与政策研究［J］．经济研究参考，2011（51）.

[4] 韩坚，尹国俊．农业生产性服务业：提高农业生产效率的新途径［J］．学术交流，2006（11）.

[5] 姜长云．着力发展面向农业的生产性服务业［J］．农村工作通讯，2010（22）.

[6] 庄丽娟、贺梅英、张杰：农业生产性服务需求意愿及影响因素分析——以广东省 450 户荔枝生产者的调查为例［J］．中国农村经济，2011（3）.

[7] 关凤利．我国农业生产性服务业的发展对策［J］．经济纵横，2010（04）.

[8] 董欢．我国农业生产性服务业发展的若干思考［J］．农村经济，2013（6）112-115.

[9] 姜长云．关于发展农业生产性服务业的思考［J］．农业经济问题，2016（5）：8-15.

[10] 刘楠．我国农业生产性服务业发展模式研究［D］．北京：北京科技大学，2016.

[11] 王洪远，现代服务业与农业耦合模式构建及发展路径选择 —以浙江省为例［D］．杭州：浙江财经大学，2013.

[12] 文长存．农业现代服务业推进农业现代化的理论与实证研究一

以北京市为例［D］. 荆州：长江大学，2014.

［13］黄佩民，孙振玉，等. 农业社会化服务业与现代农业发展［J］. 管理世界，1996（5）.

［14］刘楠，我国农业生产性服务业发展模式研究［D］. 北京：北京科技大学，2016.

［15］黄慧芬，我国农业生产性服务业与现代农业发展［J］. 农业经济，2011（10）：3-5.

［16］肖建中，现代农业与服务业融合发展研究［D］. 武汉：华中农业大学，2012.

［17］王洪远. 现代服务业与农业耦合模式构建及发展路径选择——以浙江省为例［D］. 杭州：浙江财经大学，2013.

［18］杜志雄. 农业生产性服务业发展的瓶颈约束：豫省例证与政策选择［J］. 东岳论丛，2013（1）：144-149.

［19］郝爱民. 基于流通创新的我国农业生产性服务业发展研究［J］. 商业时代，2012（34）.

［20］郝爱民. 农业生产性服务业对农业的影响——基于省级面板数据的研究［J］. 财贸经济，2011（7）：97-102.

［21］李铜山，论现代农业服务业的发展取向［J］. 中州学刊，2003（4）41.

［22］霍秀珍，现代农业服务业理论研究综述［J］. 经济研究导刊，2008（15）.

［23］文长存，农业现代服务业推进农业现代化的理论与实证研究一以北京市为例［D］. 荆州：长江大学，2014.

［24］王秀峰. 喀斯特地区农业可持续发展理论及共应用研究［D］. 武汉：武汉理工大学，2006.

［25］迟凤玲，郭敏，张峭. 北京农科城投资有限公司运作模式研究［J］. 安徽农业科学，2013，41（06）：2734-2737+2740.

［26］陈春蓓. 四川连片特困地区农业科技服务供需对接研究［D］. 雅安：四川农业大学，2015.

［27］陈慈，陈俊红. 农业科技创新服务联盟发展的现状与促进：基

于北京农科城科技创新服务联盟的调研［J］. 贵州农业科学，2015，43（01）：212-215.

［28］曹碧鹏. 以联合壮实力 靠品牌谋效益——陕西杨凌农夫果业专业合作社案例分析［J］. 中国合作经济，2010（01）：41-45.

［29］高博. 现代种业在北京农科城通州园崛起［N］. 科技日报，2014-09-25（008）.

［30］何晨曦，赵霞. 农户对农业科技服务满意度评价及其影响因素分析——基于1033个农户的调查数据［J］. 农业现代化研究，2015，36（06）：1020-1025.

［31］靖飞. 建立新型农业社会化服务体系研究［M］. 北京：中国社会科学出版社，2012.

［32］孔祥智，史冰清. 当前农民专业合作组织的运行机制、基本作用及影响因素分析［J］. 农村经济，2009（01）：3-9.

［33］刘东. 新型农村科技服务体系的探索与创新［M］. 北京：化学工业出版社，2009（79）.

［34］刘娟，龚晶，张晓华. 北京农科城驱动产业融合发展实践与成效分析［J］. 北京农学院学报，2014，29（01）：20-22.

［35］李娜，周建涛，郑建初. 简析江苏农业科技服务现状［J］. 中国农学通报，2013，29（26）：47-50.

［36］马爱平. 推进北京农科城建设 促进首都农业创新发展［N］. 科技日报，2013-03-25（001）.

［37］孙国梁，赵邦宏，唐婷婷. 农民对农业科技服务的需求意愿及其影响因素分析［J］. 贵州农业科学，2010，38（12）：217-220.

［38］沈贵银，郑有贵，程存刚. 解决农业技术推广最后一公里问题的有益探索——陕西省西安果友协会调研报告［J］. 中国乡村发现，2010（01）：90-95.

［39］王东荣，方志权，章黎东. 上海家庭农场发展研究［J］. 科学发展，2011（04）：54-58.

［40］温小林，马媛媛. 镇江市农业科技服务体系创新研究——基于农业科技服务供需均衡分析［J］. 农业科技管理，2015，34（02）：46-49

+65.

［41］徐红梅，刘淑茹．陕西果业产业化发展现状及果业协会的重要作用分析——以西安果友协会的发展为例［J］. 农业经济，2008（04）：24-26.

［42］游鸿曦．县域公益性农业科技服务体系建设研究［D］. 福州：福建农林大学，2015.

［43］闫傲霜．建设北京农科城 探索创新驱动的“四化”同步发展［J］. 中国发展，2014，14（01）：81-83.

［44］张开云，张兴杰，张沁洁．优化农业科技服务供给体系的策略分析——以广东农村 284 户为例［J］. 贵州社会科学，2012（03）：53-58.

［45］张林军，吴红月．求解现代农业发展新模式——北京农科城先行先试的三年之路［J］. 今日科苑，2013（16）：16-19.

［46］钟秋波．我国农业科技推广体制创新研究［D］. 成都：西南财经大学，2013.

［47］曾向．农业科技服务组织模式研究［D］. 长沙：湖南农业大学，2014.

［48］魏海滨，杨爽．金融服务现代农业的国际经验借鉴及启示［J］. 农业经济问题，2008（2）.

［49］鲜明，李忠鹏．借鉴国际经验 加大财政金融对“三农”的支持力度［J］. 农村经济，2004（11）.

［50］陈雨露，赵巍．学习国际先进经验做好农业保险工作［J］. 求是，2007（7）.

［51］辜胜阻．进一步规范和完善农产品期货市场［N］. 经济日报，2007-05-16.

［52］王索君．“农业产业链金融”发展中的问题及建议［N］. 金融时报，2012-05-03（012）.

［53］张晓男．以互联网思维做好现代农业金融服务［N］.. 中国城乡金融报，2017-03-31（A06）.

［54］朱文宝．现代农业发展中的金融服务缺失及功能再造［J］. 时代金融，2013（11）.

[55] 王宝芝．我国农村小额信贷问题研究［D］．成都：西南财经大学，2008：1-10.

[56] 郑蔚．日本农业发展问题与农村金融改革［J］．日本研究，2011（1）：12-13.

[57] 雷德雨，张孝德．美国、日本农村金融支持农业现代化的经验和启示［J］．农村金融研究，2016（5）：50-54.

[58] 张文棋．台湾合作金融发展与借鉴［J］．亚太经济，2006（02）.

[59] 单玉丽．台湾农业金融改革之路与前景［J］．亚太经济，2007（04）.

[60] 雷启振．台湾农村金融体系及对大陆的借鉴［J］．当代经济，2010（12）.

[61] 陆会．非正规金融农户融资与农民收入——基于温州农村地区的实证研究［D］．杭州：浙江工商大学，2008.

[62] 钱水土，姚耀军．中国农村金融服务体系创新研究［M］．北京：中国经济出版社，2011：39-40.

[63] 谢琼．农村金融：体制突破与机制改进［M］．武汉：武汉出版社，2012：1-20.

[64] 李金阳，朱钧．影响P2P网络借贷市场借贷利率的因素分析［J］．广东商学院学报，2013（5）：34-40.

[65] 张子良．积极发展农业保险 探索建立“信贷+保险”农村金融服务新模式［J］．中国经济导刊，2009（9）：39.

[66] 江维国，李立清．互联网金融下我国新型农业经营主体的融资模式创新［J］．财经科学，2015（8）：1-12.

[67] 胡跃飞．供应链金融—极富潜力的全新领域［J］．中国金融，2007（22）：38-39.

[68] 陈丹梅．供应链管理：农业产业化发展新思路［J］．上海农村经济，2004（8）：16-19.

[69] 邵娴．农业供应链金融模式创新——以马王堆蔬菜批发大市场为例［J］．济南：农业经济问题，2013（8）：62-68.

[70] 陈娇娇．种粮主体参与土地托管意愿研究［D］．山东财经大

学，2016.

［71］崔奇峰，周宁．农机合作社带动的土地托管实践与启示——以田丰机械种植专业合作社为例［J］. 农业经济与管理，2012（03）：23-29.

［72］董欢．农业机械化的微观行为选择及其影响因素——基于农户禀赋及种植环节的实证分析［J］. 农村经济，2015（07）：85-90.

［73］黄金辉，张衔，邓翔，等．中国西部农村人力资本投资与农民增收问题研究［M］. 成都：西南财经大学出版社，2005.

［74］胡川．农业劳动力“老龄化”对农业生产的影响及其措施——基于四川省的实证分析［J］. 经营管理者，2014（19）：129.

［75］衡霞，程世云．农地流转中的农民权益保障研究——以土地托管组织为例［J］. 农村经济，2014（02）：66-70.

［76］江丽．农业服务规模化推动农业现代化的理论与实践研究——以山东省供销社系统为例［J］. 改革与战略，2015，31（12）：86-89.

［77］纪月清，王许沁，陆五一，刘亚洲．农业劳动力特征、土地细碎化与农机社会化服务［J］. 农业现代化研究，2016，37（05）：910-916.

［78］罗荣渠．现代化新论——世界与中国的现代化进程［M］．北京：商务印书馆，2004.

［79］吕亚荣，李登旺．土地托管专业合作社：运作模式、成效、问题及对策建议——以嘉祥县鸿运富民合作社为例［J］. 农业经济与管理，2013（05）：28-32.

［80］蒲克茂，衡雪，方霞．遂宁市农事服务超市发展探析［J］. 四川农业与农机，2013（05）：51-52.

［81］孙晓燕，苏昕．土地托管、总收益与种粮意愿——兼业农户粮食增效与务工增收视角［J］. 农业经济问题，2012，33（08）：102-108+112.

［82］史梦，侯冠英，许瑞文，周纯，何甜甜．种植大户对农业生产性服务业需求满意度研究［J］. 江苏科技信息，2016（18）：71-73.

［83］盛承发，王红托，高留德，宣维建．我国农民田间学校的现状、问题及对策［J］. 植物保护，2003（02）：8-10.

［84］王倩雯，赵丹．基于“培训—职业匹配”理论的农民田间学校

模式构建研究——以陕西省宝鸡市太白县调研为例［J/OL］. 成人教育，2016，36（09）：56-60.

［85］王定祥，李虹. 新型农业社会化服务体系的构建与配套政策研究［J］. 上海经济研究，2016（06）：93-102.

［86］王丛丛. 农业劳动力年龄结构、农机社会化服务与水稻生产［D］. 南京：南京农业大学，2014.

［87］徐金海，蒋乃华，秦伟伟. 农民农业科技培训服务需求意愿及绩效的实证研究：以江苏省为例［J］. 农业经济问题，2011，35（12）：66-72+111.

［88］肖长坤，项诚，胡瑞法，陈阜，张涛. 农民田间学校活动对农户设施番茄生产投入和产出的影响［J］. 中国农村经济，2011（03）：15-25.

［89］杨茂君."农事服务超市"解农业生产难题［J］. 农村经营管理，2017（01）：43.

［90］赵玉姝，焦源，高强. 农技服务外包的作用机理及合约选择［J］. 中国人口·资源与环境，2013，23（03）：82-86.

［91］赵鲲. 共享土地经营权：农业规模经营的有效实现形式［J］. 农业经济问题，2016，37（08）：4-8.

［92］朱明. 服务投入与中国农业劳动生产率的追赶进程——对中国农业劳动生产率阶段性特征的新解释［J］. 财经研究，2016，42（07）：111-121.

［93］张亮，周瑾，赵帮宏. 重庆培育新型职业农民的"农民田间学校"模式［J］. 河北农业大学学报（农林教育版），2015，17（02）：123-126.

［94］张明明，石尚柏，林夏竹，王德海. 农民田间学校的起源及在中国的发展［J］. 中国农业大学学报（社会科学版），2008（02）：129-135.

［95］郑翔文. 农户对农机服务需求及影响因素分析［D］. 福州：福建农林大学，2016.

［96］程郁，刘明国，周群力. 农产品产地初加工补助政策的效果及完

善措施［J］. 经济纵横，2017（04）.

［97］芦千文，姜长云. 我国农业生产性服务业的发展历程与经验启示［J］. 南京农业大学学报（社会科学版），2016（05）.

［98］叶佳语. 农业服务业现状分析与对策思考——以浙江省为例［J］. 安徽农业科学，2015（34）.

［99］潘利兵. 发展农产品加工业和休闲农业积极引领农村一、二、三产业融合发展［J］. 农业工程技术，2015（29）.

［100］徐世艳，郑丹. 国外合作社在农业服务业发展中的作用及其启示［J］. 青岛农业大学学报（社会科学版），2013（04）.

［101］李里特. 中国产地农产品初加工的现状及建议［J］. 农业工程学报，2012（01）.

［102］王秀山，钱丽晓. 农产品加工业技术创新平台建设刍议［J］. 经营管理者，2011（17）.

［103］李铜山. 我国现代农业服务业发展研究［J］. 农业经济，2011（03）.

［104］满海红，张强. 新时期下的农村现代服务业创新发展研究［J］. 商业时代，2011（07）.

［105］李兴开. 大力发展农村加工服务业促进新农村建设［J］. 农机化研究，2007（05）.

［106］中华人民共和国农业部. 中国农业发展报告（2008）［M］. 北京：中国农业出版社，2008.

［107］李碧珍. 农产品物流模式创新研究［M］. 北京：社会科学文献出版社，2010.

［108］陈丽华，金弘泰，侯顺利. 农产品流通体系创新管理［M］. 北京：北京大学出版社，2015.

［109］中华人民共和国农业部. 全国农产品加工业与农村一、二、三产业融合发展规划（2016-2020年）［EB/OL］. http：//www.moa.gov.cn/govpublic/XZQYJ/201611/t20161117_5366803.htm？from=timeline&isappinstalled=0，2016.

［110］国务院办公厅. 国务院办公厅关于进一步促进农产品加工业发

展的意见（国办发〔2016〕93 号） [EB/OL]. http：//www. gov. cn/zhengce/content/2016-12/28/content_ 5153844. htm , 2016.

[111] 中华人民共和国国民经济和社会发展第十三个五年规划纲要 [EB/OL]. http：//www. gov. cn/xinwen/2016 - 03/17/content _ 5054992. htm, 2016.

[112] 国务院．全国农业现代化规划（2016-2020 年）纲要 [EB/OL]. http：//www. gov. cn/zhengce/content/2016 - 10/20/content _ 5122217. htm, 2016.

[113] 刘勇，钟惠波．“互联网 +”时代生鲜农产品现代生产流通信息服务模式构建 [J]. 商业经济研究，2016（20）：153.

[114] 肖卫东，杜志雄．农业生产性服务业发展的主要模式及其经济效应——对河南省发展现代农业的调查 [J]. 学习与探索，2012（9）：112-115.

[115] 肖建中．现代农业与服务业融合发展研究——基于浙江实践分析 [D]. 武汉：华中农业大学，5-11.

[116] 徐振宇．国外鲜活农产品流通”经验”之再审视 [J]. 经济与管理，2015（3）：85-86.

[117] 卢迪颖．合作经济视角下日本农产品流通渠道模式分析与启示 [J]. 物流科技，2015（7）：6-8.

[118] 郑伯权，史敬棠，李克亮，韩伐贵，张留征，李薇．关子日本农产品流通考察报告（下）[J]. 农业经济问题，1984（6）：63-64.

[119] 孟京生．关于借鉴台湾农产品流通先进经验完善大陆农产品流通体系的思考 [J]. 商业经济，2011（6）：23-26.

[120] 孙涛．我国农产品现代流通服务体系的构建及公共政策建议 [J]. 现代经济探讨，2011（12）：62-66.

[121] 祁欢．“互联网+”视域下农村现代服务业发展研究 [J]. 农业经济，2017（02）.

[122] 徐娜，王伟斌，盛伟国．农民专业合作社信息化服务体系创新研究——基于信息技术视角 [J]. 资源开发与市场，2016，（03）.

[123] 岳虹．农村科技信息服务模式的研究 [J]. 现代情报，2014

(06).

[124] 陈威，郭书普．中国农业信息化技术发展现状及存在的问题[J]. 农业工程学报，2013 (22).

[125] 王勇．河南省农业信息化水平评价与提升对策研究 [D]. 郑州：河南农业大学，2013.

[126] 余斌，李崇光，赵正洲．对现代农业信息服务体系的初步研究[J]. 理论与改革，2004 (03).

[127] 欧钊．中国农业信息服务水平研究 [D]. 咸阳：西北农林科技大学，2009.

[128] 王志军．河北省农业信息服务体系建设研究 [D]. 北京：中国农业大学，2005.

[129] 党红敏．陕西农业信息服务模式研究 [D]. 咸阳：西北农林科技大学，2009.

[130] 中华人民共和国农业部．中国农业发展报告 (2008) [M]. 北京：中国农业出版社，2008.

[131] 周涛，高玉琢，梁锦绣. 宁夏农业信息化理论与实践 [M]. 宁夏：阳光出版社，2015.

[132] 中华人民共和国农业部．“十三五”全国农业农村信息化发展规划 [EB/OL]. http：//www. moa. gov. cn/govpublic/SCYJJXXS/201609/t20160901_ 5260726. htm，2016.

[133] 中共中央办公厅，国务院办公厅．国家信息化发展战略纲要[EB/OL]. http：//www. gov. cn/gongbao/content/2016/content _ 5100032. htm，2016.

[134] 国务院．全国农业现代化规划 (2016-2020 年) 纲要 [EB/OL]. http：//www. gov. cn/zhengce/content/2016 - 10/20/content_ 5122217. htm，2016.

[135] 国务院．“十三五”国家信息化规划 [EB/OL]. http：//www. gov. cn/zhengce/content/2016-12/27/content_ 5153411. htm，2016.

[136] 中华人民共和国农业部市场与经济信息司．农业部关于推进农业农村大数据发展的实施意见 [EB/OL]. http：//www. moa. gov. cn/zwllm/

tzgg/tz/201512/t20151231_ 4972005. htm，2015.

［137］中华人民共和国农业部．农业应急管理信息化建设总体规划（2014—2017 年）［EB/OL］. http：//www. moa. gov. cn/govpublic/BGT/201401/t20140117_ 3742067. htm，2014.

［138］李文华，成升魁，梅旭荣，等．中国农业资源与环境可持续发展战略研究［J］. 中国工程科学，2016，18（1）.

［139］张爱瑛，杨小强，马丽，等．建立现代种业综合服务管理体系面临的主要问题及综合建议［J］. 种子世界，2016（11）.

［140］薄克明．天津市现代物理农业工程技术应用现状与发展建议［J］. 农业工程，2016，6（2）.

［141］曲会朋．我国农业机械化发展存在问题及解决策略［J］. 江西农业，2016（9）.

［142］Fallsk S S，刘学彬. 美国和日本农业机械化模式比较［J］. 世界农业，1986（12）.

［143］黎海波. 独具特色的以色列农业机械化（上）［J］. 山东农机化，2006（1）.

［144］黎海波. 独具特色的以色列农业机械化（下）［J］. 山东农机化，2006（2）.

［145］卡米力江·依马木．提高农业用水效率若干问题分析［J］. 农业科技与装备，2015（5）.

［146］袁前胜．美国和日本两国水利工程建设投入政策及其借鉴［J］. 世界农业，2016（1）.

［147］刘鹏，张振都，童旭宏，等．水溶性肥料的发展研究进展［J］. 现代农业科技，2013（13）.

［148］张燕，陈华，马蕊，等．新形势下加强农药市场监管的思考［J］. 农药科学与管理，2016，37（9）.

［149］张晖，张静．农村能源利用与发展问题研究［J］. 林业经济，2012（9）.

［150］刘星辰，杨振山．从传统农业到低碳农业——国外相关政策分析及启示［J］. 中国生态农业学报，2012，20（6）.

［151］柴盈．交易成本与中国农村的基础设施治理结构选择——以灌溉、电力、公路和饮用水设施为例［J］．中国农村观察，2010（1）．

［152］徐良．农业排灌电力设施投资和管理模式存在的问题及对策［J］．农民致富之友，2015（14）．

［153］吴枚烜，赵敏娟，霍学喜，等．荷兰农业产业发展新动态：知识集约驱动产业创新升级［J］．世界农业，2016（9）．

［154］邱时秀，吴永胜，李娟，等．种养结合 高效利用 发展循环农业——崇州都市型现代循环农业探索与实践［J］．四川畜牧兽医，2016（6）．

［155］许鹏飞．地面观测对现代农业的作用分析［J］．江西农业，2016（8）．

［156］杨恩海．气象为农服务专家团的组建与服务模式［J］．现代农业科技，2014（21）．

［157］刘大威．云南庄园经济发展研究［D］．昆明：云南师范大学，2016．

［158］彭超，高强．美国农业推广政策体系及其对中国的启示［J］．农村工作通讯，2015（7）．

［159］倪慧，万宝方，龚春明．新型职业农民培育国际经验及中国实践研究［J］．世界农业，2013（3）．

［160］梁志元．中国农村土地流转制度创新研究［D］．长春：吉林大学，2016．

［161］David Martimort，Jerome Pouyet. A Farmer-Centered Analysis of Irrigation Management Transfer in Mexico［J］．Irrigation and Drainage Systems，2004.

［162］Wang Yanhong，Hu Wei. Innovation and development of modern physical agriculture engineering［J］．Agricultural Engineering，2015，5.

［163］Zhu Jie，Guo Lianhong，Wang Guodong. Applications of physical agricultural techniques in fundamental agricultural science and engineering［J］．College Physics，2008，27（7）．

［164］Anderson R F. Trends in local government expenditures on public water and waste water services and infrastructure: past, present and future [C]. The U. S. Conference of Mayors-Mayors Water Council, Washington D C, 2010.

[165] Sutherland D, Araujo S, Egert B, et al. Infrastructure investment: links to growth and the role of public policies [R]. OECD Economics Department Working Paper, 2013 (86).

[166] Krijn Poppe. The Netherlands: aproducer country or an innovation lab? [J]. Wgeningen World, 2015 (4).

后　记

在此书完稿之际，回顾成书过程，感触良多。之所以能够把现代农业服务业的研究内容转变为著作形式的研究成果，有此书付梓并将献给读者，正如农业生产者在耕耘之后能有收获，不仅在于农民艰辛劳作，还在于有土肥地壮，风调雨顺等有利的环境和条件。基于以下方面条件方能收获此书成果。

伟大时代之背景。始于 1978 年的农村改革，启动了我国近 40 年来的快速发展。家庭承包经营制推进农业发展，农业改革发展促进工业化和城镇化，并创造了现代农业发展的环境和条件。当前我国社会经济发展进入现代化的转型期，农业与第二、三产业融合，尤其是我国现代农业是在信息化背景下发展的，现代农业服务业是我国现代农业的重要内容和特色。只有充分认识和发展现代农业服务业，才能发挥我国农业现代化的后发优势，超越发达国家在工业化背景下实现的现代农业化，使我国农业现代化在信息化的时代背景下，具有中国特色。我国农业现代化既是中国崛起时代的结果，又是支撑中国崛起，开创伟大时代的重要内容。在这个伟大的时代，我们是参与者和受益者。此书成为现代农业服务业研究成果，受益于这个伟大时代，它又是我们参与中国崛起的平凡行动。

丰富实践之基础。起始于家庭承包经营制的农村改革和农业发展，终结了我国传统农业，解决了我国十多亿人的温饱问题，并进入向现代化发展的转型农业阶段。2010 年以后，我国进入由服务业主导经济发展和由城市主导社会发展的新阶段，现代农业发展面临新的环境和条件。我国现代农业服务业发展实践基础由四大方面构成。第一，农业现代化发展实践。具有中国特色的农业现代化的发展，既有我国的资源禀赋特征和制度特征，又有信息化的时代特征和技术特征，突出了现代服务业在我国农业现代化中的作用和影响，突现了现代农业服务的实践价值和研究意义。第二，现代服务业发展实践。我国服务业的现代化是信息化技术条件下对发达国家服务业的超越，快速与一、二产业深度融合，既丰富了第三产业的发展内容，又促进第一、第二产业的现代化进程。现代农业服务业是我国服务业和农业在信息化条件下共生的现代化成果和交集，是具有新时代和新产业特征的新经济。第三，信息化发展实践。信息化是我国社会经济发展的时代机遇和技术支撑，“互联网+”不仅加出新产业，而且还加出新高度、新深度和新速度，不断涌现出有待研究的新问题。第四，现代农业服务业发展相关政策实践。近年来，中央政府出台了一系列有关促进现代农业、服务业和信息化发展的政策，不仅促进了产业发展，而且从政策内容到政策实践，客观促进了了现代农业服务业的形成和发展，构成现代农业服务研究的重要内容。

相关研究之支撑。丰富的现代农业研究，现代服务业的研究，信息化研究，以及产业融合研究等相关成果，共同构成现代农业服务业研究的坚实基础，为本书对现代农业服务研究提供了重要的支撑。通过对相关文献的研究，经过辨析和梳理，结合我国现代农业、服务业和信息化的发展实践，才有了此书的观点和论断。此书既有对相关成果的肯定和继承，也有否定和发展，此书力争对现代农业服务业的研究有所开拓和贡献。本书坚持用“现代农业服务业”之名称，阐述了其“理”与“据”，既是对以相同名称研究成果的赞同，也是对以不同名称研究成果的吸收，并努力为“现代农业服务业”的研究和发展做出力所能及的贡献。

创新平台之支持。现代服务业河南省协同创新中心成立于2012年，是由河南财经政法大学牵头，由上海交通大学、河南工业大学、河南省发展和改革委员会、河南省工业和信息化委员会、河南省商务厅等17家高校、政府部门和企业参与，协同开展现代服务业政策研究、产业发展研究、创新研究人才培养以及服务科学研究和学术交流工作的实体性机构，于2015年被认定为河南省协同创新中心。该书是现代服务业河南省协同创新中心、河南财经政法大学政府经济发展与社会管理创新研究中心共同资助出版的《河南现代服务业强省建设系列丛书》著作之一，此书也得到出版社的大力支持和帮助。正因为有创新平台的支持，也才有此书作为创新成果的面世。

感谢这个伟大时代！感谢发展现代农业服务业的实践者！感谢现代农业服务业相关研究者！感谢本书出版的支持者！

李观虎

2017 年 3 月